Seegekehlt & Seegesalzen

LOGGERFISCHEREI

VON DER DEUTSCHEN

NORDSEEKÜSTE

von GERHARD KÖHN
unter Mitarbeit von Wolfgang Berger,
Herbert Karting, Reimer Möller,
Henrich Winkler
und vielen anderen

Zur Erinnerung an die vor 100 Jahren
gegründete Glückstädter Heringsfischerei
herausgegeben von Walter Wilkes

1994

Auslieferung: Westfälische Verlagsbuchhandlung Mocker & Jahn, Soest

ISBN 3-87902-800-1   © Gerhard Köhn, Soest

Die deutsche Bibliothek – CIP-Einheitsaufnahme

Seegekehlt und seegesalzen: die Loggerheringsfischerei von der deutschen
Nordseeküste; zur Erinnerung an die vor 100 Jahren gegründete
Glückstädter Heringsfischerei / von Gerhard Köhn.
Unter Mitarb. von Wolfgang Berger... Hrsg. von Walter Wilkes. –
Soest: Westfälische Verl.-Buchh. Mocker und Jahn, 1994.
ISBN 3-87902-800-1
NE: Köhn, Gerhard; Wilkes, Walter [Hrsg.]

gedruckt mit Unterstützung der Ministerin für Wissenschaft, Forschung und
Kultur des Landes Schleswig-Holstein und des Kreises Steinburg

INHALT

Vorwort und Danksagung

Die 100jährige Wiederkehr der Gründung der Glückstädter Fischerei Aktiengesellschaft war der Anlaß zur Beschäftigung mit der Geschichte der Loggerfischerei von der deutschen Nordseeküste aus, die 1872 mit der Emder Heringsfischerei begann. Die Branche blieb klein und überschaubar. Auf dem Höhepunkt der Entwicklung gab es nur 13 Unternehmen. 1995 jährt sich zum 100. Mal die Gründung der Bremen-Vegesacker Fischerei-Gesellschaft und der Fischerei-Aktiengesellschaft ›Neptun‹ in Emden. 1996 können die Elsflether ihrer dann vor 100 Jahren gegründeten Heringsfischerei gedenken. 1997 würde die Emder Heringsfischerei Aktiengesellschaft 125 Jahre alt. Alle Loggerfischerei-Unternehmen stellten bis 1969 die Arbeit ein. Allein die Glückstädter Fischerei wurde, nachdem auch sie 1969 Konkurs angemeldet hatte, 1970 weitergeführt, mußte aber 1976 endgültig aufgeben. Es ist an der Zeit, mit der Aufarbeitung der Geschichte dieses Gewerbezweiges zu beginnen, da die letzten umfassenderen Arbeiten zu diesem Thema, das als Teilbereich wissenschaftlicher Untersuchungen der deutschen Hochseefischerei Berücksichtigung fand, Anfang der 1950er Jahre erschienen sind und die Darstellungen nur bis 1939 führen. Die Heringsfischerei, um die es in diesem Buch geht, nannte sich »große deutsche Heringsfischerei« oder »Hochseeheringsfischerei« und setzte sich damit von der sogenannten »kleinen deutschen Heringsfischerei«, der Küstenfischerei, ab. Die hier behandelten Heringsfischereien arbeiteten anfangs nur mit Treibnetzen, sie schlachteten (kehlten) und salzten die Heringe auf See. Ihre Schiffe waren fast ausnahmslos Logger, nur vereinzelt setzten sie auch Fischdampfer für den Heringsfang ein, wobei die Fänge aber wie auf den Loggern verarbeitet wurden. Die Begriffe »Hochseeheringsfischerei« und »große Heringsfischerei«, die für dieses Gewerbe früher üblich waren, werden vom Autor ersetzt durch Loggerfischerei oder Loggerheringsfischerei in Anlehnung an den Sprachgebrauch der Deutschen Heringshandelsgesellschaft, die den Namen »Loggerhering« mit dem Markenzeichen »auf See gekehlt und gesalzen« verband. Obwohl auch die Loggerfischerei eine Hochseefischerei war und mit der Emder Heringsfischerei ab 1872 sogar deren ältester Zweig – 1885 wurde der erste deutsche Dampfer für die »Hochseefischerei auf Frischfisch« in Dienst gestellt – so hat sich die letztere Bezeichnung doch schon lange als Name für die Dampferfischerei auf Frischfisch, der heutigen Fabrikschiffischerei, durchgesetzt. Sie fing schon bald weitaus mehr Heringe als die Loggerfischerei. Wenn auch die Logger der Heringsfischereien seit den späten 1930er Jahren in den Monaten Januar bis Mai mit dem Schleppnetz auch auf Frischfischfang gingen und sich die Loggerfischerei somit, ebenso wie mit dem Einsatz von Heckfängern in den 1960er Jahren, der »Hochseefischerei auf Frischfisch« immer mehr näherte, so beendete jedoch der Zusammenbruch der Loggerfischerei 1969 bzw. 1976 abrupt den angebahnten Strukturwandel.

Eine Zusammenstellung der Unternehmensgeschichten zwischen 1872 und 1976 allein würde dem Thema nicht gerecht werden. Der Hering hat eine herausragende, mehr als 1000jährige kulturhistorische Bedeutung. Durch ihn ist die Hanse und sind die Holländer mächtig geworden. Durch das Salz konserviert, war er die ideale Fastenspeise und damit der bis tief ins Binnenland am weitesten verbreitete und fast ständig verfügbare Speisefisch. Sein Auftreten an den Küsten der Nordseeländer in Schwärmen von Millionen Tieren hat immer verwundert und fasziniert und ließ den Hering zu einem besonderen Forschungsobjekt der Biologen werden. Für alle Zeiten unerschöpflich schienen seine Bestände und waren es dann letztlich doch nicht. Die Verarbeitung des Herings an Bord, das Kehlen und Salzen, wurde von 1872 bis 1976 unverändert beibehalten und als Qualitätsmerkmal für den Matjes sogar höchstrichterlich festgeschrieben. Wenn auch die Loggerfischerei in der Regel rückständiger war als die Dampferfischerei, so spiegeln sich in ihrer Geschichte dennoch auch einhundert Jahre Technikgeschichte wider. Die Entwicklung der Fischereigesellschaften ist eingebunden in ein Jahrhundert politischer Geschichte des Kaiserreiches, der Weimarer Republik, des Dritten Reiches und der Bundesrepublik. Die Gründung der Betriebe als Aktiengesellschaften war ausschließlich durch das Gewinnstreben der Aktionäre motiviert, welches durch die Fischerei allein nicht hätte befriedigt werden können. Entscheidend für die Gründung zahlreicher Heringsfischereigesellschaften in den zwei Jahrzehnten vor Beginn des Ersten Weltkrieges war die Subventionspolitik der Reichsregierung, die in den 1880er Jahren einsetzte und die noch eben rechtzeitig die in Schwierigkeiten geratene, 1872 gegründete

Emder Gesellschaft rettete. Hinter dieser Subventionspolitik standen Überlegungen zur Aufrüstung und personellen Besetzung der Kriegsflotte. Die späteren großen Kriseneinschnitte der deutschen Geschichte, die Seeblockaden während der beiden Weltkriege und die Weltwirtschaftskrise legten die deutsche Fischereiflotte lahm. Die NS-Regierung griff wegen ihrer Autarkiebestrebungen helfend ein. Von Beginn an bis zu ihrem Ende arbeiteten die deutschen Heringsfischereigesellschaften defizitär und waren auf Zuschüsse der öffentlichen Hand angewiesen. Daß ihnen die Prinzipien der Marktwirtschaft in der Bundesrepublik nach sieben oder mehr Jahrzehnten den Garaus machten, überraschte deshalb nicht. Aufgrund des 100jährigen Gründungsjubiläums und wegen der Quellenlage wird die Glückstädter Heringsfischerei ausführlicher behandelt. Da die Loggerfischereigesellschaften unternehmerisch und rechtlich zum Teil sehr eng miteinander verbunden und in Organisation und Arbeitsweise sehr ähnlich waren, wird hier auf ausführliche Einzeldarstellungen verzichtet, um weitere Wiederholungen zu vermeiden. So steht hier die Geschichte der Glückstädter Fischerei stellvertretend für alle Gesellschaften. Es ist den Vegesackern, die ebenso wie die Emder schon über kleinere Chroniken ihrer Heringsfischereigesellschaften verfügen, überlassen, 1995 zur Erinnerung an die Gründung ihrer Gesellschaft vor 100 Jahren eine ausführliche lokale Dokumentation auszuarbeiten. Dieser Band erhebt nicht den Anspruch, eine erschöpfende Geschichte der deutschen Heringsfischerei und der deutschen Loggerheringsfischerei zu liefern. Ich habe nicht alle vorhandenen Quellen auswerten können, sondern mich auf die in Glückstadt geretteten Bestände und die vielfältige Literatur gestützt. Bei dem Facettenreichtum des Themas mußte ich mich beschränken, auch um einer ausführlichen Bilddokumentation den nötigen Platz einzuräumen. Die meisten Bildmotive stammen aus Glückstadt, viele aber auch aus Emden und Bremen-Vegesack oder von den Schiffen dieser Gesellschaften, denn die Arbeit – sei es im Landbetrieb oder an Bord – war in Glückstadt oder auf einem Glückstädter Logger die gleiche wie in Emden oder auf einem Emder Schiff. Ein weiterer Schwerpunkt dieses Bandes ist eine Sammlung unterschiedlicher Quellen, die Hintergründe beleuchten und Denkweisen nicht nur der Loggerleute aufdecken. Die Zitate und die Erlebnisberichte im Kapitel »Loggerleute erzählen« geben vielleicht bessere Aufklärung, als theoretische Abhandlungen es vermögen.

13

Dieses Buch bietet eine ausführliche Bilddokumentation, einen Überblick über die Geschichte des Heringsfangs vom Mittelalter bis heute, eine Geschichte der deutschen Loggerfischereien von 1872 bis 1976, und es enthält eine Zusammenstellung unterschiedlichster Texte zu fast allen Aspekten des Themas.

Mitgearbeitet an diesem Buch, sei es durch zur Verfügung gestellte Fotos, Informationen und vielerlei andere Hilfen, haben (ohne Ortsangabe bedeutet »aus Glückstadt«): Susanne Beckmann, Soest; Wolfgang Berger, Euskirchen; Siegfried Borgschulze, Hamm; Hans Bremer †; Dr. Manfred Bruhn; Alfred Chachulski; Frida Charlet; Waldemar Cornelsen; J. de Vries, Urk; Dr. Holger Dornheim, Hamburg; Herbert Ekkenga, Emden; Dirk Elbert, Soest; Traute Fischer, Hamburg; Horst Gnettner, Bremen; Helge Gustavson, Herzhorn; Prof. Dr. Wolfgang Hoffmann, Hamburg; Karl-Heinz Holzmann; Traute Jochumsen, Wingst; Herbert Karting, Itzehoe; Heinz Kaufholz; Klaus Köhmann; Heinrich Kuhlmann; Fritz Lösch †; Dr. Klaus- Joachim Lorenzen-Schmidt; Michael Lüchtefeld, Soest; Erika Michaelsen; Hans Reimer Möller; Reimer Möller, Soest; Ruth Möller; Günther Röing, Soest; Gunther Rössler, Mölln; Manfred Scheller, Petershagen; Friedrich Schinkel, Mainz; Karl Schomburg, Stadthagen; Johannes Sonntag, Emden; Dr. Johannes- Hendrik Sonntag, Gescher; Heinz-W. Süberling, Norderstedt; Uwe Storm; Helmuth Stubenrauch; Ludwig Thormählen, Laboe; Heinz Walter; Hans Peter Widderich; Henrich Winkler, Bremen †; Mario Winkler, Bremen; Margret Wrage; Werner Wriegt.

Zu danken habe ich besonders Hermann Hagemann, Eppingen, für eine namhafte Spende zur Finanzierung einer Ausstellung über die Glückstädter Heringsfischerei mit Fotos und Dokumenten aus diesem Buch, deren Realisierung auch Dr. Kurt Nölke förderte. Der Ministerin für Wissenschaft, Forschung und Kultur des Landes Schleswig-Holstein und dem Kreis Steinburg, die mit Zuschüssen den Druck dieses Buches gefördert haben, ist zu danken. Gerhard Köhn

Glückstädter Fortuna.

Erscheint Dienstags, Donnerstags, Sonnabends und Sonntags mit der wöchentlichen Beilage: "Illustrirtes Unterhaltungsblatt" zum Preise von ℳ 1,30 für das Vierteljahr (frei ins Haus).

Druck und Verlag des verantwortlichen Herausgebers J. J. Augustin in Glückstadt. Fernsprecher Nr. 13.

Bestellungen werden von allen Postanstalten und Briefträgern entgegengenommen. — Inserate (15 ₰ pr. Zeile) werden bis 8 Uhr morgens am Montag, Mittwoch, Freitag und Sonnabend erbeten.

| Nr. 192. | Donnerstag den 7. Dezember 1905. | 166. Jahrg. |

Glückstadt, 5. Dezember. Nachdem nunmehr die sämtlichen Logger der Glückstädter Fischerei‑Aktien‑Gesellschaft mit Ausnahme des „Tümmler" aus See zurückgekehrt sind, dürfen wir wohl keinen Zweifel mehr hegen, daß genanntes Schiff leider als verschollen zu betrachten ist. Der „Tümmler" ging am 15. September d. J. zur dritten diesjährigen Reise in See und wurde am 23. September mit 230 Tonnen Heringen an Bord zuletzt von dem Logger „Dorsch" gesprochen; seitdem fehlt jegliche Nachricht über den Logger. Anfang Oktober ist von einem Geestemünder Heringsdampfer ein Laternenbrett und ein Rettungsring, vom „Tümmler" herrührend, in der Nordsee aufgefischt worden, sodaß die Vermutung nahe liegt, daß der Logger mit seiner braven, aus 14 Mann bestehenden Besatzung ein Opfer der schweren Oktober‑Stürme geworden ist. Die s. Zt. für den Logger „Tümmler" angeheuerten Leute sind:

1. Kapitän Wilh. Rönemann aus Loh, Kreis Minden,
2. Steuermann Wilh. Peek aus Quetzen, „ „
3. Matrose Herm. Stüting aus Lahde, „ „
4. „ Heinr. Krömer aus Loh, „ „
5. „ Wilh. Bruns aus Quetzen, „ „
6. „ Heinr. Blaas aus Ilse, „ „
7. „ Heinr. Bruns aus Quetzen, „ „
8. „ Ernst Rönemann aus Gorspen‑Vahlsen, Kreis Minden,
9. Matrose Claus Hasselbusch aus Schörderupfeld, Angeln,
10. Aeltester Leichtmatrose Wilh. Kaiser aus Gorspen‑Vahlsen, Kreis Minden,
11. Leichtmatrose Heinr. Reihemeyer aus Gernheim, Kreis Minden,
12. Jüngster Leichtmatrose Friedr. Schwarze aus Lahde, Kreis Minden,
13. Schiffsjunge Fritz Hanke aus Hausberge, Kr. Minden,
14. „ Ernst Molter aus Itzehoe.

In treuer Pflichterfüllung sind diese braven Fischerleute ein Opfer ihres schweren Berufes geworden. Ehre ihrem Andenken!

Stellvertretend für alle ertrunkenen oder bei der Arbeit tödlich verunglückten Loggerleute stehen hier die Namen der ertrunkenen Besatzungen der Glückstädter Logger SG 1 Tümmler (1905), SG 21 Stint (1923) und SG 126 Glückstadt (1926).

Glückstädter Fortuna.

Dieses Blatt erscheint Dienstags, Donnerstags und Sonnabends mit der wöchentlichen Beilage "Glückstädter Landwirtschaftsblatt" zum Preise von ℳ 1,50 für das Vierteljahr (frei ins Haus).

Druck und Verlag des verantwortlichen Herausgebers J. J. Augustin b. Glückstadt

Abonnements werden auch von allen Postanstalten und Landbriefträgern entgegengenommen. — Inserate (15 ₰ pr. Zeile) werden bis 5 Uhr Vormittag am Montag, Mittwoch und Freitag erbeten.

| Nr. 235 | Sonnabend, den 6. Oktober 1923 | 184. Jahrg. |

Glückstadt, 6. Oktober. **Seemannslos.** Schwere Besorgnis herrscht hier über den Verbleib des Loggers „Nr. 21" „Stint" von der Glückstädter Fischerei-Aktiengesellschaft. Das Fahrzeug ist vor ca. 9 Wochen zum Fange ausgelaufen und noch nicht wieder zurückgekehrt, obwohl es nur für etwa 7 Wochen mit Proviant ausgerüstet war und bereits zu Beginn dieses Monats zurückkehren sollte. Die Befürchtung, daß der Logger ein Opfer eines Unfalls oder des heftigen Sturmes Ende August geworden ist, läßt sich nicht mehr von der Hand weisen. Noch kurz vor Beginn des Sturmes ist der genannte Logger von einem anderen hiesigen Fischereifahrzeug gesehen worden. Da jegliche Kunde über den Verbleib des Schiffes fehlt, ist dasselbe mit seiner aus 15 Mann bestehenden Besatzung leider wohl ein Opfer der Fluten geworden. An Bord dieses Loggers befanden sich folgende Leute: Kapitän Friedrich Lampe, Glückstadt: Steuermann Franz Stroh, Glückstadt; Matrose Friedrich Eidinger, Itzehoe; Matrose Julius Barghusen, Neuenfelde; Matrose Walter Voß, Blomsche Wildnis (Neuendeich); Matrose Willy Holnbeck, Struppen i. Sachsen; Matrose Heinrich Schunk, Glückstadt; Matrose Herm. Tiedtke, Lübeck; Matrose Willy Hitzemann, Krempe; Matrose Wilhelm Lührs, Lägerdorf; Auste Johs. Muler, Lägerdorf: Auste Willy Schröder, Glückstadt; Jüngster Otto Schwardt, Wewelsfleth; Junge Wilhelm Osbahr, Glückstadt: Junge Otto Heinemann, Altona.

16

Nachruf

Nachdem unser Dampflogger SG. 126 „Glückstadt" von seiner am 4. September angetretenen Fangreise bis heute nicht zurückgekehrt, dürfen wir nicht mehr daran zweifeln, daß derselbe ein Opfer des am 12. Oktober herrschenden Sturmes geworden, und aller Wahrscheinlichkeit nach mit dem an diesem Tage in der Elbmündung untergegangenen Dampflogger identisch ist.

Mit dem Dampflogger beklagen wir gleichzeitig den Verlust seiner gesamten Besatzung, bestehend aus dem

Kapitän **Friedrich Plönges** aus Glückstadt
Steuermann **Paul Lietz** „ „
Maschinist **Otto Evert** „ Stettin
Matrosen **Robert Lietz** „ Glückstadt
„ **Eduard Gerdes** „ Carolinensiel (Ostfr.)
„ **Johs. Janßen** „ Friedrichschleuse (Ostfr.)
„ **Bruno Bachstein** aus Löbtau (Sa.)
„ **August Helmerking** aus Schlüsselburg
„ **Heinrich Nülie** aus Schlüsselburg
„ **Franz Liegl** aus Cuxhaven
Heizer **Willy Traeder** aus Glückstadt
Koch **Friedrich Eberhardt** aus Münchehagen
Leichtmatrosen **Paul Bendix** aus Oberherzogswalden
„ **Heinr. Rischmüller** aus Schlüsselburg
„ **Johs. Kröger** aus Glückstadt
Schiffsjungen **Ernst Dohrmann** aus Glückstadt
„ **Heinrich Tönsing** aus Heiligenstedtener Kamp

In braver Pflichterfüllung, nicht mehr fern von dem Heimathafen, ist die Besatzung ein Opfer ihres schweren Berufes geworden. Seemannslos! Wir werden ihr ein ehrendes Andenken bewahren.

Glückstadt, den 1. Nov. 1926.

Glückstädter Fischerei Akt.-Ges.

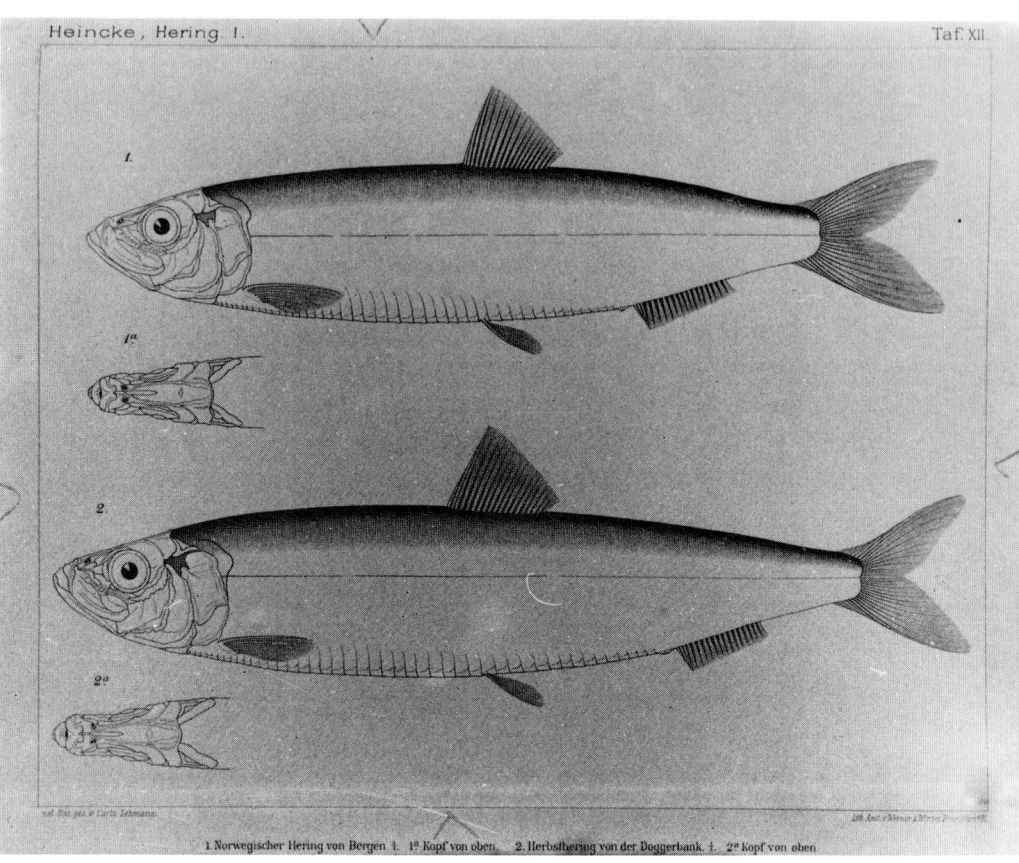

Der Hering als solcher in seinem Element
und unter seinesgleichen

Unsere Vorfahren nannten ihn auch Haring. Vielleicht hängt sein Name mit dem Wort Haar zusammen, das auch mal Borste oder Gräte bedeutete. Auf jeden Fall ist der Name ein sehr alter, der schon im dritten Jahrhundert aus dem Germanischen ins Lateinische als »aringus« übernommen wurde. Germanisch »har« könnte auch die Wurzel des Wortes sein, das »grau-weiß« bedeutet. Demnach hätte der Hering seinen Namen nach seiner Farbe erhalten. Die Biologen nennen ihn lateinisch »clupea harengus«, denn er gehört zur Fischfamilie der Clupeiden, und seine Schwestern sind die Sprotte, die Sardelle und die Sardine. Er ist ein »besonders schön gewachsener Fisch mit lebhaft glänzenden Schuppen«, auf dem Rücken grün-blau, sonst silberglänzend. Seine schillernden Farben sind möglicherweise eine schützende Anpassung an das Leben in oberflächlichen, durchleuchteten und bewegten Meeresschichten. Er kann bis zu 50 cm lang und bis zu 25 Jahre alt werden. Sein Maul gleicht einer Reuse, die das mit dem Atemwasser eingesogene Planzen- und Tierplankton festhält. Er wird von vielen gejagt. Außer dem Menschen stellen ihm Kabeljau, Dorsch, Köhler, Pollack, Makrele, Thunfisch, Lachs, Dornhai, Heringshai, Finnwal, Beluga, Schwertwal, Seehund, Wasservögel u.a. nach. Sein Laich wird von Seesternen, Krustentieren und Grundfischen verzehrt. Zwischen dem 3. und dem 7., mitunter erst im 9. Jahr ist er fortpflanzungsfähig. Das Weibchen der im Winter und Frühjahr laichenden Heringe legt in einer Laichperiode zwischen 22 000 und 40 000 Eier ab, das Weibchen der im Sommer und Herbst laichenden Art etwa 48 000 bis 70 000 Eier, die ein wenig kleiner sind. Die Eier haben einen Durchmesser zwischen 0,9 und 1,9 Millimeter. Die Eier bezeichet man als Rogen, den Samen des Männchens als Milch. Das Weibchen schwimmt über den Boden und laicht seine Eier in einem dünnen Band ab, das sich – anders als bei den meisten Meeresfischen – auf Sand, Muscheln und Steinen niederlegt und dort festklebt. Die Männchen umkreisen die eierlegenden Weibchen und senden Strahlen von Milch gegen den Laich. Das Wasser im Laichgebiet kann dabei eingetrübt werden. Der Laichgrund muß rein und fest und darf nicht beweglich und schlammig sein. Das Laichen eines Weibchens dauert bis zu zwei Wochen, das eines ganzen Schwarmes zwei bis drei Monate. Bei einer Wassertemperatur zwischen 14 und 19 Grad schlüpfen nach 6 bis 8 Tagen etwa 5 bis 9 Millimeter lange Larven. Wenn diese eine Länge von etwa 2 Zentimetern erreicht haben, kann man die äußeren Merkmale eines Herings bereits erkennen. Dreijährig sind sie etwa 25 Zentimeter lang.

Noch um das Jahr 1900 bildeten diese zu den Laichplätzen an der Küste schwimmenden Heringe Schwärme von 12 bis 15 Kilometern Länge und 3 bis 6 Kilometern Breite.

In Europa ist der Hering von der Ile de Ré an der französischen Atlantikküste bis zur Westküste Spitzbergens, rund um Großbritannien und Irland und von der Westküste Norwegens bis zum Nordkap und an den Mündungen des Ob und Jenissei verbreitet. Außerdem gibt es ihn an der Südwestküste Grönlands, an der Ostküste Nordamerikas, bei Japan und vor Kalifornien, am zahlreichsten war er bei Neufundland.

Für die Europäer war die Nordsee mit ihren 570 000 Quadratkilometern das Hauptfanggebiet. Sie hat eine mittlere Tiefe von 90 Metern. In der norwegischen Rinne ist sie 700 und auf der Doggerbank z. T. weniger als 20 Meter tief. Der Hering schwimmt seiner Nahrung, dem Plankton, nach. Dieses ist, da es der Strömung und den Lichtverhältnissen folgt, auch vertikal ständig in Bewegung. Am Tage hält sich der Hering am Meeresgrund, mit Beginn der Dämmerung steigt er in höhere Wasserschichten auf. Ihre »Wohngebiete« durchqueren die Heringe in großen Schwärmen, wenn sie auf Nahrungssuche oder auf dem Weg zum Laichplatz sind, denn der liegt weit entfernt vom Wohn- und Nahrungsgebiet.

Der Hering verteilte sich auf die ganze Nordsee. Je nach Heringsart und Lebensraum laicht der Hering im Frühjahr, Sommer, Herbst oder Winter. Die geschlechtsreifen Fische eines »Wohnbezirks« sammeln sich auf See und ziehen zu den küstennahen Laichplätzen. Früher glaubte man an Wanderungen der Heringe. Ihr »Hinterherziehen« an der britischen Ostküste von Norden nach Süden bis zum Ärmelkanal aber war eine Täuschung: Die Laichzeiten einzelner lokal begrenzter Heringsschwärme liegen umso später, je südlicher diese Schwärme vorkommen. Die Heringe im Norden laichen zuerst, die im Süden zuletzt, und es sind immer andere Populationen. Nach dem Laichen zerstreuen sich die Schwärme. Die He-

Die Bundesforschungsanstalt für Fischerei in Hamburg prüft auf Forschungsreisen die Heringsbestände der Nordsee. In ihrem Institut für Seefischerei werden Heringe gemessen, gewogen, sortiert und mit Marken versehen.

ringe sind jetzt mager, heißen nun Ihlenheringe und sind als Nahrungsmittel von minderer Qualität.

Der Hering wurde zuerst nur mit dem Treibnetz, später hauptsächlich mit dem Grundschleppnetz und von den 1960er Jahren an auch mit dem pelagischen Netz oder der Ringwade im Zwischenwasser gefangen. Früher begann die Loggerfischerei Ende Mai/Anfang Juni und endete im November/Dezember. Schon die Geestermünder hatten 1898 mit ihren Dampfern ganzjährig Hering gefangen. Die Loggerfischerei setzte erst in den 1930er Jahren verstärkt kombinierte Schiffe ein, die anfangs nur in der Saison von Mai bis Dezember entweder mit dem Treib- oder dem Schleppnetz Heringe zum Kehlen und Salzen fischten. Bald wurden diese kombinierten Logger auch von Januar bis Mai eingesetzt. Sie fingen dann mit dem Schleppnetz Heringe und andere Fische, die sie als Frischfisch in Cuxhaven oder Hamburg-Altona anlandeten. Dem Hering wurde also mehr und mehr ganzjährig nachgestellt.

Von Januar bis Mai fand die Fischerei längs der norwegischen Rinne, dem Überwinterungsgebiet der Heringe, mit Schleppnetzen statt. Ab Mai folgten die Fischer dem Hering in den westlichen Teil der nördlichen Nordsee, wo sein Hauptweidegebiet ist und er sehr schnell fett wird. Hier begann früher die Treibnetzfischerei mit Loggern auf den noch nicht geschlechtsreifen Matjes. Ab Juli wurde der Vollhering mit dem Schleppnetz gefischt. Mit dem Beginn der Laichzeit wanderte der Hering in dichten Schwärmen zu den Laichplätzen vor der englisch-schottischen Küste, wo er von Ende August bis Oktober laicht. Das Laichen setzt sich mit jeweils anderen Populationen je nach Wohngebiet bis Oktober und bis in die Gegend von Whitby/Flamborough Head und Dogger und bis November/Dezember bis zum östlichen Teil des Ärmelkanals fort. Die Fischer folgten den Laichschwärmen, im Frühjahr in den Norden, im Herbst und Winter in den Süden.

Fischfang an der Küste im 16. Jahrhundert.

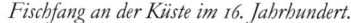

Zur Geschichte der Heringsfischerei

Der Hering macht die Hanse mächtig

Die Germanen kannten den Hering, die Römer ursprünglich nicht. Als beide Kulturen sich zu Beginn der Völkerwanderungszeit immer häufiger und intensiver begegneten und die Germanen selbst im römischen Reich oft die Sieger waren, wurde sein Name als Lehnwort ins Lateinische übernommen und ist dort im dritten Jahrhundert erstmals schriftlich belegt. Schon in vor- und frühgeschichtlicher Zeit wurde der Hering gefangen, wie Funde in dänischen Küchenabfallhaufen belegen. Im frühen Mittelalter war Haithabu bei Schleswig eine Drehscheibe im Nord-Süd-Handel auch für den spätestens jetzt mit Hilfe von Salz konservierten Hering. Im Hafen von Haithabu fanden die Archäologen massenhaft seine Kopfskelette, die sich vermutlich nur deshalb so lange erhalten haben, weil sie von mit Salz behandelten Heringen stammen. 40% der in Haithabu gefundenen Fischknochen entfallen auf den Hering. Die schon um 600 n. Chr. nachgewiesene Salzgewinnung im westfälischen Soest begründete den Wohlstand dieser Stadt. Fernhändler karrten später das Salz auch nach Norden, wo es sicherlich zur Konservierung des Herings, der hauptsächlichen christlichen Fastenspeise, verwendet und spätestens im 12. Jahrhundert durch das Lüneburger Salz abgelöst wurde.

In die große europäische Geschichte tritt der Hering im hohen Mittelalter ein. Aus der Zeit um 1100 gibt es die erste Nachricht über einen Heringshandel Hamburgs mit Norwegen. Im 12. Jahrhundert entstehen die Märkte von Schonen auf der südschwedischen Halbinsel zwischen Skanö und Falsterbo, wo jedes Jahr von Mitte August bis Oktober der Hering von dänischen Fischern in gewaltigen Mengen gefangen wurde. Um 1200 berichten die Chronisten von so dichten Heringsschwärmen vor Schonen, daß die Fische mit den Händen gefangen werden konnten. Gegen Ende des 14. Jahrhunderts erlebte hier der Heringsfang seinen Höhepunkt. Diese Fischerei lag ausschließlich in dänischer Hand und wurde mit Booten mit 3 bis 5 Mann Besatzung durch Treib- und Stellnetze betrieben. Nur die vom dänischen König privilegierten, hauptsächlich Lübecker Kaufleute, die in der Lage waren, die große Menge Heringe zu vermarkten, durften sie weiterverarbeiten, d.h. mit Salz einreiben oder trocknen und verpacken. Ende des 14. Jahrhunderts fing man vor Schonen 200 000 bis 300 000 Fässer. Aus dem Jahr 1520 ist überliefert, daß dort 7 515 Boote fischten mit mindestens 30 000 Fischern. Auf Schonen müssen dann während der Saison annähernd 40 000 Personen gewesen sein. Hier fand deshalb während dieser Zeit auch ein allgemeiner Warenmarkt statt.

Die Heringe wurden in Fässer, deren Größe vorgeschrieben war, verpackt. Beeidigte Heringspacker führten die Aufsicht und zeichneten die Fässer mit kreisförmigen Brandstempeln. Neben Lübeck wurde Hamburg zum größten Heringshandelsplatz. Schonenfahrergesellschaften, Zusammenschlüsse der privilegierten Kaufleute, monopolisierten den Heringshandel, sorgten aber auch für gleichbleibende Qualität. In den Hansestädten wurden die Fässer nach Qualität, Packung und Salzung überprüft. In der Regel mußten Heringe nachgepackt werden, da der Inhalt inzwischen etwas zusammengesackt war. Danach wurden die Fässer wieder dicht gemacht, und die Mitglieder der Zirkelbrüderschaft brannten ihren halben, ganzen oder doppelten Zirkel als Kennzeichnung von Qualität, Marke und Herkunft ein. Damit war der Schonenhering fertig für den Export. Diese Kennzeichnung der Fässer durch Kreise war noch im 19. Jahrhundert üblich, und auch die Aufseher in den Packereien der modernen Heringsfischereien kennzeichneten die Fässer durch individuelle Einkerbungen mit einem Spezialmesser.

Der Schonenhering war nicht nur als Freitags- und Fastenspeise eines der wichtigsten Handelsgüter der Hanse. Der Hering brachte die Faß- und Salzproduktion in Schwung und die Fässer in einen Umlauf. Sie waren die Verpackung für die meisten Waren, vor allem auch für das Salz, das bald in großen Mengen in Lüneburg gewonnen wurde, als das Konservierungsmittel schlechthin.

Der Hering war eine Grundlage für die Macht der Hanse vom 14. bis 16. Jahrhunderts. Er war neben dem getrockneten Kabeljau, dem Stockfisch, der einzige Seefisch, der mit Salz konserviert in das Binnenland und in den Süden transportiert werden konnte.

1411 blieb der Hering vor Schonen erstmals aus, was man in Hansekreisen als böses Omen deutete. Danach wurde wegen des Krieges der

Abb. 35

Wappenbuch der Hamburger Schonenfahrer von 1743 im Staatsarchiv Hamburg. Die Miniaturen zeigen Heringsfang, Verladen der Heringe in Schonen, Einfahrt in den Hamburger Niederhafen, Ausfahrt aus dem Oberhafen und das Wappen der Schonenfahrer. Umschrift dieser und zwei weiterer Miniaturen: »So lang der Monden Kreis bald halb, bald voll zu sehen und Heering in dem Meer bey Millionen gehen, so lang sich Ebb' und Fluth in stetem Wechsel drehen, muß diese Handelszunft zu Hamburg wohl bestehen.«

25

Fischfang um 1500.

östlichen Hansestädte mit dem Norden bis 1435 kaum welcher gefangen, wodurch sich der Schonenhering außerordentlich verteuerte. Ab 1500 blieben die Heringsschwärme häufiger aus, und plötzlich 1587 ganz weg, bzw. die Fischerei vor Schonen lohnte nicht mehr. Aufgrund der Verdrängungspolitik der an der Ostsee gelegenen Hansestädte waren Kaufleute aus England, Friesland, Holland und Seeland Anfang des 15. Jahrhunderts immer häufiger den Schonenmärkten fern geblieben und begannen ihre Nordseeheringsfischerei aufzubauen und eigene Heringe, die anfangs noch als eine mindere Qualität galten, auszuführen. Als der Hering vor Schonen Ende des 16. Jahrhunderts ausblieb, war die Nordsee schon das Hauptfanggebiet. Wie um 1200 die Hansekaufleute dem Hering ihren Aufstieg zur Macht verdankten, so war er im 16. Jahrhundert erheblich am Aufstieg der Holländer zur großen Handels- und Schiffahrtsnation beteiligt. Der Heringsfang in der rauhen Nordsee wirkte innovativ und bewirkte u. a. neue Schiffskonstruktionen.

Der Hering macht die Holländer mächtig

Noch bis um 1400 war die holländische Heringsfischerei eine Küstenfischerei, und der Fang wurde als leichtverderblicher Grüner oder als geräucherter Hering über Antwerpen oder Köln abgesetzt. Als dann am Anfang des 15. Jahrhunderts die ersten gesalzenen holländischen Heringe in Fässern in den rheinischen Städten auftauchten, mußten die Fässer durch Fähnchen ausgezeichnet werden, um sie sofort als nichtschonische, qualitativ minderwertige Ware erkennen zu können. Aber um die Mitte dieses Jahrhunderts hatte der holländische Hering den schonischen auf den rheinischen und oberdeutschen Märkten bis nach Basel hinauf bereits verdrängt. Schon Anfang des 15. Jahrhunderts mußten die Ostseehansestädte immer öfter das Produkt ihrer Konkurrenten übernehmen und vertreiben, weil ihr Schonenhering wegblieb. Ab 1430 verkauften die Holländer selbst im Osten, vor allem in Stettin, das noch bis zum zweiten Weltkrieg der größte Heringshandelsplatz an der Ostsee war, ihre Ware.

Im 17. und 18. Jahrhundert war die Heringsfischerei der bedeutendste Zweig der holländischen Fischerei. Schätzungsweise mindestens 1 300 Schiffe gingen im 17. Jahrhundert von Holland aus auf Heringsfang. Das

Fangschiff war von den ersten Jahrzehnten des 14. Jahrhunderts an die Buise, mit der die Holländer zur Hochseeheringsfischerei übergingen. Hierbei handelte es sich um ein starkes, auf Kiel gebautes Fahrzeug, vorn und hinten rund, sehr seefest und mit großer Ladekapazität. Die Buise konnte ihren Mast umlegen und trieb somit günstig hinter dem Treibnetz her. Sie faßte 100 Fässer, segelte aber langsam. Deshalb wurden ihr vor allem im frühen Sommer, wenn die ersten Heringe und Matjes gefangen wurden, Jagerboote, schnellsegelnde und flachbodige Schoner oder Briggs, nachgeschickt, die die ersten besonders gut zu verkaufenden Fänge übernahmen und an Land brachten. Mit Jubel wurde in jedem Jahr der erste Jager empfangen und der neue Hering noch im 20. Jahrhundert mit dem Lied »De niewe Haring« besungen. Seit 1623 durften die Jagerschiffe den Buisen nur bis zum 15. Juli den Fang abnehmen. Danach landeten die Fangschiffe, die zwei bis drei Reisen bis zum Schluß der Saison Ende November/Anfang Dezember schafften, die Heringe selbst in Holland an. Durch strenge polizeiliche Überwachung konnte der bald gute Ruf des holländischen Herings über Jahrhunderte hinweg erhalten werden. Im Jahr 1593 wurde für ganz Holland der 24. Juni jeden Jahres als Eröffnungstag der Heringsfischerei bestimmt. Am 15. Juni, dem sogenannten Buisjesdag, stachen die Fänger in See. Die Fischerei begann am 24. Juni an der Ostküste Schottlands zwischen den Shetlandinseln und Kap Buchan Ness und verblieb dort bis zum 25. Juli, um danach von Monat zu Monat südlicher zu wandern.

Holländische Buisen, die auch von Emden ab 1552 auf Heringsfang gingen.

Die Holländer sollen um 1400 das Kaaken oder Kehlen erfunden haben, wobei mit einem scharfen Schnitt an der Kehle der Hering getötet und der größte Teil seiner Eingeweide herausgezogen wurde. Dies geschah bald nach dem Fang auf See. Danach wurde der Fisch in Fässer gelegt und lagenweise mit Salz bestreut. Vorher waren die Heringe erstickt und unausgenommen mit Salz eingerieben und in Fässer verpackt oder getrocknet worden. Durch die Methode des Kehlens blieb das Fleisch weiß und wurde fester, schmackhafter und haltbarer.

Anfang des 17. Jahrhunderts beherrschte Holland das gewinnträchtige Heringsgeschäft Europas. Es war eine Quelle des holländischen Reichtums und großer wirtschaftlicher Entwicklung. Im Volksmund heißt es, Amsterdam sei auf Heringsgräten gebaut. Die Holländer verfügten 1670 über eine Flotte mit einer Tragfähigkeit von insgesamt ca. 300 000 Last (1 Last = 2 000 Kilogramm), die deutsche Flotte summierte sich damals auf gerade 52 000 Last.

Die Schotten fingen direkt vor ihrer Haustür den Hering früher im Jahr als die Holländer und brachten ihn nach Hamburg, dem größten deutschen Heringshandelsplatz, wo die alte Schonenfahrergesellschaft auch noch im 17. Jahrhundert das Monopol für den Heringshandel besaß. 1609 gelang es den Holländern, schottische und andere Heringe vom Hamburger Markt zu verdrängen. Die Hamburger verpflichteten sich, nur solche

Heringe zu dulden, die erst nach dem 24. Juni gefangen waren, wenn also die Holländer die Saison begannen. Außerdem schrieben die Hamburger ganz im Sinne der Holländer vor, daß der Hering an Bord des Heringsfängers sofort nach dem Fang verarbeitet und verpackt werden müßte. Außerdem sollten die Fässer »gezirkelt« und mit dem Prüfzeichen des Ortes versehen sein, an dem der Fisch angelandet worden war. Dieses Verfahren mußten der Schiffer und zwei Mannschaftsmitglieder eidlich bestätigen können. Damit war nicht nur der vor dem 24. Juni gefangene, sondern der gesamte schottische Hering aus dem Geschäft, denn er wurde erst an Land ausgenommen, nachdem er schon einen Tag oder länger an Bord gelegen hatte und erstickt war, und erst danach gesalzen und verpackt.

Gegen den schottischen Hering kämpften auch die Holländer bald vergebens

Weil die Schotten vor der Haustür günstig fischen konnten, siegten sie letztlich auf dem Heringsmarkt. Trotz aller Hindernisse, die die Holländer auftürmten, erwuchs um die Mitte des 17. Jahrhunderts dem holländischen Hering eine gefährliche Konkurrenz. Der nordische oder Berger-Hering, der shetländische und auch der schottische Hering wurden immer häufiger auf dem Hamburger Markt gesichtet. Er ging in nicht unbedeutenden Quantitäten ins Binnenland, in die Ostseestädte und weiter nach Osten. Während die Schonenfahrergesellschaft die Vermarktung des holländischen Herings förderte und unterstützte, nahm die alte, aus hansischer Blütezeit stammende hamburgische Bergenfahrer-Gesellschaft hinsichtlich des schottischen bzw. Berger-Herings diese Position ein. Um sie zu unterscheiden, waren die holländischen Heringe in besseren und stabileren Eichenfässern, die anderen Sorten in Fässern aus Föhren- oder Tannenholz verpackt. Immer häufiger aber kam es vor, daß die Heringe aus anderen Produktionsländern auch in Eichenfässer eingelegt und als holländische angeboten wurden. Deshalb schickten die Holländer in den 1660er Jahren Faktoren und Kontrolleure nach Hamburg, die als Zwischenhändler fungierten und damit die Ware auch zum Ärger der Schonen-fahrergesellschaft verteuerten. Dies und häufigere Klagen über die schlechte Packung holländischer Heringsfässer lenkten das kaufmännische Interesse der Schonenfahrergesellschaft auf den schottischen Hering, und sie schickte schon 1668 eigene Schiffe nach England, um dort schottischen Hering einzukaufen.

Eine starke Lobby hatte zumindest ein Konkurrent der holländischen Heringe in Hamburg mit den Bergenfahrern. Sie forderten 1708 den freien Handel für alle Heringe, strenge Vorschriften für die Verpackung in Fässern aus unterschiedlichen Holzsorten und bestimmte Plätze zum Wracken und Umpacken der schottischen und Berger-Heringe und zum Zirkeln und Taxieren der Fässer, was aber auf keinen Fall durch die Schonenfahrer geschehen dürfe. Die Bergenfahrer fanden in dem englischen Gesandten in Hamburg einen starken Bundesgenossen, mit dem es sich die Hamburger nicht verderben wollten und aus handelspolitischen Gründen auch nicht konnten. Am 31. Januar 1711 beschloß deshalb der Hamburger Rat, den schottischen Hering dem holländischen gleichzustellen. Er durfte schon vor dem 24. Juni gefangen sein, für ihn sollten besondere Räume für das öffentliche Umpacken eingerichtet und Wracker und Packer von Amts wegen eingestellt werden.

Die Drohung der Holländer, nun Hamburg nicht mehr zu beliefern, sondern in Glückstadt ein Magazin anzulegen und dort holländische Packer und Kontrolleure anzustellen, fruchtete nicht mehr. Der holländische Hering hatte seine herausragende Stellung auf dem großen deutschen Markt verloren. Die Zahl der auf Hochseeheringsfang ziehenden Kielschiffe sank in Holland von nun an unaufhaltsam bis zum Tiefpunkt mit 86 Buisen im Jahre 1863, darunter allein 53 aus Vlaardingen, einer Heringsmetropole. Danach ging es wieder aufwärts, und 1892 zählte man schon wieder 221, darunter 95 Schiffe aus Vlaardingen. Die Engländer förderten ihre erstmals schon im 7. Jahrhundert in einer Klosterchronik erwähnte Heringsfischerei mit Staatsprämien. Diese nahm vor allem im 19. Jahrhundert eine gewaltige Entwicklung und hat alle Konkurrenten weit hinter sich gelassen. Der Deutsche Fischerei-Verein schickte 1874 einen Fischereisachverständigen nach Schottland, der dem preußischen Landwirtschaftsminister berichtete, daß 1873 aus Schottland 15 095 Boote mit einer Besatzung von insgesamt 45 564 Mann auf Heringfang gefahren waren.

Ebenso viele Personen waren an Land mit dem Kaaken und Verpacken beschäftigt. Von Schottland und der Ostküste Englands aus, wurde am Ende des vorigen Jahrhunderts fast ganz Europa mit Salzheringen versorgt, und Deutschland war der größte Abnehmer. Die Produktion der Holländer betrug in den 1860er Jahren jährlich zwischen 30 000 und 40 000 Fässer/Tonnen und stieg bis etwa 1905 auf gut 500 000 Tonnen. Die Schotten fingen schon am Anfang des 19. Jahrhunderts 130 000, 1840 dann 500 000 und ca. 1905 mehr als 1,5 Millionen Tonnen.

Abriß der Revidirten Zirckel/

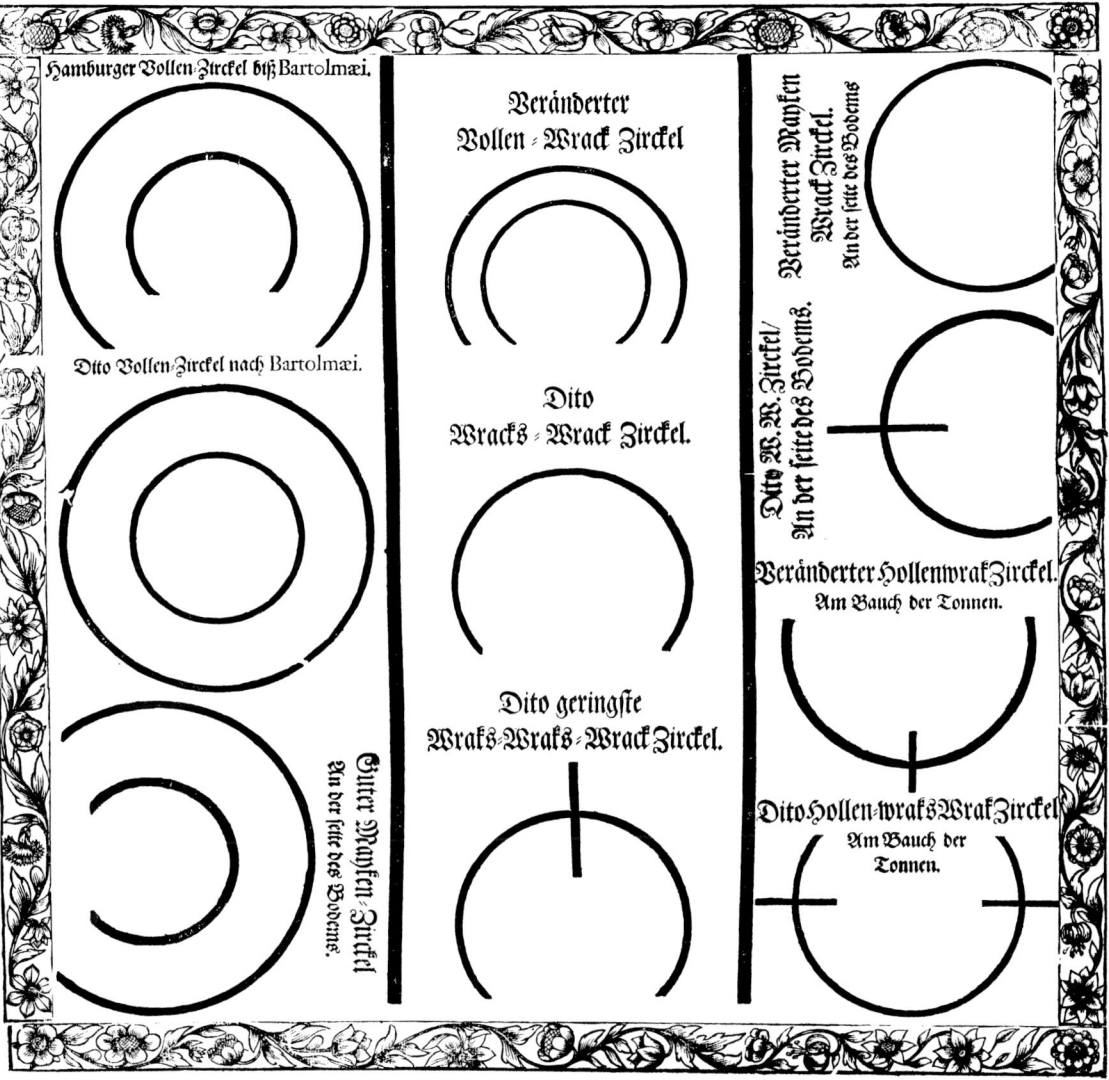

»Abriß der Revidirten Zirkel, womit in Hamburg die Häring-Tonnen nach ihrer Würde und Tugend von denen beeydigten Häringwardirern [= Heringsprüfer, die woanders oder früher auch Heringswracker hießen; wracken bedeutet ursprünglich die schlechten Heringe von den guten aussortieren] bezeichnet werden. Anno 1702. Ady 25 Juli.« Bedeutung der linken Zirkel von oben: Vollheringe, die vor dem 24. August gefangen sind; Vollheringe, die nach dem 24. August gefangen sind; gute Matjes. Die folgenden Zirkel sind im Vergleich zur früheren Kennzeichnung verändert worden. Die mittleren bezeichnen von oben: für »Vollen-Wrack-Hering«, also für beschädigten Vollhering; für »Vollen-Wrack-Wrack« oder Vollherings-Wrack-Wrack, der schlechter ist als der Vollherings-Wrack, aber nicht so stark beschädigt wie der »Vollen-Wrack-Wrack-Wrack«. Die Zirkel rechts bedeuten von oben: Matjes-Wrack, Matjes-Wrack-Wrack, »Hollen-Wrack« das ist hohler oder abgelaichter Ihlen-Hering und Ihlen-Wrack-Wrack.

33

Die Heringsfischerei Deutschlands bis 1872

Nach dem Ende der Schonenfischerei gab es in der Ost- und Nordsee noch eine kleine deutsche Küstenfischerei auf Hering, z. B. im Winter in der Elbmündung, im Mai in der Schlei und auch eine um Helgoland, die von 1500 bis 1550 bestand. Die hier gefangenen Heringe wurden als frische oder geräucherte im Nahbereich vermarktet.

Erst nachdem 1552 in Emden der Heringsfang »opgerichtet«, fünf Buisen gebaut und 1553 »de van Emden itliche herinck busen um den herinck to vangen togerichtet« waren, begann das Kapitel der deutschen Hochseefischerei, hier eingeschränkt auf den Hering, die sich nach 1872 auch »große deutsche Heringsfischerei« nannte, die wir aber, um Verwechslungen mit der Hochseefischerei auf Frischfang (auch Heringe) zu vermeiden, als Loggerfischerei oder Loggerheringsfischerei bezeichnen. Die Initiatoren dieser Emder Heringsfischerei werden kapitalkräftige Holländer gewesen sein, die wegen des 1552 begonnenen spanisch-französischen Krieges – die Niederlande gehörten zu Spanien – einen neutralen Hafen für ihre Unternehmungen aufsuchten, um den französischen Kriegs- und Kaperschiffen mit einer neutralen Flagge zu entgehen. Der 1566/68 entstehende Aufstand der Niederlande gegen Spanien, der erst 1648 mit der Unabhängigkeit der Niederländer endete, förderte weitere Aktivitäten emigrierter Niederländer in Emden. Auch das 1616 gegründete Glückstadt profitierte später von ihnen, denn seine um 1640 für damalige Zeiten große Flotte mit einer Ladekapazität von 4300 Last gehörte zum größten Teil holländischen Schiffern, die wegen der Neutralität Dänemarks vorübergehend im dänischen Glückstadt Quartier genommen hatten. Um die Mitte der 1640er Jahre hatte sich Glückstadts Flotte um 90% verringert, weil die Holländer in ihre Heimat zurückgekehrt waren. Zeitgleich damit stammt die letzte gesicherte Notiz von der Emder Heringsfischerei im 17. Jahrhundert aus dem Jahr 1643.

Hochseeheringsfang von Emden aus ist also im 16. und 17. Jahrhundert neunzig Jahre lang hauptsächlich wohl von Holländern betrieben worden. Da in Holland strenge Heringsordnungen galten, bekam auch

Emden – sicherlich nach holländischem Vorbild – eine solche »Ordnung des Herings«, wie er sortiert und klassifiziert, wie die Heringstonnen mit Brandeisen markiert, wie der Fang gesalzen, verarbeitet und wie die Heringe gelegt und gepackt werden sollen. Diese Ordnung beschlossen Bürgermeister und Rat von Emden 1597 und ließen sie drucken, um sie allen Beteiligten aushändigen zu können. (Sie ist von Johannes Hendrik Sonntag als Faksimile und in einer Transkription wiedergegeben und ausführlich kommentiert.) Sie hat vieles gemeinsam mit der schon erwähnten Vereinbarung zwischen den Holländern und Hamburg von 1609, die den holländischen Heringen in Hamburg ein Monopol einräumte. Vielleicht ein weiterer Beweis dafür, daß die Emder Heringsfischerei im 16. und 17. Jahrhundert ein exterritoriales holländisches Unternehmen war. Die Hamburger haben, als sie Schwierigkeiten mit der Vermarktung der holländischen Heringe bekamen, in den 1660er Jahren versucht, selbst vor Schottland zu fischen, aber wohl doch nur dort Heringe eingekauft.

Im benachbarten dänischen Altona initiierte der Großkaufmann, Finanzmakler und Spekulant Heinrich Carl Schimmelmann 1767 eine vom dänischen Staat subventionierte Heringsfischerei-Kompanie. Sie besaß 1769 schon 13 Buisen und einige Jager. Wegen finanzieller Schwierigkeiten wurde sie 1780, als ihr 28 Buisen und 3 Jager gehörten, verstaatlicht. In den napoleonischen Kriegen kaperten die Engländer 1807 achtzehn Altonaer Heringsbuisen im Helgoländer Hafen. Dieser Verlust bedeutete das Ende der Heringsfischerei-Kompanie.

Nach dem Aussterben des ostfriesischen Fürstenhauses übernahm Preußen als Landesherr das Erbe mit dem Nordseehafen Emden. Wohl auf Initiative Friedrichs II. von Preußen, der vor allem seine schwer leidenden Westprovinzen nach dem von ihm begonnenen Siebenjährigen Krieg (1756-1763) fördern mußte, wurde 1769 eine neue, jetzt preußische Hochseefischerei durch ein auf fünfzehn Jahre ausgestelltes Privileg gegründet. Das königliche Privileg, »Octroy«, sah vor: alleiniges Heringsfangrecht in Preußen für Emden, Ausrüstungs- und Fangprämien, Steuer- und Zollvergünstigungen, Abgabenfreiheit sowie Ausfallgarantien für Aktien, Mannschaften und Betriebsanlagen. Schon 1770 schickte die neue Emder »Herings-Compagnie« sechs Buisen zum Fang, die bezeichnenderweise unter anderem Berlin, Königsberg und Emden hießen. 1787 wurden die Privilegien bis September 1799 von Friedrich Wilhelm II. verlängert.

36

Unter dem Schutz des preußischen Staates war die Flotte der Buisen auf 55 angewachsen. Als aber das Privileg 1799 nicht verlängert wurde, die Kriege mit Frankreich und besonders die von Napoleon verhängte Kontinentalsperre, die gegen England gerichtet war, 1806 die Schiffahrt und die Fischerei lahmlegten und als Ostfriesland mit Emden auch noch vorübergehend Holland angegliedert wurde, endete die Fangtätigkeit der Gesellschaft. Sie löste sich 1811 auf. Schon als im März dieses Jahres die Schiffe der Kompanie verkauft wurden, legten Emder Kaufleute den Grundstein zu fünf neuen kleinen Einzelgesellschaften, die aber erst nach dem Sieg über Napoleon 1814 die Heringsfangfahrten wieder aufnahmen. 1815 gingen von Emden aus 52 Buisen in See. Da aber das Königreich Hannover, an das Ostfriesland 1815 gefallen war, nur geringe Hilfe durch Einführung eines Zolls auf importierte Heringe gewährte, löste sich bereits 1821 die größte der fünf Gesellschaften auf. Ihre Schiffe wurden nach Holland verlegt.

1853 gab es in Emden nur noch sechs Buisen der Gesellschaft Harmonie, die 1858 durch einen Großbrand so geschädigt wurde, daß sie aufgeben mußte. Der deutsche Salzheringsmarkt, der wegen der wachsenden Industrialisierung, der Bevölkerungsvermehrung und Bevölkerungsverdichtung expandierte, war nun ausschließlich auf Importe angewiesen.

Der Vollständigkeit halber sei noch erwähnt, daß es einige weitere kleine Heringsfischereiunternehmen im 19. Jahrhundert gab, die aber bald wieder eingingen. 1806 wurde in Bremen die Heringsfischerei Compagnie als Aktiengesellschaft gegründet, und, nachdem sie mit zwei aus Emden gekauften Buisen Probefänge gemacht hatte, noch im selben Jahr wieder aufgelöst, jedoch am 1. Januar des nächsten Jahres neugegründet. Sie schickte 1817 neun Buisen auf See, die aber nie ausreichend Heringe fingen, um den Betrieb rentabel führen zu können. Die Kompanie mußte sich 1821 auflösen, wurde umgehend als »Neue Herings-Fischerey-Compagnie« mit dem gleichen Direktorium wieder begründet. In den 1830er Jahren fuhren die Schiffe der Kompanie nicht mehr selbst zum Fang, sondern den schottischen Fischern wurde im Fanggebiet der frische Hering abgekauft und auf den Bremer Fahrzeugen geschlachtet, sortiert, gesalzen und verpackt. Erst 1848/49 scheint der Betrieb der neuen Bremer Kompanie eingestellt worden zu sein. In den 1820er Jahren wurde versucht, mit Unterstützung des Königreichs Hannover von der Geeste aus eine Heringsfischerei zu betreiben. Aber auch hier ging man bald zum Import schottischer Heringe über. Die 1827 von Keitum aus mit drei Buisen begonnene Sylter Heringsfischerei ging schon 1831 wieder ein. Erst nachdem Emden 1866 wieder preußisch geworden war und 1871 im neuen Deutschen Kaiserreich keine Hoheits- oder Zollgrenzen den Absatz mehr behinderten und im Taumel der Reichsgründung, beflügelt durch die französischen Milliarden-Kriegskontributionszahlungen, neue Firmen und Projekte überall aus dem Boden schossen, wurde die alte Emder Heringsfischereitradition neu belebt.

Die technische Ausrüstung
der Loggerheringsfischereien auf See

Logger, Seitenschlepper, Dampfer, Trawler, Heckschlepper

Die von den Holländern für den Heringsfang auf der Nordsee entwickelten Buisen waren vorn und hinten rund und auf Kiel gebaut. »Sie waren auf Ladefähigkeit, aber nicht auf Schnelligkeit konstruiert.« (Grotewold, [1908]. S. 148.) Die Buisen hatten Ausmaße von ca. 23 Meter Länge, 5 Meter Breite und höchstens 3 Meter Bordhöhe; sie waren mit einem Groß,- hinten mit einem Treibermast für ein kleines dreieckiges Segel und vorn mit einer Fock ausgestattet. Den Buisen ähnlich waren die holländischen Hoeker, die sowohl zum Heringfang als auch zum Angeln von Kabeljau benutzt wurden. Die sogenannten Jager waren keine Fischfänger, sondern kleine Frachter, Schoner oder Briggs, die schnell segelten und zumindest bei Beginn der Fangsaison die gefüllten Fässer auf See übernahmen, um sie schnell zum Verbraucher zu befördern. Die Buisen machten pro Fangsaison in der Regel nur zwei Reisen und führten 48 Netze von etwa 1 400 Metern Länge mit.

Der Loggertyp kam aus Frankreich und wurde 1865 in Holland eingeführt. Er wurde abgewandelt, und in einigen Jahren war der Ende des 19. Jahrhunderts vorherrschende Typ mit einem großen umlegbaren und einem kleineren Besanmast entwickelt. Der Logger war mit seinen 22,5 Metern Länge, 5,9 Meter Breite und 2,85 Meter Bordhöhe und einem Rauminhalt von ca. 239 Kubikmetern ein scharf gebautes, schnell segelndes Schiff. Der Regierungsbaumeister [Theodor] Janssen beschreibt ihn empfehlend in seiner Glückstädter Denkschrift »Hochseefischerei auf Häring in der Nordsee« 1893 (S. 11 und 21): »Der Aufschwung der holländischen Hochsee-Häringsfischerei wurde im wesentlichen herbeigeführt durch den gänzlichen Umschwung im Betriebe, der mit dem Jahre 1857 angefangen hat. Diese Verbesserungen bestanden namentlich in der Ersetzung der plumpen, schwerfälligen Buisen durch größere, schnellsegelnde Schiffe, Logger, in der Einführung der leichten baumwollenen Netze statt der schweren Hanfnetze und in der Ersetzung des Monatslohnes an die Bemannung durch das System der Antheile am Fange...

Der Hauptvorzug der Logger liegt nun in der regelmäßigen Raschheit, mit welcher sie eine Fangreise erledigen. Dieselben machen jährlich 4 bis 5 Reisen, während die alten Buisen gewöhnlich nur eine, höchstens zwei Reisen machten, sowie neben ihrer Seetüchtigkeit auch darin, daß sie mit einer größeren Zahl der leichten baumwollenen Netze fischen können. Während eine alte Buise nur 48 Netze an Bord hatte, führt ein Logger 70 Stück mit (= ca. 2 000 Meter). Da die Häringsschiffe an ihrer Netzfleeth gewissermaßen vor Anker liegen und mit derselben forttreiben müssen, so ist es für sie von der größten Wichtigkeit, daß sie bequeme Schiffe sind und wenig Windfang haben. Diese Eigenschaften besitzen die Logger in hohem Grade. Der Rumpf ragt nur wenig aus dem Wasser hervor, der Vordermast kann gestrichen werden, sodaß die Logger wie große Boote zu Wasser liegen. Das kleine Besansegel am Hintermast genügt als dann vollständig, um beim Fischen das Schiff manövrirfähig zu erhalten...

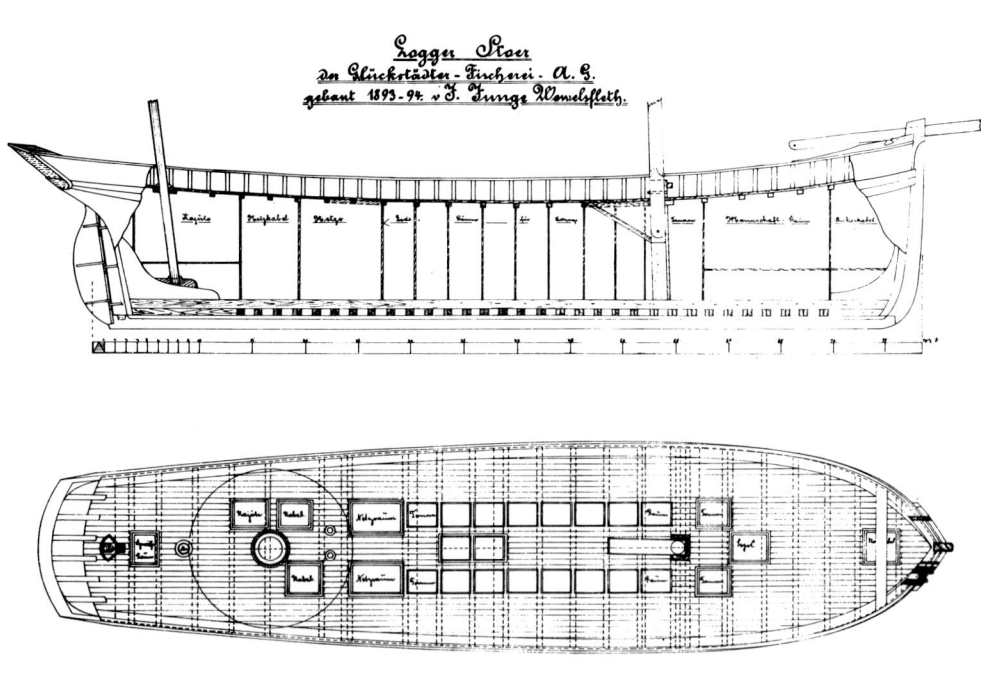

40

Die Schiffe, Logger, führen 2 große Masten mit Vor- und Achtertakelage und zeichnen sich durch große Segelgeschwindigkeit aus, ihre Tragfähigkeit beträgt durchschnittlich 100 britische Registertons = 50 Lasten [100 000 kg]. Vorne auf dem Schiff befindet sich das Kabelgatt zur Aufbewahrung der Ankerreepe, dann folgt das Volkslogis [Mannschaftsunterkunft] und darauf der Raum zur Bergung [Unterbringung] der Häringstonnen, der durch Zwischenwände in verschiedene Abtheilungen getheilt ist. Hinter diesem liegt ein Fischraum zur ersten Aufnahme der Häringe, so wie sie aus den Netzen kommen, dann noch eine Abtheilung für Netze, sowie eine andere zur Bergung von Segeln, Tauwerk und sonstigen Schiffsutensilien, und schließlich vor dem Hintersteven eine kleine Kajüte für den Schiffer und Steuermann. Alle Abtheilungen sind mit besonderen Luken versehen. Zu jeder Seite des Fischraumes befindet sich eine mit der Verschanzung verbundene große offene Backe, Krippe genannt. Auf der Rehling, in der Mitte dieser Krippen, befindet sich, und

Der Glückstädter Segellogger SG *2 Stör.*

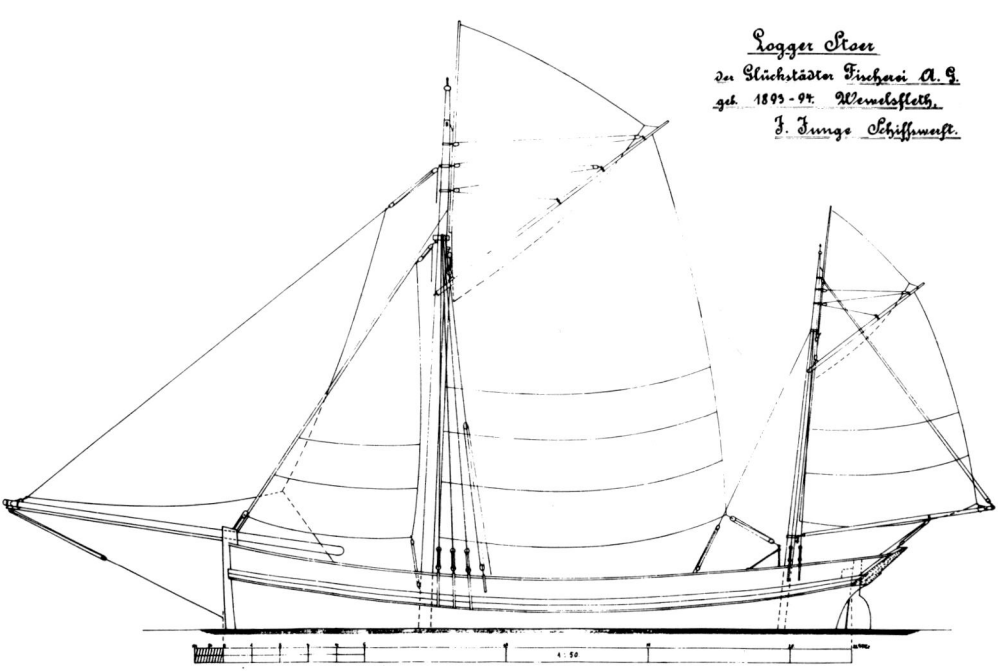

zwar an beiden Seiten des Schiffes, je ein mit Rollen versehener Fallreep, durch welche die Netze eingeholt werden. Letzteres geschieht auf die Weise, daß das Fleethreep um das auf dem Hinterdeck befindliche Spill gezogen und die Netze abgeknüpft und seitwärts eingeholt werden. Das Drehen des Spills wird von 4 Mann, den Spilläufern besorgt, welche dabei einen Weg von 2 deutschen Meilen zurückzulegen haben.

Ein solcher Logger für 400 Tonnen Häringe kostet einschließlich Inventar, aber ohne Netzausrüstung, 25 000 Mark. Die Logger dürften im übrigen noch weiterer Verbesserung fähig sein, z. B. durch Aufstellung eines Petroleummotors zum Drehen des Spills, sowie zum Betrieb einer Hülfsschraube bei Windstille u. a. ...«

Eine »ungewöhnlich genaue und detaillierte« Baubeschreibung und entsprechende Zeichnungen des bei Gustav Junge in Wewelsfleth 1893/94 gebauten Glückstädter Segelloggers Stör befinden sich im Deutschen Schiffahrtsmuseum in Bremerhaven und sind von Herbert Karting 1985 im letzten Band seines dreibändigen Werkes »Schiffe aus Wewelsfleth« veröffentlicht worden. (Über Heringslogger siehe auch Karting in »Schiffe aus Wewelsfleth«, Bd. 1 und in »Geschichte der Lühring-Werft in Hammelwarden...«.)

Die erste wichtige technische Neuerung für den Logger war Anfang der 1890er Jahre der Dampfspill. Vor seiner Einführung liefen bei normalem Wetter vier Mann um den Gangspill, indem sie gegen die hölzernen, in den Spillkopf gesteckten Hebel (= Spaken) drückten, und das Reep, an dem die Netze hingen, an Bord zogen. Bei schlechtem Wetter mußten weitere Männer helfen, und oft konnten die Netze nicht eingeholt werden. Die durch einen Petroleum- oder Kohleofen angetriebene Dampfwinde blieb oft lange die einzige technische Neuerung, die Eingang auf einem Segellogger fand. Sie ermöglichte den Einsatz von längeren Netzen. Die Fleet wuchs von 70 auf 100 Netzlängen. Im Rahmen eines Preisausschreibens zum Entwurf von Fischereifahrzeugen anläßlich der Berliner Gewerbeausstellung 1896 legte W. Laas den »Entwurf eines Heringsloggers mit Hilfsmaschine« vor, der in den Abhandlungen des Deutschen Seefischereivereins 1897 veröffentlicht ist. Er war 24,5 Meter lang, 6,4 Meter breit, 3,2 Meter hoch und hatte vollbeladen mit 450 vollbepackten Kantjes und 25 Fässern mit Vorrat einen Tiefgang von 2,32 Metern. Seine Maschine war 70 PS stark. Er sollte nicht mehr aus Holz, sondern aus Stahl gebaut sein. Dieser später Dampflogger genannte Typ war ein Segellogger mit Hilfsmaschine. Er war unabhängiger vom Wind beim Aufsuchen der Fischgründe. Beim Fischen unter starkem Wind konnte das Fahrzeug durch leichtes Gegendampfen die Beanspruchung des Reeps vermindern und auch bei drehendem Wind noch fischen. Schornstein und Mast konnten niedergelegt werden, damit wurde dem Wind weniger Widerstand geboten und verhindert, daß das Schiff beim Fischen zu sehr abdriftete. Mit 56 500 Mark, davon allein 15 500 Mark für die Maschine, war er doppelt so teuer wie sein hölzerner Kollege. Nach diesen Plänen stellte die Bremen-Vegesacker Heringsfischerei 1901 den ersten auf der Werft Bremer Vulkan gebauten eisernen Logger mit Hilfsmaschine »Welle« in Dienst. 1902 lief der erste Motorlogger, der einen Dieselmotor hatte, vom Stapel. Nach Überwindung technischer Schwierigkeiten folgte der nächste deutsche Motorlogger erst 1911. Die Forderung nach einer möglichst großen Ladekapazität stand beim Loggerbau im Vordergrund. Ihr hatten sich vor allem auch die Mannschaftsräume unterzuordnen. Der Dampflogger wurde bald auf fast 28 Meter verlängert. Kapitän, Steuermann und Maschinist erhielten hinten eine etwas komfortablere Kajüte, aber für die 13 anderen Besatzungsmitglieder blieb vorn vor dem Mast nur ein beengter Raum, der von Deck durch eine hölzerne Kappe (Aufbau) mit Schuber zugänglich war. Allenfalls hinten bei der Schiffsführung stand auf Deck ein Klosett. Die Hilfsmaschine, für die in einigen Fässern Kohlen mitgenommen wurden, diente anfangs hauptsächlich zum Antreiben des Spills, zum Manövrieren im Fanggebiet und beim Ein- und Auslaufen am Beginn und Ende der Reise bei widrigen Winden.

Die Hochseefischerei auf Frischfisch favorisierte den Dampfer, der durch seine Maschine angetrieben wurde. 1885 fuhr als erster deutscher Fischdampfer die »Sagitta« mit einer 120-PS-Maschine von Geestemünde aus zum Frischfischfang. Bis 1900 stieg der Bestand der Dampferflotte auf 130 Einheiten.

Die 1898 gegründete Geestemünder Heringsfischerei setzte sofort fünf Fischdampfer sowohl für den Frischfischfang von Januar bis Mai als auch für den Salzheringsfang von Mai bis Dezember ein. Die Hochseefischerei auf Frischfisch war der Loggerfischerei technisch immer überlegen. Die Geestemünder Heringsfischerei übernahm ziemlich früh neue technische

Die nachfolgende Abb. 102 zeigt einen sogen. „Segellogger mit Hilfs-motor" von 130 PS vom Typ „Ravensberg". Die Länge zwischen den Loten beträgt 30,35 m, die Breite 7,00 m, die Seitenhöhe 3,32 m, die Ladefähigkeit 1000 Kantjes.

Bei allen Fahrzeugen in der Treibnetzheringsfischerei ist ein großes freies Vordeck vorhanden, das zum Aussetzen und Einholen der Fleet sowie zum Verarbeiten des Fanges notwendig ist. Dieses freie Deck nimmt etwa zwei Drittel des Gesamtdecks ein (Abb. 102 II). Vom Decksaufbau bis etwas vor dem vorderen Mast sind in zwei Längsreihen die Luken angebracht und zwar hinten eine Reihe von Ladeluken (LL), daran schließen sich zwei Luken zum Netzraum an (NL). Es folgen vorne wieder Ladeluken (LL), deren Backbordreihe vorne mit der Luke zum Reepraum (RL) abgeschlossen wird. Vor der Steuerbordlukenreihe steht die Winde (Wi). In der An-ordnung dieser Luken ist gegenüber früheren Loggern aus Zweckmäßig-keitsgründen eine Änderung insofern eingetreten, als bei den alten Loggern sich die Netzraumluken unmittelbar vor dem Decksaufbau befanden. Bei den neuen Fahrzeugen, die gleichzeitig zum Schleppnetzfang eingerichtet sind, ist die Lukenanordnung die gleiche, nur befindet sich vor dem Decks-aufbau unter der Brücke noch die große Winde für das Schleppnetz. Die Galgen sind nur an der Steuerbordseite angebracht.

Im Vorschiff befinden sich der Niedergang zum Mannschaftsraum, die Luke zum Kettenkasten (KL), die Pinne des Bugruders (B) und auf der Backbordseite die Bojenkrippe (BK). Im Decksaufbau (Abb. 102 III) ist vorne der Raum für den Kapitän und Steuermann untergebracht (Kp). Da-hinter liegen Motorschacht (M) und Küche (K). Bei den älteren Loggern befindet sich der Raum für Kapitän und Steuermann im Achterschiff unter Deck. Dasselbe ist auch wieder bei den Motorschiffen, die gleichzeitig für Schleppnetzfang eingerichtet sind, der Fall. Bei diesen Loggern ist im Decksaufbau neben der Küche und einem Vorraum nur noch ein Waschraum enthalten, der sich auf dem beschriebenen Segellogger mit Hilfsmotor an der Steuerbordseite des Decksaufbaus befindet (Wa). Auf der Brücke schließt sich an das Ruderhaus (Abb. 102 II, R) ein geräumiges Kartenhaus (K) an.

Die Raumaufteilung des Loggers unter Deck (Abb. I und III) ist folgende: Im Heck ist eine Segelkoje (S) und auf der Backbordseite ein Proviantraum (P) untergebracht. Davor liegen Wohn- und Schlafräume für einen Teil der Besatzung (W), dem sich nach vorne der Motorraum anschließt (M). Der mittlere Teil des Schiffsraumes wird durch den Lade-raum eingenommen (L). In diesem Teil befinden sich außerdem noch der Netzraum (N) und der Reepraum (R). Außerdem ist noch ein Raum zur Unterbringung von Frischfisch (F) vorhanden. Im Vorschiff liegen wieder Mannschaftsräume (W) und davor der Kettenkasten (I, K). Bei dem hier beschriebenen Logger liegt unter dem Mannschaftsraum der Trinkwasser-tank. Bei den größeren Motorloggern ist der Trinkwassertank vor dem Motorraum eingebaut, während sich unter dem vorderen Mannschaftsraum der Brennstofftank befindet.

44

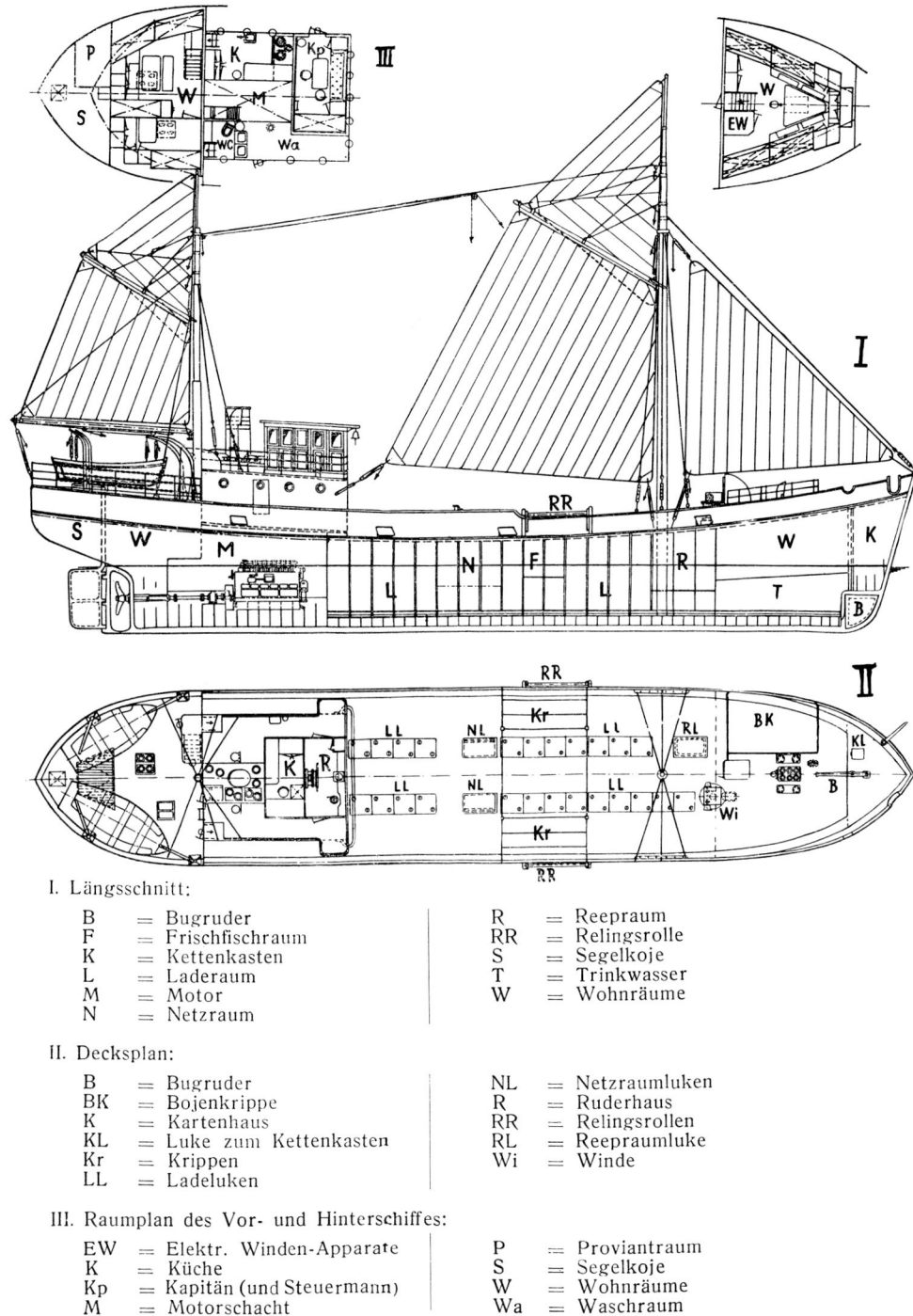

I. Längsschnitt:

B	= Bugruder	R	= Reepraum
F	= Frischfischraum	RR	= Relingsrolle
K	= Kettenkasten	S	= Segelkoje
L	= Laderaum	T	= Trinkwasser
M	= Motor	W	= Wohnräume
N	= Netzraum		

II. Decksplan:

B	= Bugruder	NL	= Netzraumluken
BK	= Bojenkrippe	R	= Ruderhaus
K	= Kartenhaus	RR	= Relingsrollen
KL	= Luke zum Kettenkasten	RL	= Reepraumluke
Kr	= Krippen	Wi	= Winde
LL	= Ladeluken		

III. Raumplan des Vor- und Hinterschiffes:

EW	= Elektr. Winden-Apparate	P	= Proviantraum
K	= Küche	S	= Segelkoje
Kp	= Kapitän (und Steuermann)	W	= Wohnräume
M	= Motorschacht	Wa	= Waschraum

Logger 1933/34.

Einrichtungen, wie Radio, Funk oder elektrische Scheinwerfer von den Frischfischfängern in ihrer Nachbarschaft, wurde aber kein Vorbild für die Modernisierung der anderen Loggerflotten. Die Hochseedampffischerei war progressiv innovativ, die Heringsfischerei hingegen technisch rückständig. Mit dem Fischdampfer begann die industrielle Produktion. Mit dem Schleppnetz fischt der Dampfer aktiv, während die Treibnetzfischerei des Loggers die passive Methode darstellt, die schon im hohen Mittelalter in der Ostsee betrieben wurde. Ebenso alt ist das Konservieren durch Salzen auch. Das Kaaken oder Kehlen des Herings an Bord gleich nach dem Fang ist eine immerhin schon Anfang des 14. Jahrhunderts erwähnte Methode und kennzeichnet vermutlich den Übergang von der Küsten- zur Hochseefischerei. Diese Erfindung reklamieren deshalb auch die Holländer, denn sie waren es, die sich zum Heringsfang auf die hohe See hinauswagten, als die Fischerei an der südschwedischen Küste immer mehr von den Hansestädten monopolisiert wurde.

Die Rückständigkeit der Loggerfischerei wird 1921 auch damit begründet, daß »der Heringsfischereibetrieb mit Rücksicht auf seine so wechselvollen und unsicheren Verhältnisse (›Lotteriespiel‹) namentlich auch mit

Kombinierter Logger nach 1936, weiterentwickelt aus dem 1933/34er Typ.

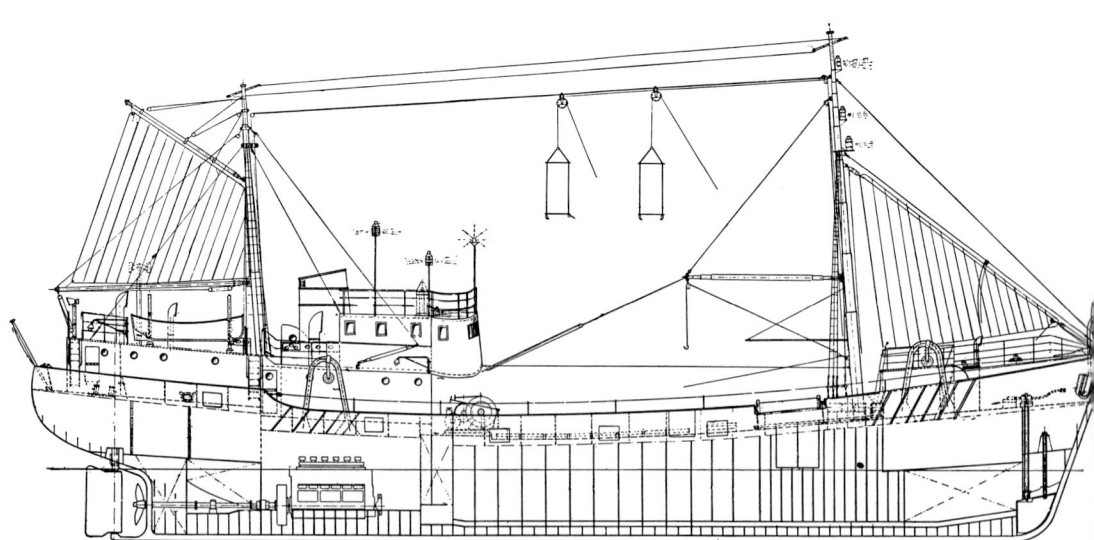

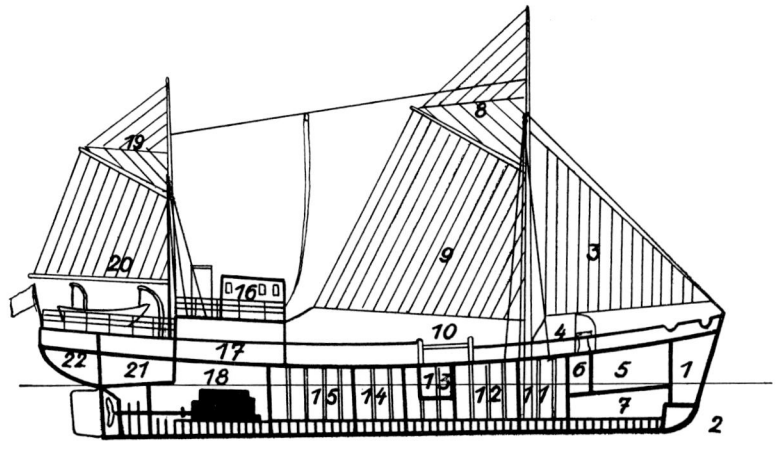

Längsschnitt durch einen Motorlogger um 1939

1. Kettenkasten, 2. Bugruder, 3. Focksegel, 4. Reepspill, 5. Mannschaftsraum, 6. Brailraum, 7. Trinkwasser, 8. Großtoppsegel, 9. Großsegel, 10. Geestrolle, 11. Reepraum, 12. Laderaum für Heringsfässer, 13. Frischfischraum, 14. Netzraum, 15. Laderaum für Heringsfässer, 16. Ruderraum. 17. Kombüse, 18. Motorraum, 19. Besantoppsegel, 20. Besansegel, 21. Offizierswohnraum, 22. Segelkoje.

Rücksicht auf schlecht ausgebildete Führer und teilweise ungeübte Mannschaften heute mehr denn je so einfach und sparsam als möglich gehalten werden muß und daß Einfachheit und Sparsamkeit sich nicht vertragen mit dem kostspieligen und komplizierten Dampfbetrieb und den damit verbundenen Anforderungen an Führer und Mannschaften, ganz besonders auch wegen seiner Abhängigkeit vom Maschinenpersonal.« (Jasper, 1921. S. 32.) Gegen die eisernen Logger hatten die Gründer der Glückstädter Heringsfischerei schon 1893 Bedenken geäußert, und auch nach dem Ersten Weltkrieg galt bei vielen Kapitänen oder Geschäftsführern von Heringsfischereien der Unterhalt von Loggern aus Stahl, der von der aggressiven Salzlauge stark angegriffen wurde, als zu kostspielig.

Die kombinierte Verwendung von Treib- und Schleppnetzen durch die Geestemünder Heringsfischerei schon Ende des 19. Jahrhunderts fand bei anderen Gesellschaften zunächst keine Nachfolge. Es blieb also bei der unwirtschaftlichen Nutzung der Schiffe nur von Mai bis Dezember.

1932 wurde noch in der Weimarer Republik über staatliche Arbeitsbeschaffungsmaßnahmen mit einem Volumen von 4 Millionen Mark ein Loggerneubauprogramm mit 30 Schiffen beschlossen, was eine umfassende Modernisierung der Loggerflotte bedeutete. Dieses Programm führten die Nazis 1933 weiter und schlachteten es später für sich propandistisch aus. Die Emder Werft Schulte & Bruns hatte einen neuen Motorlogger mit (rundem) Kreuzerheck entwickelt, der 30 Meter lang und 7

Meter breit war und einen Tiefgang von 3,30 Metern hatte. Der Antrieb erfolgte über einen 150-PS-Motor. 1 000 Kantjes konnte dieser Logger laden. Aber auch die Unterkünfte für die Mannschaft wurden vergrößert. Das ganze Schiff erhielt elektrische Beleuchtung. Die Netzfleet wuchs bis auf 5 Kilometer Länge. Das Schiff konnte 9 Knoten Geschwindigkeit fahren.

Die Weiterentwicklung dieses Typs durch die Emder Werft Schulte & Bruns führte 1936 zum Bau von kombinierten Loggern, die sowohl mit Treibnetz Heringe als auch mit dem Grundschleppnetz außerdem andere Frischfische fangen konnten und die im Laufe der nächsten Jahre bis zum Beginn des Zweiten Weltkrieges verbessert wurden. Sie wurden nochmals um vier auf 34 Meter verlängert und konnten 1 200 bis 1 400 Kantjes laden. Sie hatten einen 500 PS starken Dieselmotor als Antrieb und darauf aufbauend Elektromotoren zum Einholen des Schleppnetzes und besaßen ein Bugruder, das bei der Rückwärtsfahrt beim Aussetzen der Fleet sehr vorteilhaft war. Sie wurden mit Echolot, Richtungssucher und einer Radioanlage ausgerüstet und hatten auch bald für die Kriegsmarine Meßaufgaben während ihrer Reisen zu übernehmen. Der erste kombinierte Logger war der am 1. Juli 1937 in Fahrt gesetzte Neubau Großer Kurfürst der Emder Heringsfischerei Gesellschaft. Er fuhr 14,5 Knoten. 1939 ließ die Leerer Heringsfischerei ihre drei kombinierten Logger mit isolierten Räumen für Frischfische ausrüsten, um den Heringsfang das ganze Jahr über betreiben und damit den Mannschaften eine Dauerbeschäftigung wie auf den Fischdampfern bieten zu können.

Nach 1945 erhielten die älteren noch mit Dampfmaschinen betriebenen Logger Dieselmotoren. Die mit staatlicher Hilfe in den 1950er Jahren gebauten neuen kombinierten Logger, wie z. B. der 1955 in Dienst gestellte Leerer Logger Consul Brouer von der Werft Meyer in Papenburg, waren über 42 Meter lang und 7,70 Meter breit, hatten eine Ladekapazität von 1 400 Kantjes und waren mit Motoren von 600 bis 750 PS ausgestattet (weitere Einzelheiten zu Consul Brouer in: 50 Jahre Leerer Heringsfischerei AG. 1953. S. 15 ff.). »Ein besseres Manövrieren des Loggers, besonders vor dem Netz, wenn er eigentlich nur treibt, erzielte man durch den Einbau eines Pleuger-Aktivruders, bei dem in dem Steuerruder ein kleiner Propeller läuft, der von einem wassergeschmierten Drehstrommotor angetrieben wird. Das erste Pleuger-Aktivruder erhielt der Motorlogger

Saxnot aus Glückstadt im Jahre 1952.« (Timmermann, 1962. S. 70.) Die kombinierten Logger bekamen eine Back (Aufbau auf dem Vorschiff) wie die Fischdampfer und vor der Brücke eine Kurrleinenwinde sowie für die Scherbretter zwei Galgen.

Wegen der immer geringer werdenden Fangergebnisse ließen die Glückstädter und die Bremen-Vegesacker Heringsfischereien nach dem Vorbild der Hecktrawler der Hochseefischerei auf Frischfisch Heckfänger bauen. Sie hatten eine 1 000-PS -Maschine und faßten 2 000 Kantjes. Sie fischten ausschließlich mit dem Schleppnetz über Grund oder pelagisch. Von der typischen Arbeit auf dem alten Logger waren nur noch das Kaaken, das Salzen und Einlegen der Heringe in die Fässer übriggeblieben. Daneben wurde Frischfisch gefangen und eingefrostet. Die alten Loggerkapitäne und -mannschaften hatten Probleme mit den Heckfängern, da diese die Arbeits- und Lebensgewohnheiten, total veränderten (dazu auch u. a. der Abschnitt über den Heckfänger im Kapitel »Glückstädter Heringsfischerei«).

Hecklogger Milly Ekkenga der Fortuna Heringsfischerei GmbH Glückstadt 1965

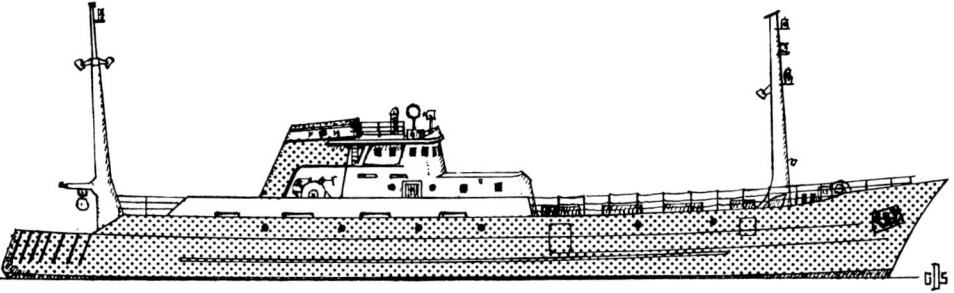

49

Die Fangtechniken

Das Treibnetz

Das ursprüngliche Fanggerät der Logger war das Treibnetz, ein passives Gerät, da die Heringe in seine Maschen hinein schwammen und dort hängenblieben. Die Verwendung des Schleppnetzes dagegen, das weite Strekken über den Meeresboden gezogen wurde, ist ein aktives Fischen, da der Hering mittels des Schleppnetzes gejagt wurde. Das Treibnetz bestand aus Netzen von 30 Metern Länge und 15 Metern Breite, die zu einer sogenannten Fleet bis zu einer Gesamtlänge von 5 000 Metern aneinandergeknüpft wurden. Auf der Meeresoberfläche schwammen die Brails, luftdichte Tonnenbojen, ungefähr im Abstand einer Netzlänge. Am Anfang, am Ende und jeweils auf einem Achtel der Gesamtlänge der Fleet waren statt der Brails sogenannte Johns befestigt, Bojen mit einer Stange und ein, zwei oder drei Wimpeln - dabei auch die Flagge des Heimatlandes des Loggers. Diese Johns zeigten den Standort des Treibnetzes besser an als die kaum aus dem Wasser ragenden Brails, obgleich durch die Länge der Fleet und des hauptsächlich nachts ausgesetzten Fanggerätes eine Kontrolle der Netze immer nur schlecht möglich war.

An jedem Brail und jedem John war ein 6 Meter langes Tau befestigt, das Brailtau, das mit dem Fleetreep verknotet war. Dieses auch nur Reep genannte Tau war eine 5 cm dicke Trosse, an der mit 7 oder 8 Meter langen dünneren Tauen, den Zeisingen, verbunden, die Fleet hing. Diese Zeisinge lagen etwa 50 cm entfernt von den Brailtauen und mündeten »in ein durch die ganze Länge der Fleeth reichendes zolldickes Tau, das durch Zusammenspleißen so vieler Enden hergestellt ist, als Netze in der Fleeth« waren (Grotewold, 1908, S.157). Dieses Tau hieß Sperreep, weil es dafür sorgte, daß die Netze sich nicht zusammenschoben sondern sperrig mit geöffneten Maschen im Wasser standen. Dünne Leinen, die Staalen/Stahlen (120 pro Netz), hielten die Netze am Sperreep fest. Auf dem Sperreep waren pro Netzlänge (30 Meter) 36 Korken befestigt, die sogenannten Floten/Flotten. Um zu verhindern, daß die einzelnen Netze zu stark durchhingen, wurden auf halber Netzlänge zwischen den eigentlichen Brails noch Halbzeisinge befestigt, die durch kleinere Brails, die sogenannten

Halbbrails, zur Wasseroberfläche verlängert waren. Unten beschwerte Blei die Netze.

Die Netzfleet, die jetzt an der Oberkante 13 bis 14 Meter und mit der Unterkante bis 28 oder 29 Meter unterhalb der Wasseroberfläche trieb, stand im Wasser wie eine Wand. Eine Fleet von gut 3 000 Metern war über 45 000 Quadratmeter groß und hatte fast 14 Millionen Maschen, in denen sich ebensoviele Heringe verfangen konnten. Ein Fang von 60 000 bis 80 000 Stück aber war schon ein guter. Ursprünglich verwendete man die schweren Taue aus Hanf, die sich leicht voll Wasser sogen. In den 1860er Jahren führten die Holländer die leichteren Baumwollnetze ein. Damit diese hielten und ihre Maschen steif und offen standen, waren sie geölt und mit Catechu, dem gerbstoffreichen Extrakt aus dem Kernholz der im tropischen und subtropischen Asien verbreiteten Akazie (Acacia catechu) getaant, d. h. gegerbt. Die Glückstädter Heringsfischereigesellschaft hatte ihre eigene Taanerei, hauptsächlich zum Nachgerben. Die Gesellschaften ließen noch Anfang des 20. Jahrhunderts ihre Netze in Holland imprägnieren, da die deutschen Netzstrickereien die gefertigten Netze unpräpariert ablieferten. Um 1908 befaßte sich nur eine deutsche Netzfabrik, und zwar die Norddeutschen Netzwerke in Itzehoe mit dem Präparieren ihrer Produkte (Protokoll der Heringskonferenz 1908). Das geschah im Gegensatz zu dem allgemein üblichen Verfahren nicht durch Trocknung in freier Luft, sondern durch künstliche Wärme in Trockenkammern, wo also Regen, Frost oder Sonne den wichtigen Trocknungsprozeß nach dem Taanen nicht beeinträchtigen konnten. In Itzehoe, der Kreisstadt des Kreises Steinburg, in dem auch Glückstadt liegt, gab es drei bedeutende Netzfabriken, die zu den größten dieses Industriezweiges in Deutschland gehörten. Die 1873 gegründete Mechanische Netzfabrik und Weberei AG war Ende des 19. Jahrhunderts die größte Netzfabrik des Kontinents. Die 1901 gegründeten Norddeutschen Netzwerke GmbH fusionierten 1927 mit der 1910 gegründeten Hochseenetzwerke AG. Es scheint so, als wäre diese Netzfabrik eine Tochterfirma der Norddeutschen Netzwerke. Denn die Hochseenetzwerke stellten als Spezialität imprägnierte Netze für die Hochseefischerei her, mit deren Herstellung sich schon 1908 die Norddeutschen Netzwerke befaßt hatten (siehe oben). Die Hochseenetzwerke AG in Itzehoe beschäftigte im Jahr 1930 482 Arbeiter und 27 Angestellte. Sie mußte 1933 Konkurs anmelden und wurde

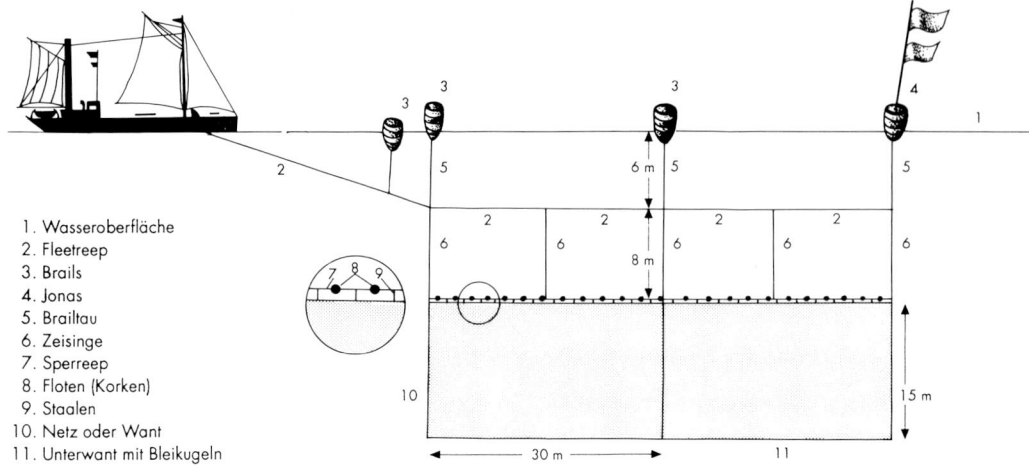

1. Wasseroberfläche
2. Fleetreep
3. Brails
4. Jonas
5. Brailtau
6. Zeisinge
7. Sperreep
8. Floten (Korken)
9. Staalen
10. Netz oder Want
11. Unterwant mit Bleikugeln

Das Treibnetz und ein Segellogger der Jahre 1922 - 1924 mit einer
Hilfsdampfmaschine; beim Fischen sind die vorderen Segel nicht gesetzt.

*Die ganze Fleet, die 5 000 Meter lang sein konnte, wurde noch in den 1920er Jahren in 8 Quartel aufgeteilt.
Das Ende der Fleet und jedes Quartel wurden durch einen Jonas markiert. Am Anfang und in der Mitte eines
Netzes waren je ein Zeising und ein Brail befestigt. In den 1950er Jahren wurden statt der hölzernen Brails auch
schon leichtere Blasen aus Kunststoff verwendet. »Als erstes ging eine bunte Blase über Bord«, berichtet Wolfgang
Berger, »also für andere Schiffe das Zeichen: Ende der Fleet. Dann kamen nach und nach 10 Blasen, an jedem
Netz eine, dann die Stange mit den drei Wimpeln (Jonas), dann wieder 40 Netze mit ebenso vielen Blasen,
dann kam der Jonas, also die Fahnenstange mit 2 Wimpeln, dann wieder 40 Netze mit 40 Blasen oder auch die
schweren Brails, je nachdem. Dann kam der dritte Jonas mit einem Wimpel und dahinter noch 30 Netze
mit 30 Brails oder Blasen bis an das Schiff.«*

Netzaussetzen.

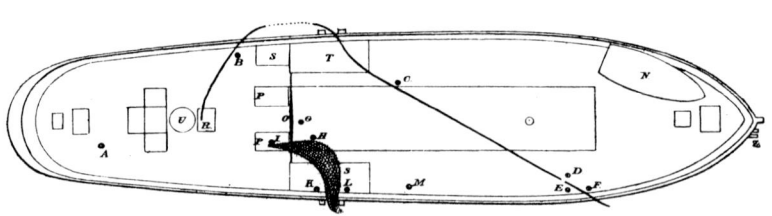

52

von der Mechanischen Netzfabrik aufgekauft, die zumindest nach dem Zweiten Weltkrieg die Grundimprägnierung der Netze nicht mehr vornahm, denn in den 1950er Jahren kaufte die Glückstädter Fischerei ihre Netze bei der Itzehoer Netzfabrik, gegründet 1873, schickte sie aber anschließend zum Imprägnieren nach Holland, da, wie es heißt, die Deutschen das Verfahren der Erstimprägnierung noch nicht beherrschten. Nur die gebrauchten Netze wurden in Glückstadt mit Catechu getaant.

Das komplizierte Fanggerät der Logger war teuer und kostete um 1895 ca. 10 000 Mark (der Segelloger 25 000 Mark), zehn Jahre später, als die Fleet wegen des Einsatzes von Dampfkraft am Spill länger sein konnte, ca. 15 000 Mark. (Das Scherbrettschleppnetz war dagegen schon für 1000 Mark zu haben.) Netzverluste entstanden beim Überfahren der Fleet durch andere Fischereifahrzeuge, vor allem Dampfer, bei schwerem Wetter, wenn die Fleet gekappt werden mußte und durch Zerreißen der Netze aus unterschiedlichen Gründen.

Die Arbeit der Mannschaft an Bord wird in einem besonderen Kapitel behandelt. Hier aber sollen die Technik des Aussetzens und des Einholens der Fleet und die Aufgaben der daran beteiligten Leute aufgrund der Beschreibungen bei Grotewold und Holm kurz wiedergegeben werden: Die Fleet wurde in der Regel abends gegen 18 Uhr ausgesetzt. Denn tagsüber befand sich der Hering zur Nahrungsaufnahme in tieferen Gewässern, gegen Abend stieg er mit dem Plankton auf in höheres Wasser. Bald nach Mitternacht, um 1 oder um 2 Uhr wurden die Netze wieder eingeholt.

Die 3 bis 5 Kilometer lange Fleet, das ebenso lange Reep, die Zeisinge und die Brails wurden an Bord getrennt verwahrt und mußten bei jedem Aussetzen, das anfangs ca. vier Stunden dauerte, zusammengeknüpft und beim Einholen wieder voneinander gelöst werden.

Beim Aussetzen hatte jeder Mann seine schon von alters her festgelegten Handgriffe zu tun. Der mit einem Bugruder ausgerüstete Logger fuhr langsam gegen den Wind. Das Netz wurde über den Bug in Windrichtung ausgesetzt und blieb über das festgemachte Reep mit dem Logger in Verbindung, der einen Zug auf das Netz ausübte, der wiederum dafür sorgte, daß die Fleet stand.

Das Aussetzen und Einholen der Netzfleet beschreibt Grotewold 1908 ausführlich mit Hilfe von Skizzen: »In welcher Weise das Netzaussetzen auf den Heringsloggern ohne Dampfwinde vor sich geht, wird aus der

Netz wird klariert.

beigefügten Skizze... leicht verständlich werden. Die von R über B und C an D und F vorbeilaufende Linie ist das Fleethreep. B ist der Jüngste (der jüngste der Matrosen, d. h. in Wirklichkeit der älteste der drei Jungens). Er muß das Reep aus dem Reepraum (R) holen. C führt das Reep um die Backbordgeesten [Führungshölzer, später Rollen] herum... zu dem Matrosen D und dem Steuermann F. Inzwischen holen G und H die Netze aus

54

Aussetzen der Netzfleet. Aus der Luke im Hintergrund kommt das Reep an Deck,
das hinten herumgeführt und vorn über Bord gelassen wird, nachdem es durch Zeisinge mit dem Netz,
das in der Mitte über Bord geht, verbunden ist.

dem Raum (P), an denen die Sperreepe mit den Korkflotten schon befestigt sind, die auch beim Einholen dran bleiben. K und L schießen das Netz über Bord.

An den Sperreepen sitzen die Zeisinge, die man jetzt an dem bei F über Bord gehenden Fleethreep befestigt. Der Matrose M und der Oudste E ergreifen zu dem Zweck die Zeisinge, die durch J [in der Regel der Abholer] aus dem Netzraum P geholt werden, und geben sie dem Steuermann F, der sie am Fleethreep festmacht [200 bis 300 Stück]. Die richtigen Plätze sind am Reep durch Marken bezeichnet [in Abständen von ca. 15 Metern durch umwickeltes Bindegarn, den Meusen]. Der Oudste D bindet derweilen die Brailtaue am Reep fest [100 bis 150 Stück, die ein Matrose mit Schwung über Bord wirft].

Ist das letzte der zur Fleeth miteinander verbundenen Netze zu Wasser gebracht, so läßt man noch ein Stück Reep auslaufen, damit die Netze

Aussetzen der Netzfleet.

nicht so dicht am Schiff stehen. Es ist leicht begreiflich, daß das Schiff um
so ruhiger hinter seiner Netzfleeth liegen wird, je größer der Zwischen-
raum zwischen beiden ist, denn die starke Durchbiegung des langen Taus
wirkt wie eine Feder. Ferner leuchtet ein, daß bei hohem Seegang der von
den Netzen ausgehende Zug gewaltig stark werden kann. Man bemißt
nun meistens die Länge des Reeps zwischen Fleeth und Schiff auf 165
Meter, doch steigert man die Länge bei Sturm auf über 500 Meter... Beim
Ausschießen der Fleeth lag das Schiff dwars [querab, rechtwinklig] mit der
Steuerbordseite gegen das Fischzeug. Ist das Reep aber auf genügende
Länge ausgelaufen, so legt man es über den Bug in die dafür vorgesehene
Klüse z [Öffnung in der Bordwand zur Führung von Ankerketten oder
Festmachertrossen. Das Reep wird in der Klüse durch Umwickeln mit
einer dicken Matte, dem Reepbett, gegen Durchscheuern geschützt und
die Klüse oben durch eine Stange verschlossen, damit das Reep nicht aus
der Klüse springen kann. Hinter der Klüse wird das Reep noch an einem
Poller an Bord belegt, also festgemacht.]. Das Schiff dreht infolgedessen
und liegt nunmehr ›hinter der Fleeth‹. Die ganze Arbeit dauert etwa vier
Stunden.

Um dem Winde möglichst wenig Angriffsfläche zu bieten, legt der hinter der Fleeth liegende Logger den Großmast um, und bleibt so, von den Wellen mehr oder weniger sanft geschaukelt, liegen, bis der Morgen graut. Dann geht es an das Einhieven des Netzes, eine Arbeit, die durch das Dampfspill... gewaltig erleichtert wird. Wo ein solches fehlt oder... defekt ... ist, müssen der Steuermann und drei Matrosen das Gangspill in Bewegung setzen (G). Sobald der Schiffer (I) dazu Befehl gegeben hat, setzen sie das Spill in Drehung, um das Reep aufzuwinden. [Das freilaufende Ende des Reeps wird in den Reepraum geleitet.] Sobald das erste Brailtau zur Hand kommt, muß der am Bug stehende Jüngste A dieses vom Reep lösen und gleich darauf auch die... Zeisinge losmachen. Er hat sich also tüchtig zu rühren, denn wenn er mit seiner Arbeit ins Hintertreffen gerät, stockt die ganze Prozedur, es kann sogar erheblicher Materialschaden ent-

Aussetzen der Netzfleet. Die Korken zeigen an, daß das Netz noch nicht gesunken ist.

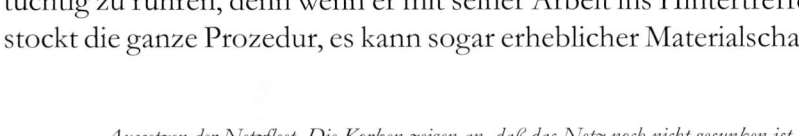

Logger der Bremen-Vegesacker Fischerei-Gesellschaft wird für die Fangfahrt ausgerüstet.
Blasen werden an Bord verstaut. Unten: Ein Jonas fliegt mit Schwung über Bord.

Links: Fritz Lösch als Schiffsjunge mit seinem Kollegen vor zwei an den Wanten befestigten Johns.

stehen. Das lose Ende der Zeisinge übernehmen nun die Leute der Gruppe E, die zu diesem Zweck nach vorn kommen und darauf das an der Zeising hängende Netz zwischen den Steuerbordgeesten oder -rollen (Y) hindurch einziehen.

Gleichzeitig nehmen die vier Mann [Gruppe E] den Hering aus den Netzen [sie schlagen das Netz im Takt, so daß die in den Maschen hängenden Fische heraus- und zumeist in die Krippen fallen] und werfen ihn in die ... Krippen (K) ... [Bei einem guten Fang oder Hol ist die Krippe bald voll, so daß ein Laderaum die Fische erst aufnehmen muß. Ein um die Krippe gespanntes, sogenanntes Finkennetz verhindert, daß die beim Ausschlagen zum Teil hochfliegenden Heringe über Bord gehen.] Die beiden Oudsten D und H haben gleichfalls ihren Platz Mittschiffs, wo sie beim Einholen des Netzes mit angreifen. Auch der Koch muß mit heran.

Brails und Boombaljen (= Holzgefäße, etwa eine halbe Tonne) im Lager des Landbetriebes.

60

Reparatur einer Blase im Glückstädter Landbetrieb 1964.

Er hat das Netz im Netzraum [F] zu bergen [seinen Namen hat er vom Ruf oder Befehl »Kock in the room!«], während der Abholer B und der Reepschießer C das Fleethreep in den Reepraum schießen [aufschießen = das Tau ordentlich zusammenlegen, damit es beim Aussetzen flott und unverheddert und ohne Buchten wieder aus dem Raum herausgeführt werden kann]. Ist die Fleeth zu drei Viertel herein, so wird das Reep vom Bug wieder nach Mittschiffs gebracht [dorthin, wo es beim Aussetzen lag], und das Fahrzeug dreht infolgedessen wieder dwars gegen Wind und See in eine etwas ungemütliche Lage. Man bemüht sich daher, auch den Rest

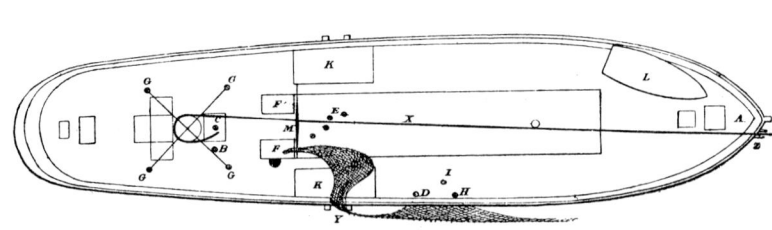

Einholen der Netzfleet.

der Netze schnell zu bergen, und ist meistens gegen 6 bis 7 Uhr morgens mit dieser Arbeit fertig. Die ganze Operation des Einholens hat ebenso wie die des Aussetzens annähernd vier Stunden gedauert...[Bei sehr schlechtem Wetter können die Netze oftmals überhaupt nicht eingeholt werden. Sie liegen dann manchmal tagelang draußen und werden bei einem guten Fang durch die verendeten Fische in die Tiefe gezogen.] Eine

Netzeinholen.

Die ersten Heringe kommen an Deck.

arge Kalamität für die Heringsfischerei sind... die enormen Verluste an Fanggeschirr... Ein Aufwand zwischen 4 000 und 5 000 Mark für Verlust und Abnutzung des Geräts im Durchschnitt pro Jahr und Logger ist als normal zu betrachten...

Gegen schweres Wetter ist der Heringsfischer... seiner Netze wegen empfindlicher als der Schleppnetzfischer, der übrigens sein größter Feind ist. Gerät ein Baum- oder Schernetz in eine Heringsfleeth, so ist die letzte unrettbar verloren. Der Fischdampfer ohne Netz kann dagegen die Fleeth ruhig passieren... Auch wenn mehrere Logger sich gegenseitig in die Fleethen geraten, ist das Unglück groß...

Nachdem das Netz sicher an Bord gebracht ist, wird der Großmast wieder aufgerichtet und man setzt einige Segel, um nicht während der nun folgenden Zeit des Stilliegens [während der Fang verarbeitet wird] ein Spielball der Wogen zu sein.« (Grotewold, 1908. S.157-165, Ergänzungen in [ ] teils durch mich, teils aus Holm, 1935.)

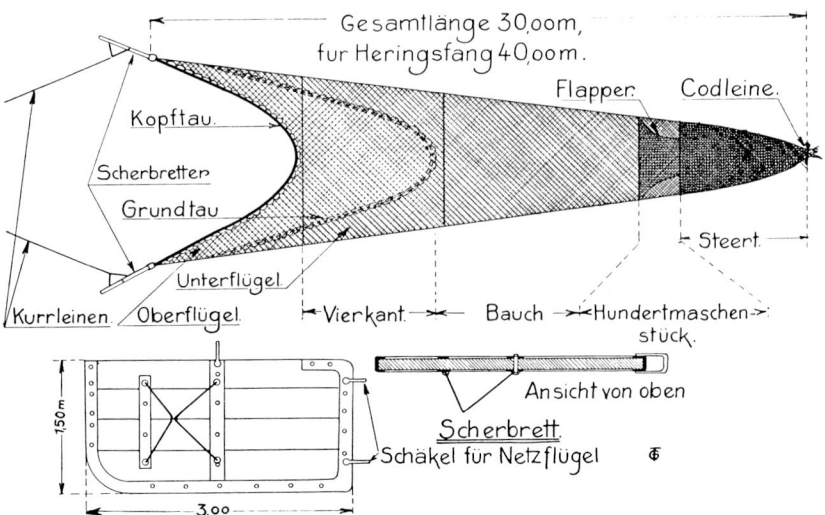

Gesamtlänge 30,00m,
für Heringsfang 40,00m.

Kopftau.
Scherbretter
Grundtau
Unterflügel.
Kurrleinen. Oberflügel.
Vierkant.
Bauch
Flapper.
Codleine.
Steert.
Hundertmaschen-
stück.

1,50 m
3,00

Ansicht von oben
Scherbrett.
Schäkel für Netzflügel

Scherbrettnetz: Einteilung und Scherbrett

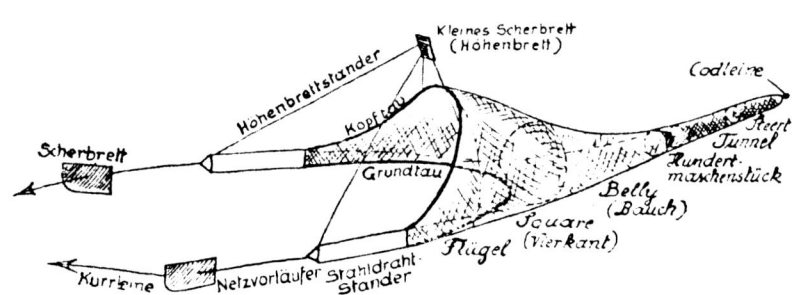

Kleines Scherbrett
(Höhenbrett)
Höhenbrettstander
Scherbrett
Kopftau
Grundtau
Kurrleine
Netzvorläufer Stahldraht-
Stander
Flügel
Square
(Vierkant)
Belly
(Bauch)
Hundert-
maschenstück
Tunnel
Steert
Codleine

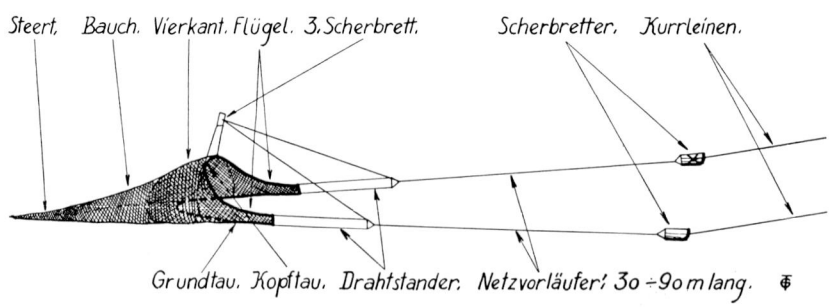

Steert. Bauch. Vierkant. Flügel. 3. Scherbrett.
Scherbretter. Kurrleinen.
Grundtau. Kopftau. Drahtstander. Netzvorläufer: 30 ÷ 90 m lang.

Grundschleppnetz für den Heringsfang

64

Das Schleppnetz und die Wade

Das Grundschleppnetz ist das Fanggerät der Frischfischdampfer oder Trawler, die damit auch auf Heringsfang gingen. Es ist die fortschrittliche und die aktive Form des Fischfanges. Während bei der Treibnetzfischerei der Fisch in die Maschen des im Meer stehenden Netzes schwamm und sich dort verfing, wird er mit dem Schleppnetz gejagt. In den Treibnetzmaschen blieben nur die größeren Fische hängen. Noch vor dem Ersten Weltkrieg begann die Trawlheringsfischerei auf den frischen Hering mit engmaschigen Netzen vor allem von Januar bis Mai. Die Treibnetzfischer hatten demgegenüber große Vorbehalte. Einmal würden viel zu junge, nicht zu verwertende Heringe mitgehen, zum anderen würde der auf dem Meeresboden lagernde Laich durch das über den Boden geschleifte Grundnetz zerstört. Die mit dem Treibnetz fischenden Heringsfischereigesellschaften aller beteiligten Länder forderten deshalb schon in den Jahren kurz vor dem Ersten Weltkrieg das Verbot der Trawlfischerei auf den Hering. 1912 unternahm der Deutsche Seefischereiverein im Auftrag der Deutschen Kommission für internationale Meeresforschung mit dem Reichsforschungsdampfer Poseidon Forschungsreisen in die Nordsee, um die Vorwürfe der Treibnetzfischer zu überprüfen. Der Erste Weltkrieg unterbrach dieses Unternehmen, und auch danach erfolgte vorerst keine wissenschaftliche Klärung, ob und wie die Trawlfischerei den Heringsbeständen schadete.

Ende der 1930er Jahre verwendeten die Heringsfischereien kombinierte Logger, die von Mai bis Dezember mit Treibnetzen auf Salz- und von Januar bis Mai mit Grundschleppnetzen auf Frischheringsfang gingen. Nun wurde, wenn die Argumente der Treibnetzfischer richtig waren – und sie bestätigten sich m. E. in den 1960er und 1970er Jahren –, auch von den Treibnetzfischern massiv gegen den Hering und seinen Nachwuchs gesündigt. Als dann in den 1970er Jahren Schonzeiten, Fangverbote und Fangquoten eingeführt wurden, gab es bis auf die Glückstädter keine deutschen Loggerheringsfischereien mehr, denen hätte geholfen werden können, abgesehen davon, daß auch sie sich den Fangeinschränkungen hätten unterwerfen müssen, und wenn sie dann wie die Glückstädter, die 1960er Jahre überlebt hätten, dann hätten spätestens die Fangbeschränkungen der 1970er Jahre für sie das Todesurteil bedeutet.

Wenn auch die Frischfischdampfer nicht mein Thema sind, so soll hier doch eine kurze Beschreibung ihrer Grundschleppnetzfischerei aus der Werbeschrift »Der Logger« von 1935 zitiert werden, denn die Fischdampfer und ihre Techniken waren modern, und die alten Treibnetzheringsfischereien nahmen sie sich bald zum Vorbild, indem sie in den 1930er Jahren auch kombiniert mit dem Grundschleppnetz fischten und zum Schluß aus lauter Verzweiflung in den 1960er Jahren ihre Hecklogger nach dem Vorbild der Fischdampfer oder der Fischfabrikschiffe – nur kleiner – bauten: »Die modernen Fischdampfer haben eine Länge von etwa 50 Meter und verfügen über eine Maschinenanlage von 600 bis 1 000 PS. Sie fischen mit einem Schleppnetz, welches... in voller Fahrt durch die Fischgründe geschleppt wird. Fischen im allgemeinen die Schleppnetze direkt über und auf dem Grunde des Meeres, so wird beim Heringsfang mit dem Schleppnetz durch eine besondere Konstruktion auch in minderen Tiefen gefischt. [Der Hering wandert mit seiner Nahrung im Laufe des Tages bis in die Nacht hinein vom Meeresgrund bis fast an die Oberfläche.] Zum Beispiel kann bei einer Wassertiefe von etwa 150 Metern das Netz so eingestellt und durch die Geschwindigkeit des Schiffes so reguliert werden, daß es die Tiefe von etwa 80 bis 100 Meter unter der Wasseroberfläche abfischt. So läßt sich im Prinzip die Tiefe abfischen, in der der Hering, abhängig von der Tageszeit gerade steht.

Das Schleppnetz wird an 2 langen Stahltrossen, sogenannten Kurrleinen, vom Dampfer gehalten, hat eine große maulartige Öffnung und verläuft zunächst sich verengend, um zum Schluß in einem großen engmaschigen Beutel den Fang aufzunehmen. Alle 2 bis 4 Stunden wird das Schleppnetz eingeholt und der Fang an Bord gebracht. Hier werden die Heringe im Laderaum, gut in Eis verpackt, untergebracht. Ein Fischdampfer fischt auf diese Weise Tag und Nacht. Eine Reise dauert ungefähr 8 bis 12 Tage [die Reise des Loggers etwa 4 Wochen] ... Nach Beendigung jeder Reise wird der Fang an Land gebracht... und in den Auktionshallen in Wesermünde, Cuxhaven oder Hamburg-Altona zum Verkauf gestellt oder versteigert. Die weitere Verarbeitung erfolgt am Lande. Große Mengen nimmt die Fischindustrie an der Küste und im Binnenlande auf, um daraus Räucherheringe, Bratheringe und andere beliebte Produkte herzustellen.«

Die eben auch beschriebene, nicht über Grund, sondern in unterschiedlichen Wassertiefen fischende Technik heißt die pelagische. Sie wurde von

Das Scherbrett des Grundschleppnetzes hängt am Galgen.
Rechts: Der Galgen, an dem das schwere Scherbrett hängt.

den Loggern der deutschen Heringsfischereien von den 1950er Jahren an in der Regel wegen zu geringer Motorleistung des einzelnen Schiffes mit zwei Loggern betrieben. Das Schleppnetz wurde von zwei Schiffen gezogen, die durch ihr Tempo und ihre Entfernung voneinander die Höhe des Netzes variieren konnten. Erst die modernen Heckfänger konnten aufgrund ihrer Maschinenleistung auch allein pelagisch fischen. Mit zwei Schiffen operierte auch die Ring- oder Beutelwadenfischerei, die vor allem von

68

den Dänen und den Norwegern und bei Island betrieben wurde. Mit diesem Netz wurden die Heringsschwärme von allen Seiten und auch von unten her umstellt und eingeschlossen. Durch eine Schnürvorrichtung wurde dann die Wade unten zusammengezogen. Bei dieser Methode hatte der Hering keine Chance zu entfliehen. Deshalb war die Ringwadenfischerei sehr einträglich. Anfang der 1960er Jahre bauten die Skandinavier mit ca. 600 neuen Schiffen ihre Flotte für die Ringwadenfischerei erheblich aus. Waren bis 1963 im europäischen Nordmeer zwischen Norwegen und Island jährlich 600 000 bis 800 000 Tonnen Heringe gefischt worden, so wurden im Rekordjahr 1966 1,6 Millionen angelandet. Der Ringwade ähnlich sind die in den norwegischen Fjorden verwendeten Sperrnetze und sonstige, auch zum Beispiel die in der Schlei gebräuchlichen Strandwaden.

Die deutsche Heringsfischerei auf neuen Wegen

Altona. Der kürzlich nach Altona verkaufte Wesermünder Fischdampfer „Friedrich Busse" hat zusammen mit einem Hamburger Frachtdampfer einen ersten Versuch unternommen, den Heringsfang außerhalb der eigentlichen deutschen Fanggründe, nämlich bei Island, zu betreiben, wo eine für die deutsche Hochseefischerei neuartige Fangmethode angewandt werden mußte; in Zusammenarbeit mit norwegischen Fischerbooten wurde hier mit der Ringwade gefischt, ein System, bei dem die Heringsschwärme umstellt, im Netz eingeschlossen und die Fische mit Catschern aus dem Wasser geschöpft werden. Die Heringe wurden an Bord des Fischdampfers sofort gesalzen und verpackt. Der begleitende Frachtdampfer nahm im Laufe der Fangzeit, die mehrere Wochen dauerte, 4200 solcher Fässer konservierter Heringe, jedes Faß 180—200 Pfund schwer, über, die jetzt in Hamburg gelöscht worden sind. Diese erste Expedition in Neuland für die deutsche Heringsfischerei wird als sehr zufriedenstellend bezeichnet. Von ihrer Fortsetzung ist ein weiterer wesentlicher Gewinn für die Eigenversorgung Deutschlands mit Salzheringen zu erwarten.

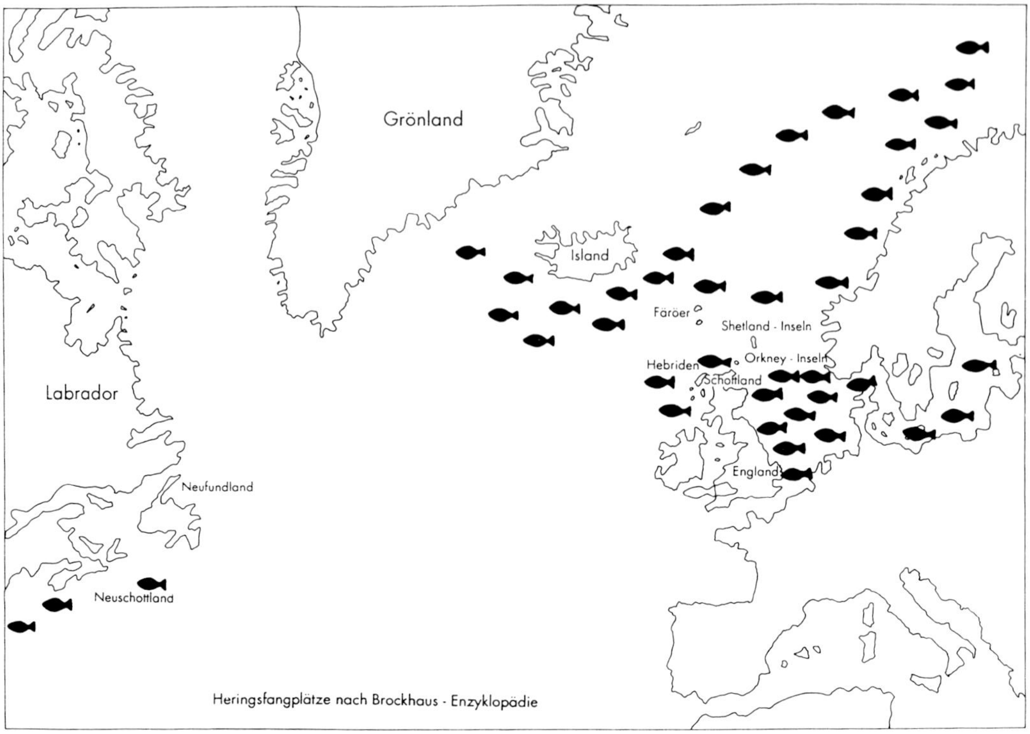

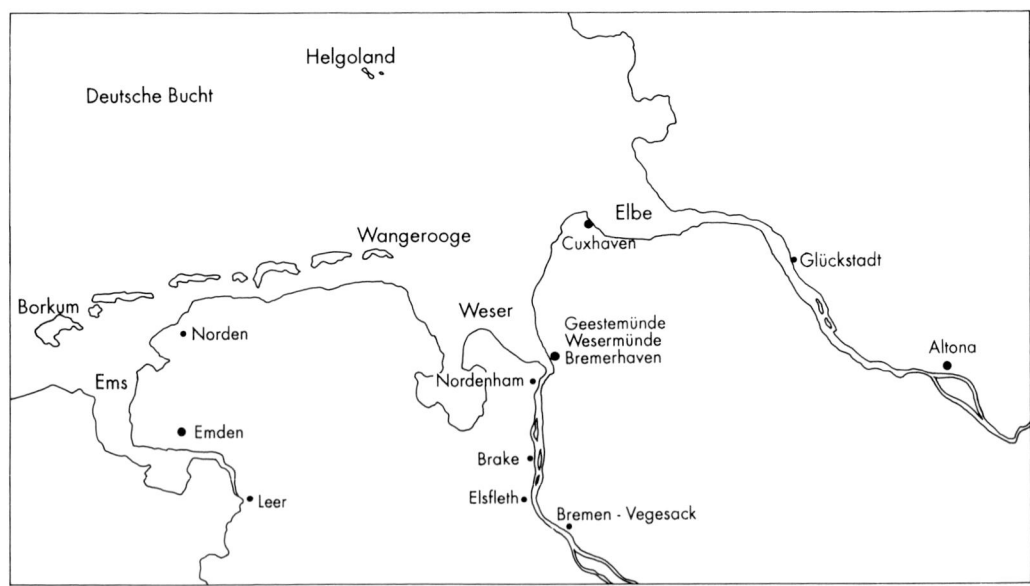

Grönland

Island

Faröer

Shetland · Inseln

Hebriden

Orkney · Inseln

Schottland

England

Labrador

Neufundland

Neuschottland

Heringsfangplätze nach Brockhaus - Enzyklopädie

Deutsche Bucht

Helgoland

Elbe

Wangerooge

Cuxhaven

Glückstadt

Borkum

Weser

Norden

Geestemünde
Wesermünde
Bremerhaven

Altona

Ems

Nordenham

Emden

Brake

Leer

Elsfleth

Bremen - Vegesack

Die Standorte der Heringsfischereigesellschaften

70

Die deutsche Loggerheringsfischerei
im Kaiserreich bis 1914/18

Die Küstenheringsfischerei in der Nordsee

Die kleine oder Küstenfischerei wurde vor allem in der Elbmündung von Mitte Oktober bis Mitte April betrieben. Ins Netz ging eine eher magere Jugendform des Herings, die zwei bis zweieinhalb Jahre alt und 15 bis 17 cm lang war. Gefangen wurden auch ein bis eineinhalb Jahre alte sogenannte Spitzen und Sprotten. Der Fang wurde zum größten Teil zentnerweise an die Gemüsebauern der Elbmarschen als Dünger verkauft, ansonsten als grüner Hering z. B. zum Braten oder Räuchern gehandelt, obwohl sich der Ostseehering zum Räuchern besser eignete. Leicht gesalzen wurde er auch zur Fischkonserve, zur Marinade, verarbeitet.

Große Schwankungen in seinem Auftreten an der Küste bedingten eine Gelegenheitsfischerei der hauptsächlich in Finkenwärder und Blankenese beheimateten Kutterfischer. Diese Winterfischerei auf Hering und Sprotten war aber für die Elbfischer und für die sonst auf Schollen, Seezungen oder Steinbutt gehenden Fischer eine wichtige, ihren Betrieb stützende Einnahmequelle.

Gefischt wurde mit einem Kutter, der neben dem Kapitän mit einem Steuermann und einem Jungen besetzt und der über Kiel ca. 17 bis 18 Meter lang und 5 bis 6 Meter breit war und einen Tiefgang von 1 bis 1,5 Meter hatte. Sein Rauminhalt betrug 100 bis 110 Kubikmeter. Jedes Fahrzeug war mit einer »Bünn« ausgerüstet, einem abgeschlossenen, sich quer über das Schiff erstreckenden Raum, in den das Seewasser durch Löcher in der Schiffswand eindringen konnte. Auf diese Weise wurden die gefangenen Seefische am Leben erhalten. Das Fanggerät war der »Hamen«, ein trichterförmiger, 24 bis 27 Meter langer Netzsack. Um 1900 wurden auch noch stehende Hamen küstennah in der Elbmündung aufgestellt.

Die jungen und kleinen Heringe traten von 1880 bis 1903, als noch 17 Millionen Pfund jährlich gefangen wurden, in Schwärmen in der Elbmündung auf. In den Jahren 1900 bis 1903 erzielte ein Fischer für eine Kiepe mit 60 bis 75 Pfund 10 bis 12 Mark. Ab 1904 blieben die Heringe weg und kehrten erst in den Wintern 1911 und 1914 in nennenswerten Mengen zurück. Da war aber die Kutterflotte schon erheblich reduziert worden, und auch die Verwertungs- und Absatzmöglichkeiten waren geringer geworden. Als der junge Hering 1911 und 1914 reichlich auftrat, konnten Handel und Fischindustrie die plötzlichen Massenanlandungen nicht bewältigen. Aber wie schon oben gesagt, wurde nur der kleinere Teil der Heringe für Nahrungszwecke verwendet, der größere als Dünger für 40 bis 80 Pfennig pro Korb verkauft.

In den Kriegswintern 1916/17 und 1917/18 hatte sich die Lage der kleinen Heringsfischerei noch einmal gebessert, da die Loggerheringsfischerei nicht durchgeführt werden konnte und weil für die Ernährung im Krieg alle Ressourcen ausgeschöpft werden mußten. Nach dem Ersten Weltkrieg wurden Fischmehlfabriken gebaut, die die kleinen Heringe, wenn man sie dann noch hin und wieder fing, zu Mastfutter verarbeiteten.

Die kleine Heringsfischerei hatte für die Ernährung der Bevölkerung nie eine wichtige Rolle gespielt. Im Vergleich zur deutschen Hochseeheringsfischerei hatte sie nur lokale Bedeutung.

Die Loggerheringsfischerei in der Nordsee

Sie ist ein Kind des 1871 gegründeten Deutschen Reiches und hat als einziges, ständig defizitäres Unternehmen die Gründerjahre im Kaiserreich, die Weimarer Republik und das Nazireich überlebt. Erst die Marktwirtschaft in der Bundesrepublik und die 1960er-Wirtschaftswunderjahre machten ihr den endgültigen Garaus. Die Gründung des Deutschen Fischereivereins (DFV) in Berlin mit dem Programm, die deutsche Fischerei zu fördern, und die Bildung der Königlich Preußischen Kommission zur wissenschaftlichen Untersuchung der deutschen Meere in Kiel 1870 leiteten die Entwicklung ein, die zur Gründung von Heringsfischereien führten. 1872 wurden die Biologische Station Helgoland und ein Fischereilaboratorium des Deutschen Fischereivereins und 1910 die Hamburger Fischereibiologische Abteilung (nach 1918 Deutsches Seefischerei-Institut und nach 1945 Bundesanstalt für Fischerei) eingerichtet.

Die Loggerflotte der Bremen-Vegesacker Fischerei-Gesellschaft am Lesumpier 1954.

Mit Unterstützung des DFV erfolgte 1872 die Gründung der Emder Heringsfischerei Aktiengesellschaft, die schon im selben Jahr den Fang mit sechs in Holland gekauften Segelloggern aufnahm. Um der Gesellschaft über die kritischen Anfangsjahre hinwegzuhelfen und um sie vor der ausländischen, vor allem holländischen Konkurrenz zu schützen, wurde ihr auf Betreiben des Deutschen Fischereivereins vom Land Preußen und vom Reich erhebliche Unterstützung gewährt. 1878 erhielt sie ein zinsfreies Darlehen von 150 000 Mark und bis 1892 Subventionen von insgesamt 238 500 Mark, wovon allein 226 500 Mark aus Mitteln des Reiches stammten. Im Reichsetat waren erstmals 1886/87 100 000, danach bis 1898 200 000 und von da an bis 1907 jährlich 400 000 Mark zur Förderung der Fischerei eingesetzt worden, deren Vergabe im Einvernehmen mit dem DFV geschah. Mit der Förderung der Hochseefischerei verfolgte das Reich auch marinepolitische Ziele. Man brauchte seemännisch geschultes Personal für die Kriegsflotte, die der Kaiser, sein Marinestaatssekretär Tirpitz und die Industrie erheblich ausbauen wollten.

1893 fuhren unter dem Erkennungszeichen AE (Regierungsbezirk Aurich, Ort Emden) 25, 1899 schon 30 Segellogger. Die staatlichen Bau-

O **Glückstadt**, 29. Dezember. Die Hochseefischerei auf
Heringe ist für die diesjährige Saison beendet, sämtliche
Logger sind in ihre Heimatshäfen zurückgekehrt. Außer
großen Netzverlusten und einigen Mannschaften, welche von
Sturzseen über Bord gerissen wurden, hat die deutsche He=
ringsfischereiflotte den Verlust von 2 Loggern samt der
ganzen Besatzung zu beklagen, sodaß etwa 35 brave See=
leute den Tod in ihrem gefahrvollen Berufe gefunden haben.
Der diesjährige Gesamtfang steht hinter dem des Vorjahres
bedeutend zurück, dafür ist aber das finanzielle Ergebnis
um so günstiger, da anhaltend hohe Preise gezahlt wurden.
— Die Heringsfischerei wurde in diesem Jahre von Deutsch=
land aus von 10 Gesellschaften (im Vorjahre 7) mit 161
Loggern, 16 Dampfern, 8 Dampfloggern und 1 Motor=
logger betrieben, welche insgesamt einen Fang von 251 245 1/2
Kantjes Heringe (gleich etwa 206 900 handelsüblich gepackten
Tonnen) einbrachten, gegen 261 651 Kantjes mit 138 Log=
gern, 10 Dampfern, 8 Dampfloggern und 1 Motorlogger
im Vorjahre. Der Erlös des diesjährigen Fanges dürfte
etwa 7 Millionen *M.* betragen, gegen 5 Millionen im Vor=
jahre. Der Gesamtfang verteilt sich auf folgende Gesell=
schaften: **Ember Heringsfischerei Akt.=Ges. in Emden** mit
34 Loggern und 1 Dampfer 39 725 Kantjes, pro Schiff
1135 (im Vorjahre 1486); **Fischerei Akt.=Ges. „Neptun"
in Emden** mit 27 Loggern und 1 Motorlogger 34 321
Kantjes, pro Schiff 1226 (1498); **Heringsfischerei „Dollart"
Akt.=Ges. in Emden** mit 17 Loggern 19 635 Kantjes, pro
Schiff 1155 (1435 1/2); **Elsflether Herings=Fischerei=Gesell=
schaft in Elsfleth** mit 21 Loggern 23 342 Kantjes, pro
Schiff 1111 1/2 (1487); **Glückstädter Fischerei Akt.=Ges. in
Glückstadt** mit 18 Loggern 21 172 Kantjes, pro Schiff 1176
(1521); **Bremen=Vegesacker Fischerei=Gesellschaft** mit 24 Log=
gern 29 963 Kantjes, pro Schiff 1248 1/2 (1508) und 8
Dampfloggern 19 836 Kantjes, pro Schiff 2480 (2753);
**Geestemünder Herings= und Hochseefischerei Akt.=Ges. in
Geestemünde** mit 9 Dampfern 25 670 Kantjes, pro Schiff
2852 (3448); **Heringsfischerei Akt.=Ges. „Großer Kurfürst"
in Emden** mit 10 Loggern 11 675 Kantjes, pro Schiff
1167 1/2; **Braker Heringsfischerei Akt.=Ges. in Brake** mit
10 Loggern 11 041 1/2 Kantjes, pro Schiff 1104 und **Fischerei
Akt.=Ges. „Weser" in Elsfleth** mit 6 Dampfern 14 865
Kantjes, pro Schiff 2477 1/2.

prämien für einen Logger betrugen anfangs 8 000, später 6 000 Mark,
20 000 Mark gab es für den Netzreservefonds, denn die Netzverluste waren hoch. Außerdem wurde der Eisenbahntarif für Transporte der
Salzheringsfässer von der Küste in das bevölkerungsreiche Industriege-
biet Rheinland-Westfalen, das für die Aufrüstung des Kaiserreiches arbeiten sollte und nicht hungern durfte, verbilligt. (Der Salzhering war ein
wertvolles und preisgünstiges Volksnahrungsmittel, mit Pellkartoffeln

Die Logger der Bremen-Vegesacker Fischerei-Gesellschaft an der Lesum.

kombiniert, galt er als ein Arme- oder Kleine-Leute-Essen.) Die finanzielle Unterstützung des Reiches endete mit Beginn des Ersten Weltkrieges und setzte erst 1925 wieder ein.

Nicht zuletzt wegen dieser staatlichen Unterstützung wurden in den 1890er Jahren weitere Heringsfischereigesellschaften an Ems, Weser und Elbe gegründet: 1893/94 die Glückstädter Fischerei AG, 1895 die Fischerei AG Neptun in Emden, 1895 die Bremen-Vegesacker Fischerei Gesellschaft, 1897 die Elsflether Heringsfischerei Gesellschaft, 1898/99 die Geestermünder Herings- und Hochseefischerei AG und 1899/1900 die Heringsfischerei Dollart AG in Emden. 1900 gab es also sieben Gesellschaften mit 118 Loggern, die mehr als 121 000 Kantjes fingen.

Bis zum Ersten Weltkrieg folgten als weitere Gründungen: 1904 die Braker Heringsfischerei AG, ebenfalls 1904 Großer Kurfürst Heringsfischerei AG in Emden, 1905 die Fischerei AG Weser in Elsfleth, ebenfalls 1905 die Leerer Heringsfischerei AG, 1907 Visurgis Heringsfischerei AG

75

Lösch- und Ladekai der Bremen-Vegesacker Fischerei.

Nordenham, 1908 Hochseefischerei Bremerhaven AG, die hauptsächlich Frischfischfang betrieb, und 1913 die Fischereigesellschaft Bremen. Versuche, nach 1906 in Leer eine zweite Heringsfischerei und auch in Papenburg eine zu gründen, scheiterten.

Man unterscheidet drei Gruppen von Gesellschaften: 1. Gesellschaften an denen Großbanken beteiligt sind, u.a. auch um anderen Unternehmungen, an denen sie beteiligt sind, z. B. Werften, Aufträge zu verschaffen. Hierzu gehören die Bremen-Vegesacker, die Visurgis und die Hochseefischerei AG Bremerhaven. 2. Gesellschaften an denen lokale Banken beteiligt sind wie an der Elsflether und der Geestemünder und 3. Gesellschaften in denen das Bank- oder Großkapital kaum Einfluß hat, deren Aufsichtsratsmitglieder an dem Ort wohnen, an dem die Fischerei ihren Sitz hat. Hierzu gehören die Emder, Leerer und die Glückstädter Gesellschaft. Die 256 Schiffe der 1913 bestehenden 13 Gesellschaften landeten etwa 444 000 Kantjes an, das waren fast 340 000 landgepackte Fässer.

1905 hatten 186 Schiffe rund 250 000 Kantjes angelandet, 1910 brachten 271 Schiffe mit ca. 502 000 Kantjes doppelten Ertrag. 1911 fuhren 284 Fangschiffe für die Heringsfischereien, so viele wie nie zuvor und niemals wieder. Sie landeten aber nur rund 417 000 Kantjes an.

1897 verfaßte der Präsident des Deutschen Seefischereivereins, Dr. Walther Herwig, eine Denkschrift mit dem Titel: »Die Große Heringsfischerei Deutschlands und die Mittel zu ihrer Hebung«. Darin führt er u. a. aus (zusammengefaßt wiedergegeben): »Der Verbrauch an Heringen betrug in den Jahren 1836-40 jährlich ungefähr 200 000 Faß, das waren 1,1 Kilogramm pro Einwohner, 1871-75 ungefähr 684 000 Faß, das waren 2,5

Logger der Leerer Heringsfischerei im Heimathafen.

Lösch- und Ladekai der Großer Kurfürst Heringsfischerei AG in Emden.

Kilogramm pro Kopf der Bevölkerung, 1891-95 ungefähr 1 272 000 Faß, das waren 3,74 Kilogramm pro Kopf der Bevölkerung«. [Die Bevölkerung Deutschlands wuchs in den Jahren 1870 bis 1910 von 41 auf 60 Millionen.] Der Import an Salzheringen hat sich zwischen 1880 und 1894 fast verdoppelt.

Die Deutschen fingen 1872 selbst nur 3 785, 1896 ca. 60 000 Faß, d. h. der Verbrauch in Deutschland wird nur zu 10% durch eigene Fänge gedeckt. Um den deutschen Eigenbedarf zu befriedigen, sind 1 500 Logger mit einer Ladefähigkeit von je 1 000 Kantjes notwendig. Hierzu brauchte man 22 500 Seeleute. Um die große deutsche Heringsfischerei [= Loggerfischerei] zu fördern, ist es nötig, die staatliche Unterstützung durch Darlehen, Fang- und Ausrüstungsprämien zu erhöhen, das Salz aus Portugal zollfrei einzuführen, vor allem aber den Schutzzoll für eingeführte Heringe von drei auf neun Mark pro Faß anzuheben.‹ In den 1880er Jahren etablierte sich in Deutschland die Hochseefischerei auf Frischfisch. Ihre Entwicklung war progressiver als die der Loggerheringsfischerei. Am 7.

Februar 1885 lief von Geestemünde aus der erste deutsche Fischdampfer, die Sagitta, in See. Bis 1897 schickte die Loggerheringsfischerei nur Segellogger mit Treibnetzen zum Fang, eine Technik, die bereits die Schonenheringsfischerei im Mittelalter verwendete. Der erste Dampfer, der 1898 erstmals von Geestemünde aus auf Heringsfang ging, war ein neuer Schiffstyp zwischen Logger und Hochseedampfer, der Frischfisch, darunter auch Heringe mit dem Schleppnetz fing. Die Geestermünder Gesellschaft übertrug die bei der Hochseefischerei gemachten Innovationen auf ihre Heringsfischerei. Sie stellte 1907 Versuche mit Scheinwerfern auf Loggern an und rüstete schon 1908 vier ihrer Logger mit drahtlosen Telegraphenapparaten aus, mittels derer gute Fangplätze oder Sturmwarnungen gemeldet werden konnten. Die Geestemünder waren ihren Kollegen weit voraus. Die Zahl der Segelloger aber stieg noch beständig bis 1909 auf 190 Einheiten. Erst ab 1902 weisen die Statistiken den ersten Dampflogger aus, der eigentlich immer noch ein Segellogger mit einer kohlenbetriebenen Hilfsmaschine und nur etwas größer als seine Vorgänger war. Beide Loggertypen lagen in der Regel zwischen Dezember und Mitte Mai im Winterquartier, und das war unwirtschaftlich. Der erste Motorlogger, der auch für den Frischfischfang von Januar bis Mai ausgerüstet war, wurde 1902 eingesetzt. Er blieb bis 1905 der einzige und schied dann aus. Erst 1910 waren wieder zwei im Einsatz und ihre Zahl stieg bis 1914 auf zwanzig.

Die Flotte der Heringsfischereigesellschaften bestand 1913 aus 256 Einheiten, darunter 152 Segel-, 72 Dampfschiffe sowie 20 Motorloggern und 10 Fischdampfern, die mit 320 000 landgepackten Fässern fast dreimal soviel wie im Jahre 1900 gefangen hatten. Dennoch war die Einfuhr nach Deutschland von etwa 1,2 Millionen Faß unverändert. Die deutsche Loggerheringsfischerei befand sich trotz aller nationalen und maritimen Schönrederei ständig in einer Notlage und war den schottisch/englischen, norwegischen und holländischen Wettbewerbern immer unterlegen. Denn von Deutschland aus waren weite Reisen zu den Fangplätzen nötig, die Zeit und Geld kosteten, während die Schotten, Engländer und Norweger den Hering vor ihrer Haustür fingen. Die lange Anreise über See zwang die deutsche Heringsfischerei, große, seetüchtige und kostspielige Fahrzeuge einzusetzen. Während die anderen Anrainer meistens täglich ausfuhren und anlandeten und bei schlechtem Wetter in ihren Häfen blieben, waren

Glückstadt.   Binnenhafen.

Segellogger in Glückstadt vor 1910.

80

die deutschen Fänger wochenlang draußen auf sich allein gestellt. Ihre Mehrkosten durch weite Reisen, teurere Schiffe und Netze, höhere Versicherungsprämien, Lohnkosten und die vom Gesetz vorgeschriebenen Sozialabgaben für 13 bis 17 Mann an Bord konnten sie nicht durch bessere Erträge ausgleichen. Die Erhöhung des Zolls auf eingeführte Heringe, die den einzelnen Hering nur um Bruchteile eines Pfennigs teurer werden ließe, wurde wiederholt gefordert. Die Zolleinnahmen sollten den Heringsfischereigesellschaften über Fangprämien zugeteilt werden. (Während des Krieges bis 1925 war der Einfuhrzoll von 3 Mark für ein Faß aufgehoben. Erst 1932 wurde er auf 9 Mark erhöht.)

Hinzu kam, daß 1882 in einem internationalen Vertrag die Drei-Seemeilenzone als Schutzgebiet für die eigenen Fischer gegen die anderer Nationalitäten abgegrenzt worden war: Innerhalb von 5556 Metern ab

SG 16 Hummer lief 1904 bei Gehlsen in Glückstadt vom Stapel.

Niedrigwassergrenze durften ausländische Schiffe nicht fischen. In diesem Abkommen wurden auch die Regeln für die Unterscheidungszeichen an Schiffen und Fischfanggerätschaften (z. B. Netzen) beschlossen und den Schleppnetzfischern auferlegt, auf Treibnetze zu achten und sie nicht zu überfahren. Hiernach wurden auch Fischereiaufsichtsfahrzeuge der einzelnen Nationen eingesetzt. Es waren anfangs ausschließlich Kriegsschiffe. 1907 war das deutsche Fischereiaufsichtsschiff die Zieten, die durch drei Torpedoboote unterstützt wurde. Auch für die Heringsfischereien wichtig war die Einrichtung des Fischereihafens Cuxhaven, wo am 24. Februar 1908 die erste Fischauktion stattfand, denn hier landeten später die Heringsfänger ihre Frischware an. 1912 schlossen sich die Gesellschaften im Verein deutscher Heringsfischereien zusammmem, hauptsächlich deshalb, um effektiver Subventionen des Reiches zu erkämpfen. Hieraus erwuchs ein Jahr später die DHG, die Deutsche Heringshandelsgesellschaft mit Sitz in Bremen, über die alle Bedarfsartikel der Heringsfischereien wie Netze, Tauwerk, Holz, Tonnen, Catechu, Salz, Kohlen, Öl u.a. zentral eingekauft werden sollten, die die Heringe zentral vermarkten und für ihren

Absatz werben sollte, was sie bis 1969 dann auch tat mit Unterbrechungen im Ersten Weltkrieg, in der Nazizeit und von 1945 bis 1949. Die DHG hatte 1919 eine eigene Böttcherei oder Tonnenfabrikation in Leer eingerichtet und in Geestemünde eine Fischkonservenfabrik zur Verwertung von Heringen zweiter Wahl gefördert.

Die Hochseefischerei, auch die auf Heringe, mußte ihre Fangtätigkeit zu Beginn des Ersten Weltkrieges einstellen. Einige Logger wurden für den Fischfrischfang mit Schleppnetzen in Küstennähe umgebaut. Verschiedene Gesellschaften beteiligten sich an der Verarbeitung der durch die

Glückstadts erster Dampflogger von 1910, SG 22 Glückstadt,
der von der Kaiserlichen Marine eingezogen wurde, im Oktober 1917 auf eine Mine lief und sank,
von den Russen aber geborgen und repariert wurde.

Glückstadts zweiter Dampflogger, SG 23 *Elbe von 1911.*

zentrale Fischversorgungsgesellschaft des Reiches, die zu Beginn des Krieges gegründet wurde, aus Holland und Norwegen weiterhin eingeführten Heringe. Andere richteten ihre Landanlagen ein für Kriegsproduktionen.

1913 besaßen die Heringsfischereien 256 Fahrzeuge. Die modernen Dampf- und Motorlogger wurden von der Kaiserlichen Marine gechartert. 57 Fahrzeuge gingen bei Kriegshandlungen oder als Beute der Feinde oder durch Minen verloren. 1919 liefen schon wieder 24 Logger von zehn Gesellschaften zum Fang aus. Wegen der Minengefahr in der Nordsee war die Loggerheringsfischerei ungehindert erst wieder 1920 mit den vorhandenen 197 Fahrzeugen möglich.

Die Loggerheringsfischerei 1919 bis 1945

Etliche Logger, die im August 1914 nicht rechtzeitig ihren Heimathafen erreichten, wurden von den Engländern aufgebracht und versenkt. Ihre Mannschaften verbrachten den Krieg als Gefangene in England. Einige Logger fielen nach Ende des Krieges noch Minen zum Opfer. Die Kaiserliche Marine hatte ausschließlich die modernsten Schiffe eingesetzt.

1920 gab es noch 108 Segellogger, 1932 existierten nur noch zwei, die aber nicht mehr ausliefen. Die Zahl der Dampflogger vermehrte sich in dem Zeitraum von 52 auf 65, die der Motorlogger von 16 auf 49, 1920 fuhren 6 und 1932 5 Dampfer in der Heringsfischerei. Da die zahlreichen alten Segellogger ausgemustert wurden – ein geringer Teil wurde durch Einbau von Motoren modernisiert –, eine entsprechende Zahl anderer Typen aber nicht beschafft werden konnte, sank die Zahl der Einheiten im Zeitraum 1920 bis 1932 um ein Drittel. Die Fischdampfer der Hochseefischerei wurden in den Monaten Dezember bis März auch auf Heringsfang geschickt. Sie steigerten ihre Fänge durch Verwendung des engmaschigen Heringstrawls anstelle des bisher gebräuchlichen weitmaschigen Netzes ab 1920 beträchtlich. Die Einführung des Höhenscherbrettes ermöglichte es, das Grundschleppnetz anzuheben und den bei Nacht höher schwimmenden Hering zu fangen. Sie fingen bald weitaus mehr Heringe als die Logger.

Um den drohenden Konkurs der sechs verbliebenen Loggerfischereien abzuwenden, wurden 1925 staatliche Unterstützungen für die Treibnetzfischerei, die seit Beginn des Ersten Weltkrieges eingefroren waren, wiederbelebt. Der Einfuhrzoll von 3 Mark pro Faß wurde wieder, wie schon vor 1914, für ausländische Heringe erhoben. Die Treibnetzfischerei sollte wieder aufgebaut werden, deshalb genehmigte die Regierung der Weimarer Republik 1925 1,2 Millionen Mark für Fangprämien. Außerdem wurden alte Reichskredite gestundet. 1926 und 1927 wurden Baudarlehen für 9 neue Schiffe und 20 Schiffsumbauten gewährt. Von 1926 bis 1933 zahlte die Regierung jährlich 500 000 Mark als Fangprämien. Förderlich für die Heringsfischereien, verteuernd für die Verbraucher, wurde im September 1932 die schon lange verlangte Erhöhung des Schutzzolls beschlossen. Von nun an mußte für jede eingeführte Heringstonne 9 Mark statt vorher 3 Mark, und in anderer Verpackung 7 Mark für den Doppelzentner gezahlt werden.

Nachdem die Glückstädter Heringsfischerei AG 1931 Konkurs angemeldet hatte, später aber durch einen Vergleich gerettet wurde, gab es nur noch die drei Emder mit 56 (22 DL, 30 ML, 4 SL), die Leerer mit 20 (5 Dampfer, 14 DL, 1 ML) und die Vegesacker mit 56 Schiffen (29 DL, 23 ML, 4 SL). 1932 beschloß die Regierung auch, im Rahmen von Arbeitsbeschaffungsmaßnahmen 30 neue Motorlogger auf ihre Kosten bauen zu lassen und sie den Heringsfischereigesellschaften gegen die Eintragung einer Schuld zu überlassen. Von dieser Serie, die 1933 fertiggestellt war, bekamen die Bremen-Vegesacker 12, die Emder 6, die Leerer 5, die Gesellschaft Großer Kurfürst 4 und die Heringsfischerei Dollart 3. Die nächste Serie von 23 Motorloggern konnte 1934 ausgeliefert werden. 7 Logger gingen an die Bremen-Vegesacker, 6 an die Emder Gesellschaft, 5 nach Leer und 5 nach Glückstadt. 1934 bestand die Loggerflotte aller Gesellschaften zusammengenommen aus 169 Fahrzeugen, und zwar aus 4 Dampfern, 65 Dampf- und 100 Motorloggern. Der Vorkriegsstand war damit nicht erreicht. Die kleinere, modernere Flotte war viel erfolgreicher.

Die ebenfalls modernisierte, mit Motor- oder Dampfkraft betriebene Netzwinde ermöglichte den Einsatz von Netzfleeten bis zu 5 Kilometern Länge. Beim Einholen fuhr der motorisierte Logger der Fleet entgegen und erleichterte damit ihr Einholen. Dennoch verloren die deutschen Logger im Oktober 1928 durch stürmisches Wetter für 400 000 Mark Netze. Die Kommunikation und damit auch die Sicherheit von Schiff und Besatzung verbesserte in den 1920er Jahren die Einführung der drahtlosen Telegraphie. Der durch die telegraphische Kommunikation möglich gewordene Erfahrungsaustausch verbesserte auch die Fangergebnisse.

Als 1926 drei Logger einer Reederei unabhängig voneinander auf der Rückreise in der Helgoländer Bucht fuhren, empfing einer von ihnen mit seiner Radioanlage rechtzeitig eine Sturmwarnung, die ihn auf die offene See beidrehen ließ. Die beiden anderen – ohne Empfangsanlage – liefen in die Elbmündung und wurden von ihren Grundseen verschlungen. Diese bittere Erfahrung beschleunigte die Ausrüstung der Logger mit der neuen Kommunikationstechnik. Schon 1929 waren 200 Logger mit einer Radioempfangsstation und drei mit einer Sendeanlage ausgestattet.

*Die Glückstädter Segellogger Dorsch und Wal, die 1924 verkauft
und in der Frachtschiffahrt eingesetzt wurden.*

1935/36 wurden die ersten kombinierten Logger eingesetzt. Sie waren
mit Treib- und Schleppnetz ausgerüstet und mit 980 Raummetern größer
und mit einem 540-PS-Motor erheblich stärker als ihre Vorgänger, die nur
600 Kubikmeter groß waren und einen 145-PS-Motor hatten. Diese neuen
Logger landeten 1938 im Reisedurchschnitt 927 Kantjes an, die Motorlogger 676, die Dampfer 653 und die Dampflogger nur 550. Die kombinierten Logger wurden auch in den Monaten Dezember bis Mai eingesetzt, um dann bis Dezember die traditionellen Fanggebiete von den Shet-

Der ehemalige Logger Dorsch 1932.

lands und Orkneys bis zum Ärmelkanal zu befischen. Mit diesem neuen
Schiffstyp war also der bisherige Saison- zu einem ganzjährigen Betrieb
geworden, und die bisher streng bewahrte Unterscheidung von Logger-
und Schleppnetz- oder Trawlheringsfischerei war damit aufgehoben. 1939
waren 4 Dampfer, 48 Dampflogger, 110 Motorlogger und 8 kombinierte,
also insgesamt 168 Logger, in Bremen-Vegesack, Leer, Emden und Glückstadt stationiert. Im Rekordjahr 1937 landeten 173 deutsche Logger 970
000 Kantjes an.

Der Zweite Weltkrieg verdammte ab 1. September 1939 die deutsche
Hochseefischerei zum Nichtstun. Die Loggerfischerei konnte ihre Fanggründe nicht mehr aufsuchen. Die Fischproduktion sank auf einen kleinen Bruchteil der früheren Anlandungen. Nach dem Überfall der deutschen Wehrmacht auf Dänemark und Norwegen im April 1940 wurden
deren Seefischereien gezwungen, Deutschland mit Fisch zu beliefern. Die
deutsche Hochseefischerei mußte 341 Fischdampfer für Kriegszwecke

Oben: Im Vordergrund die beiden ehemaligen Segellogger Dorsch und Wal im Glückstädter Hafen.

abliefern, davon gingen im Kriegs- und Fischereieinsatz und in der Nachkriegszeit durch Minen und Reparationen 291 verloren. Die Loggerflotte
verlor 45 Schiffe. Da vor allem die modernsten Fahrzeuge für Kriegszwecke eingesetzt worden waren, verminderte sich die Zahl der kombinierten Logger um 90%, die der Motorlogger um 30%.

Übernahme der Glückstädter Logger 1940 durch die Kriegsmarine.

Unten: Motorlogger SG *7 Heimdall im Zweiten Weltkrieg als Lotsenversetzschiff in der Ostsee.*

91

Der Logger SG *7 Heimdall sank im Kriegseinsatz Anfang 1945 in der Danziger Bucht.*
Er wurde geborgen, repariert und der Glückstädter Fischerei noch vor Kriegsende zurückgegeben.
Kriegsbeschädigt liegt er hier am Glückstädter Kai.

Die Loggerheringsfischerei 1945 bis 1969

Von der Kriegsmarine sind während des Krieges 147 Logger nach Um- und Ergänzungsbauten als Hilfkriegsschiffe im Küstengebiet verwendet worden, die größeren als Vorposten-, Sicherungs- und Minensuchboote, die kleineren als Sperrballonträger, Taucher-, Hafenschutz- oder Artillerieschulboote u.a. 13 ältere Dampflogger interessierten die Kriegsmarine nicht. Neben den 45 Schiffen, die als Kriegsverluste zu rechnen sind, verminderte sich die Loggerflotte um weitere 9 Schiffe durch Verkauf, Abwracken usw. Bei Kriegsende verfügten die Heringsgesellschaften insgesamt über 117 Logger, Bremen- Vegesack über 48, Emden über 42, Leer über 20 und Glückstadt über 7. Davon aber konnten 1946 zunächst nur 56 (Vegesack 28, Emden 13, Leer 8, Glückstadt 7), 1947 66 und 1948 76 Logger auf Fang geschickt werden. Die verbliebenen Schiffe waren nämlich z. T. zwischen 1900 und 1910 gebaut worden und damit überaltert. Sie taugten nicht mehr zum nochmaligem Umbau.

Der Zweite Weltkrieg hatte nicht nur den Ausbau der Loggerflotte verhindert, sondern auch ihren besten und modernsten Teil vernichtet (Angaben nach Hass, 1950). In den ersten Nachkriegsjahren, als noch Beschränkungen der Militärregierung für den Schiffsbau galten, konnten die Heringsfischereigesellschaften nur ihre alten Logger zurückbauen oder modernisieren. Das galt auch z. B. für die neuen Logger, die die Emder Gesellschaft noch kurz vor der Kapitulation von der Werft erhielt, denn sie waren u.a. mit Geschütztürmen bestückt. Nach Aufhebung der Baubeschränkungen 1949 – der alliierte Kontrollrat hatte nur Schiffe bis zu 33,5 Metern Länge zwischen den Loten erlaubt, das war weniger als die modernen kombinierten Logger brauchten – verfügten die Gesellschaften nicht über die erforderlichen Mittel, Neubauten in Auftrag zu geben. 1950 betrug das Durchschnittsalter der Logger 24 Jahre gegenüber 14 Jahren 1939. Die Modernisierung auch mit den neuen Fischortungsgeräten, wie Fischlupe, Echolot oder Echoschreiber, die die Dampfer der Hochseefischereien sofort erhielten und die auch wichtig waren wegen der vielen Schiffs- und Flugzeugwracks auf dem Grund der Nordsee und im Englischen Kanal, erfolgte nur langsam.

Von 1945 bis 1949 wurde der Fang preisgebunden vom Staatlichen Fischversorgungsamt in Hamburg verteilt, danach durfte die Vermarktung wie schon in der Weimarer Republik wieder für alle Heringsfischereigesellschaften durch die Deutsche Heringshandelsgesellschaft geschehen. Nur die frischen Fische, die die kombinierten Logger zwischen Dezember und Mai fingen, wurden direkt in Bremerhaven, Cuxhaven oder Hamburg angelandet und sofort verauktioniert. Nachdem die Preisbindung durch die Hamburger Behörde am 1. September 1949 gefallen war, drängten sofort große Importe aus Holland und Norwegen auf den deutschen noch hungrigen Markt und verdarben den deutschen Gesellschaften die Preise.

Das Geschäft der Heringsfischerei blieb ein jammervolles. Die Betriebskosten lagen z. B. 1951/52 bei durchschnittlich 55,40 DM pro Faß, der Erlös bei 56,40 DM. Die Gesellschaften klagten, wie sie es von Anbeginn getan hatten, denn sie brauchten staatliche Hilfe für ein Loggerneubauprogramm. So rechneten sie vor, daß die Preise für Tauwerk, Netze, Fässer, Schiffe, Kohle und Öl sich in der Zeit von 1900 bis 1950 um 140% bis 329% erhöht hätten, die Heringspreise aber nur um 43%.

Für das von 1954 bis 1957 durchgeführte Loggerneubauprogramm wurden Gelder aus dem europäischen Wiederaufbauprogramm und andere öffentliche Förderungsmittel zur Verfügung gestellt. Nur 20 % der Baukosten mußten die Heringsfischereien anzahlen, die sie häufig auch noch über Kredite finanzierten. Ihre Verschuldung nahm beträchtlich zu, der Absatz der Salzheringe dagegen war mit dem Beginn des Wirtschaftswunders rückläufig. Der Bedarf an Heringen für den gehobenen Geschmack in Öl, in Tomatensauce, als Rollmöpse, als Bücklinge, als Gabelbissen, in Sauer, in Gelee, als Fischdauerkonserve in vielen Geschmacksrichtungen stieg jedoch. Die Heringe hierfür aber landeten die Fischdampfer der Hochseefischereigesellschaften, die sich später zu Fabrikschiffen entwickelten, in der sogenannten Trawlheringsfischerei als frische, vereiste oder tiefgefrorene Ware an. Schon 1949 fingen sie fast 179 000 Tonnen. Die Logger dagegen nur gut 27 000 Tonnen, das waren aber immerhin fast 402 000 Kantjes, für die Loggerfischerei ein gutes Ergebnis, aber nur der siebte Teil dessen, was die Trawlheringsfischerei aus der Nordsee holte. Schon 1950 wurden Bedenken von der Treibnetzheringsfischerei vorgebracht, daß die Trawlheringsfischerei mit ihren großen Schleppnetzen,

94

SG 7 Saxnot liegt am 21. Mai 1956 vor dem Fischereigebäude, bereit zum Auslaufen.

durch Verkleinerung der Maschen, durch raffinierte Scherbretter und Ortungsgeräte nicht nur die Treibnetzfischerei gefährdete, sondern letztendlich die Nordsee von Heringen leerfischen könnte. Solche Befürchtungen äußerten ebenso Schleppnetzfischer, als man dann schließlich auch noch die Heringe fischte, die beim Laichen waren und damit die Aufzucht folgender Generationen zumindest störte.

Immer weniger Heringe wurden in der Nordsee gefangen, und die kleinen Logger mit ihrem begrenzten Radius litten darunter zuerst und am meisten.

In den Jahren 1960 bis 1968 ging der Tagesfang der Logger im Durchschnitt von 85 auf 23 Kantjes zurück, obgleich 1968 vier ganz moderne Hecktrawler im Dienst waren, darunter die Milly Ekkenga in Glückstadt.

Die Umwandlung der noch bestehenden Aktiengesellschaften in GmbHs 1961 mit einem gleichzeitigen Kapitalschnitt von 1:2 oder 1:4 und gleichzeitiger, aber geringerer Kapitalerhöhung hatte wohl nur den Zweck, die im Aktienrecht vorgeschriebene Veröffentlichung der zumeist schlechten Bilanzen zu umgehen. Die 1961 eingeleitete Abwrackaktion,

Logger „Saxnot" auf erster Fangreise

Gestern abend verließ er den Glückstädter Hafen / Kurz nach Ostern wieder zurück?

Glückstadt. Seit heute mittag ist der Glückstädter Motorlogger „Saxnot" auf großer Fahrt. Bei glatter Reise wird er schätzungsweise am Sonnabendmorgen auf der Wikingbank an der südnorwegischen Küste eintreffen und mit dem Frischfischfang beginnen. Gestern abend verließ das moderne Schiff unseren Hafen und fuhr zunächst nach Cuxhaven, um Eisproviant zu übernehmen. Zahlreiche Glückstädter waren am Hafen und an der Mole, um der „Saxnot" vor Antritt der ersten diesjährigen Reise zum Abschied zuzuwinken.

Nichts war gestern nachmittag am Kai der Glückstädter Heringsfischerei von besonderer Hast oder Unruhe zu spüren. Alles ging seinen normalen Gang, als sei es das alltäglichste Ding von der Welt, daß ein Logger auf große Fahrt geht. Seeleute machen nun eben nicht viel Aufhebens von ihrer schweren und entsagungsvollen Arbeit.

Da lag nun der erst vor sechs Jahren in Fahrt gekommene moderne Heringsfänger fest vertäut und schien nur noch auf das Kommando „Leinen los!" zu warten. In den letzten Wochen hatte eine Werft ihm den letzten Schliff gegeben und ihn mit einem neuen Farbanstrich versehen. Recht schmuck sah der Logger aus, der jüngste und modernste „Dampfer" der Glückstädter Heringsfischerei, auf dem alles für die Ausreise klar war. Kurz vor 18 Uhr war der Betriebsleiter noch an Bord und beschnackte die letzten dienstlichen Dinge.

Ein paar Gäste durften sich ebenfalls auf diesem stabilen Schiff über und unter Deck umsehen. Sie staunten nicht schlecht über die vorzüglichen technischen Einrichtungen, mit denen heute ein solches Schiff ausgerüstet ist. Diese Apparaturen und Instrumente sind zwar sehr teuer, aber auf die Dauer gesehen, lohnt sich ihr Einbau auf alle Fälle. Da sah man ein Echolot, einen Echograph und eine Fischlupe, auch „Radar unter Wasser" genannt, weil dieses Gerät das Orten des Fisches in hervorragender Weise ermög-

licht. In einem anderen Raum ist der Funkpeiler zur Standortbestimmung auf See untergebracht, außerdem ein leistungsfähiges Funksprechgerät, das auf „Grenzwelle" arbeitet und die Verbindung zwischen dem auf Fahrt befindlichen Schiff und seinem Heimathafen oder den Küstenfunkstationen herstellt.

Senkrecht führten den letzten Besucher vierzehn schmale Stufen hinunter in den geräumigen Maschinenraum, das Herz eines jeden Schiffes. Mächtige Motoren blitzten dort vor Sauberkeit. Noch standen die Nadeln der Kontrolluhren still, aber nur noch wenige Minuten. Diese Maschinen entwickeln 550 PS und verleihen dem Logger eine durchschnittliche Reisegeschwindigkeit von zehn bis elf Seemeilen, das sind etwa zwanzig Kilometer in der Stunde. 1500 Kantjes fassen die Laderäume der „Saxnot", die aber, wenn es sein muß, auch noch einige hundert weitere Heringsfässer unterbringen kann.

Auf dieser heute angetretenen ersten Reise wird gefangen und mitgenommen, was „in die Netze geht", wie einer der freundlichen Männer der Besatzung sagte. Auf der Wikingbank werden es vor allem Makrelen, Kabeljau, Köhler und — wie schon so oft — der Heringshai sein, die ins Netz gehen; „Kruppzeug" fliegt gleich wieder über Bord. Etwa zwei Wochen lang wird sowohl mit Schleppnetz als auch mit Treibnetz gefischt; kurz nach Ostern hofft die Besatzung, mit guter Ladung Hamburg oder Cuxhaven wieder anlaufen zu können, um den Fisch auf dem schnellsten Wege loszuwerden. Die „Saxnot" wird wahrscheinlich erst nach der dritten Reise den Glückstädter Heimathafen wieder anlaufen. Die anderen Logger der Glückstädter Flotte laufen erst im Mai zur ersten diesjährigen Heringsfangreise aus. Bis dahin hat Logger „Saxnot" sicher schon in großen Mengen den begehrten Fisch gelandet. Unsere guten Wünsche begleiten ihn auf seine Frühjahrsfahrt in die nordischen Fanggründe. K.

96

die die Bundesregierung mit 600 DM pro abgewrackter Bruttoregistertonne finanzierte und die bis 1963 20 durchschnittlich 40 Jahre alten
Treibnetzloggern das Leben kostete, erbrachte nicht die notwendigen
Mittel zur Modernisierung der Loggerflotte. Ab 1962 zahlte die Bundesregierung Fangprämien. Diese Subvention aber wurde 1967 ebenso wie
die für Öl aufgehoben. Als verzweifelter letzter Versuch zum Überleben
ist die Heringsfischerei 1968 auf der Georges-Bank vor der nordamerikanischen Ostküste mit 14 Loggern der noch bestehenden fünf Heringsfischereigesellschaften anzusehen, darunter 6 Logger aus Bremen-
Vegesack, je 2 der Emder Heringsfischereigesellschaft, der Gesellschaft
Großer Kurfürst und der Leerer. Aus Glückstadt nahmen der ältere Logger Jakob Ekkenga und der moderne Heckfänger Milly Ekkenga teil. Die
dort gefangenen Heringe, die von Transportschiffen nach Glückstadt,
Emden und Bremen-Vegesack gebracht wurden, waren durch die Um-
schlagskosten zu teuer geworden, und sie waren mit 32 bis 35 cm zu groß
und wurden vom deutschen Verbraucher nicht angenommen. Außerdem
hatten sie durch die Umladung und den nicht fachgerechten Transport
auf den Frachtschiffen erheblich gelitten.

1967 und 1968 verzichtete das Land Niedersachsen zugunsten der vier
niedersächsischen Gesellschaften auf 2 639 690 DM Landeskredite und
erklärte, zukünftig keine weiteren Finanzhilfen mehr zu leisten. Das Land
Bremen aber war bereit, weitere Darlehen zu geben und die restlichen
Kredite beim Land Niedersachsen abzulösen, wenn die drei Gesellschaften von der Ems nach Bremerhaven umziehen würden. Dies geschah for-
mell durch Eintragung ins Bremerhavener Handelsregister am 20. März
1969. Praktisch vollzogen wurde diese Sitzverlegung jedoch nicht, »weil
bereits im Oktober des gleichen Jahres angesichts der Hoffnungslosigkeit
der Lage« und der 1969er Verluste der drei Gesellschaften an der Ems in
Höhe von ca. 4,5 Millionen DM »beschlossen wurde, den Landbetrieb
sofort stillzulegen und den Fischfang mit Saisonschluß einzustellen«
(Kannegieter, 1984, S. 13).

Auch die Bremen-Vegesacker hatten 1969 kaum noch Heringe angelandet und gaben auf. Die Glückstädter Gesellschaft mußte ebenfalls Konkurs anmelden. Schiffe und Anlagen aber konnten verkauft und der Heringsfang vom neuen Eigentümer ab 1970 fortgesetzt werden. Die Auflösung der gemeinsamen Public-Relations- und Vertriebsfirma, der Deut-

Stapellauf von SG *2 Hermod bei Schulte & Bruns in Emden, ca. März 1957.*

schen Heringshandels-Gesellschaft mbH in Bremen, die am 20. 3. 1913 ins Handelsregister eingetragen worden war, wurde am 19. 3. 1971 beschlossen. Ihre Löschung erfolgte am 16. 4. 1974.

Karen Precht hat in ihrer Magisterarbeit 1987 Aussagen und Beurteilungen von Loggerleuten über das Ende der deutschen Loggerheringsfischerei dokumentiert. Im folgenden zitiere ich daraus einige Äußerungen: »Und der Fisch, wenn er immer gejagt wird, der haut ab« (S.176); »Ja, für die beste Methode... haben wir die Fleeth gehalten, um den Hering nicht auszurotten ne ...«; »Und dat Treibnetz wie dat schon sagt, dat treibt. Meines Erachtens schwimmt er da freiwillig 'rein...« (S. 177); »Es waren die etwas jüngeren Kapitäne... Eben die Draufgänger, die auf die großen Schlepplogger kamen...« (S. 178); » ...aber sonst auf 'em Treibnetzlogger war es ruhiger, haste nachmittags deine Netze ausgesetzt, Abendbrot warste fertig, hatteste Zeit, andern Morgen um fünfe oder was haste se verarbeitet und so ging dat immer weiter, aber ruhiger war das« (S. 181 f.); »Bei den Schleppnetzen, da war dat Gemütliche denn vorbei« (S. 183); »Wenn se kombiniert fischen, das geht manchmal ne ganze Woche oder vielleicht manchmal vierzehn Tage, denn müssen sie damit rechnen, daß sie jeden Tag zusammenhängend vier Stunden Schlaf kriegen, nich mehr...« (S. 185); »Ja, und das letzte Jahr, ich bin ja aber nicht 'rausgekommen... Und dann hatten se mir in Vegesack ...'nen paar (Besatzungsmitglieder) weggenommen und denn sollte ich Ausländer nehmen, nich, und da habe ich gesagt: 'Ne, das mache ich nicht. Bin ich wieder nach Hause gefahren...« (S. 189); »Man hängt (bei der Schleppnetzfischerei) nicht nur 'ne Fleeth ins Wasser und wartet, daß der Hering irdendwie 'mal 'reinschwimmt, sondern man ist ja auf Jagd« (S. 190).

Raubfischerei auf alle Sorten Frischfisch in der Nordsee durch über Heck fischende Fabrikschiffe.

Der Heringsfang nach 1969

Im Februar 1970 wurde die Glückstädter Heringsfischerei für 2,1 Millionen DM an einen westdeutschen Großbauunternehmer und Großmakler verkauft und hieß von nun an Glückstädter Heringsfischerei, Immobilien- & Baugesellschaft mbH. Ihre im Vergleich zu ihrer Vorgängerin vielleicht noch traurigere Geschichte und ihr Ende 1976 habe ich im Kapitel »Geschichte der Glückstädter Heringsfischerei« skizziert. Dabei konnte ich auf die Aktivitäten der Firma im Bereich der Hochseefischerei auf Frischfisch mit ihren Fischdampfern Saxonia und Teutonia nicht eingehen.

Hatte die Glückstädter 1970 noch 24 100 Kantjes angelandet, so waren es 1974 nur noch 633, 1975 nur 370 und im letzten Fangjahr 1976 gerade noch 40 zu den Glückstädter Matjeswochen. Das zumindest vorläufige Ende der Glückstädter und damit der deutschen Loggerheringsfischerei symbolisieren die Fotos von der Abwrackwerft 1979 mit den Loggern SG 1 Stadt Porz und SG 4 Heinrich Lutter.

Nachdem aus der Nordsee 1966 mehr als 1,5 Millionen Tonnen Heringe und bis 1969 jährlich über 1 Million Tonnen gefischt worden waren, brachen die Heringsbestände zusammen. Deshalb wurde für 1971 vorgesehen, in der Hauptlaichzeit im Mai und vom 20. August bis Ende September den Heringsfang in der Nordsee einzustellen, damit der Bestand sich wieder aufbauen konnte. Dennoch nahmen die Bestände bis ca. 1977 weiter ab, und es war auch 1980 nicht abzusehen, ob sie sich jemals wieder erholen würden.

Mit Auszügen aus Beiträgen von Holger Dornheim, dem »Heringsspezialisten der Bundesforschungsanstalt für Fischerei in Hamburg-Altona«, in Sielmanns Tierwelt aus dem Jahre 1980 mit dem Titel »Hat der Hering keine Zukunft mehr?« und ebenfalls 1980 im Neuen Universum mit dem Titel »Warum der Hering verschwindet« wird die bedrohliche Situation dieser Zeit deutlich, die zu durchgreifenden Maßnahmen zwang: »Es ist noch gar nicht so lange her, da fing ein Fabrikschiff in knapp fünf Minuten ca. 1 500 Korb Hering = 75 000 Kilogramm = 375 000 Stück. Das war im Jahre 1971. Es ist auch noch nicht sehr lange her, da fischte ein Forschungsschiff in 78 Hols – jeweils 30 Minuten dauernd – insge-

Dunkle Wolken über Glückstadt

Loggerfischerei ernstlich bedroht

Will Fortuna, die launische Glücksgöttin und zugleich das Wappensymbol des niederelbischen Barockstädtchens Glückstadt, dieser Gemeinde, die als Fährhafen über die Unterelbe große touristische Bedeutung genießt, endgültig ihren schönen Rücken zeigen?

Fast scheint es so, wenn man die Erklärungen von Bürgermeister Dr. Bruhn und die des Geschäftsführers der Glückstädter Heringsfischerei-Gesellschaft, Klaus Nehls, überdenkt, die beide am 10. Juni die Heimkehr des Loggers HERMOD von seiner ersten Fangreise in die Nordsee begrüßten, was zugleich den Beginn der diesjährigen Glückstädter Matjeswochen bedeutete.

Ein Spielmannszug, ein Ballett im Hafen kreuzender Jollen und eine Menge Volkes, die mit Freibier und Heringshäppchen einen fröhlich-festlichen Rahmen abgaben, konnten über die Misere dieses letzten deutschen Seesalzung-Dorados nicht hinwegtäuschen. Und man war geneigt, das Fehlen der Notabeln aus Verwaltung und Wissenschaft, die sonst immer dem Gepränge einen amtlichen Anstrich und Hintergrund zu geben pflegten, als ein bewußtes Sich-Zurückziehen von einem Gezeichneten zu betrachten . . .

Ganze 40 Kantjes hatte HERMOD, der hochbetagte Logger, dem man sein hohes Alter ansieht, mitgebracht. Aber was für eine herrliche Ware! Hoffen wir, daß seine weiteren Reisen und die der beiden anderen Glückstädter Logger von mehr Fangglück begleitet sein möchten! Bis 1974 einschließlich war man in den schwarzen Zahlen!

Dr. Bruhn und Klaus Nehls — dieser in Vertretung des auf Auslandsreise befindlichen Reeders Wilfried Hilgert — breiteten schonungslos die fatale Lage der Loggerfischerei aus. Sie erhält keinerlei Subvention und hat keine Aussicht auf Bauzuschüsse. Kutterhilfen, auf die sie spekulierte, kommen ihr nicht zugute, weil sie an den Eigner gebunden sind, — obwohl eine Fischereigesellschaft solche Hilfen besser wahren und bewahren kann als der Einmannbetrieb einer Kutterfischerei.

Nochmals richteten beide Sprecher einen dringenden Appell an Bund und Länder, die Branche nicht abzuwürgen. — Für Glückstadt steht viel auf dem Spiel, und für unsere Fischwirtschaft desgleichen.

Denken wir z. B. nur an den nunmehr einzigen ortsfesten Glückstädter Fischkaufmann Sievers in der Daneddelstraße, der mit Glückstädter Matjes, eimerweise an Spitzenhotels geliefert, in den Vorjahren ein prima Versandgeschäft aufbauen konnte. Sievers, dessen Firma seit 1908 besteht, räuchert noch selbst und ist, nach Schließung der Firma Fock, der einzige Salzheringsspezialist am Ort.

Interessant und hoffnungsvoll stimmend war es übrigens, daß der Matjeswochen-Eröffnung auch Repräsentanten führender Hamburger und Cuxhavener Fischindustriebetriebe beiwohnten; vielleicht sind diese einflußreich genug, um dafür zu sorgen, daß die heute einzige Quelle deutscher Matjesheringe nicht versiegt.

Dankbar sei schließlich auch das Bekenntnis des schleswig-holsteinischen Landtagsabgeordneten Buhmann verzeichnet, der versicherte, man wisse in Kiel „um die Bedeutung" der Loggerfischerei für die Stadt und darüber hinaus. Hoffen wir, daß es nicht bei dem Wissen allein bleibt und daß die Grüße der Landesregierung nicht das einzige sind, was diese für die Glückstädter Fischereigesellschaft übrig hat . . .

Geschäftsführer Nehls teilte noch mit, daß Verkaufsverhandlungen für die drei Logger seiner Firma eingeleitet seien; ein lebhaftes Auslandsinteresse sei zu konstatieren. Hilgert werde vielleicht in der Schiffahrt verbleiben, wenn auch nicht im Fischfang, der ihm 1975 „erhebliche Verluste" eingetragen habe.   -nn.

samt 94 Stück Hering. Das war 1978 im gleichen Seegebiet vor der nordamerikanischen Ostküste...

Das Drama des silbrigen Meeresbewohners... spielt sich nicht nur im... Gebiet der Georges Bank [Nordamerika], sondern auf fast allen traditionellen Fangplätzen ab... und dies vor allem zur Laichzeit im August und September, wenn der Hering sich zu riesigen Schwärmen von teilweise Millionen von Fischen konzentriert, um für den Nachwuchs zu sorgen. Hier wurde vor allem auch das Schwimmschleppnetz angewandt. Es ist mit einer Netzsonde ausgerüstet, die während des Fangs ständig die Netzöffnung elektronisch abtastet und die gefangene Fischmenge optisch und akustisch darstellt. Auf diese Weise wurden innerhalb weniger Jahre die Bestände in diesem Gebiet so reduziert, daß die Fischerei... nahezu zusammenbrach und Mitte der 70er Jahre ein Fangverbot verhängt wurde. Eine andere effektive Methode ist die der... Ringwade, die, wenn erst einmal ein Schwarm entdeckt worden ist, keinem Hering mehr die Chance zum Entkommen läßt. Im europäischen Nordmeer wurden auf diese Weise bis zum Jahre 1963 jährlich ca. 600 000 bis 800 000 Tonnen Heringe gefangen. Aufgrund dieser Erträge bauten die Norweger etwa 600 Boote, die dem Hering mit der modernen Fangmethode der Ringwade zu Leibe rückten. Zu der norwegischen Flotte kamen Schiffe anderer Fischereinationen. Das Rekordergebnis im Jahre 1966 betrug 1,6 Millionen Tonnen. Danach sanken die Erträge so drastisch, daß sich die Fischerei in die Nordsee verlagerte... Auch hier wurde die Zahl so stark reduziert, daß ein Befischen für größere Fischereifahrzeuge nicht mehr lohnte.

Während sich in allerjüngster Zeit die Zeichen für eine Erholung des Heringsbestandes in der Georges Bank und im Gebiet zwischen Island und Norwegen mehren, scheint die Gesundung des Nordsee-Herings in immer weitere Ferne zu rücken. Doch nach wie vor wird er als Beifang mitgenommen und auch in größeren Mengen angelandet...

In der Ostsee ist dem Hering in den letzten Jahren so zugesetzt worden, daß ein Ausbleiben des Nachwuchses und als Folge ein Kollaps der Fischerei möglich sind. Die Anzeichen für eine derart bedrohliche Entwicklung sind bei allen Beständen nahezu gleich: Zunächst mindern sich die Tagesfänge der Fischer, was eine sinkende Bestandsdichte signalisiert. Gleichzeitig werden immer mehr jüngere und immer weniger ausgewachsene Heringe gefangen. Um lohnende Fänge zu erzielen, muß sich die

Fischerei auf wenige Altersgruppen, vorzugsweise auf die neu in den Bestand einrückenden ›Rekruten‹ konzentrieren. Wird mit gleichem Aufwand weitergefischt, bleiben immer mehr Heringe auf der Strecke, die für Nachwuchs sorgen müßten.

Es gab auch Fischereinationen wie Norwegen, Schweden und Dänemark, die auf den verstärkten Fang jugendlicher Heringe für die Fischmehlherstellung ausgerichtet waren. Das hat seinerzeit gerade den Beständen in der Nordsee schwer geschadet...

Alles dies sind Voraussetzungen dafür, daß dem einst wichtigsten und wertvollsten Vertreter der Seefische der Garaus gemacht wird.

Hierzulande ist seit Anfang der 60er Jahre der moderne Hecktrawler der Hochseefischerei im Einsatz. Aus dem Dampfer, von dem aus die Hochseefischerei früher mit Schleppnetzen neben Kabeljau, Schellfisch u. ä. auch Hering fing, ist ein Fabrikschiff geworden, das die gefangenen Heringe maschinell an Bord zu gräten-, schwanz-, kopf-, haut- und flossenfreier Tiefkühlware verarbeitet.

Ohne den technischen Fortschritt wäre die Entwicklung undenkbar gewesen: Man perfektionierte die Technik des Voraus- und Senkrechtlotens von Heringsschwärmen optisch und akustisch, setzte übergroße Netze – parallel zur Entwicklung der Ringwade – zum Fang der Fische auch im freien Wasser ein, machte die Öffnung des Netzes beim Schleppen sichtbar, vervielfachte die PS-Zahlen der Schiffe, verwandelte die Schiffe in schwimmende Fabriken mit großen Frostraumkapazitäten ...

Hat der Hering bei solch technischer Übermacht überhaupt eine Zukunft? Was kann der Mensch tun, um das Aussterben dieses vielseitig verwendbaren Meeresbewohners zu verhindern, ohne auf seine Nutzung zu verzichten?«

Dornheim diskutiert kurz verschiedene Maßnahmen, favorisiert schließlich die Einführung von Fangquoten: »Die wirksamste Schonmaßnahme dürfte jedoch die Einführung von international streng überwachten Fangquoten bzw. Fangverboten sein, wie sie in fast allen traditionellen Heringsfanggebieten seit geraumer Zeit bestehen.«

Von 1977 bis 1981 war die Heringsfischerei in der Nordsee international untersagt. Die Nordost-Atlantische Fischereikommission war und ist auch heute noch zuständig für ein abgestimmtes Fischereimanagment der gemeinsam genutzten Fischbestände.

Die Denkschrift »Warnsignale aus der Nordsee«, die 1990 erschienen ist, deren Aussagen vermutlich etwas älter sind, zählt noch einmal auf, womit dem Hering zu helfen ist: »Die Maßnahmen zur bestandsgerechten Bewirtschaftung umfassen Schonzeiten und Schongebiete, Mindestanlandegrößen der Fische, Mindestmaschenweiten, Beifangbeschränkungen und als Wichtigstes die Höchstfangmengen,« und stellt schließlich fest, daß »der Anfang der 1980er Jahre vorhandene Bestand an laichreifen Heringen ausreichte, um starke Nachwuchsjahrgänge zu erzeugen, die zur überraschend schnellen Erholung führten«. Als Folge der Schonmaßnahmen konnten inzwischen die Fangquoten erhöht werden. Der Heringsfang steigt wieder an. (Warnsignale aus der Nordsee, S. 256 und 265). Die beobachtete Entwicklung setzte sich fort. Eine Expertenkommission schätzte 1990 den Nordseebestand schon wieder auf 40 Milliarden Tiere.

Im März 1992 konnte der Heringsexperte Holger Dornheim im Saarländischen Rundfunk feststellen, daß die Deutschen, die jährlich 300 000 bis 350 000 Tonnen Heringe in einer breiten Produktpalette verspeisen, ihren Heringshunger wieder vermehrt mit Nordseeheringen befriedigen können. Zwischen 500 000 und 700 000, ja sogar um 800 000 Tonnen werden dort jährlich wieder gefischt, mehr als der Markt aufnehmen kann. Ähnliches gilt, wie Dr. Dornheim im April 1994 bestätigte, auch für den Ostseehering, dessen Bestand sich seit Jahren auf einem »guten Niveau« befindet. Der deutsche Fang betrug dort 1993 etwa 23 000 t, wobei weitere 40 000 t von der deutschen Quote von Fischern aus der Bundesrepublik nicht genutzt wurden, da durch den Preisverfall auf dem Heringsmarkt die zu erzielende Einnahme die Unkosten nicht deckt.

Die Geschichte
der einzelnen Heringsfischereigesellschaften

Emder Heringsfischerei Aktiengesellschaft (1872 bis 1969)

1870 wurde in Berlin der Deutsche Fischereiverein zur Hebung der See- und Binnenfischerei (später Deutscher Seefischereiverein) gegründet, auf dessen Initiative 1871 eine Tagung in Emden stattfand, die beschloß, eine Studienkommission nach Holland zu entsenden, deren Erkenntnisse noch im selben Jahr unter dem Titel »Der holländische Härings- und Frischfischfang« als Druckschrift erschien. Die Kommission kam zu dem Ergebnis, daß die Betriebsweise der Holländer einer in Emden zu gründenden Heringsfischerei Vorbild sein müßte. Zwei wichtige technische Neuerungen hatten die Hochseeheringsfischerei in Holland in den letzten Jahren vorangebracht: die Einführung eines neuen Schiffstyps, des Loggers, der gegenüber den früheren Buisen u.a. seetüchtiger, leichter, weniger schwerfällig und deshalb schneller war, und Ablösung der schweren Netze aus Hanf durch leichtere, geölte und getaante, d. h. in Catechulösung gegerbte baumwollene, die reißfester und steifer waren, deren Maschen deshalb im Wasser nicht zusammenfielen, sondern geöffnet blieben. Konsequent hatten die Holländer auch eine gestaffelte Beteiligung der ganzen Mannschaft am Fangergebnis eingeführt.

Sechs in den Jahren 1868 und 1869 gebaute Logger sollten mit allem Zubehör von der Vlaardinger Heringsfischerei Kruthoffer übernommen werden. Der Besitzer selbst wollte mit einem Teil seines Personal nach Emden übersiedeln. Deshalb wurde am 2. April 1872 die Emder Heringsfischerei Aktiengesellschaft von fast einhundert Personen mit einem Kapital von zunächst 100 000 Talern gegründet, das zum Bezahlen der sechs Logger ausreichte. Die Eintragung der Gesellschaft ins Handelsregister erfolgte am 19. Juni. Aber schon am 13. Juni waren die Logger zum Fang ausgelaufen. Bis Dezember 1872 wurden weitere 43 100 Taler zum Kauf weiterer sechs Logger gezeichnet. Von der Stadt Emden übernahm die Gesellschaft günstig in Erbpacht ein großes Gelände und errichtete dort die notwendigen Landbetriebseinrichtungen.

Die ersten Jahre der Gesellschaft waren verlustreich. Sie konnte nur durch ein unverzinsliches Staatsdarlehen von 150 000 Mark im Jahre 1878 gerettet werden. Die Schwierigkeiten, mit denen die Emder von Anfang an bis zur Stillegung 1969 zu kämpfen hatten, ziehen sich durch die knapp einhundertjährige Geschichte der gesamten deutschen Loggerheringsfischerei. Der unverhoffte Tod des seit 1874 amtierenden Direktors der Emder Gesellschaft, Kapitän B. F. Groenewold 1881, wurde als Folge seines Kampfes gegen die »widrigen Verhältnisse« angesehen, der ihn »vollständig zermürbt hatte«. Die Loggerheringsfischerei wurde als ein Unternehmen bezeichnet, das »sehr von einer höheren Ordnung der Dinge abhängig« und schicksalhaften Wechselfällen ausgeliefert ist.

Erst durch regelmäßige staatliche Unterstützung aus Berlin zum Neubau von Schiffen und für die Ausrüstung konsolidierten sich die Verhältnisse der Heringsfischerei. 1913/14 besaß die Emder Gesellschaft 25 Segel- und 7 Dampflogger. In den vorausgegangenen Jahren waren 4 Segellogger wegen ihres Alters verkauft worden und 4 auf See verloren gegangen.

Der Erste Weltkrieg unterbrach mitten in der Fangsaison 1914 die erfreuliche Entwicklung. Von den auf See befindlichen 25 Segel- und 7 Dampfloggern mußten 5 Segellogger neutrale Häfen anlaufen. 2 Segel- und 1 Dampflogger wurden auf der Rückreise von englischen Kriegsschiffen aufgebracht und versenkt, nachdem ihre Mannschaften die Schiffe verlassen hatten. Der Fangbetrieb ruhte während des Krieges. Die Gesellschaft verarbeitete, wie z. B. auch die Glückstädter, eingeführte Heringe für die Lebensmittelverteilungsstellen des Reiches. Im Dienst der Kaiserlichen Marine ging ein weiterer Dampflogger verloren.

Nach dem Krieg mußten die meisten hölzernen Segellogger verkauft oder ausgemustert werden. 1919 konnten wegen fehlender Mannschaften für die Segellogger nur 5 Dampflogger hinausfahren. 1920 fuhren auch wieder die 9 verbliebenen Segellogger. Diese 14 Schiffe fingen 1922 nur 10 900 Kantjes, ebensoviel wie 13 Segellogger 1884 und damit viel zu wenig. Erst 1927 gab es wieder einen Betriebsgewinn. 1931 kaufte die Emder Heringsfischerei AG zusammen mit den beiden anderen Emder Heringsfischereigesellschaften die gesamte Loggerflotte der in Konkurs geratenen Glückstädter Heringsfischerei. Anfang der 1930er Jahre bescherte das von der Weimarer Republik begonnene und von der Papen-Regierung und von den Nazis fortgesetzte Loggerneubauprogramm im Rahmen von Arbeitsbeschaffungsprogrammen der Emder Heringsfischerei AG 8 neue, auf Staatskredit gebaute Motorlogger. Im April 1933 vernichtete ein Großbrand das Hauptbetriebsgebäude mit der Netz- und Segelmacherei sowie die seitlich angebauten Heringspackereien mit allen Vorräten. Schon 1936/37 aber konnten die Landbetriebsanlagen erheblich verbessert werden. Als die Deutschen Polen überfielen und damit den Zweiten Weltkrieg anzettelten, besaß die Gesellschaft 13 Motor- und 8 Dampflogger für die Treib- und Schleppnetzfischerei und 2 Motorschiffe, die auch auf Frischfischfang gingen.

Im Krieg verlor sie ein Motorschiff, einen Motor- und zwei Dampflogger. Außerdem hatte die Gesellschaft durch Bombenzerstörungen erhebliche Verluste an Gebäuden, Materialien und Netzen erlitten. Die zurückgegebenen sowie zwei erst kurz vor Kriegsende fertiggestellte Logger waren für Kriegszwecke mit Geschützständen und Mannschaftsunterkünften ausgerüstet worden. Sie mußten erst wieder umgebaut werden. Trotzdem fuhren schon Ende 1945 wieder die ersten Emder Logger zum Fang.

Die Emder Heringsfischerei AG war schon bei der Gründung der Heringsfischerei Dollart AG 1899/1900 dort mit einer größeren Geldsumme Anteilseigner geworden und hatte die erste Einrichtung und die gesamte Leitung der Dollart übernommen. Diese Betriebsgemeinschaft wurde auf die 1904 gegründete Großer Kurfürst Heringsfischerei AG ausgedehnt. Ein Zentralvorstand leitete die Geschäfte aller drei Gesellschaften. 1940 war Jakob Ekkenga Vorstandsvorsitzender und Gerhard Ekkenga Vorstandsmitglied der Emder Heringsfischerei AG. Gerhard Ekkenga war außerdem Vorstandsvorsitzender bei der Dollart AG und Jakob Ekkenga stellvertretender Vorstandsvorsitzender bei der Gesellschaft Großer Kurfürst. 1950 hatten die drei Gesellschaften insgesamt neun Aufsichtsratsmitglieder, drei von ihnen waren in allen und sechs in jeweils zwei Aufsichtsräten vertreten. Im Laufe der 1950er Jahre wurde die Verflechtung der drei Emder Gesellschaften noch enger. 1950 wurde an die Emder Heringsfischerei AG der erste neue Logger nach dem Krieg abgeliefert. Es war der Motorlogger Jakob Ekkenga, der nicht nur für den Treib- und Schleppnetzheringsfang wie alle seit 1935 gebauten Schiffe eingerichtet, sondern zusätzlich mit isolierten und durch Eis zu kühlenden Räume für den Frischfischfang ausgerüstet war, der in der Vorsaison von Januar bis Juni betrieben werden konnte. Um 1949/50 wurden einige neuere Dampflogger zu Motorloggern umgerüstet und auch sonst modernisiert, die alten und unrentablen Schiffe aber verkauft.

Schon seit 1931, als der größte Teil der Glückstädter Logger nach Emden verkauft wurde, war die Emder Heringsfischerei AG finanziell in Glückstadt beteiligt (die Emder blieben den Glückstädtern bzw. deren Kreditgebern einen Teil der Kaufsumme schuldig, übernahmen andererseits aber auch Glückstädter Verbindlichkeiten). Anfang der 1950er Jahre war die Firma Ekkenga aus Emden Hauptgesellschafter der Glückstädter Heringsfischerei. 1955 entließ Herbert Ekkenga die alte Geschäftsführung in Glückstadt. Dr. Hendrik Apetz wurde alleiniges Vorstandsmitglied (später noch dazu als zweites Frerich de Vries), wie er es auch schon in Emden bei den dortigen drei Gesellschaften war. 1957 beschlossen die Gesellschaften in Emden und Leer eine enge Zusammenarbeit. Dr. Apetz wurde nun auch noch stellvertretender Vorstandsvorsitzender in Leer.

1955 und 1957 erwarb die Emder Heringsfischerei AG vier neue Motorlogger, die je 1 400 Kantjes laden konnten und von Motoren mit einer Stärke von 750 bis 850 PS angetrieben wurden. Da die Gesellschaft ständig unter Kapitalnot litt, brachte der Hauptaktionär, die Firma Jakob Ekkenga, 1956 weitere 200 000 DM ein, womit sich das Grundkapital auf 1 Million DM erhöhte.

1957 war ein besonderes Krisenjahr aller deutschen Heringsfischereigesellschaften, das den Niedergang der Loggerfischerei einleitete. Mit Treibnetzen konnten keine Heringe mehr rentabel gefangen werden, sondern nur noch mit Schleppnetzen, und mit ihnen ab 1960 auch verstärkt frische Fische. Für die Schleppnetzfischerei aber waren nur die nach 1935 gebauten Logger ausgerüstet.

»Emden hat rote Zahlen im Netz« ist ein Beitrag in der Allgemeinen Fischereizeitung vom 22. 10. 1960 überschrieben. Weiter heißt es dort: »Die Emder Heringsfischerei Aktiengesellschaft und die Großer Kurfürst Aktiengesellschaft in Emden, die in Betriebs- und Verwaltungsgemeinschaft arbeiten, legten kürzlich ihre Abschlüsse für das Geschäftsjahr 1958/1959 (15. 6.) vor. Beide Gesellschaften arbeiten mit beträchtlichen roten Zahlen. Die Verlustvorträge machen 50 beziehungsweise sogar rund 60 Prozent des Grundkapitals aus. Hierin spiegelt sich einmal die ungünstige Kostenentwicklung, vor allem auf Grund der beträchtlich gestiegenen

Personalaufwendungen, zum anderen der mengenmäßig und im Sortiment nicht vollbefriedigende Fang, insonderheit während der Berichtszeit.« Danach folgt in dem Artikel die detaillierte Bilanz der beiden Gesellschaften. War die nach Aktienrecht erforderliche Offenlegung der Bilanzen oder war die nicht gerade dem Image förderliche Überschrift der Grund für die Umwandlung der ostfriesischen Gesellschaften und auch der Glückstädter Gesellschaft in Gesellschaften mit beschränkter Haftung im Jahre 1961? Bei der Emder Heringsfischerei GmbH wurde ein Kapitalschnitt von 2:1, also die Herabsetzung des Gesellschaftskapitals von 1 Million DM auf 500 000 DM und zugleich eine Kapitalerhöhung durch den Hauptanteilseigner Ekkenga um 140 000 DM auf 640 000 DM vorgenommen.

Aus Rationalisierungsgründen, aber auch durch sogenannte Abwrackprämien der Bundesregierung von 600 DM pro Bruttoregistertonne gefördert, wurde der Schiffsbestand verringert, und 1965 mußte die Landanlage der Emder Heringsfischerei GmbH stillgelegt werden. 1967 erfolgte eine erneute Aufstockung des Grundkapitals um 250 000 DM auf nunmehr 890 000 DM.

Trotz gewährter Fangprämien der Bundesregierung in den Jahren 1962 bis 1967 änderte sich die Lage nicht. Die Hoffnung, mit modernen Heckloggern das Schicksal zu wenden, erfüllte sich nicht. Die für ihren Bau 1966 gegründete Ems-Heringsfischerei nahm aus Geldmangel gar nicht erst ihre Tätigkeit auf. (In Glückstadt gelang es der ebenfalls neugegründeten Fortuna Heringsfischerei, einen Heckfänger 1967 in Dienst zu stellen.) Ein letzter Versuch 1968, durch Heringsfang vor der kanadischen Küste lohnende Fänge einzubringen – von Glückstadt aus auch mit dem modernen Heckfänger –, war ebenfalls erfolglos. Erstens waren die Fänge nicht so, wie man gehofft hatte, zum anderen wurden Größe und Qualität der Heringe vom Verbraucher nicht angenommen, außerdem hatte die Qualität der Salzheringe durch Umladen und den Transport mit Frachtern gelitten.

Die Emder Heringsfischerei GmbH verkaufte ebenso wie die Leerer Gesellschaft 1968 ihr Betriebsgrundstück, um das Geld für Tilgungsrückstände von Schulden zu verwenden. Zugleich verzichtete das Land Niedersachsen auf Kredite aus Landesbürgschaften.

Als das Land Bremen bereit war, neue Darlehen zu geben, wenn die ostfriesischen Heringsfischereien und die Reederei Schulte & Bruns ihre

Betriebe in das Land Bremen nach Bremerhaven verlegen würden, erfolgte am 20. März 1969 die Eintragung der drei Heringsgesellschaften in das Bremerhavener Handelsregister. Aber angesichts der Verluste der Gesellschaften 1969 (Emder mehr als 1,6 Millionen DM, Kurfürst über 1,3 Millionen DM und Leer mehr als 1,4 Millionen DM) wurde der Landbetrieb sofort und der Fischfang mit dem Ende der Saison eingestellt.

Die elf Motorlogger der drei Gesellschaften (Emder 4, Kurfürst 5, Leer 2) waren 1972, die Restgrundstücke 1974 verkauft. Das Land Bremen löste die ihnen gewährten Darlehen ab und verzichtete auf Forderungen gegen die drei Gesellschaften in Höhe von über 8,6 Millionen Mark. (Hier muß der Chronist, der sich schon häufig während der Niederschrift gewundert hat, endlich einmal schriftlich anmerken, daß seiner Meinung nach hier wohl das größte Wunder in der fast einhundertjährigen Geschichte der deutschen Loggerfischerei geschehen ist.)

Die Güte des Landes Bremen verhinderte den Konkurs. Am 17. Januar 1975 wurde die Liquidation der drei Gesellschaften an der Ems beschlossen. Ihre Löschung im Handelsregister erfolgte am 31. Mai 1976.

Heringsfischereigenossenschaft Norden / Ostfriesland

In der Literatur heißt es an einer Stelle, sie wäre 1888 mit zwei Loggern gegründet worden, hätte 1892 und 1893 Verluste erlitten und 1894 ihren Betrieb einstellen müssen, an anderer Stelle heißt es, sie hätte von 1889 bis 1896 existiert.

Die Glückstädter Heringsfischerei Aktiengesellschaft
(1893 bis 1976)

Die Gründung am 21. Oktober 1893 und die erste Fangsaison 1894

Heringe wurden von Glückstadt aus nicht erst nach Gründung der Glückstädter Heringsfischerei ab 1894 gefangen. Jährlich im Winter waren Sprott- und Heringsfang in der Unterelbe vielleicht kein lohnendes, aber doch ein wichtiges Zusatzgeschäft für die Hochsee- und Elbfischer. Daran beteiligten sich z. B. im Winter 1891/92 141 Hochsee- und 36 Elbfischer, und sie fingen von November 1891 bis April 1892 reichlich 300 000 Körbe. Die Hälfte davon wurde in Altona angelandet. Nach Glückstadt gelangten 27 243, nach Störort und Itzehoe zusammen 1 500 Körbe.

Die Elbfischer waren in der Fischereigenossenschaft Unterelbe organisiert und betrieben hauptsächlich den Butt- und Störfang. Beaufsichtigt wurden sie 1893 vom königlichen Oberfischmeister Wilhelm Decker, der bei der Gründung der Glückstädter Heringsfischerei eine entscheidende Rolle spielte.

Die im Winter in der Unterelbe gefangenen Sprotten, die zur Familie der Heringe gehören, und die Heringe wurden zu einem großen Teil als Dünger an die Gemüsebauern der Elbmarsch verkauft. Nachdem in der Wintersaison 1893/94 der Fang gering gewesen war, berichtete die Glückstädter Fortuna am 31. März 1894: »Infolge des geringen Heringsfanges ... ist es den zahlreichen Gemüsebauern der hiesigen Gegend nicht möglich, ihren Bedarf an Dungmitteln zu decken.« Deshalb ist, so heißt es weiter, »mancher Köhlker in die unangenehme Lage versetzt, sein Land theilweise ohne gedüngt zu haben zu bestellen«. In den mit Heringen gedüngten Acker wurden Ende April die vorgekeimten Glückstädter Frühkartoffeln gepflanzt, die ab Ende Juni schon geerntet werden konnten und die seit eh und je zum traditionellen Glückstädter Matjesessen gehören – nicht weil sie mit Heringen gedüngt waren und vielleicht deshalb schon den rechten Basisgeschmack hatten, sondern weil sie reif waren, als auch die ersten Matjes hier angeboten wurden. Auch heute noch werden ab Mitte Juni in Glückstadt Matjes und Frühkartoffeln als Spezialität angepriesen. Ab Anfang Juni, so z.B. 1893, warben die Glückstädter Fischhändler in der Lokalzeitung für die »Castlebay-Jager-Matjes-Heringe« für 5 bis 25 Pfennige pro Stück. Sie waren in der Irischen See gefangen, vielleicht schon auf See von Schiffern mit schnellen Schiffen aufgekauft und von diesen flinken »Jagerbooten« angelandet worden.

Der schon erwähnte königliche Oberfischmeister Decker ist der Anreger für die Gründung einer Glückstädter Heringsfischerei. Anfang März 1893 unterhielt er sich in Mohrs Gasthof am Hafen mit dem Gastwirt über die 1872 gegründete Emder Heringsfischerei-Aktiengesellschaft, die nach verlustreichen Anfangsjahren seit 1891 auch wegen finanzieller Unterstützung durch die Reichsregierung jährlich steigende Gewinne machte. Auch wies er darauf hin, daß er am 9./10. März in Berlin an der Sitzung der Hochseefischerei-Kommission im Reichsamt des Innern teilnehmen würde, auf der über die Unterstützungsanträge der Emder Heringsfischerei entschieden werden sollte. Decker regte an, in Glückstadt schleunigst ein »Comité« zu bilden, das näher untersuchen sollte, »ob in Glückstadt eine Häringsfischerei nach Art der Emdener mit Aussicht auf Erfolg eingerichtet werden könne« und das »eventuell die Gründung eines solchen Unternehmens« vorbereiten müßte. Gastwirt Mohr gelang es, durch ein

Glückstädter Hafen um 1885.

Rundschreiben, das von ihm, vom Holzhändler Gehlsen, Weinhändler Göttsche, Zigarrenfabrikant Geysen und Regierungsbaumeister Janssen unterschrieben war, weitere Interessenten zu einer vertraulichen Unterredung am 7. März zusammenzubringen. In dem Protokoll dieser Besprechung heißt es u.a.: »Die heute beim Gastwirt J. Mohr hierselbst versammelten Einwohner Glückstadts erklären ihr Interesse an der Gründung einer Heringsfischerei-Gesellschaft in Glückstadt und ihre Bereitwilligkeit zur Unterstützung eines solchen Unternehmens...« Neben den Einladenden haben dieses Protokoll Bürgermeister Brandes, Medizinalrat Dr. Halling, Kohlenhändler Lübcke, Goldschmied tho Aspern und Fabrikant Leydecker unterschrieben. Nun konnte Oberfischmeister Wilhelm Decker in Berlin von einer Glückstädter Initiative berichten. In der Hochseefischerei-Kommission wurden die Glückstädter Pläne, besonders von dessen Vorsitzendem, dem Geheimen Oberregierungsrat und Vortragenden Rat im Reichsamt des Innern Bartels, sehr begrüßt, u.a. auch deshalb, weil man noch plante, während des Winters Frischfischfang zu betreiben. Auf einer weiteren Sitzung des »Ausschusses zur Gründung einer Heringsfischerei-Gesellschaft in Glückstadt« am 20. März wurde der Beschluß zur Gründung gefaßt. Die Emder Gesellschaft sollte besichtigt und Oberfischmeister Decker als Experte und Berater zur nächsten Sitzung geladen werden. Als weitere Mitglieder wurden der Rohrmattenfabrikant Mahn und der Apotheker Behrmann in den Ausschuß gewählt.

Nachdem vom 16. bis 20. April die Emder Heringsfischerei von drei Ausschußmitgliedern besucht worden war, die die Geschäftsberichte der Emder Gesellschaft seit 1872, deren Statut und andere Unterlagen mitgebracht hatten, wurde über den Loggerbau und über den Standort der Fischerei im Hafenbereich diskutiert. Der Vorschlag, eiserne Logger zu bauen, wurde vom Schiffbauingenieur Timm aus Hamburg und vom Schiffsbauer Cassens aus Emden wegen der an Bord reichlich entstehenden Salzlake verworfen.

Ein Grundstück war schnell gefunden: Das über vier Hektar große Gelände am südlichen tideunabhängigen Binnenhafen mit dem großen ehemaligen Palais des Flottenkommandanten aus dem Jahre 1701, das bis 1863 den Glückstädter Grönlandfahrern und Walfischfängern als Packhaus gedient hatte und danach eine Zichorienfabrik gewesen war, stand zum Verkauf.

Prospect

betreffend

die Errichtung einer Glückstädter Fischerei=Actiengesellschaft

in Glückstadt.

Von einer Versammlung hiesiger Einwohner wurde der unterzeichnete Ausschuß gewählt, um zu untersuchen, ob eine Häringsfischerei nach Art der Embener von Glückstadt aus mit einiger Aussicht auf Erfolg betrieben werden könne, und eventuell ein solches Unternehmen vorzubereiten. Die Ergebnisse der angestellten Untersuchungen sind in einer von unserem Schriftführer, dem Regierungs=Baumeister Janssen, verfaßten Denkschrift ausführlich dargestellt und für die Verwirklichung des Unternehmens haben wir ein Gesellschafts=Statut gerichtlich festgestellt. Denkschrift sowohl wie Statut sind gedruckt durch die Buchdruckerei von J. J. Augustin in Glückstadt zum Preise von 50 Pf. zu beziehen.

Wir sind zu der Ueberzeugung gelangt, daß die Hochsee=Häringsfischerei in größerem Betriebe ein durchaus gesundes und aller Voraussicht nach gewinnbringendes Unternehmen ist, und daß ein solches Unternehmen nicht allein den unmittelbaren Theilhabern, sondern in weit größerem Maße noch dem Betriebsort, ja der Bevölkerung der ganzen Küstengegend zum Nutzen gereichen wird. In Anbetracht der hohen volkswirthschaftlichen Bedeutung derartiger Unternehmungen hat daher auch die hohe Staatsregierung ein großes Interesse an der weiteren Ausbreitung derselben, und ist mit Sicherheit anzunehmen, daß auch unserem neuen Unternehmen ebenso wie den bereits bestehenden eine Staatsunterstützung nicht versagt werden wird. Es handelt sich zunächst nur darum, zu zeigen, daß auch das Privatkapital bereit ist, sich an unserem Unternehmen zu betheiligen.

Die Fünfzig=Millionen=Bevölkerung des deutschen Reiches gebraucht an Salzhäringen allein jährlich 1 181 000 Tonnen, von denen zur Zeit nur 20 000 Tonnen von deutschen Gesellschaften gefangen werden. Deutschland bezahlt dafür jährlich 34 Millionen Mark an das Ausland.

Bei den Holländern, Engländern und Schotten, welche mit uns hauptsächlich die Nordsee befischen, ist zu allen Zeiten die Häringsfischerei der eigentliche Kern der Hochseefischerei gewesen, sie muß es auch in Deutschland wieder werden, wenn überhaupt von einer Hebung der deutschen Hochseefischerei die Rede sein soll.

Wir glauben nun gerade Glückstadt als besonders geeignet zum Häringsfischerei=Betriebe in größerem Maßstabe bezeichnen zu müssen, weil die Lage an der Unterelbe, d. i. an der besten Wasserstraße nach der Nordsee sowohl wie nach dem Binnenlande, der für den vorliegenden Zweck nach jeder Richtung hin geeignete Glückstädter Hafen, an welchem die erforderlichen Grundstücke und Baulichkeiten zu einem sehr angemessenen Preise zu haben sind, die an der Unterelbe vorhandene zahlreiche Fischerbevölkerung, welche in ihrem gegenwärtigen Betriebe des Frischfischfanges schwer unter der Concurrenz der Fischdampfer zu leiden hat und daher bereitwilligst an einem aussichtsvollen größeren Häringsfischerei=Betriebe sich betheiligen würde, und schließlich die Ausnutzung der Häringsschiffe zur Winterfischerei, welche von Glückstadt aus keine Schwierigkeiten bietet, Vorzüge sind, die in Verbindung mit dem Eingangszoll auf fremde Häringe von 3 Mk. pro Tonne einem hiesigen Unternehmen einen großen Vorsprung vor der ausländischen Concurrenz geben würden.

Es wird nun beabsichtigt, zum Betrieb der Hochsee=Häringsfischerei eine Actiengesellschaft zu begründen, welche ihren Sitz in Glückstadt haben soll. Das Aktiencapital ist zunächst auf 500 000 Mk. festgesetzt, eingetheilt in 500 Actien zu 1000 Mk. Der Betrieb soll im Jahre 1894 mit 4 Schiffen eröffnet und dann so vergrößert werden, daß jährlich 4 neue Schiffe hinzukommen, so daß im Jahre 1898 der Fang mit 20 Schiffen ausgeübt werden kann. Letztere Zahl erscheint nämlich nach den angestellten Ermittelungen nicht allein für einen größeren Betrieb als wünschenswerth, sondern auch als sicheren Gewinn verheißend.

Da als Anlage= und Betriebskapital für jedes Schiff 50 000 Mk. zu rechnen sind, und die Kosten für die Anlagen am Lande 100 000 Mk. betragen werden, so ist eine demnächstige Vergrößerung des vorläufig auf 500 000 Mk. festgesetzten Gesellschaftscapitals in Aussicht genommen.

Die Einzeichnungen werden von den unterzeichneten Ausschußmitgliedern entgegengenommen. Die Einzahlung der ersten Rate von 25 % hat demnächst bei der Stadtkasse in Glückstadt zu erfolgen. Die ferneren Einzahlungen des Actienkapitals erfolgen in Raten, welche vom Aufsichtsrath bestimmt werden und an der von letzterem bekannt zu machenden Stelle zu geschehen haben.

So laden wir denn zur Betheiligung an einem Unternehmen ein, welches, wie wir zuversichtlich hoffen, bald zu einem größeren, und dann um so einträglicheren Erwerbszweige heranwachsen und dem Glückstädter Hafen einen Theil des verloren gegangenen Verkehrs wiederbringen wird.

Glückstadt, den 26. Juni 1893.

Brandes.   Janssen.   Wm. Lübcke.   Dr. Halling.   Göttsche.   Gehlsen.
Leydecker.   tho Aspern.   Mohr.   Mahn.   Behrmann.

Für die zu gründende Gesellschaft mußte noch kräftig geworben werden. Hierzu verfaßte der Regierungsbaumeister Janssen eine 34 Seiten (32 gezählte Seiten) umfassende Denkschrift »Hochseefischerei auf Häring in der Nordsee«, die im Juni gedruckt vorlag und deren Ergebnisse der »Section für Küsten- und Hochseefischerei des deutschen Fischerei-Vereins, sowie der Unterstützung und dem Entgegenkommen des Vorstandes der Emder Häringsfischerei-Gesellschaft zu verdanken« waren. Darin beschreibt er die Geschichte des Heringsfangs, listet Fangergebnisse der Nordseeanrainer auf, beschreibt die Logger und die Fangmethoden, stellt Rentabilitätsberechnungen an, proklamiert den Hering als wertvolle Volksnahrung, prangert die »Mißwirthschaft durch Verwendung der Fische als Dünger« an, beklagt den Raubbau der Seefischerei und fordert gesetzliche Eingriffe und eine »Meereskultur«, damit »diese wichtige Quelle der Volksernährung nicht zum vorzeitigen Versiegen gebracht« wird.

Am 3. August 1893 wurde der Gesellschaftsvertrag aufgesetzt und ein Statut, das von der Emder Gesellschaft übernommen war, beschlossen. Am 5. August erschien in der Glückstädter Fortuna ein »Prospect betreffend die Errichtung einer Glückstädter Fischerei-Actiengesellschaft in Glückstadt«. 500 Aktien zu 1 000 Mark sollen aufgelegt, und der Heringsfang soll 1894 mit vier Loggern begonnen, 1898 aber mit 20 betrieben werden. Der am 17. August veröffentlichte »Aufruf« an »Mitbürger in Stadt und Land!« appelliert noch einmal eindringlich auch an die vaterländische Gesinnung der kapitalkräftigeren Bürger und nimmt schon einiges vorweg, was ab 1898 mit dem Beschluß über ein größenwahnsinniges Flottenbauprogramm zur alltäglichen Propaganda des Wilhelminischen Staates gehörte: das marinemilitärische Interesse des Reiches. Die deshalb seit 1886 mit 200 000 Mark pro Jahr staatlich geförderte Hochseefischerei sollte auch in Glückstadt einen Stützpunkt bekommen. Die Bürger wurden aufgefordert, bis zum 1. September Aktien zu zeichnen. Die Glückstädter aber waren zurückhaltend. Und obgleich sie durch Zeitungsinserate, z.B. am 31. August, nochmals ermuntert wurden, waren zum 1. September, als der Gründungsausschuß erneut tagte, erst für 150 000 Mark Anteilsscheine verkauft. Die Zeichnungsfrist wurde verlängert und beschlossen, das Gründungskapital auf 250 000 oder 300 000 Mark herabzusetzen. Am 19. September waren 276 000 Mark gezeichnet. Weitere 24 000 Mark übernahm die Stadt Glückstadt. An diesem Tag wurde die Aktiengesellschaft von den 16 Gründungsmitgliedern Baumeister Janssen, Bürgermeister Brandes, Apotheker Behrmann, Goldschmied tho Aspern, Fabrikant Mahn, Weinhändler Göttsche, Zigarrenfabrikant Geysen, Kaufmann Lübcke, Gastwirt Mohr, Holzhändler und Werftbesitzer Gehlsen, Buchdruckereibesitzer Augustin, Rentier Ahsbahs, Gymnasialdirektor Detlefsen, Schiffsbauingenieur Timm aus Hamburg, Kapitän Haack aus Norden und Fabrikbesitzer von de Voss aus Itzehoe begründet, und es wurden Vorstand, Aufsichtsrat und Revisoren aus diesem Personenkreis gewählt. Am 21. Oktober fand im Amtsgericht die erste Generalversammlung der Aktionäre statt, die nun offiziell den Gründungsakt vollzog. Vorstand, Aufsichtsrat und Revisoren, wie sie am 19. September benannt worden waren, wurden bestätigt und die Eintragung der »Glückstädter Fischerei- Actiengesellschaft in Glückstadt« ins Gesellschaftsregister beantragt. Diese Eintragung erfolgte am 26. Oktober und wurde im Lokalblatt, im Deutschen Reichsanzeiger und in den Hamburger Nachrichten veröffentlicht. Im Anschluß an diese Generalversammlung fand in Mohrs Gasthaus die erste Aufsichtsratssitzung statt, die u.a. beschloß, Kapitän Otto Haack aus Norden als technischen Leiter einzustellen, das Grundstück am Hafen zu erwerben, eine Laderampe an den Vorsetzen und als Verbindung zum Fischereigrundstück eine Stöpe durch den Rethöveldeich zu treiben, je einen etwa 430 Kantjes fassenden Logger in Glückstadt bei Gehlsen und bei Junge in Wewelsfleth und zwei bei Cassens in Emden bauen zu lassen, Verträge über die Beschaffung von Netzen, Tonnen und Salz abzuschließen und in Berlin staatliche Unterstützung zu beantragen. Die Anwerbung von Schiffsmannschaften wurde dem Vorstand überlassen.

Schon bald danach schrieb der Vorstand an den Reichskanzler und beantragte für die Jahre 1894 und 1895, in denen die Gesellschaft je vier Logger bauen wollte, einen Reichszuschuß von insgesamt 84 000 Mark, davon 20 000 Mark für einen Netzreservefonds.

Anfang Januar 1894 besuchten die Geheimen Oberregierungsräte Bartels und von Friedberg aus Berlin im Auftrag des Reichskanzlers Glückstadt, um sich über die Verhältnisse der Fischerei-Aktiengesellschaft an Ort und Stelle zu unterrichten. Am 13. März behandelte die Hochseefischerei-Kommission des Innenministeriums in Berlin den Antrag aus Glückstadt und einen weiteren der Emder, die für ihre 22 Logger je 1 500

Glückstädter Fortuna.

| Nr. 96. | Dieses Blatt erscheint Dienstags, Donnerstags und Sonnabends mit der wöchentlichen Beilage „Nachrichts-Unterhaltungsblatt" zum Preise von ℳ 1,50 pr. Quartal (frei in's Haus). | **Donnerstag den 17. August 1893.** | Annoncen werden auch von allen Postanstalten und Handelsleuten angenommen. — Inserate werden mit 15 ₰ pr. Zeile berechnet und bis resp. Montags, Mittwoch- und Freitags-Morgen 8 Uhr erbeten. | 154. Jahrg. |

Aufruf.
Mitbürger in Stadt und Land!

Durch unseren der Nummer 91 dieser Zeitung beigefügten Prospect haben wir zur Betheiligung an der Errichtung einer Fischerei-Actiengesellschaft in Glückstadt eingeladen. Es handelt sich um ein Unternehmen, welches aller Voraussicht nach berufen ist, zur Hebung des Verkehrs an unserem Orte in besonderem Maße beizutragen, und liegt daher eine allgemeine Betheiligung an diesem Unternehmen in unserer Aller Interesse. Keiner sollte sich daher ausschließen in dem Glauben, daß wir allein nicht im Stande sind, ein solches größeres Unternehmen einzurichten, sondern daß uns von außerhalb Hülfe gebracht werden muß, im Gegentheil, wenn sich Alle nach ihren Verhältnissen, auch mit kleineren Beträgen betheiligen, wird uns das Unternehmen gelingen, und dann erst können wir mit Sicherheit auch auf weitere Mittel zur Vergrößerung des Unternehmens von außerhalb rechnen.

Das geplante Unternehmen ist nicht allein ein durchaus solides, sondern hat auch eine große wirthschaftliche Bedeutung und eignet sich zu einer **sicheren** und aller Berechnung nach **gewinn-bringenden Kapitalsanlage.** Die gleichartigen Unternehmungen in Holland und Emden zeigen uns, wie in der Denkschrift des Herrn Regierungs-Baumeisters Janssen näher durch Zahlen nach-gewiesen, daß der Heringsfang allein schon einen sicheren Gewinn verspricht, und wenn nun noch, wie beabsichtigt, die Winterfischerei und die Anlage einer Räucherei, Braterei und Marinieranstalt mit zur Ausführung kommt, so kann mit Sicherheit auf eine gute Verzinsung des Anlagekapitals gerechnet werden.

Ferner ist der indirecte Nutzen des Unternehmens ein sehr bedeutender, jedes Heringsfahrzeug wird etwa 10 Familien, aus Handwerkern, Fischern und Arbeitern bestehend, lohnende Beschäftigung geben, während Schiffswerften, Netzfabriken, Seilereien und Segelmachereien fortwährend für den Bedarf der Schiffe arbeiten können. Dazu soll ein Volksnahrungsmittel beschafft und in den Handel gebracht werden, wie es kaum ein billigeres und in jeder Beziehung geeigneteres giebt.

Zu dieser rein wirthschaftlichen Bedeutung treten dann noch zwei sehr wichtige Momente hinzu, welche die hohe volkswirthschaftliche Bedeutung des Unternehmens darthun, nämlich der Ersatz für den Rückgang der Segelschifffahrt und das militärische Interesse. Die Abnahme der Segelschifffahrt zieht für die schifffahrttreibende Bevölkerung eine wesentliche Einschränkung ihrer bisherigen Erwerbsquellen nach sich, und ein theilweiser Ersatz für den verloren gegangenen Erwerb ist in der Ausdehnung der Seefischerei zu finden. Die Beschäftigung in diesem Gewerbe ist sodann eine vortreffliche Vorschule für den seemännischen Beruf und schafft einen brauchbaren Ersatz für unsere Kriegsmarine. Diese Gesichtspunkte sind daher auch Veranlassung gewesen, daß seit dem Jahre 1886 eine neue Position von 200 000 ℳ zur Förderung der Hochseefischerei in den Reichsetat eingestellt wurde. Wenn wir daher zeigen, daß wir Interesse für diese volkswirthschaftlichen Fragen haben, und dieses Interesse auch durch eine allgemeine Betheiligung bethätigen, so wird auch unserem Unternehmen eine Unterstützung aus Staatsmitteln nicht versagt werden.

An alle unsere Mitbürger in Stadt und Land richten wir daher die Bitte, nicht durch Gleich-gültigkeit die gegenwärtige Gelegenheit zur Schaffung eines segensreichen Unternehmens vereiteln zu wollen, sondern nach Kräften beizusteuern zu ihrem eigenen und der Gesammtheit Wohl.

Zeichnungen werden bis zum 1. September d. J. von allen unterzeichneten Ausschußmitgliedern entgegengenommen.

Glückstadt, den 14. August 1893.

Der Ausschuß für Gründung einer Fischerei-Actiengesellschaft in Glückstadt.

Brandes. Janssen. H. J. Gyesen. Gehlsen. J. Mohr. J. J. Augustin.
A. Göttsche. O. Behrmann. Wm. Lübcke. Mahn. H. tho Aspern.
Theodor Ahsbahs.

Glückstädter Fortuna.

Dieses Blatt erscheint Dienstags, Donnerstags und Sonnabends mit der wöchentlichen Beilage: „Illustrirtes Unterhaltungsblatt" zum Preise von ℳ 1,50 für das Vierteljahr (frei in's Haus).

Druck und Verlag des verantwortlichen Herausgebers J. J. Augustin b Glückstadt.

Abonnements werden auch von allen Postanstalten und Landbriefträgers entgegengenommen. — Inserate (15 ₰ pr. Zeile) werden bis 8 Uhr Morgens am Montag, Mittwoch und Freitag erbeten.

| **Nr. 127.** | **Sonnabend den 28. October 1893.** | **154. Jahrg.** |

Bekanntmachung.

In das hiesige Gesellschaftsregister ist unter Nr. 24 eingetragen:

Auf Grund des Gesellschaftsvertrages vom 3. August 1893 und des Generalversammlungsbeschlusses vom 21. October 1893 über die Herabsetzung des Grundkapitals auf 300 000 ℳ ist am 21. October 1893 eine Actiengesellschaft unter dem Namen „Glückstädter Fischerei = Actiengesellschaft in Glückstadt" gegründet worden.

Sitz der Gesellschaft ist Glückstadt.

Der Gegenstand des Unternehmens ist, mit eigenen oder gemietheten Schiffen den Seefischfang, insbesondere den Heringsfang, sowie den Handel in Seefischen, Seesalz, Korkholz, Böttchermaterial und anderen für die Gesellschaft im Großen zu beziehenden Artikeln zu betreiben.

Die Höhe des Grundkapitals beträgt 300 000 ℳ. Der Betrag jeder Actie beläuft sich auf 1000 ℳ; die Actien lauten auf den Inhaber.

Der Vorstand besteht aus drei Mitgliedern und Stellvertretern derselben, welche der Aufsichtsrath ernennt und entläßt.

Willenserklärungen des Vorstandes erfolgen in der gesetzlich vorgeschriebenen Form und müssen von 2 Mitgliedern unterschrieben werden.

Die Generalversammlung der Actionäre wird durch den Vorstand oder Aufsichtsrath mit einer Frist von mindestens 2 Wochen berufen und in Glückstadt abgehalten.

Die Bekanntmachungen der Gesellschaft erfolgen durch den „Deutschen Reichsanzeiger", die „Hamburger Nachrichten" und die „Glückstädter Fortuna". Der Gesammtaufwand für die Gründung und deren Vorbereitung beläuft sich auf ca. 1500 ℳ und ist zu Lasten der Gesellschaft übernommen worden.

Gründer der Gesellschaft sind:

Sanitätsrath **Dr. Adolph Halling**,

Regierungsbaumeister **Theodor Janssen**,

Bürgermeister **Rudolf Brandes**,

Apotheker **Heinrich Otto Behrmann**,

Goldschmied **Heinrich tho Aspern**,

Fabrikant **Johannes Mahn**,

Weinhändler **Adolph Göttsche**,

Fabrikant **Hans Julius Gyesen**,

Kaufmann **William Lübcke**,

Gastwirth **Johann Mohr**,

sämmtlich in Glückstadt wohnhaft.

Die Gründer haben nur einen Theil der Actien übernommen.

Derzeitige Vorstandsmitglieder sind:

Kapitän **Otto Haak** aus Norden,

Apotheker **Heinrich Otto Behrmann** in Glückstadt,

Fabrikant **Johannes Mahn** in Glückstadt.

Mitglieder des Aufsichtsraths sind zur Zeit:

Sanitätsrath **Dr. Adolph Halling** in Glückstadt,

Holzhändler **Hans Hermann Gehlsen** in Glückstadt,

Buchdruckereibesitzer **Jacob Johannes Augustin** in Glückstadt,

Regierungsbaumeister **Theodor Janssen** in Glückstadt,

Fabrikbesitzer **Charles von de Vos** in Itzehoe,

Schiffsbau = Ingenieur **Albert Timm** in Hamburg.

Zu Revisoren der Gesellschaft sind bestellt:

Rentner **Theodor Ahsbahs**,

Gymnasial=Director **Dr. Detlef Detlefsen**,

Stadtrath **Julius Peters**,

sämmtlich in Glückstadt wohnhaft.

Glückstadt, den 26. October 1893.

Mark Fangprämien haben wollten, aber nur je 1 000 Mark erhielten. Nach ausführlicher Diskussion, in der die Kommissionsmitglieder Land- und Reichstagsabgeordneter Major Graf von Moltke aus Uetersen und Ober- fischmeister Decker aus Altona sich für den Heringsfischereistandort Glückstadt, der »mindestens ebenso günstig belegen sei wie Emden«, ein- setzten, wurden die beantragten 84 000 Mark für die Haushaltsjahre 1894/ 95 und 1895/96 bewilligt unter der Bedingung, daß das Aktienkapital der Gesellschaft auf 400 000 Mark aufgestockt würde, was auf der General- versammlung der Gesellschaft am 28. Juni dann auch beschlossen wurde.

SG 1 *Tümmler läuft am 7. April 1894 bei Gehlsen in Glückstadt vom Stapel.*

Interims-Schein

zur Actie No. 1

der

Glückstädter Fischerei-Actiengesellschaft.

— ◦• —

Herr Sanitätsrath Dr. Halling - Glückstadt.

hat auf die vorerwähnte, von demselben gezeichnete Actie fünf und siebzig
Procent des Nominalbetrages von Ein Tausend Mark mit

sieben hundert und fünfzig Mark

eingezahlt.

Gegen vom 2. bis 6. Juli 1894 zu leistende Zahlung restlicher
fünf und zwanzig Procent = zwei hundert und fünfzig Mark
und Rückgabe dieses Interims-Scheines wird die Inhaber-Actie von Ein
Tausend Mark nebst Dividendenscheinen ausgeliefert.

Glückstadt, den 19. März 1894.

Der Aufsichtsrath: **Der Vorstand:**

↬ Glückstadt, den 8. April. Gestern Nachmittag um 5 Uhr fand, vom schönsten Wetter begünstigt und unter Theilnahme zahlreicher Zuschauer, der Stapellauf des hier erbauten Loggers statt. Nachdem alle Vorbereitungen getroffen, trat Frl. Gehlsen vor das Schiff und hielt folgende Taufrede: „In dieser Stunde sind wir hier zusammen gekommen, dich, du stolzes Schiff, deinem Elemente anzuvertrauen. Noch kurze Zeit, so wirst du den sicheren Hafen verlassen, um in ferneren Meeren den Kampf mit Wind und Wogen aufzunehmen. Mögest du dich in diesem Kampfe als ein gutes Schiff erweisen und mit reicher Beute beladen wohlbehalten in den sicheren Port zurückkehren. Aber nicht namenlos sollst du von hier ziehen. „Tümmler“ taufe ich dich und stelle dein Schicksal in den Schutz des mächtigen Herrn, dem Wind und Meer gehorsam sind.“ Noch ein kurzes Nachhelfen mit der Schraube und unter brausenden Hochrufen der Anwesenden glitt das Schiff elegant und sicher in das Wasser. Hatte das Fahrzeug schon auf dem Helling einen guten Eindruck gemacht, so gewährte dasselbe auf dem Wasser einen imposanten Anblick und wurde allgemein bewundert.

* Glückstadt, den 23. Mai. Gestern Morgen 4½ Uhr liefen bei schöner östlicher Brise unsere vier Logger „Tümmler“, „Stör“, „Makrele“ und „Hering“, geschleppt von dem Dampfer „Franzisca“, aus dem hiesigen Hafen. Dieselben setzten auf der Elbe alsbald ihre Segel und gewährten, in einer Linie hintereinander laufend, einen herrlichen Anblick. Sie passirten bereits um 9 Uhr Cuxhafen. Mögen sie mit reichem Fang bald zurückkehren!

* Glückstadt, den 11. Juli. Vorgestern Abend traf als erster der 4 von der hiesigen Fischerei-Actiengesellschaft ausgesandten Logger der hier gebaute „Tümmler“ mit 150 Tonnen Heringen ein und wurde selbstverständlich von unserer Einwohnerschaft auf's Freudigste begrüßt. Der Fang ist bei allen Heringsfischern in diesem Jahre noch ein geringer, weil so sehr viel Windstille auf der Nordsee geherrscht hat. Nachdem gestern die Ladung gelöscht und die Netze theilweise gewechselt, verließ der Logger heute Morgen wieder den Hafen

Am 8. März liefen die beiden in Emden gebauten Logger vom Stapel. Die vier ersten Schiffe sollten nach einem Vorstandsbeschluß vom 3. Februar Tümmler, Stör, Hering und Krabbe heißen. Sie erhielten die Erkennungszeichen S (für Schleswig-Holstein) G (für Glückstadt) 3 und 4, wurden Makrele und Hering getauft und liefen am 22. April in Glückstadt ein. Der bei Junge in Wewelsfleth gebaute SG 2 erhielt am 21. 4. 1894 vom Regierungsbaudirektor Janssen den Namen Stör. Der am 7. April 1894 bei Gehlsen in Glückstadt vom Stapel gelassene Logger SG 1 wurde von der Tochter des Werftbesitzers und Mitbegründers der Gesellschaft, »Frl. Gehlsen«, das ist Sophie Gehlsen, die später Dr. med. Gehl heiratete, auf den Namen Tümmler getauft.

Am 24. Mai 1894, morgens um 4 Uhr 30, wurden die vier Logger aus dem Glückstädter Hafen auf die Elbe geschleppt, wo sie Segel setzten und um 9 Uhr Cuxhaven passierten. Am 9. Juli kehrte Tümmler als erster mit 150 Kantjes Matjesheringen zurück und ging schon zwei Tage später auf seine zweite Fangreise. Am 10. Juli erschien in der Glückstädter Fortuna die erste Anzeige, die Glückstädter Matjes anpries: »Da heute die neuen Glückst[ädter] Voll- und Matjesheringe zum Versand gelangen werden, zeigen wir hierdurch an, daß die Glückst.[ädter] Fischerei-Actiengesellschaft uns den Verkauf in einzelnen Fässern übertragen hat, und offerieren dieselben in 1/1, 1/2, 1/4, 1/8, 1/16, 1/32 ... Tonnen... zu billigsten Tagespreisen. Ernst Seidel, Gust. Witt, Glückstadt.« (Die Groß- und Einzelhandelsfirma Witt hat bis in die 1960er Jahre Glückstädter Matjes und Heringe vertrieben und die Glückstädter Logger verproviantiert.) Am 12. Juli bot der Fischhändler Frevert die »Glückstädter Voll- u. Matjes-Heringe à 5, 8 und 10« Pfennig an.

Am 11. Juli landete der Logger Makrele 187, am 15. der Logger Hering 282 und am 30. August der Logger Stör 334 Kantjes an. Insgesamt machten die vier Logger 1894 17 Reisen und brachten 4 984 Kantjes mit, die an Land neu verpackt 3 859 Fässer ergaben und deren Verkauf 91 000 Mark einbrachte.

Der Ausbau der Heringsfischerei
23 Logger bis zum Beginn des Ersten Weltkrieges

1895 wurden die vier weiteren Logger Hai, Wal, Dorsch und Butt in Dienst gestellt. Fang und Erlös verdoppelten sich ungefähr im Vergleich zum Betriebsjahr 1894. Unter Schwierigkeiten gelang es 1895, das Aktienkapital noch einmal um 100 000 Mark auf nun 500 000 Mark aufzustocken, um den Bau weiterer vier Logger im Jahr 1896 zu finanzieren. Dies waren Roche, Lachs, Forelle und Scholle, die wie auch die folgenden mit einem Dampfspill zum Einhieven der Netzfleet ausgerüstet und mit einem Fassungsvermögen von ungefähr 600 Kantjes größer als ihre Vorgänger waren.

Das Einholen der Netze durch eine Dampfwinde, die erstmals auf den vier neuen Loggern 1896 eingebaut worden war, bewirkte eine erhebliche Erleichterung der Arbeit an Bord.

1897 folgten die Neubauten Wels und Hecht. Mit SG 15 Seestern erwarb die Fischerei erst 1903 den nächsten Logger. 1904 kamen Hummer,

III. Geschäfts-Bericht

der

Glückstädter Fischerei-Actien-Gesellschaft

für das

Betriebsjahr 15. Juni 1896/97.

An die Herren Actionäre!

Im verflossenen Betriebsjahre hatten wir mit 12 Loggern einen Fang von rund 9599½ handels-üblich gepackten Tonnen Heringen zu verzeichnen, mithin durchschnittlich pro Logger 800 Tonnen.

Die Fang- und Reisedauer betrug pro Schiff durchschnittlich 164 Tage.

Im Vorjahre belief sich der Fang pro Schiff auf 950³⁄₄ Tonnen, bei einer Fang- und Reisedauer von 175¼ Tagen.

Der Gesammterlös des Fanges betrug 228 527,79 ℳ, mithin durchschnittlich pro Logger 19 043,98 ℳ gegen 26 022,54 ℳ im Vorjahre.

Die Ergebnisse des abgelaufenen Geschäftsjahres stehen hinter denen des Vorjahres zurück, welches seinen Grund hauptsächlich darin hat, daß fast nur kleine Heringe angebracht wurden, wofür nur kleine Preise erzielt werden konnten. Mit der oben genannten Summe des Fangerlöses und mit der uns von der hohen Reichsregierung in dankenswerther Weise geleisteten außerordentlichen Beihülfe von 12 000 ℳ, haben so ziemlich die nöthigen Abschreibungen gemacht und die Betriebskosten gedeckt werden können. Dem Netz-Reservefonds mußten für Verluste von Netzen auf See 7000 ℳ. entnommen werden.

Neu erbaut wurden die Logger „Wels" und „Hecht", welche beide mit am diesjährigen Fange theil-nehmen und ebenfalls, wie die Logger Nr. 9—12, mit einem Dampfspill zum Einhieven des Netzfleethes versehen sind.

Glückstadt, den 7. Juli 1897.

Glückstädter Fischerei-Actien-Gesellschaft.

Der Vorstand.

Behrmann.   Otto Haak.   Johs. Mahn.

Glückstädter Fischerei-  Aktien-Gesellschaft.

Telegramm-Adresse: **Fischerei, Glückstadt.**

Fernsprecher: **3.**

Giro-Konto:
Reichsbanknebenstelle Itzehoe
unter
Spar- und Leihkasse Glückstadt.
Glückstädter Kreditbank.

Postscheckkonto Hamburg 41 247.

Schutz-Marke.

Glückstadt, den 192

1905 Auster und Seehund hinzu. Mit 14 Loggern erzielte die Fischerei zwischen 1897 und 1901 Fangerlöse von 230 000 bis 361 000 Mark und konnte damit und den Staatsbeihilfen nicht immer die jährlich anfallenden Unkosten decken. 1899 und 1900 wurden auch die Logger SG 1 bis SG 8 mit Dampfspillen modernisiert. Netzverluste waren jährlich zu beklagen. 1895, in den Oktoberstürmen, waren sie ganz enorm und konnten nur durch die Zuschüsse der Reichsregierung zum Netzreservefonds aufgefangen werden. Auch 1904 waren die Netzverluste nur durch einen Reichszuschuß von 16 000 Mark auszugleichen. Anfang Oktober 1905 z.B. unterbrach der Logger Stör seine dritte Fangreise wegen Netzverlustes und landete nur 22 und nicht wie die anderen zwischen 300 und 600 Kantjes an.

Das Jahr 1905 war nicht nur durch hohe Netzverluste gekennzeichnet: Im September kollidierte der bei starkem Seegang von seinem Liegeplatz losgerissene Logger Hering auf der Reede von Cuxhaven mit einer schwedischen Bark und wurde schwer beschädigt, und Anfang Oktober traf die Fischerei der bislang größte Verlust: SG 1 Tümmler kehrte von seiner dritten Fangreise nicht zurück. Erst Anfang Dezember gab die Fischerei den nun unzweifelhaften Verlust von Schiff und Mannschaft bekannt.

Die Loggerflotte wurde in den folgenden Jahren noch erweitert: SG 19 Otter wurde 1906 auf der Gehlsenschen Werft in Glückstadt gebaut, ebenfalls bei Gehlsen 1907 SG 20 Delphin und im selben Jahr bei Peters in Wewelsfleth SG 21 Stint, der letzte hölzerne und zugleich der letzte Logger, der nur durch Segel angetrieben wurde. Die Fangergebnisse der Segellogger wurden durch widrige Wind- und Wetterverhältnisse stark beeinträchtigt. Allein die Fahrt zum Fangplatz konnte mehr als zwei Wochen dauern, ebenso lange noch einmal die Rückfahrt. Ab Windstärke 7 war wegen der Gefahr von Netzverlusten ans Fischen nicht mehr zu denken.

126

Glückstädter Binnenhafen kurz vor 1900 mit dem 1895 gebauten Logger SG 7 Dorsch.

Bei Windstille konnte der Segellogger einen unergiebigen Fangplatz nicht wechseln. Bei ausgesetzter Fleet und plötzlich einsetzendem Sturm war es oft unmöglich, die Netze zu bergen. Dabei ging nicht selten die gesamte Netzausrüstung im Wert von 10 000 Mark verloren. Am 6. August 1914 wurde der Logger Stör nur deshalb von den Engländern versenkt, weil er die ihm gesetzte Frist zum Verlassen des Gebietes wegen Windstille nicht nutzen konnte.

Die an Weser und Ems neugegründeten Heringsfischereien hatten schon von der Jahrhundertwende an ihre Loggerneubauten mit einer Hilfsdampfmaschine versehen, nachdem in den Abhandlungen des Deutschen Seefischerei-Vereins 1897 der Entwurf eines eisernen Heringsloggers mit Hilfsmaschine vorgestellt worden war, der mit 56 500 Mark ohne Fanggeräte ungefähr doppelt so teuer war wie ein etwas kleinerer Segellogger aus Holz. Die Leitung der Glückstädter Heringsfischerei bewertete es um 1930 als Fehler, daß sie erst 1910 mit SG 22 Glückstadt den ersten eisernen Dampflogger hatte bauen lassen. Sie erkannte, daß deren Fangergebnisse

Deutsches Reich.

Unterscheidungs-Signal:

L V P K.

Schiffs-Zertifikat.

Die unterzeichnete Behörde bezeugt hierdurch, daß in das von derselben kraft gesetzlicher Anordnung geführte Schiffsregister

das Schiff *Hecht*

unter Nr. *539* auf Grund glaubhafter Nachweisungen am *24. Mai* 18*97* eingetragen ist, wie folgt:

1. Name des Schiffes: *Hecht*

2. Gattung: *Fischer Logger aus Eichenholz*

3. Größe und Ladungsfähigkeit: Die nach § 25 Nr. 1 der Schiffsvermessungs-ordnung aufgenommenen Hauptmaaße sind: Länge = *27,88* Meter; Breite = *6,31* Meter; Tiefe = *3,14* Meter; größte Länge des Maschinenraums = ———— Meter.

Die Vermessung ist auf Grund der unter dem 1. März 1895 veröffentlichten Fassung der Schiffsvermessungsordnung (Reichs-Gesetzbl. 1895 S. 161) nach dem Verfahren erfolgt und es beträgt:

	Kubikmeter	Britische Registertons
a) der Brutto-Raumgehalt des Schiffes	*288,7*	*101,89*
b) der Netto-Raumgehalt des Schiffes	*232,4*	*82,05*

zu b) in Worten: *zweihundert zwei und dreißig 4/10* Kubikmeter, gleich *zwei und achtzig* 05/100 ———— britischen Registertons.

4. Zeit und Ort der Erbauung: *1896/97, Wewelsfleth*

5. Heimathshafen: *Glückstadt*

um 70 bis 80% höher lagen, daß die Netzverluste geringer und die Fahrten zum Fanggebiet und wieder nach Hause kürzer waren und der Mehrpreis sich damit rentierte. Die Glückstädter Fischerei geriet ins Hintertreffen, was sich Ende der 1920er Jahre »schmerzlich auswirken sollte«, wie der Vorstand um 1930 schrieb.

Auf den Dampfloggern fanden erstmals auch die Belange der Mannschaften, ihre Unterbringung und die hygienischen Verhältnisse an Bord eine geringe, aber doch bessere Berücksichtigung. Die Verhältnisse wurden etwas menschenwürdiger. Der Mannschaftsraum auf einem Segellogger, der von Deck aus nur durch eine Luke auf einer am Schott errichteten Niedergangsleiter zu erreichen war, mußte nicht nur 12 Besatzungsmitgliedern als Unterkunft und Aufenthaltsraum dienen, sondern war durch einen in seiner Mitte aufgestellten Ofen oder Herd zugleich die Kombüse des Kochs. Die Schlafgelegenheiten der Mannschaft waren so knapp be-

Bei Gehlsen in Glückstadt liegen die Loggerneubauten Roche und Lachs 1895/96 auf Kiel.

messen, daß teilweise zwei Mann sich eine Koje teilen mußten. Das gesamte Ölzeug und die Stiefel, zumeist naß und nicht frei von Herings- und Salzlake, mußten hier untergebracht werden. Sanitäre Einrichtungen wie Klosett oder Wasch- und Trockenräume gab es nicht.

Auf den Dampfloggern dagegen waren die Unterkünfte der Mannschaften vor dem Mast geräumiger. Der Koch hatte eine eigene Kombüse. Ein Klosett war auf Deck als Aufbau über dem Maschinenraum errichtet, und im Maschinenraum konnte die nasse Kleidung getrocknet werden. Nicht nur mehr der Kapitän, sondern auch der Steuermann und der Maschinist und oft noch der Koch waren etwas komfortabler im Hinterschiff untergebracht.

1911 wurde der zweite Dampflogger SG 23 Elbe in Dienst gestellt. Es fuhren nun – bis 1914-22 Logger, 20 Segel- und 2 Dampflogger, für die Fischerei, da SG 1 Tümmler 1905 verlorengegangen, sein Kennzeichen aber nicht wieder vergeben worden war. Die Glückstädter Heringsfischerei beschäftigte 300 Seeleute und 150 Arbeiterinnen, Arbeiter und Angestellte. Ihre Aktien wurden zeitweise zu mehr als 200% gehandelt. In den ersten neun Betriebsjahren konnte die Gesellschaft keine Dividende an die Aktionäre zahlen. Ab 1903/04 zahlte sie bis 1909/10 zwischen 2% und 5% im Jahr, 1910/11 dann 8%, in den nächsten beiden Jahren je 5%, 1913/14 mit 10% die bisher höchste Dividende.

Das Grundstück und die Gebäude
(zum Teil wörtlich aus Herwig, [Walther]: Die Glückstädter Fischerei-Aktiengesellschaft, Glückstadt. In: Mitteilungen des Deutschen Seefischereivereins 1 (1902). S. 4-14 und aus Zusammenstellungen im Archiv der Fischereigesellschaft.)

Auf einem Stadtplan von 1690 ist am Rethövel deutlich ein Flügelbau zu erkennen. Er ist das letzte Gebäude Richtung Elbe und liegt an einer Brücke, die über den Hafen den Rethövel und die Hafenstraße in der Höhe des Jungfernstieges verbindet. Dieses Haus gehörte dem von 1644 bis 1668 amtierenden Stadtpräsidenten Heinrich Thomas und noch 1680 seiner Witwe. Bald danach erwarb es der Vizeadmiral Paulsen, der es wohl umbauen und 1701 ein Portal mit seinem Ehewappen einfügen ließ. Hier mußte König Christian V. 1702 Quartier nehmen, weil das von Christian IV. ab 1629 gebaute Schloß auf der anderen Seite des Hafens nicht mehr zum Wohnen taugte. Dieses Palais des Vizeadmirals wird später als Schiffsarsenal bezeichnet und dient bald darauf den nach Grönland fahrenden Wal- und Robbenfängern als Speicher. Nachdem die dort eingerichtete Zichorienfabrik eingegangen war, bildete sich ein Konsortium, das dort eine Schiffswerft errichten wollte. Von ihm erwarb die Fischerei-Aktiengesellschaft das ca. 4,5 Hektar große Gelände.

Es liegt an der Südseite des durch eine 14 Meter breite Dockschleuse tidenunabhängigen Glückstädter Binnenhafens, in dem also ein immer gleicher Wasserstand herrscht, der das Laden und Löschen der Schiffe erheblich erleichtert, weil dies von einer fest installierten Brücke aus geschehen kann. Das Grundstück der Fischerei ist vom Binnenhafen durch einen 10 bis 15 Meter breiten Deich, auf dem die Straße »Am Rethövel« verläuft, getrennt. (In den 1970er Jahren wurde diese Deichstraße um einige Meter abgetragen, um sie für den Schwerlastverkehr herzurichten. Das ursprüngliche Erdgeschoß der dort stehenden Häuser, auch das der Fischerei, war nun das erste Stockwerk, und es mußte eine Treppe vor die Tür gesetzt werden, damit man ins Haus kommen konnte. Nun ist die Deichstraße, die im 17. Jahrhundert gebaut worden war, abgetragen. Alle Häuser dort haben Treppen, die sie verschandeln, denn ihre Proportionen stimmen nicht mehr. Die Straße aber ist immer noch frei vom Schwerlastverkehr, denn auch nach der Absenkung ist sie zu nah an den Vorsetzen des Hafens und steht auf schwankendem Untergrund.) Einzelne Gebäude der Liegenschaft fanden sich beim Erwerb durch die Fischerei in baufälligem Zustand, so daß zur Reparatur schon erhebliche Mittel aufgewendet werden mußten.

Die Anlagen bestehen 1894 aus dem großen massiven Packhaus (früher Admiralspalais), der Böttcherei, der Taanerei, in der die Netze gegerbt werden, drei weiteren massiven Speichern und einem Netztrockenplatz. Parallel zum Packhaus erstreckt sich unmittelbar am Wasser die von der Gesellschaft gebaute 80 Meter lange Ladebrücke, die 1904 um 63 Meter verlängert wird und die die Gesellschaft sofort wieder abbrechen muß,

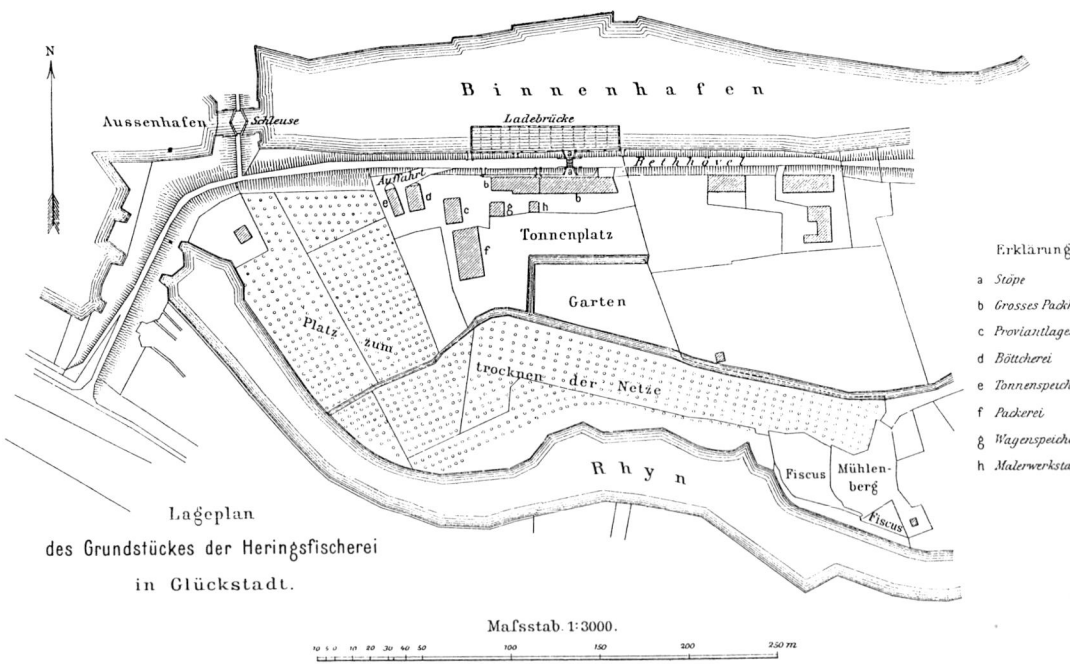

Lageplan
des Grundstückes der Heringsfischerei
in Glückstadt.

Maßstab 1:3000.

Eingangsportal der Glückstädter Fischerei.

wenn die Verhältnisse des Glückstädter Hafens dies verlangen sollten. Diese Ladebrücke ist durch eine ebenfalls von der Gesellschaft gebaute Stöpe (Tunnel) durch den Rethöveldeich mit dem Gelände der Fischerei verbunden (1904 wird mit der Verlängerung der Ladebrücke eine zweite Stöpe gebaut).

Das Packhaus, die alte Admiralität, ist ein 70 Meter langes und 9 Meter breites massives Haus. Es hat zwei Keller, die hinter dem Rethöveldeich, von dem hinteren Gelände der Fischerei aus aber ebenerdig liegen. Hier lagert das aus Lissabon eingeführte Salz. Der eine Keller hat einen Beton-

Das Luftbild aus den 1950er oder 1960er Jahren zeigt vorn »dat Nettenland« und dahinter die überdachte Netztrocknungsanlage. Der in der Mitte links hinter dem Hafenbecken liegende große viereckige Gebäudekomplex war die Glückstädter Jugendstrafanstalt, aus der mancher Junge für eine Fangsaison auf Bewährung freigelassen wurde.

und 10 cm darüber noch einen Holzfußboden, auf dem das Salz lagert. Das entstehende Schmelzwasser kann auf dem mit Gefälle angelegten Betonfußboden abfließen. Hier können etwa 350 Tonnen Salz verwahrt werden. Der zweite Keller faßt ca. 1 250 mit Salz gefüllte Heringstonnen. Beide Keller sind durch eine Durchfahrt getrennt als Verbindung zwischen Stöpe und Hofplatz. Um das Salz nicht über Hamburg, sondern direkt aus Portugal beziehen zu können, wird 1905 westlich an das Admiralitätsgebäude ein Anbau in Holzfachwerk mit einem großem Keller errichtet, der ganze Dampferladungen Seesalz bis zu 1 000 Tonnen fassen kann. Dieser Anbau bietet zugleich weiteren dringend benötigten Stauraum für Netze, Tauwerk, Segel usw. Im Erdgeschoß des Packhauses, das auf der Höhe des Rethöveldeiches liegt, ist die Verwaltung untergebracht, außerdem eine Utensilienkammer und ein kleiner heizbarer Arbeitsraum, in dem im Winter kleinere Arbeiten an Gerätschaften vorgenommen werden. In einem weiteren größeren Arbeitsraum lagern die Netze, welche von hier unmittelbar über Rollen auf die an der Ladebrücke liegenden Logger gebracht werden können. Die außerdem im Erdgeschoß noch vorhandene Wohnung ist für den technischen Leiter vorgesehen.

Ein Reep wird geteert. In den 1950er Jahren hatte der Logger Tiu noch einen Dampfspill, während die Spills der anderen Logger elektrisch betrieben wurden. Tiu lieferte deshalb an der Fischereibrücke den Dampf, mit dem der Teer verflüssigt wurde. Durch den flüssigen Teer wurde das Reep gezogen.

Die »Taanerei« in Glückstadt zum Gerben oder Imprägnieren der Netze mit Catechu in den 1940er Jahren. Am 1. Juni 1894 beantragte die Fischerei die Genehmigung zum Bau einer Taanerei auf ihrem Grundstück. Sie sollte aus einem »Kesselhaus, zwei Kochkesseln und einem Bassin, aus welchem das Wasser mittelst einer Saugpumpe in die Kessel gebracht wird, sowie einem überdachten Bassin der zu ertränkenden Netze bestehen«. 1906 erhielt die Taanerei (die Verwaltung der Fischerei schrieb jetzt und auch noch später oft falsch »Tarnerei«) einen 1-PS-Gasmotor, der zum Entleeren des Bassins und zum Füllen der Kessel betrieben werden sollte. 1946 wurden die zur Taanerei gehörigen zwei alten und während des Krieges zerfallenen hölzernen Bottiche durch einen massiven Behälter ersetzt, der die Netzfleet eines Loggers, also 4 Kilometer, fassen konnte. Traute Neumann hat sich 1955 für ihre Schülerarbeit die Taanerei erklären lassen. Sie berichtet u. a.: »Indem er auf die beiden Kessel deutete, sagte er: ›Hier wird der Catechu, der zum Imprägnieren der Netze gebraucht wird, gekocht.‹ Er nahm aus einer Kiste harte, teerartige Stücke. ›So kommt er aus Holländisch-Westindien. 8000 Liter kann ein Kessel fassen. Diese Flüssigkeit reicht zum Haltbarmachen von 130 Netzen. Ich will mal zeigen, wie schnell Catechu in der Luft trocknet.‹ Mit einer Forke entnahm er dem Kessel etwas von der Masse, die in wenigen Augenblicken zu langen Zapfen erstarrte. ›Wir imprägnieren allerdings nur bereits gebrauchte Netze, damit sie drahtig und haltbar bleiben. Das Imprägnieren der ganz neuen Netze von der Netzfabrik Itzehoe erfolgt in Holland.‹ Er deutete auf die Flüssigkeit im Kessel und sagte: ›Diese muß bis 50° abkühlen. Dann werden die Netze in eine Taankupe gepackt, und die Flüssigkeit läuft drauf. Eine Nacht bleiben die Netze darin liegen. Auf hohen Gerüsten werden sie dann zum Trocknen aufgehängt. Die getrockneten Netze werden danach mit Schienenwagen in einen Lagerraum gefahren, wo sie dann für den Fang gerichtet werden.‹« Am 7. Dezember 1965 wurde die Taanerei abgebrochen. Sie war überflüssig geworden, da die Netze inzwischen aus Kunststoff gefertigt waren.

Schnitt nach ab.

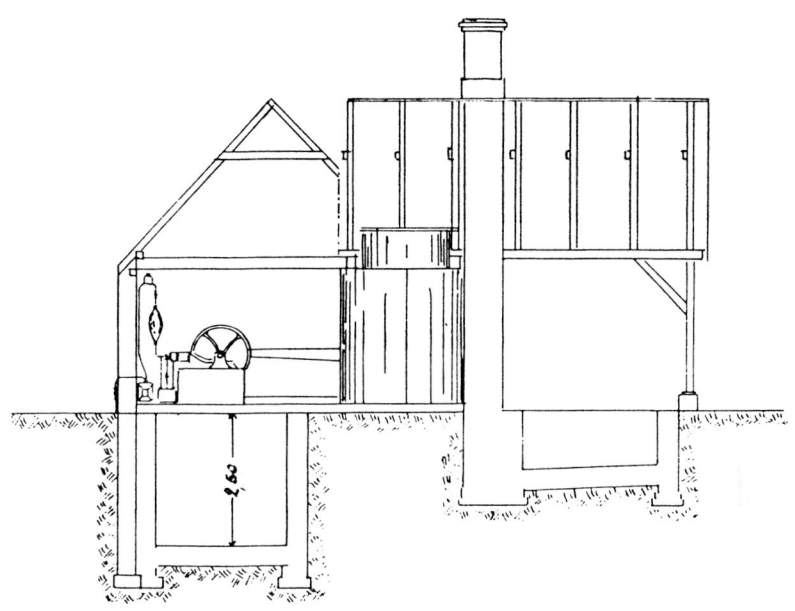

Grundriß

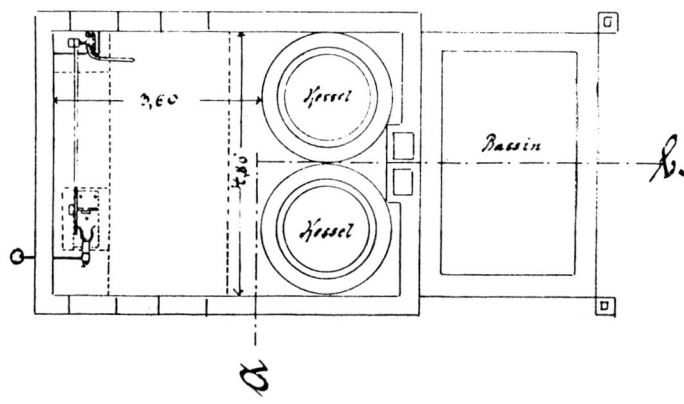

Die Glückstädter Taanerei im Grundriß und im Schnitt 1906.

Im ersten Stockwerk befindet sich der Strickraum, in welchem die beschädigten Netze repariert werden, außerdem ein Netzlagerraum und der Arbeitsraum für die Segelmacher. Eine zweite Wohnung hier ist für einen Loggerkapitän reserviert. (Nachdem die Netzstrickerei nicht mehr genügend Platz bot zur Unterbringung der zahlreichen erforderlichen Strickerinnen, wurde 1914, südlich an das Hauptgebäude anlehnend, ein größerer massiver Anbau errichtet, der in seinem Erdgeschoß einen Raum für die Schlosserei, eine Warmwasserheizungsanlage und die Toilettenanlagen aufnahm.) Das zweite Stockwerk des Haupthauses ist 1894 durch Latten in ungefähr 10 Quadratmeter große Räume aufgeteilt, in denen für jeden Logger gesondert dessen Ausrüstung wie Tauwerk, Blöcke, Ketten, Schaufeln, Körbe u.a. gelagert wird. Um hier ausreichenden Stauraum zu gewinnen, ist das spitze Pfannendach entfernt und durch ein flaches Pappdach ersetzt worden. Luken in beiden Fronten des Daches sorgen für einen ständigen Luftzug. Der größte Teil des Erdgeschosses eines zweiten massiven Speichers von 10 Metern Breite und 14 Metern Tiefe dient im Frühjahr vorübergehend als Wohnraum für die Mannschaften. Hier werden nach Bedarf Betten aufgestellt. Reicht der Platz nicht aus, dann müssen sie sich auf den Loggern einquartieren. Im Erdgeschoß befinden sich außerdem noch eine Schmiede- und eine Schlosserwerkstatt. Im ersten Stockwerk ist ein Lager für den Proviant eingerichtet, der aus dem Ausland eingeführt wird und bis zur Ausfahrt unter zollamtlichem Verschluß liegt. Im zweiten Stockwerk dieses Speichers werden die schweren Reeps aufbewahrt. Auch hier sorgen Klappen für ständigen Luftzug. In einem weiteren massiven Speicher von 9 Metern Breite und 14 Metern Tiefe ist die Böttcherwerkstatt eingerichtet, wo die Tonnen anfangs aus gebrauchten amerikanischen eichenen Schmalzfässern gefertigt wurden. Neben der Böttcherei steht ein weiterer massiver Speicher von 4 Metern Breite und 16 Metern Tiefe, in welchem die fertigen Tonnen und die zu den Netzfleeten gehörenden Brails [Bojen] lagern.

Die Taanerei ist ein kleines massives Gebäude mit einem eingemauerten Kessel von 1,5 Metern Durchmesser und 2 Metern Höhe, in welchem der Catechu in Wasser gekocht wird. Neben dem Gebäude befindet sich eine überdachte auszementierte Grube von einigen Quadratmetern, in welche die Gerbflüssigkeit eingelassen wird und die Netze hineingelegt werden. (1906 erhält die Netztaanerei einen 1 PS starken Gasmotor zum

Antrieb einer Zentrifugalpumpe zum Entleeren der Bottiche und zum Füllen von nun zwei Kesseln.)

In einem weiteren massiven Speicher von 30 Metern Länge und 30 Metern Tiefe werden die Heringe umgepackt. Die, aus den an der Ladebrücke liegenden Loggern herausgehievten Tonnen, werden durch die Stöpe unter dem Rethöveldeich und durch die Durchfahrt im Keller des großen Haupthauses gerollt und gelangen auf dem mit Gefälle angelegten Geleis in die Packerei. Hier werden die Heringe aus den Tonnen in große Backen [Tröge] geschüttet und von Frauen nach Größe und Qualität sortiert und danach wieder in die Fässer ordentlich verpackt und in einem neben der Packerei befindlichen Anbau gelagert. (1914 wird in der Packerei eine Dampfkesselanlage installiert, die warmes Wasser zum Reinigen der Heringstonnen erzeugt. Daran angeschlossen wird ein Trockenraum, in dem die Packerinnen nun ihre nasse Kleidung trocknen können.) In einem kleineren massiven Schuppen stehen die Netzwagen. Auch Farben und Öle werden in einem separaten kleinen Gebäude gelagert. Zwischen den aufgezählten Gebäuden stehen überall gewaltige Tonnenstapel. 1902 wird ein Bestand von 18 000 leeren Tonnen geschätzt.

Der noch zur Verfügung stehende große freie Platz vor allem zum Rhin wird als Trockenplatz für die Netze benutzt. Hier sind 15 cm starke und 2,20 Meter hohe Pfähle in Reihen und in Abständen von 4,70 Metern aufgestellt, die an beiden Seiten Haken haben. Die Netze werden auf einem niedrigen Wagen, auf welchem sich hinten eine hölzerne Rolle befindet, zwischen den einzelnen Pfahlreihen entlang gefahren und an die Haken gehängt. Zum Trocknen von zwei Netzfleeten ist eine Länge von 500 und eine Breite von 20 Metern erforderlich.

1905 wird auch eine Modernisierung der Netztrockenanlagen vorgenommen. Die alte Anlage reichte bei weitem nicht mehr aus. Dehalb wird ein umfangreiches, etwa 4 Meter hohes Netztrockengerüst errichtet, welches das Trocknen der darin frei in der Luft hängenden Netze auf wesentlich kleinerer Fläche gestattet.

Der Transport der Netze geschah anfangs mit Pferdefuhrwerken. 1905 aber wird eine fast 700 Meter lange Gleisanlage für eine Feldbahn verlegt, deren Wagen durch eine elektrisch betriebene Winde aus dem tiefer gelegenen Gelände der Trocknungsanlage auf die Höhe des Rethöveldeiches gezogen werden können.

Die Glückstädter Fischerei-Aktiengesellschaft beschäftigt ungefähr 50 bis 60 Arbeiterinnen und Arbeiter im Landbetrieb. In der Böttcherei arbeiten sechs Gesellen unter einem Meister von Januar bis Juni. Sie fertigen neue und reparieren die beschädigten Tonnen. Auch die zum Fischen nötigen Bojen werden von ihnen hergestellt und in Stand gesetzt. Während der Fangsaison müssen die Gesellen in der Packerei arbeiten, die angelandeten Fässer öffnen, Heringe umpacken und die versandfertigen Fässer wieder verküpern.

20 bis 30 Frauen sortieren die Heringe und verpacken sie neu unter der Leitung eines Packmeisters. Die Kantjes, die auf See gepackten Tonnen, werden in große Backen entleert. Hinter jeder Backe stehen 3 oder 4 Frauen, welche die Heringe nach Größe und Qualität neu sortieren, indem sie die Heringe in eine zweite große Backe, welche durch Querschotten in mehrere Abschnitte geteilt ist, werfen. Jede Sorte hat in dieser Backe ihr be-

Netzstrickerinnen und -flickerinnen im Glückstädter Nettenland.

sonderes Fach. Aus den Sortierbacken werden die Heringe von den eigentlichen Packerinnen in die Tonnen gelegt. Wenn die Böttcher die Tonnen dichtgeküpert haben, werden die Deckel vom Packmeister mit einem scharfen Haken oder Messer signiert. Nach einer kräftigen Reinigung mit viel Wasser ist die Tonne versandfertig. Die Frauen arbeiten im Akkord und verdienen 1902 bei zehnstündiger Arbeitszeit ungefähr 3 Mark pro Tag. Mit dem Instandsetzen der Fischereigeräte werden vom Januar bis zur Zeit der ersten Fangreise die zumeist aus Westfalen und Sachsen stammenden Schiffer beschäftigt, die für diese Zeit ein notdürftiges Quartier in einem Gebäude der Fischerei oder auf einem Logger erhalten. Sie bereiten die Logger auch vor für die Fangsaison. Dafür und für Reparaturarbeiten sind aber auch ganzjährig etwa 10 Arbeiter angestellt, ebenso bei einer Flotte von 14 Loggern 1902 ein Schiffszimmermann und ein Schmied.

Sortiererinnen, Packerinnen, Küper und Geschäftsleitung der Glückstädter Fischerei 1902.
Vorn mit weißer Mütze Inspektor Kapitän Carl Uphoff, links von ihm der Direktor Robert Gehrts
und rechts Küpermeister Glißmann.

Für die nicht im Akkord geleisteten Arbeiten werden 1902 pro Stunde
30, für die Überstunden nach 18 Uhr 40 Pfennig bezahlt. Auf dem Strick-
boden arbeiten schließlich 1902 noch 20 junge Mädchen. Sie müssen die
beschädigten Netze ausbessern, die unbrauchbar gewordenen Teile entfernen und durch neue Stücke ersetzen. Hier werden nur die schon benutzten wieder gebrauchsfertig gemacht. Die Netzflickerinnen arbeiten
auch im Akkord und verdienen je nach Geschicklichkeit 1 bis 2,50 Mark
bei zehnstündiger Arbeit pro Tag.

Die Fangsaison 1902

Sie erstreckt sich von Juli bis November 1902. Von Dezember bis Juni
wird an Land alles für die Fangsaison vorbereitet. Vor allem müssen die
Netze, die einen Wert von ca. 12 000 Mark pro Logger haben, instand
gesetzt und zu 3 000 bis 4 000 Meter langen Netzfleeten zusammengestellt werden. Ende Mai werden die Logger mit 400 bis 600 Heringstonnen
beladen. Diese Tonnen enthalten das Salz – auf 4 Kantjes rechnet man

eine Tonne – wie auch Proviant, Trinkwasser, Ballastwasser und Stein-
kohlen zum Betrieb der Dampfwinden, mit denen 1902 alle Glückstädter
Logger zum Einholen der Netze ausgerüstet sind. Anfang Juni stechen
die Logger in See nach den Shetlandinseln, was oft bei konträren Winden
oder bei Windstille mit Hilfe von Schleppern geschieht, die die Logger
nicht selten erst vor Helgoland vom Haken lassen. Die Dauer der Fangreisen ist sehr unterschiedlich, zwischen drei und neun Wochen je nach
Fangergebnis. Selbst bei schlechtem Fang muß das Schiff nach spätestens
neun Wochen zurückkehren, weil die mitgenommenen Vorräte an Wasser
und Proviant verbraucht sind. In der Regel kehren die Logger in der zweiten Julihälfte von der ersten Fangreise zurück. Zuerst werden die Netze,

Gruppenaufnahme der Arbeiterinnen und Arbeiter vermutlich der Packerei, anläßlich einer Weihnachtsfeier in der Glückstädter Fischerei in den 1930er Jahren.

143

dann die Kantjes entladen. Sofort danach werden neue Netze und Fässer gebunkert, und am übernächsten Tag legt der Logger ab zur zweiten Fangreise.

Von der letzten, der vierten oder fünften Fangreise kehren die Schiffe im November zurück, die schon Mühe hatten, die regelmäßigen Oktoberstürme zu überstehen. Die Mannschaften erhalten den verdienten Lohn, wenn abzüglich der Vorschüsse noch Geld verblieben ist, und kehren in ihre zumeist westfälische Heimat an der Weser zurück, um dort den kargen landwirtschaftlichen Nebenerwerb der Familie wieder für das nächste Jahr zu rüsten.

Von 1914 bis zum Konkurs 1931

Mit der Besetzung Luxemburgs durch deutsche Truppen am 2. und ihrem Einmarsch ins neutrale Belgien am 3. August 1914 begann der 1. Weltkrieg, der die Entwicklung der Glückstädter Heringsfischerei, nachdem die neue Fangzeit mit zufriedenstellenden Fängen begonnen hatte, jäh unterbrach. Da Deutschland die Neutralität Belgiens verletzt hatte, erklärte England dem Deutschen Reich am 4. August den Krieg und versenkte am 6. August den Logger SG 2 Stör. Dessen Mannschaft wurde ebenso wie die des ebenfalls im August versenkten Loggers SG 19 Otter in England interniert. Den Loggern Butt, Wels und Seestern gelang es, nach Dänemark und Norwegen zu entkommen. Die anderen waren bei Kriegsausbruch gerade im Heimathafen oder konnten hierher zurückkehren. Die Logger Hering und Delphin fischten noch Mitte August in der Nordsee und wurden erst durch neutrale Fischer vom Kriegsausbruch unterrichtet. Sie hatten Glück und liefen am 18. bzw. am 20. August 1914 ihren Heimathafen an. Die Mannschaften »wurden abgemustert und eilten, sofern militärpflichtig, zu den Fahnen«. Nach der Verarbeitung der noch angelandeten Heringe und Überholung der Netze wurde der Betrieb der Glückstädter Heringsfischerei stillgelegt. Nur einige ältere Arbeiter und Angestellte erledigten Unterhaltungsarbeiten. Man glaubte, nach einem schnell errungenen Sieg die Fischerei bald fortsetzen zu können.

Noch im August 1914 wurden aus dem Bestand der Glückstädter Gesellschaft 2 000 Heringsnetze (= 60 Kilometer) von der kaiserlichen Kriegsmarine beschlagnahmt, zum damaligen Tagespreis vergütet und zur Ab-

Logger an der Fischereibrücke in Glückstadt um 1900/10.

sperrung des Kieler Kriegshafens gegen feindliche U-Boote verwendet. In schwerer Tag- und Nachtarbeit wurde die Verladung dieser großen Netzmenge bewerkstelligt.

1917 »charterte« die Kriegsmarine die beiden Dampflogger Glückstadt und Elbe. Bei der Eroberung der baltischen Insel Ösel im Oktober 1917 wurde der Logger Glückstadt versenkt. Die dafür gezahlte Versicherungssumme wurde zunächst zur vollständigen Abschreibung des Loggers benutzt, der Rest einem »Loggererneuerungsfonds« zugeführt. Im Sommer 1918 erhielt die Gesellschaft den Dampflogger Elbe zurück, der von nun an auf Frischfischfang ging, ohne nennenswerte Erfolge zu erzielen. Kriegs-

Logger an der Fischereibrücke in Glückstadt am Anfang des 20. Jahrhunderts.

146

147

bedingt, wegen der Geldentwertung und wegen notwendiger Reparaturen an den hölzernen Segelloggern schloß das Geschäftsjahr 1918/19 mit einem Verlust von über 100 000 Mark ab. 1919 konnten die Segellogger wegen der Minengefahr noch nicht zum Heringsfang auslaufen. Der eiserne Dampflogger Elbe wurde Anfang 1919 vorübergehend in der Frachtschiffahrt beschäftigt und brachte die bei Kriegsausbruch nach Esbjerg, Stavanger und Haugesund geretteten Segellogger im Schlepp nach Glückstadt. Er unternahm danach vier Fangreisen auf Frischfisch und im August erstmals wieder auf Hering und fing auf drei Reisen 1 850 Kantjes, die wegen der allgemeinen Lebensmittelknappheit gute Preise erzielten.

Ansonsten betrieb die Gesellschaft für Rechnung der Salzheringseinfuhr-
gesellschaft Berlin die Einlagerung und Expedition norwegischer Heringe, die sie im Kriege begonnen hatte, im großen Maßstab und sicherte
sich hierdurch nicht nur eine Einahmequelle, sondern wahrscheinlich das
Überleben. In der Fangsaison 1920 fuhren wegen Mangel an geeigneten
Mannschaften sowie Schwierigkeiten bei der Materialbeschaffung nur 13
Logger auf Heringsfang und brachten auf 41 Reisen 15 364 Kantjes mit.

Obgleich 1921 16 Logger in See gingen, wurden auf 51 Reisen nur
12 326 Kantjes angelandet. 1922 fingen 13 Logger auf 31 Reisen 10 884 –
die Fangsaison begann erst Mitte Juli, da erst dann mit den Mannschaften
eine Einigung über den Lohn erzielt werden konnte – und 1923 nur 10
Logger auf 34 Reisen 14 605 Kantjes.

SG *16 Hummer allein auf See.* SG *23 Elbe, gebaut 1911, mit zumindest einem weiteren Dampflogger und*
Segelloggern an der Glückstädter Fischereibrücke, wahrscheinlich in den 1920er Jahren.

1923 erlitt die Glückstädter Heringsfischerei den zweiten Totalverlust eines Loggers. Überraschend tobte am 30. August am Nachmittag und am Abend ein Orkan mit Windstärke 12 in der Deutschen Bucht, der das Wasser auch in die Elbmündung drückte. Schiffe sanken, Schiffsbesatzungen, Deich- und Küstenarbeiter und auf den Außendeichsländereien grasende Tiere ertranken. Am 4. September kehrte der Logger SG 20 Delphin von seiner zweiten Fangreise zurück, am 6. Auster, am 7. folgten

Die Glückstädter Logger kurz vor Ende der Fangsaison 1930, die wieder mit Verlust abschließen sollte. Deshalb wurden alle Schiffe im April 1931 verkauft. Im Oktober 1931 mußte die Gesellschaft Konkurs anmelden.

Hummer und Seehund, am 20. der Dampflogger Fortuna, einen Tag später der Dampflogger Glückstadt, danach Seestern und am 3. Oktober Wels. Am 6. Oktober gab die Fischerei den Verlust des am 2. August zum Fang ausgelaufenenen Loggers SG 21 Stint bekannt. Es mußte angenommen werden, daß seine 15 Besatzungsmitglieder im Sturm, der Ende August getobt hatte, ertrunken waren.

Die Inflation, die im November 1923 durch Einführung der Rentenmark gestoppt wurde, hatte das Aktienkapital der Gesellschaft auf 250 000 Mark halbiert. Der finanzielle Niedergang, der 1914 mit dem Beginn des Ersten Weltkrieges und der Beschlagnahme von 2 000 Heringsnetzen seinen Anfang genommen hatte, war nicht aufzuhalten. Die Preise für Materialien waren im Vergleich zur Vorkriegszeit um das Doppelte gestiegen. Die Heringe dagegen erzielten kaum höhere Preise. Die Glückstädter Fischerei verfügte 1919 zwar über 18 hölzerne Segel- und 1 eisernen Dampflogger. Erstere aber waren im Vergleich zu den weiter entwik-

Der Glückstädter Binnenhafen Ende der 1920er Jahre mit SG *17, 14, 16, 20 und 23, die zu identifizieren sind, und weiteren Loggern.*

kelten Dampf- und den neuen Motorloggern überaltert und unmodern, und nur moderne Logger mit ausreichendem Kraftantrieb konnten mit den neuen Netzen, der sogenannten Schottenfleet, bei der die Netze erheblich höher standen und bessere Fänge erzielten, ausgerüstet werden. Deshalb wanderten die eingearbeiteten Mannschaften – auch wegen der besseren Verdienstmöglichkeiten – zu anderen Gesellschaften ab.

Obgleich die Glückstädter Fischerei für die im Krieg verlorengegangenen drei Logger staatliche Mittel zum Bau von zwei Dampfloggern erhalten hatte, begann man mit deren Bau erst 1922, als die Geldentwertung die Summe schon fast aufgezehrt hatte. SG 126 Glückstadt und SG 127 Fortuna mußten deshalb weitgehend mit eigenen Mitteln finanziert werden. 1925 konnte die Gesellschaft 4 Segellogger mit Hilfsmotoren ausstatten.

1926 traf die Gesellschaft erneut der Totalverlust eines Loggers mit seiner gesamten Mannschaft. Am 10., 11. und 12. Oktober tobte »eine

Sturmflut, wie sie seit zehn Jahren die deutsche Küste nicht mehr heimge-
sucht hat«. Am 4. September hatte der 1922 gebaute Dampflogger SG 126
Glückstadt seine Fangreise angetreten und war, als der Sturm einsetzte,
mit gutem Fang auf der Heimreise. Der Untergang eines Dampfloggers
am 12. Oktober in der Elbmündung war zwar gemeldet, aber seine Iden-
tität nicht geklärt worden. Nachdem die Leiche des Steuermanns Paul Lietz
in Büsum und die seines Bruders, des Matrosen Robert Lietz, auf Trischen
angetrieben waren, stand fest, daß es SG 126 Glückstadt gewesen war. Am
1. November gab die Fischerei deshalb offiziell den Verlust von Schiff
und Mannschaft als Anzeige in der Glückstädter Fortuna bekannt (Abdruck am Anfang dieses Buches). Die Gesellschaft hatte jetzt nur noch 11
einsatzfähige Logger, davon 2 relativ moderne Dampf-, 5 hölzerne Segellogger ohne und 4 mit Hilfsmotor. Die Rentabilität der Firma war damit
nicht gewährleistet. Deshalb akzeptierte sie das Angebot der Bremerhavener Hochseefischerei AG, deren 4 Dampflogger mit vollständiger Tonnen-
und Netzausrüstung zu erwerben. Bezahlt wurden die Schiffe mit einem
Bankkredit, für den die Stadt Glückstadt die selbstschuldnerische Bürgschaft übernahm, wofür die Heringsfischerei der Stadt Glückstadt als Sicherheit ihre sämmtlichen Grundstücke mit den darauf befindlichen Gebäuden, drei der vier zu erwerbenden Dampflogger und einen Segellogger mit Hilfsmotor mit ihren Fanggeräten verpfändete. Die gekauften
Logger erhielten die Erkennungszeichen und Namen SG 132 Fuchs, SG
133 Wolf, SG 134 Iltis und SG 135 Wiesel. Die Glückstädter Heringsfischerei verfügte damit 1927 über 15 Logger, darunter 10 Schraubenschiffe,
die einsatzbereit waren. Es konnten zwar etwa 10 000 Kantjes mehr gefangen werden, die höheren Einnahmen aber wurden durch höhere Löhne und soziale Abgaben, Zinszahlungen und niedrigere Heringspreise aufgebraucht. 1925/1926/1927 beschäftigte die Gesellschaft 5/5/5 Angestellte, 66/58/76 Arbeiter und 187/190/241 Besatzungsmitglieder. Ungefähr 12% bis 14% aller Beschäftigten in der Loggerfischerei arbeiteten
bei der Glückstädter Gesellschaft. Selbst trotz erheblicher staatlicher Bau-
und Betriebsmittelkredite war eine Rentabilität des Betriebes in den nächsten Jahren nicht zu erwirtschaften. Später beurteilte die Geschäftsleitung
den Kauf der zwischen 1909 und 1913 gebauten Bremerhavener Dampflogger als einen Fehler. Die Gesellschaft wäre möglicherweise besser be-
raten gewesen, wenn sie 1926/27 ihre Flotte bis auf die beiden vorhande-

Noch 1930 hatte die Glückstädter Fischerei bei der Werft Mützelfeld in Cuxhaven einen neuen eisernen
Dampflogger in Auftrag gegeben, den sie, als er fertig war, nicht abnehmen konnte. Das aufgelegte Spantengerüst
für den später Traute genannten Logger zeigen diese beiden Aufnahmen vom 11. Oktober 1930.

Mit *Traute*, die 1934 von der neugegründeten Heringsfischerei übernommen wurde, ging in den Jahren 1931-1933 wenigstens ein Logger von Glückstadt aus auf Heringsfang. Das Foto ist zwischen dem 21. Juni 1934, als *Traute* übernommen wurde und die Bezeichnung SG 1 erhielt, und dem 18. Oktober 1936, als die noch sichtbare hölzerne Mole durch eine Sturmflut zerstört wurde, entstanden. Das untere Foto zeigt *Traute* beim Fischen, sie liegt hinter der Fleet. Das Reep, das am Bug außenbords geht, ist nur schwach zu erkennen.

Wiederaufbau der Glückstädter Fischerei

Zunächst fünf neue Logger

G l ü c k s t a d t. Die Glückstädter Fischerei-AG. mußte, wie seinerzeit gemeldet, vor zirka 2 Jahren den Betrieb einstellen. Sie war ein Opfer der Zeit geworden. Ein Teil der aus 22 Fahrzeugen bestehenden Flotte ist im Kriege beschlagnahmt worden und konnte nicht wieder ersetzt werden. In der Nachkriegszeit gestaltete sich die Lage der Gesellschaft immer schwieriger. Die Fangergebnisse ließen zu wünschen übrig, die Preise zeigten eine stetig fallende Tendenz, bei gleichzeitiger Steigerung der Unkosten des Betriebes (ansteigende Löhne, erhöhte Sozialllasten und Netzverluste). Eingeführte verbesserte Betriebsformen wie Ausstattung der Logger mit Dampfmaschinen und Motoren konnten einen Wandel zum Bessern nicht schaffen. Unter den Umständen war an eine Sanierung bezw. Rentabilität nicht zu denken. Der Betrieb wurde stillgelegt, das Unternehmen geriet in Konkurs und die Schiffe wurden damals an eine auswärtige Fischereigesellschaft verkauft. Damit war ein einst gutfundiertes industrielles Unternehmen unserer Stadt, das fast 70 Jahre lang bestan-

den hatte, verloren, ein Umstand, der in unserer Kleinstadt schmerzlich empfunden wurde. Hatte doch eine große Anzahl Arbeiter hier guten Verdienst gefunden. Im Landbetrieb waren bei der Fischerei zeitweise bis zu 150 Männer und Frauen beschäftigt, und die zuletzt im Dienst befindlichen 12 Logger wiesen eine Besatzung von je 14—15 Mann auf. Nachher hat für private Rechnung ein einziger Logger von hier den Fang ausgeübt. Nunmehr ist es nach langen Bemühungen gelungen, aus den Mitteln des Arbeitsbeschaffungsprogramms einen Plan aufzustellen, demzufolge die Stadt Glückstadt vorläufig mit 5 Loggern neu ausgerüstet werden soll. Wie verlautet, sind die fraglichen Fahrzeuge bereits im Bau begriffen, so daß die Betriebseröffnung vermutlich bereits zum Beginn der nächstjährigen Fangsaison vor sich gehen dürfte. Obwohl der Anfang noch als bescheiden anzusehen ist, hofft man in beteiligten Kreisen und darüber hinaus, daß ein weiterer Ausbau des hiesigen Fischereihochseebetriebes auf der neuen Grundlage nur eine Frage der Zeit sein wird. 22.9.33

nen Dampflogger reduziert und die staatlichen Mittel und Kredite zum Bau moderner Motorlogger verwendet hätte. Sie wäre dann sehr klein gewesen, aber vielleicht lebensfähig geblieben.

Der Segellogger Hecht mit Hilfsmotor brannte am 19. 6. 1929 aus, wurde als Wrack noch nach Glückstadt geschleppt aber am 31. 10. 1929 wegen Reparaturunwürdigkeit aus dem Schiffsregister gestrichen.

Nachdem das Betriebsjahr 1930 wieder mit Verlust abgeschlossen worden war, verkaufte die Gesellschaft, um die Stadt Glückstadt von der 250 000-Mark-Bürgschaft zu befreien, am 6. April 1931 die Dampflogger Fortuna, Elbe, Iltis, Fuchs, Wolf und Wiesel, die Segellogger mit Hilfsmaschine Hummer, Auster, Delphin, die Segellogger Roche, Wels, Seestern, Seehund und die gesamte Ausrüstung für 236 000 Mark an die Emder Heringsfischerei. Arbeitslos wurden fast alle 150 Arbeiterinnen und Arbeiter des Landbetriebes. Die Loggerkapitäne und die Besatzungsmitglieder wurden von Emden übernommen. Einige der ältesten Segellogger, wie Hai, Dorsch und Wal, hatten Glückstädter Kapitäne schon früher erworben und sie zu Küstenfrachtschiffen umgebaut.

Der Verkauf der Flotte sollte nach den Vorstellungen des Aufsichtsrates und der Geschäftsführung nicht die Auflösung der Gesellschaft zur Folge haben. Sie sollte weiter bestehen und bei einer besseren wirtschaftlichen Lage den Heringsfang mit modernen Fahrzeugen wieder aufnehmen. Schon Anfang August 1930 hatte die Gesellschaft eine »Kostenberechnung für die Erbauung, Ausrüstung und Infahrtsetzung von 10 Dampfloggern« von 30 Metern Länge und mit einem Fassungsvermögen von 750 Heringstonnen angestellt, die ungefähr 2 000 000 Mark ergab. Wenige Tage danach beantragte der Glückstädter Magistrat bei der Gesellschaft für öffentliche Arbeiten in Berlin die Bewilligung eines Darlehens in dieser Höhe, mit der Begründung, daß durch den Bau der 10 Fahrzeuge die schleswig-holsteinischen Werften gestützt und über 1,5 Millionen Mark an Löhnen an die Werftarbeiter gezahlt werden könnten. Später, während ihres Betriebes, würden die Logger 170 Seeleuten und 70 Landarbeitern eine ständige Beschäftigung garantieren.

Obgleich sich Glückstadts Bürgermeister Schinkel auch über seine SPD-Freunde in Berlin engagierte, wurde dieses Darlehen nicht bewilligt, statt dessen aber der Gesellschaft am 6. Juli 1931 vom Reichsminister für Ernährung und Landwirtschaft mitgeteilt, daß die noch bestehenden Rest-

Neugründung der Heringsfischerei-Gesellschaft

p. **Glückstadt.** Als die hiesige Fischerei-AG., die fast 4 Jahrzehnte bestanden hatte, vor etwa zwei Jahren den Betrieb einstellen und Konkurs eröffnen mußte, wurde die Stillegung dieses einst so blühenden industriellen Betriebes in weiten Kreisen der Stadt Glückstadt und darüber hinaus schmerzlichst empfunden. Erfreulicherweise ist zu melden, daß sich hier heute ein neues Unternehmen, welches den Heringshochseefang betreiben will, unter der Firma „Glückstädter Heringsfischerei AG." neu gegründet hat. In der Gründungsversammlung wurden bereits 260 Aktien zu je 500 Mark gezeichnet; weitere Zeichnungen stehen in Aussicht. Mit dem jetzt gebildeten Kapital von 130 000 Mark ist die Betriebsaufnahme sichergestellt. Das neue Unternehmen übernimmt unter Zustimmung der Konkursverwaltung und der Stadt die vorhandenen Gebäude und Landanlagen der früheren Fischerei zum Preise von 35 000 Mark. Der Heringsfang soll zunächst mit fünf aus dem Arbeitsbeschaffungsprogramm neu erbauten Loggern, die die Reichsregierung zur Verfügung stellt, aufgenommen werden.

Außerdem ist die Hereinnahme des kürzlich in Betrieb genommenen Loggers „Traute" (Besitzer Mützelfeld, Curhaven), der auch hier lief, beabsichtigt. Weitere Fahrzeuge sollen später in Dienst gestellt werden. Als Mitglieder des Aufsichtsrats wurden gewählt die Herren Rechtsanwalt Dr. Frauen, Ziegeleibesitzer Vollmann jr., Bürgermeister Vogt, sämtlich in Glückstadt, und Direktor Feindt, Hamburg, während den Vorstand bilden die Herren Kapitän Jürgensen und Kaufmann A. Bers, Glückstadt. Im weiteren soll Kapitän Stüting als technisches Mitglied dem Vorstand angehören. Mit dieser Neugründung wird gleichzeitig der Schlußstrich unter das Konkursverfahren der früheren Gesellschaft gezogen. Die Stadt Glückstadt hatte hier seinerzeit eine Bürgschaft von 250 000 Mark übernommen, die inzwischen auf 165 000 M. abgedeckt worden ist. Für diese Bürgschaft sind jedoch hinreichende Sicherheiten vorhanden. An dem neuen Unternehmen beteiligt sich die Stadt Glückstadt durch Zeichnung von fünf Aktien.

Hier liegt SG 1 Traute zusammen mit den fünf neuen Schiffen, die Glückstadt 1934 aus dem Loggerneubauprogramm zugeteilt wurden, im Glückstädter Hafen.

schulden aus den 1926 und 1927 gewährten Reichsdarlehen in Höhe von 234 000 Mark und die noch ausstehenden Zinsen von 41 000 Mark niedergeschlagen worden seien unter der Bedingung, daß die Gesellschaft »die Treibnetzheringsfischerei in Zukunft nicht mehr betreibt«. Da trotz des Ausverkaufs und dieses Schuldenerlasses die Schulden der Gesellschaft immer noch die Hälfte des Aktienkapitals ausmachten, mußte sie nach den Bestimmungen des Aktienrechtes den Konkurs beim Amtsgericht in Glückstadt anmelden. Das geschah am 19. Oktober 1931.

Von 1934 bis zum Beginn des Zweiten Weltkrieges

Weil die Stadt Glückstadt auf ihre Kredite und auf ausstehende Steuerzahlungen verzichtete, konnte 1932 ein Vergleich geschlossen werden. Die Gesellschaft blieb also bestehen. Und von Glückstadt aus fuhr immer noch ein Logger auf Heringsfang, und zwar ein ganz moderner Dampflogger,

Die Glückstädter Logger Ende der 1930er Jahre.

der noch 1931 von der Glückstädter Heringsfischerei bei der Cuxhavener Werft Mützelfeld in Auftrag gegeben und auch angezahlt worden war. Da die Emder ihn nicht mit übernehmen wollten und die Glückstädter ihn nicht mehr bezahlen konnten, verkaufte Mützelfeld gegen Kredit den Logger an den Glückstädter Loggerkapitän Hermann Stüting, der mit seinem neuen Logger Traute als »Glückstädter Heringsfischerei Hermann Stüting« firmierte und von der Glückstädter Heringsfischerei AG die Erlaubnis erhielt, deren Lösch- und Ladeeinrichtungen am Glückstädter Binnenhafen zu benutzen.

Zusammen mit dem Glückstädter Bürgermeister Schinkel ergriffen einige frühere Vorstandsmitglieder der alten Gesellschaft verschiedene Initiativen. So luden sie zum 25. August 1932 die Magistrate von Brake, Elsfleth, Wesermünde und Leer nach Bremen zu einer Besprechung ein, um über den Wiederaufbau der Heringsflotten in diesen Städten aus Reichsmitteln für Arbeitsbeschaffungsmaßnahmen zu diskutieren. Brake und Elsfleth folgten der Einladung. Später unterstützte auch Nordenham die-

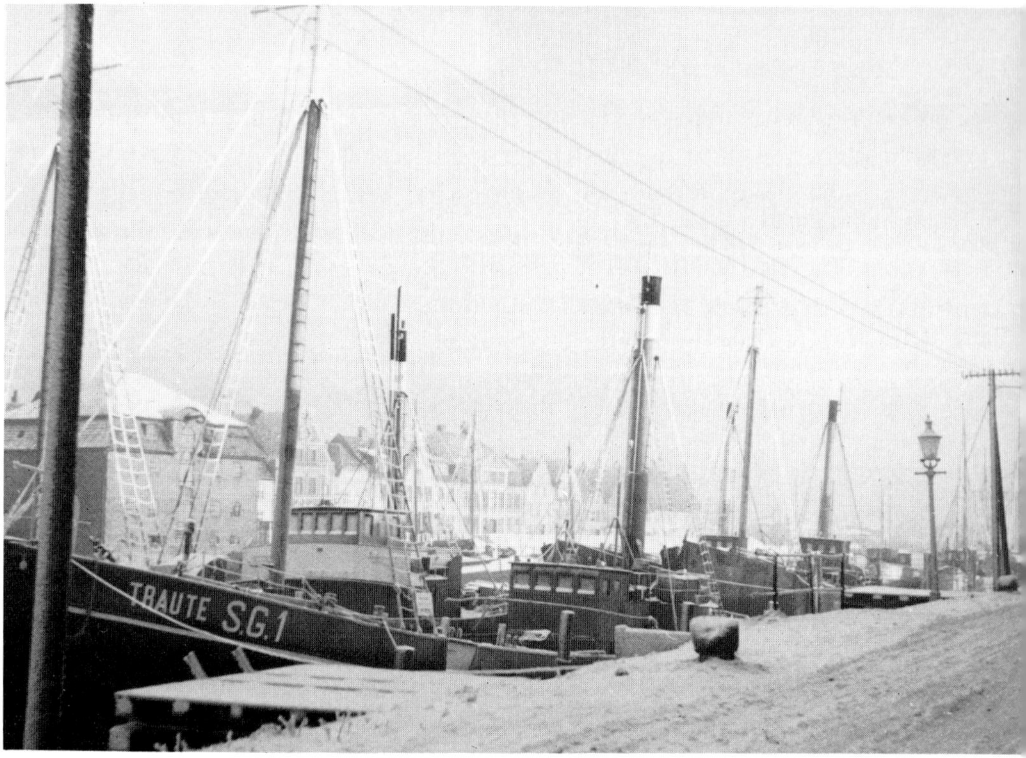

Glückstadt. Hafen

953

162

sen »Heringsfischerei-Ausschuß der Städte« in seinem Bestreben »einer gleichmäßigen Verteilung des Fischereiaufbaus auf alle früheren Fischereiplätze« neben Emden, Leer und Bremen-Vegesack. Es folgten Eingaben an Reichskanzler von Papen und an das Reichsministerium für Ernährung und Landwirtschaft, die mit Staatszuschüssen zu bauenden 30 Logger nicht nur auf Emden, (13), Leer (5) und Vegesack (12) zu verteilen.

Zum 3. Januar 1933 lud Bürgermeister Schinkel zu einer Besprechung ins Glückstädter Rathaus ein mit dem Ziel, die Heringsfischereigesellschaft durch finanzielle Unterstützung zu aktivieren. 19 Personen nahmen teil.

Die Nazis setzten den seit 1925 amtierenden Bürgermeister Wilhelm Schinkel (SPD) am 21. März 1933 ab und dafür am 27. den Itzehoer NSDAP-Abgeordneten und Fraktionsführer der NSDAP-Kreistagsfraktion Wilhelm Vogt als kommissarischen Bürgermeister ein, der Schinkel am 24. Juni als »Schutzhäftling« in die als Konzentrationslager für SPD- und KPD-Mitglieder eingerichtete Landesarbeitsanstalt in Glückstadt einsperren ließ. Schinkels Aktivitäten zur Reaktivierung der Glückstädter Heringsfischerei aber setzte der Nazi-Bürgermeister Vogt schon im Juni fort. Er schrieb am 7. Juni an den Oberpräsidenten Lohse in Kiel, der ihn noch im März als Gauleiter in Itzehoe zu seinem Posten in Glückstadt verholfen hatte, daß es seine Pflicht sei, die Fischerei-Angelegenheit »energisch zu verfolgen«. Es gehe nicht an, Glückstadt und damit Schleswig-Holstein bei der Verteilung der Reichsmittel für 30 neue Heringslogger zu übergehen. Der Cuxhavener Werftbesitzer Mützelfeld, der auch als Aktionär der alten Glückstädter Gesellschaft Geld verloren und am 3. Januar an der Besprechung unter Bürgermeister Schinkel im Rathaus teilgenommen hatte, schrieb ebenfalls noch im Juni an Lohse und berichtete ihm von seiner Besprechung im Ernährungsministerium in Berlin und daß man dort einen Antrag aus Glückstadt erwarte. Vogt stellte diesen Antrag in zwei Schreiben am 7. und 19. Juli. Am 19. telegrafierte er noch an den Reichsernährungsminister Darré: »Glückstadts Nationalsozialisten bitten bei der Zuteilung der Heringslogger unsere alte Fischerstadt zu berücksichtigen.« Da auch ein Herr »vom Stabe des Führers der Deutschen Arbeitsfront Dr. Ley,« anscheinend mit seinem Chef Dr. Ley die Glückstädter Fischereiangelegenheit besprechen wollte, wurden diesem Anfang August einige Daten übermittelt. Da Berlin eine finanzielle Basis bei der Glückstädter Gesellschaft verlangte, wurden Ende August 40 000 Mark von zehn Anteilsnehmern gezeichnet. Allein der Werftbesitzer Mützelfeld aus Cuxhaven hatte 20 000 Mark eingebracht, die Stadt Glückstadt 2 500, vier Banken 15 000, die beiden Heringsgroßhändler Fock und Witt je 500 und die Firmen Hinrich Meyn und Max Wilckens je 750 Mark. Am 23. September konnten die Glückstädter Unterhändler Rechtsanwalt Dr. Frauen und Werftbesitzer Mützelfeld aus Berlin telegrafieren, daß der Glückstädter Gesellschaft aus dem Neubauprogramm von 23 Loggern für 1933 fünf zugeteilt werden sollten. Den Auftrag zum Bau je eines Loggers erhielten die Werften Mützelfeld in Cuxhaven, Kremer in Elmshorn und die Norderwerft Hamburg. Zwei Glückstädter Logger baute Neptun in Rostock.

Nach Vorschlägen der Reichskreditgesellschaft betrieb Rechtsanwalt Dr. Frauen die Gründung einer neuen Aktiengesellschaft am 5. Oktober 1933, da dringend die Beschaffung der Ausrüstungsgegenstände vergeben werden mußte. 30 Gründer zeichneten nun insgesamt 140 000 Mark. Darunter waren die zehn von Ende August, die jetzt z. T. ihre Einlagen erhöhten, darunter aber waren auch die Werften und Motorenlieferanten wie die Deutsche Werke Kiel mit 36 000, die Kremer-Werft Elmshorn mit 10 000, die Norderwerft in Hamburg mit 11 000 Mark. Die Firma Gebrüder Ekkenga aus Emden, schon als Aufsichtsratsmitglied beim Kauf der Glückstädter Loggerflotte nach Emden 1931 Vertragspartner, beteiligte sich mit 20 000 Mark. Die Firma Ekkenga blieb der Glückstädter Fischerei, deren Alleinbesitzer sie schließlich war, bis zum Konkurs 1969 verbunden. Das Reich gab 650 000 Mark als Darlehen zum Bau der Logger, die mit nur 3% verzinst und in zwanzig Jahren zurückgezahlt sein mußten. Die 5 Schiffe sollten Anfang Mai 1934 fertiggestellt sein. Vier Mitglieder, Rechtsanwalt und Notar Dr. Otto Frauen, Glückstadt, als Vorsitzender, Direktor Johannes Feindt aus Hamburg, Ziegeleibesitzer Heinrich Pollmann, Glückstadt-Land und Bürgermeister Wilhelm Vogt, bildeten den Aufsichtsrat, der ohne Entlohnung arbeiten wollte. Zum Vorstand der neuen Gesellschaft wurde der Kapitän Jürgen Christian Jürgensen und zu seinem Vertreter der alte Geschäftsführer Albert Vehrs, beide Glückstadt, bestellt. Die neue Heringsfischerei Aktiengesellschaft wurde am 7. Februar 1934 in das Handelsregister eingetragen.

Noch im Februar verlangte der Bürgermeister, daß die neuen Logger am 29. April in Glückstadt abzuliefern seien, damit sie mit dem Logger Traute »im Mittelpunkt der Festlichkeiten« zum 1. Mai stehen könnten.

Die obere SG *7 ist Heimdall (1938-1949) auf der Probefahrt Ende Mai 1938 mit der Hakenkreuzfahne am Heck. Heimdall sank 1949 nach einer Kollision im Ärmelkanal.*
Saxnot wurde noch kurz vor Beginn des Zweiten Weltkrieges in Auftrag gegeben, aber erst 1950 fertiggestellt.

Für die Fangsaison 1956 konnte die Glückstädter Fischerei zwei Loggerneubauten, SG 3 Wotan und SG 8 Hödur, einsetzen. Wotan lief schon im Dezember 1955 bei Mützelfeld in Cuxhaven vom Stapel. Beide Logger waren, wie schon vorher Saxnot, mit einem Pleuger-Aktiv-Ruder ausgerüstet.

Am 2. März beauftragte der Bürgermeister den Glückstädter Maler Hermann Wehrmann, eine Aktie für die Gesellschaft zu entwerfen.

Zum Maifeiertag 1934 konnte der Bürgermeister die neuen Logger nicht begrüßen. Als Ersatz wurde ein kleiner Wagen mit vielen Hakenkreuzfähnchen und dem Schriftzug »Eßt Glückstädter Heringe« mit auf den Maiumzug geschickt.

Am 8. Mai 1934 traf der erste neue Logger, der in Hamburg gebaut worden war, in Glückstadt ein. Er hieß Balder (SG 4) und war wie seine Brüder, Tiu (SG 2), Donar (SG 3), Odin (SG 5) und Frija (SG 6) zeitgemäß nach Mitgliedern des »nordischen Götterkreises« benannt. Der 1931 noch

Am 2. Februar 1965 entstand auf Wotan ein Brand. Nachdem das Schiff schon von der Mannschaft verlassen worden war, konnte schließlich der Brand doch noch durch einen Fischdampfer gelöscht und Wotan gerettet werden. Der Logger wurde auf der Werft von Mützelfeld wieder hergerichtet und erhielt zugleich eine neue Kommandobrücke. Das Foto zeigt Wotan am 24. Februar 1965, als das Heck repariert wird.

von der alten Gesellschaft bei Mützelfeld in Cuxhaven in Auftrag gegebene und 1932 auf Kredit der Werft vom Kapitän Stüting gekaufte Logger Traute wurde am 16. Mai 1934 von der Heringsfischerei übernommen und als SG 1 der neuen Flotte eingegliedert. Kapitän Stüting und damit auch Werftbesitzer Mützelfeld aus Cuxhaven hatten mit Traute über die Jahre 1932 und 1933 die Heringsfischerei von Glückstadt aus aufrechterhalten.

Die Logger Traute, Balder und Odin, die am 24. Mai 1934 ihre erste Fangreise antraten, fingen bis zum 15. Oktober auf insgesamt 13 Reisen 10 122, die Logger Donar, Tiu und Frija, die erstmals am 1. Juni raus-

Das Schwesterschiff von Wotan, SG 8 Hödur, lief am 30. Januar 1956 bei Mützelfeld in Cuxhaven vom Stapel. Beide Schiffe waren 38,4 Meter lang und 7,7 Meter breit, sie hatten einen 600 PS-Dieselmotor und konnten 1 500 Kantjes laden. Sie waren kombinierte Logger, die mit dem Treibnetz, aber auch mit dem Schleppnetz fischen konnten. Während Wotan 1956 noch vor der Salzheringssaison auf Frischfischfang ging, machte Hödur erst am 5. Mai seine Werftprobefahrt, war am 6. Mai in Glückstadt und ging am 11. Mai auf seine erste Fangreise.

fuhren, auf 12 Reisen 10 248 Kantjes. Voller Stolz meldete Bürgermeister Vogt seinem Parteigenossen und Oberpräsidenten der Provinz Schleswig-Holstein Lohse am 20. Oktober nach Kiel, daß damit die Glückstädter Logger pro Reise mit angelandeten 806 Kantjes vor Leer mit 675, Emden mit 643 und Bremen-Vegesack mit 623 Kantjes an erster Stelle ständen. Zugleich forderte er die weitere Förderung des jungen Glückstädter Unternehmens durch das Reich. Am Ende der Fangsaison hatten die Glückstädter Logger insgesamt fast 34 000 Kantjes angelandet.

Im nächsten Jahr fingen die Glückstädter Logger im Schnitt je 6 195 Kantjes. Damit lagen sie wieder an erster Stelle vor den Leerer Schiffen mit 5 221 Kantjes. Nach dem nordischen Gott des Lichtes und der Fruchtbarkeit wurde der 1936 bei Kremer in Elmshorn gebaute Motorlogger Fro (SG 8) benannt. Er war größer als die anderen. Statt 950 konnte er 1150 Heringsfässer laden. Seine Einrichtungen für die Mannschaft wurden im Bericht über die Probefahrt am 24. Mai wurden besonders hervorgehoben: »Kapitänskajüte mit 2 Schlafstellen, W-C und Brausebad unmittelbar neben der Kajüte. Ebenfalls für die Mannschaft, die über ein geräumiges, mit Tischen und Kleiderspinden versehenes Logis verfügt, sind W-C und Brausebäder vorhanden.« Mit seinem Krupp-Dieselmotor von 300 PS konnte er 10 bis 11 Seemeilen erreichen. Er wurde als Europas modernster und vielleicht auch schnellster Heringslogger gefeiert. Auch 1936 lag die Glückstädter Heringsfischerei mit durchschnittlich 4 479 Kantjes pro Logger in der ganzen Saison wieder an der Spitze.

Ein weiterer Loggerneubau wurde noch Ende 1936 bei Mützelfeld in Cuxhaven mit dem Liefertermin Mai 1938 in Auftrag gegeben. Heringskönig, der erfolgreichste Loggerkapitän, war 1937 Kapitän Nahrwold von SG 8 Fro. Er hatte nach 10 Reisen 10 053,5 Kantjes angelandet. Kapitän Hardich von SG 4 Balder erhielt im Dezember 1937 einen Ehrenpreis des Oberkommandos der Kriegsmarine für sein Lotungsmaterial, das er in der Nordsee aufgenommen hatte. Die Förderung der Hochseefischerei durch das Reich geschah wie schon zu Kaisers Zeiten auch unter militärisch-strategischen Gesichtspunkten. Ende Mai 1938 ist der neue Logger SG 7 Heimdall, benannt nach dem strahlenden Wächter der nordischen Götterwelt, fertiggestellt. Er war noch größer als Fro, wurde der größte Logger Deutschlands genannt und konnte 1300 Heringsfässer laden. Er war ein Treibnetzfischer, konnte aber auch als Trawler oder Schleppnetzfischer eingesetzt werden. Bis zu 5 000 Meter Netze konnte er fassen und, falls die Motoren einmal ausfielen, auch 207 Quadratmeter Segel setzen. Er war mit elektrischem Funkpeiler und Richtungsfinder und mit drahtlosem Telefon ausgestattet. Neben Kapitän Hardich, der aus Münchehagen stammte, bestand die Mannschaft aus 19 Leuten, die wie er zumeist von der Mittelweser stammten.

Ende 1938 beantragten die Leerer und die Glückstädter Heringsfischerei beim Reichsminister für Erährung und Landwirtschaft einen Zuschuß

Die »Regierung« der Glückstädter Fischerei Anfang 1939. Von links: Schiffsingenieur Ernst Masur, stellvertretender Vorstand und technischer Leiter ab 1. 3. 1939, nachdem der bisherige technische Direktor Kapitän J. C. Jürgensen nach Emden gewechselt war; Dr. Otto Frauen, Aufsichtsratsvorsitzender; Frau Vers; Albert Vers, seit 1909 bei der Glückstädter Fischerei, jetzt zum ersten Vorstand ernannt; Bürgermeister Wilhelm Vogt, stellvertretender Aufsichtsratsvorsitzender. Masur und Vers blieben bis zum 30. 9. 1955 im Amt.

für zwei Loggerneubauten, der ihnen im Januar in Höhe von 40 % der Gesamtkosten mit fast 300 000 Mark gewährt wurde, unter der Bedingung, daß sie einen alten Logger ausmusterten. Am 14. März 1939 gaben die Glückstädter der Emder Werft Schulte & Bruns den Auftrag für einen kombinierten Großlogger mit einer Länge über alles von 42 Metern, mit einem 500-PS-Dieselmotor, einer Ladekapazität von 1 500 Heringstonnen und einem großen isolierten Frischfischraum. Erstmals sollten auch alle Mannschaftsräume im Achterschiff untergebracht werden. Es war geplant, den Logger zur Fangsaison 1940 einzusetzten, tatsächlich aber wurde er erst im Mai 1950 mit dem Namen Saxnot in Dienst gestellt.

1940, im Zweiten Weltkrieg, übernahm die Kriegsmarine alle Glückstädter Logger: Traute kam zur U-Boot-Abwehrschule, Tiu, Donar, Balder, Odin und Frija wurden Minensucher an der norwegischen Küste, Fro kam als Minensucher nach Wilhelmshaven und Heimdall als Lotsenversetzschiff in die Ostsee. Nach dem Krieg wurde SG 8 Fro der russischen Besatzungsmacht übergeben und fuhr von Rostock aus auf Heringsfang. SG 1 Traute und SG 7 Heimdall kehrten nach Glückstadt zurück. Mit ihnen wollte die Heringsfischerei möglichst schnell den Fang wieder aufnehmen. Schon im Juni 1945 beantragte sie deshalb, ihren kaufmännischen und ihren technischen Leiter aus der Internierung bzw. Gefangenschaft zu entlassen, im Interesse der Volksernährung, wie sie schrieb. SG 2 Tiu, SG 3 Donar, SG 4

Balder, SG 5 Odin und SG 6 Frija wurden von den USA als Kriegsbeute beschlagnahmt. Sie wurden der Fischdampfer-Treuhandstelle in Bremerhaven übergeben und ab 1947 von den Glückstädtern gechartert und wieder auf Heringsfang geschickt. Danach trugen sie ganz erheblich zur Verbesserung der Ernährungslage vor allem der Glückstädter in den Hungerjahren bei. Die Besitzverhältnisse blieben noch bis 1955, als die Logger endlich zurückgegeben wurden, ungeklärt.

SG 7 Heimdall, der im Januar 1945 in der Danziger Bucht gesunken, aber gerettet und nach Glückstadt zurückgegeben werden konnte, kollidierte am 13. Dezember 1949 im Ärmelkanal an der französischen Küste mit einem französischen Heringslogger und sank. Die Mannschaft unter Kapitän Christian Lampe wurde gerettet. Als Ersatz konnte der schon 1939 in Auftrag gegebene, aber erst jetzt (1950) fertiggestellte Logger Saxnot als SG 7 in Dienst gestellt werden. Am 8. Dezember 1951 gab die Gesellschaft bei Mützelfeld in Cuxhaven einen Großlogger in Auftrag, der 1 320 000 DM kosten sollte, wozu die Glückstädter selbst aber nur 87 200 DM beitragen konnten; die anderen Gelder mußten geliehen werden.

Die Situation der Heringsfischereigesellschaften wurde nach 1950, als die schlimmsten Hungerjahre überstanden waren und ihre Fische nicht mehr durch die Planwirtschaft des Staates vermarktet bzw. aufgekauft wurden, immer schlechter. »Wie in der ganzen Fischwirtschaft, so ist auch bei uns die Lage kritisch geworden. Eine wesentliche Rolle spielt hierbei … der Altbestand an Heringen aus der Saison 1951, der trotz aller erdenklichen Bemühungen wegen Überfüllung des Marktes nicht in der gewünschten Weise abgesetzt werden konnte. Von den im Frühjahr 1952 vorhandenen rd. 9 000 Fässern sind inzwischen 6 100 Fässer abgesetzt… Im Endergebnis dürfte es so sein, daß aus einem normalen Erlös aus dem Altbestand… von rd. 500 000 DM rd. 200 bis 250 000 DM erzielt werden. Erschwerend kommt hierzu, daß für im Dezember 1952 [an die Deutsche Heringshandelsgesellschaft] gelieferte neue Ware noch… 330 000 DM ausstehen, deren Zahlung noch ungewiß ist. Das im Oktober vorigen Jahres in alter Ware abgeschlossene Geschäft über 48 000 Fässer konnte bis zur Stunde nicht abgewickelt werden… Im Hinblick auf unser bereits laufendes Risiko in der Ostzone von über 2,2 Mill. DM wird versucht, die restlichen Mengen 1951er Ware anderweitig abzuschleusen. Der Preis bewegt

Die Emder Logger Ursula und Viktoria, die 1916 für die Braker Heringsfischerei AG auf der Lühringwerft in Hammelwarden vom Stapel liefen, wurden 1928 an die Emder Heringsfischerei AG und ein Jahr später an die Großer Kurfürst Heringsfischerei AG verkauft. Ursula ging 1959 an Dr. Apetz über, den Direktor der Glückstädter Gesellschaft, der sie 1962 an die Glückstädter Fischerei verkaufte (SG 9). Viktoria ging schon 1958 oder 1959 an die Glückstädter Fischerei und erhielt die Nummer SG 10. 1962 wurden die Schwesterschiffe abgewrackt.
(Dazu ausführlicher H. Karting: Geschichte der Lühringwerft in Hammelwarden. 2. Bremen 1993. S. 127f.)

sich bei DM 30,- herum [pro Faß].« Dieses steht im Protokoll der gemeinsamen Sitzung von Aufsichtsrat und Vorstand der Glückstädter Heringsgesellschaft vom 9. März 1953.

Im August 1953 diskutierten Aufsichtsrat und Vorstand über die Annullierung des Auftrages an die Mützelfeld-Werft zum Bau eines Großloggers, da seine Finanzierung nicht gesichert war. Probleme machten vor allem auch die als Kriegsbeute von den USA beschlagnahmten Logger SG 2 bis 6, die die Gesellschaft gechartert hatte und die möglicherweise nicht kostenlos zurückgegeben würden.

Am 6. November 1954 beschloß der Aufsichtsrat den Bau von zwei Motorloggern auf der Mützelfeldwerft in Cuxhaven unter dem Vorbehalt, die Finanzierung könne neben den garantierten 333 333,- DM ERP-Mitteln mit weiteren ca. 600 000,- DM bewerkstelligt werden.

Am 20. Oktober 1954 sank SG 3 Donar nach einer Kollision mit einem deutschen Trawler auf der Doggerbank. Die Mannschaft unter Kapitän Friedrich Rehling konnte gerettet werden. Die Gesellschaft erhielt eine Versicherungssumme von 325 000,- DM. Am 25. November 1954 wurde der Mützelfeld-Werft in Cuxhaven der Auftrag zum Bau von zwei neuen Loggern erteilt. Der erste sollte am 1. Oktober 1955, der zweite am 15. März 1956 abgeliefert werden. Die Werft aber konnte nur den 15. März 1956 als Liefertermin für beide Logger garantieren. Endlich, am 14. Juni 1955, wurden die von den USA beschlagnahmten und der Bundesregierung schon 1953 zurückgegebenen 5 Motorlogger per Vertrag der Glückstädter Heringsfischerei überlassen. Auf den Versicherungsanspruch in Höhe von 150 000,- DM für Donar verzichtete die Bundesrepublik. Im Juli 1955 wurde als Ersatz für Donar von der Emder Heringsfischerei der Motorlogger Carl Fisser gechartert.

Vor allem auf Betreiben des Vorsitzenden des Aufsichtsrates, des Fabrikanten Herbert Ekkenga aus Emden, wurden die beiden langjährigen Vorstandsmitglieder, die zugleich kaufmännischer bzw. technischer Leiter

waren, mit Wirkung vom 30. September 1955 entlassen. Dr. Hendrik Apetz aus Emden, der auch schon alleiniges Vorstandsmitglied der drei Emder Heringsfischereigesellschaften war und 1957 auch stellvertretender Vorsitzender der Leerer Gesellschaft werden sollte, wurde zum alleinigen Vorstand bestellt. Auch der Prokurist und mit ihm elf Personen wurden entlassen, andere umgesetzt oder niedriger eingestuft. Der Betriebsleiter Kapitän Fritz Stüting, ein Neffe von Hermann Stüting, schied ebenfalls aus. Für ihn wurde Heinrich Warnecke aus Emden eingestellt. Praktisch hatten die Glückstädter und die Emder Heringsfischerei fusioniert. Der Hauptaktionär, Herbert Ekkenga aus Emden, wurde von nun an als der Besitzer der Glückstädter Heringsfischerei bezeichnet.

Der Fang 1955 betrug 37 000 Kantjes. Er wurde über die Deutsche Heringshandelsgesellschaft, einem Zusammenschluß der bundesrepublikanischen Heringsfischereien, vermarktet. Die DHG hatte 1955 einen Vertrag mit der DDR über die Lieferung von 3 Millionen Fettheringen und 4 Millionen Vollheringen abgeschlossen. Außerdem sollten 15 000 Faß nach Israel und 5 000 nach Rumänien geliefert werden. An diesen Lieferungen war die Glückstädter Heringsfischerei anteilsmäßig beteiligt. Die vom Aufsichtsratsvorsitzenden Herbert Ekkenga initiierte engere Zusammenarbeit mit der Emder Heringsfischerei AG konnte in der Saison 1956 nicht so praktiziert werden wie geplant. Die 8 Glückstädter Logger fuhren weiterhin von Glückstadt aus. Die Emder Logger Dortmund und Münster aber sollten Glückstadt anfahren, damit Glückstadt mit dann 60 000 bis 70 000 Kantjes besser ausgelastet würde.

Die beiden im November 1954 bei Mützelfeld in Cuxhaven in Auftrag gegebenen, für Frischfisch- und Heringsfang eingerichteten Logger konnten endlich noch rechtzeitig für die Saison 1956 übernommen werden. SG 3 Wotan war schon im Dezember 1955 vom Stapel gelaufen, sein Schwesterschiff SG 8 Hödur folgte ihm am 30. Januar 1956. Beide konnten mit ihrem 600-PS-Dieselmotor 11 Knoten laufen und 1 500 Heringsfässer laden. Statt wie früher erst im Mai auf Herings-, fuhren die kombinierten Logger schon ab März zum Frischfischfang: SG 7 Saxnot am 21. März 1956, Wotan am 11. 4. und der zuletzt in Dienst gestellte Hödur am 11. Mai. Bis Anfang Juni hatten sie zusammen zehn Reisen hinter sich und Frischfisch im Wert von fast 180 000,- DM angelandet. Gefangen wurde, »was in die Netze geht... Auf der Wikingbank werden es vor allem Makrelen, Kabeljau, Köhler und wie schon oft der Heringshai sein, die ins Netz gehen; Kruppzeug, wie der Hai, fliegt gleich wieder über Bord. Etwa zwei Wochen lang wird sowohl mit Schleppnetz als auch mit Treibnetz gefischt. Logger Saxnot wird wahrscheinlich erst nach der dritten Reise den Glückstädter Heimathafen wieder anlaufen, da er seine Fänge direkt in Ham-

Im Winter 1963/64 mußte der zugefrorene Binnenhafen um die im Winterlager liegenden Logger herum aufgeeist werden, um die Bordwände vom hohen Druck des Eises zu befreien.

Anfang der 1960er Jahre Logger an der Glückstädter Fischereibrücke mit SG 1 Traute vorn und dahinter der Emder Logger AE 18.

burg oder Cuxhaven gelöscht hat und unmittelbar danach wieder in See gegangen ist.« Saxnot hatte schon nach sechs Tagen auf der Wikingbank, 120 Seemeilen vor der norwegischen Küste, 975 Körbe und 260 Kisten Frischfisch gefangen und war damit zum Fischmarkt nach Hamburg gefahren.

1956 war zumindest ein sehr aktives Jahr in der Geschichte der Glückstädter Heringsfischerei. Der neue Vorstand und die neue Geschäftführung brachten frischen Wind in den Betrieb, der von den entlassenen alten Herren zuletzt eher wie ein Krämerladen geführt worden war und der vor dem Zusammenbruch stand. Die Gesellschaft stellte zwei neue Logger in Dienst, bestellte schon im Juni einen weiteren Neubau und charterte zu den fünf eigenen noch die Emdener Logger Münster und Sparenburg. Sie richtete einen weiteren Tonnenplatz am nördlichen Binnenhafen am großen alten Kornspeicher ein, der mit seinen am Speicher hoch aufgetürmten Fässern bald zu einem Wahrzeichen des Hafens wurde, der Landbetrieb,

Vielleicht dieselbe Loggerreihe wie auf dem vorherigen Foto,
jetzt nur vom anderen Ende mit SG 5 Odin als letztem fotografiert.

vor allem die Packerei, wurde modernisiert, und es wurde der Frischfischfang – hauptsächlich frische oder grüne Heringe – im großen Stil aufgenommen, der die Rentabilität der Gesellschaft erheblich begünstigte.
Saxnot, Wotan und Hödur hatten vom 21. März bis 9. Juli 1 703 942 Pfund
frische Heringe gefangen, die einen Nettoerlös von fast 304 000,- DM
erbrachten. In der Aufsichtsratssitzung vom 26. Juli 1956 begründete der
Vorsitzende Herbert Ekkenga, Emden, die Abberufung des alten Vorstandes. Sie sei notwendig gewesen, um die drohende Zahlungsunfähig-
keit der Gesellschaft abzuwenden und den Fortbestand der Fischerei zu
sichern. Weiter führte er aus: »Der neue Vorstand hat die drei ihm gestell-
ten Aufgaben in kürzester Zeit gelöst und zwar a) die Kreditverhandlun-
gen erfolgreich zu Ende geführt, b) die beiden Neubauten Hödur und
Wotan durchfinanziert, in Dienst gestellt und anschließend voll bezahlt,
c) die Rentabilität unseres Betriebes mit der Durchführung einer Reihe
von Maßnahmen wieder hergestellt. Ob für die Zukunft die geleistete

Arbeit ausreicht, können wir heute nicht sagen. Bei der Fischerei ist man von zuviel Faktoren abhängig, die selbst der beste Kaufmann nicht einkalkulieren kann. Es ist aber meine Auffassung, daß nach menschlichem Ermessen vorerst alles getan ist, um hoffnungsvoll in die Zukunft zu blicken. Für mich ist hierfür der beste Beweis, daß in dieser Saison 10 Logger auf Glückstadt fahren und die Frischheringssaison befriedigt hat.« Dagegen erwies sich das Ergebnis der Salzheringssaison als unbefriedigend. Die zehn Logger landeten nach insgesamt 56 Reisen 49 058 Kantjes an.

Ende des Jahres 1956 wurde der 1934 gebaute Logger Tiu nach Norwegen verkauft. Der Erlös wurde zum Bezahlen der ca. 960 000,- DM Baukosten für den Neubau von Hermod verwendet, der am 1. Mai 1957 nach seiner Probefahrt über die Toppen geflaggt von Emden kommend in Glückstadt einlief.

Ministerialrat Streil fuhr von 1963 bis 1967 als Leih- bzw. als gecharterter Logger für die Glückstädter Fischerei, auch um die Kapazitäten ihres Landbetriebes besser zu nutzen. Bei der Überführung nach Emden 1967 zum Abwracken strandete er auf der Insel Norderney.

Der Matjes war der begehrteste und teuerste Hering, den die Logger anlandeten. Am 13. Juni 1957 meldete die Lokalzeitung, daß Balder mit voller Ladung, darunter auch mehrere hundert Kantjes Matjes, auf der Heimreise wäre. Am 21. Juni waren die ersten Matjes in den Glückstädter Fischgeschäften zu kaufen. Als Anfang Juli Frija mit fast 1 000 Kantjes Heringen, davon mehr als 500 »Kantjes Matjes«, an der Fischereibrücke festmachte, war auch dies eine Zeitungsmeldung wert. Der noch 1956 erfolgreiche Frischheringsfang war 1957 katastrophal und ein für die Glückstädter Fischerei großes Verlustgeschäft, das zu einer Herabsetzung des

Aktienkapitals zwang. Zugleich wurde eine Kapitalaufstockung durch Herausgabe neuer Aktien beschlossen. Solche Entscheidungen konnten die beiden Großaktionäre, die Firmen Ekkenga in Emden und die Mützelfeld-Werft in Cuxhaven, allein treffen. Am Ende des Jahres 1957 erwies sich das Ergebnis des Salzheringsfanges als so gut, daß die nach der verlustreichen Frischfischfangsaison schlimmen Befürchtungen gemildert wurden. In dieser Saison fuhren als gecharterte oder Leihlogger die Emder Uralt-Logger Ursula und Viktoria – beide gebaut 1916/19 – für die Glückstädter Gesellschaft. Ursula wurde 1959 an Dr. Apetz, den Vorstandsvorsitzenden der Glückstädter Fischerei und 1962 an die Glückstädter Gesellschaft, Viktoria 1959 zuerst an die Gesellschaft und noch im selben Jahr an Dr. Apetz und 1962 wieder an die Gesellschaft und noch im selben Jahr zum Abwracken verkauft. Ab 1959 fuhr Ursula als SG 9 und Viktoria als SG 10.

1957 wurden in der Saison knapp 60 000 Kantjes Salzheringe – soviele wie noch nie – angelandet. »Auf Grund der Personalunion Emder/Glück-

städter Heringsfischerei konnte eine günstige Wirkung erzielt werden«,
zitiert die Lokalzeitung in ihrer Berichterstattung vom 21. Dezember 1957
den Aufsichtsratsvorsitzenden Herbert Ekkenga aus der Jahreshauptver-
sammlung der Aktionäre. Die Firma Ekkenga in Emden war Hauptaktionär der Glückstädter und der Emder Heringsfischerei. Die Glückstädter
galt nach der Umstrukturierung 1955, als auch Heinrich Warnecke von
der Emder Gesellschaft in Glückstadt eingesetzt und hier Prokurist und
1963 Geschäftsführer wurde, als Schwestergesellschaft der Emder. Dr.
Apetz war nicht nur Direktor der Glückstädter Heringsfischerei, sondern
auch der Emder Heringsfischerei AG, der Großer Kurfürst Heringsfischerei AG, Emden, der Leerer Heringsfischerei AG, Leer, und Geschäftsführer der Kühlhaus St. Pauli GmbH, Hamburg. Er wurde 1961 zusammen
mit dem zweiten Vorstandsmitglied de Vries abberufen und durch Her-

Loggerflotte im Winterquartier im vereisten Glückstädter Binnenhafen 1956.

bert Ekkenga als alleiniges Vorstandsmitglied ersetzt. Ein Jahr später fingen die zehn Glückstädter Logger 60 008, 1959 60 929, 1960 nur 49 009 und 1961 49 380 Kantjes Salzheringe.

Ab 1960 gab es Personalprobleme, da der Wirtschaftsaufschwung reichliche Verdienstmöglichkeiten an Land bot. Es wurde immer schwieriger, gute Schiffsbesatzungen zu bekommen. War die Arbeit an Bord schon schwer und schmutzig und die Heuer nicht allzu üppig, so war der Jahresverdienst nicht nur kaum vorauszusagen, er war wegen der Absatzschwierigkeiten der Fischwaren auch meistens geringer als erwartet, da das Besatzungsmitglied je nach seinem Rang an Bord seine Prozente vom Nettofangerlös erhielt. Und vor allem Frischheringe, die auf den Auktionen in Cuxhaven oder Hamburg nicht verkauft werden konnten, landeten in der Fischmehlfabrik. Sie mußten weit unter Wert verkauft werden, zumal das für Futterzwecke verwendete Fischmehl wegen großer Importe aus Peru immer billiger wurde.

1962 war die Lage Anfang Mai erstmals dramatisch: Am 6. Mai fehlten noch 30 Mann für die Logger, deren Mannschaften am 23. komplett sein mußten. Vom Stammpersonal, das sich die Kapitäne früher zumeist in Westfalen anheuerten, war kaum noch etwas übriggeblieben. Die früheren Seeleute waren inzwischen mit einer Arbeitsstelle an Land zufriedener. Die Heringsfischerei mußte immer mehr mit »Laufkundschaft« vorliebnehmen. Ende Mai wurden in letzter Minute 29 Griechen angeheuert, um das rechtzeitige Auslaufen der Glückstädter Logger zu sichern. Weitere sechs kamen im Laufe der nächsten Wochen dazu. Dreizehn von ihnen haben ihren harten Job bei der Fischerei vorzeitig gekündigt.

Über die 22 Griechen, die im Oktober 1962 noch für die Fischerei arbeiteten, schrieb die Lokalzeitung am 13. Oktober 1962 unter der Überschrift »Das Wetter war ihnen viel zu schlecht« u. a.: »Für die zurückgebliebenen Griechen ist Glückstadt ›prima‹. Sie heißen Stergosch, Stavros, Janko und Simis, kommen aus Limnos, Rhodos, Athen und Pyräus und können so gut wie kein Wort deutsch. Die Verständigung mit ihren deutschen Kollegen geht per Gesten und Mimik. Aber wenn sie gefragt werden: ›Du Deutschland gut?‹, dann kommt als Antwort ein strahlendes ›prima‹. Und ›prima‹ ist für die Söhne der Antike auch das Essen, die Unterkunft, die Arbeit, Glückstadt überhaupt und natürlich das Geld. Geld ist wohl bei allen Griechen der einzige Grund, weshalb sie ihre sonnige Hei-

mat verlassen und sich für sieben Monate auf einem Heringslogger verpflichtet haben... Keiner ahnte, was es bedeutet, auf einem Logger zu
fahren... Ein griechischer Fischer fährt morgens in das blaue Mittelmeer
hinein und kehrt abends mit seinem Fang zurück. Die Arbeit auf dem
Glückstädter Heringslogger ist jedoch hart, und die Reisen dauern drei
bis vier Wochen. Das war... für mehrere Griechen ein Grund, reumütig in
ihre sonnige Heimat zurückzukehren.« Im Landbetrieb arbeiteten 1962
etliche Spanierinnen. Über sie schrieb die Lokalzeitung am 8. März 1963:
»Die schönen Spanierinnen, die im letzten Jahr als gern gesehene Gastar-
beiterinnen in Glückstadt waren, schreiben schon jetzt viele Briefe und
bitten darum, man möge ja nicht versäumen, sie wieder anzufordern. In
der Verwaltung der Glückstädter Heringsfischerei ist man auf solche Kor-
respondenz mit Recht etwas stolz. Die familiäre Betriebsatmosphäre hat
also auf die Töchter Spaniens ihre Wirkung nicht verfehlt.« 1963 entschied
die Gesellschaft, die kleineren Logger wie Traute und Odin abzuschaffen
und zwei neue Logger in Auftrag zu geben, die je etwa 1,7 Millionen DM
kosten sollten. Stärkere Schiffe waren nötig, um die sogenannte pelagische
Fischerei zu betreiben. Hierbei ziehen zwei Logger zwischen sich ein
Schleppnetz und variieren dabei die Netztiefe. Wegen der immer deutli-
cher werdenden Überfischung wurden die Fangmethoden technisch ver-
feinert. Die Fischgründe der Nordsee wurden, wenn auch nicht leer-
gefischt, so doch für die große Fischerei immer unrentabler.

Von der Saison 1963 ab fuhren auch die Emder Logger Ministerialdirektor Streil und Anton Kappelhoff als Charter- oder Leihlogger für die
Glückstädter Gesellschaft. Die Anton Kappelhoff mußte noch während
der Saison 1963 nach ihrer fünften Fangreise in Emden verschrottet werden. Die Mannschaften waren Anfang Mai vollständig, da Geschäftsführer Warnecke persönlich in Griechenland gewesen war und Gastarbeiter
angeheuert hatte, sogar mehr als für die Logger nötig waren, die er vor-
sorglich im Landbetrieb beschäftigte, um sie jederzeit bei Ausfällen auf
den Schiffen einsetzen zu können.

Im September 1963 wurde Kapitän Friedrich Hockemeier, der aus der
Mindener Gegend stammte, zum Heringskronprinzen des Fangjahres 1962
gekürt. Er hatte mit dem Logger Frija 5 446 Kantjes Salzheringe gefischt
und damit den höchsten Fang der nur mit Treibnetzen fischenden Logger
angelandet. Heringskönig wurde immer der nur mit Schlepp- oder mit

Links der im Oktober 1955 von Emden nach Glückstadt versetzte Prokurist Heinrich Warnecke, der 1963 Geschäftsführer wurde, und rechts der Besitzer der Glückstädter Fischerei, Herbert Ekkenga aus Emden, Ende November 1967 mit Bundesminister Kai-Uwe von Hassel, der für sich warb, um wieder im Wahlkreis Steinburg/Süderdithmarschen direkt in den Bundestag gewählt zu werden.

Schlepp- und Treibnetz fischende Loggerkapitän mit dem besten Fang des Jahres. Die mit einem Schleppnetz fischenden Logger waren in der Regel jünger und moderner als ihre mit Treibnetz fischenden Kollegen und fingen in der Regel auch mehr.

Deutsche Heringshandelsgesellschaft, die Public-Relations- und Vertriebsfirma der Logger-Fischerei-Gesellschaften, ermittelte jährlich die beiden Kapitäne mit den Rekordfängen. Das Fangjahr 1963 brachte mit über 58 000 angelandeten Kantjes Salzheringen und über 4 Millionen Pfund Frischheringen ein gegenüber dem Vorjahr um 44% besseres Ergebnis.

1964 wurden 43 459 Kantjes Salz- und 5,6 Millionen Pfund Frischheringe angelandet. Die nur mit Treibnetzen fischenden Logger waren wie sonst auch von Ende Mai bis Mitte Dezember auf Salzheringsfang, die anderen – Hödur, Wotan, Saxnot und Hermod – stachen um Mitte Januar zum Frischheringsfang in See und fischten später, wie auch die anderen, Salzheringe bis Mitte Dezember.

Am 2. Februar 1965 entstand gegen Abend auf dem Logger Wotan ein Brand, als er vor der südnorwegischen Küste fischte. Die Mannschaft verließ schnell, fast panikartig das Schiff und wurde von einem anderen in der Nähe übernommen. Der 1,5 Seemeilen entfernte Bremerhavener große Schiffdampfer Carl Oskar Kämpf unter Kapitän Rudolf Nord, der mit modernen und leistungsfähigen Schaumlöschgeräten ausgestattet war, fuhr zum brennenden Logger und löschte den Brand. Der Kapitän des Wotan ging mit dem Steuermann, dem Maschinisten und zwei Matrosen wieder an Bord des ausgebrannten Loggers zurück, der von Carl Oskar Kämpf nach Egersund und von dort von Hermod nach Cuxhaven geschleppt wurde. Anstelle von Wotan, der in Cuxhaven auch eine neue Kommandobrücke erhielt, wurde der Emder Logger C. H. Metger mit der Wotan-Mannschaft eingesetzt. Als Leihlogger fuhren außerdem noch Ministerialdirektor Streil aus Emden, der schon seit 1963 dabei war, und der Logger Stettin (nur 1965).

1965 landeten die Glückstädter Logger 33 854 Kantjes Salz- und fast 6,2 Millionen Pfund Frischheringe an. Für die Saison 1966 wurde beschlossen, die Motorlogger SG 1 Traute und SG 5 Odin, 1932 bzw. 1934 gebaut, abzuwracken. Als Ersatz wurde der 1951 gebaute Motorlogger Jakob Ekkenga von der Emder Heringsfischerei erworben und 1966 als SG 5 eingesetzt.

Ein moderner großer Heckfänger kann den Konkurs 1969 nicht abwenden

1965 wurde ebenfalls der Bau eines neuen Loggers, eines etwa 50 Meter langen Heckfängers, bei der Werft De Dageraad in Woubrugge/Holland für 2,5 Millionen DM in Auftrag gegeben. Das neue Flaggschiff der Glückstädter Fischerei, SG 1 Milly Ekkenga, benannt nach der Mutter von Herbert Ekkenga, lief am 3. Oktober 1966 vom Stapel, wurde am 19. Dezember desselben Jahres übergeben und war am 23. Dezember erstmals in seinem Heimathafen, um ausgerüstet zu werden. Am 27. Dezember ging der Logger auf Frischfischfang. Für den Bau des Heckfängers wurde eine eigene Firma, die Fortuna Heringsfischerei Glückstadt gegründet.

1965 kaufte die Glückstädter Fischerei von der Emder Heringsfischerei AG *den 1951 gebauten Logger Jakob Ekkenga, der die Nummer* SG *5 erhielt.*

Die Milly Ekkenga konnte maximal 20 Reisen pro Jahr unternehmen und dabei höchstens insgesamt 6 Millionen Pfund Frischfisch und 1 Million Pfund Frostfisch produzieren. Man rechnete mit einer Kapazitätsauslastung von 65% und errechnete einen ungefähren Nettoerlös von 1 729 500,- DM pro Jahr. Dem gegenüber standen voraussichtliche Unkosten in Höhe von 1 474 000,- DM. Die Rentabilitätsvorschau rechnete also mit einem jährlichen Überschuß von 255 500,- DM.

Im Hinblick auf mögliche zukünftige staatliche Förderung durch Loggerneubauprogramme des Bundes oder der Länder wurde auf einer Inspektionsreise vom 2. bis 14. Juni 1967 der Loggertyp Milly Ekkenga von Fachleuten begutachtet. Dieses Gutachten setzt sich mit der damaligen Schiffsausrüstung der deutschen Heringsfischereien auseinander und gibt einige grundsätzliche Empfehlungen, wie die Fischereibetriebe mit neuen Schiffstypen rentabler wirtschaften könnten. Ich drucke es hier fast vollständig ab, denn es weist auch auf die mittlerweile grundsätzlichen Schwierigkeiten der Loggerheringsfischerei hin, die dann zwei Jahre später zum Kollaps führen werden. Es heißt darin u.a.:

»Die Milly Ekkenga stellt zwar gegenüber den herkömmlichen kombinierten Loggern eine wesentliche Verbesserung dar und ist insbesondere in maschinentechnischer und ausrüstungsmäßiger Hinsicht, ihrem großen Aktionsradius und der größeren Geschwindigkeit, den verschiedenen Einsatzmöglichkeiten (Frostfisch, Frischfisch, Salzheringe und Kistenfisch) den anderen Fischereifahrzeugen dieser Art und Größe überlegen, doch ist der Weiterbau dieses Schiffstyps aus folgenden Gründen nicht zu empfehlen: Für den Einsatz in der Nordsee sind die Tageskosten für dieses 2,5-Millionen-Schiff zu hoch. Die Fangergebnisse – die von Jahr zu Jahr in der Nordsee rückläufig sind – können die festen Kosten von etwa DM 3 000,- pro Tag nicht decken. Wenn auch wirklich das Schiff durch seine größere Zugkraft ein größeres Netz mit größerer Geschwindigkeit ziehen kann, so bleibt die Fangmenge immer nur in den Grenzen der traditionellen Frischfisch- oder Heringsfischerei und wird wahrscheinlich niemals das Doppelte oder Zweieinhalbfache der jetzigen Logger erreichen, was entsprechend der Gestehungskosten der Fall sein müßte.

Somit ist es erforderlich, daß Schiffe wie Milly Ekkenga – zumindest in den Herbst- und Wintermonaten – die entferntere Fischerei um Island, bei den Bären-Inseln, Jan Mayen, Lofoten oder Malangen ausüben. Für

1965 erteilte die Fortuna Heringsfischerei GmbH Glückstadt, die ausschließlich zur Finanzierung eines 2,5-Millionen-DM-Heckfängers gegründet worden war, der holländischen Werft De Dageraad in Woubrugge den Auftrag zum Bau dieses damals modernsten Loggers. SG 1 Milly Ekkenga lief am 3. Oktober 1966 vom Stapel.

diese Fangplätze – die bereits von den Hochseefischereien wegen Unrentabilität größtenteils aufgegeben worden sind – ... hat die Milly Ekkenga keine Erfolgschancen. Dieses Schiff arbeitet ungünstig in der langen Atlantikdünung. Das sehr scharfe Vorschiff durchschneidet zuerst den ankommenden Wellenberg, wird dann aber doch noch ruckweise vorne hochgehoben und taucht dann – viel zu spät – mit dem niedrigen Achterschiff in den weiterrollenden Wellenberg, und das Wasser läuft glatt hinten über nach innenbords ... Die Schiffsbewegungen in der langen Dünung sind derart unberechenbar und gegenläufig, daß dadurch alle Arbeits- und Bewegungsvorgänge an Bord überaus erschwert werden und als Folge davon das Verhalten der Besatzung ungünstig beeinflußt wird (schimpfen dauernd).

Auf der Brücke der Milly Ekkenga.

Auf der Brücke der Milly Ekkenga beim Fischen 1968.

Die Milly Ekkenga ist hinsichtlich ihrer See-Eigenschaften nur für die ganzjährige Fischerei in der Nordsee und den angrenzenden Gebieten, höchstens den Faröer, konstruiert und kann ... nur in den Sommermonaten in der Island- oder sonstigen Fernfischerei eingesetzt werden.

Als wesentlicher Punkt für den Einsatz der Milly Ekkenga und kommender Neubauten dieses Typs kommt noch die Besetzung mit Kapitänen, Steuerleuten, Maschinisten und Deckbesatzungen hinzu. Mit einem Kapitän, der in der Fernfischerei groß geworden ist, und mit einer Besatzung, von der man die auf Fischdampfern übliche Einstellung und Arbeitsleistung voraussetzt, wäre die Milly Ekkenga im ersten Halbjahr ihres Einsatzes zweifelsohne erfolgreicher gewesen. Da den Heringsfischereien nicht die erfahrenen Kapitäne (Loggerkapitäne sind nicht geeignet) und eingefahrene Fischdampfer-Besatzungen zur Verfügung stehen und auch in absehbarer Zeit nicht zu finden sind, ist von Neubauten des Typs Milly Ekkenga dringend abzuraten.

Die Gründe, die gegen den Weiterbau des Typs Milly Ekkenga sprechen, gelten hinsichtlich Einsatzmöglichkeit, Rentabilität und erfahrene Schiffsführer mit Besatzungen auch für die Heckfänger des Typs Lesum, Hamme u. Wümme (bei der Bremen-Vegesacker Gesellschaft) ... Auch erscheint es abwegig, mit einem neuen Schiffstyp ohne Erfahrungen auf diesem Gebiet in einen Fischereizweig eindringen zu wollen, den die deutschen Hochseefischereien größtenteils aufgegeben haben ... Was unseren jetzigen kombinierten Loggertyp – wie Jann Saathoff – anbetrifft, so sind diese Schiffe zwar äußerst seetüchtig und vielseitig einsatzfähig..., so ist aber trotzdem dieser Typ nicht mehr für die reine Nordseefischerei geeignet, weil die Schiffe den jetzigen Fangergebnissen entsprechend zu groß sind und bei Neubauten zu aufwendig werden. Die Ladefähigkeit dieser Logger wird von Jahr zu Jahr weniger ausgenutzt und erreicht jetzt im Durchschnitt nur noch etwa 65% ihres Fassungsvermögens. Ein solches Schiff mit verstärkter Antriebsleistung (1 000 PS) und moderner elektronischer Ausrüstung würde heute etwa 1,6 bis 1,75 Millionen kosten. Da außerdem ein solches Fahrzeug tariflich mit 16 bis 18 Mann besetzt werden muß, werden sich die Tageskosten, einschließlich Kapitaldienst, auf ungefähr 2 300,- bis 2 500,- DM stellen, die ein solches Fahrzeug im Jahresdurchschnitt nicht aufbringen kann.

Bleibt somit für die Heringsfischereien nur noch ein Fischerei-Fahrzeug, das geringe Tageskosten hat, um von der geringen Fangmöglichkeit in der Nordsee existieren zu können, das aber ganzjährig beschäftigt ist, für die wichtigsten Fischereiarten eingesetzt werden kann und auch seine Fangkapazität ausnutzen soll. Hierfür müßte ein neuer Schiffstyp entwickelt werden, der einen vergrößerten Kuttertyp darstellt, ungefähr folgende Abmessungen und Daten haben müßte und nicht mehr als 1 Million DM kosten darf: Länge über alles 30 bis 34 Meter; Breite 6,5 bis 6,8 Meter; Tiefgang 3,5 bis 3,8 Meter; PS 700 bis 800; Geschwindigkeit 12 bis 13 sm/h (Seemeilen pro Stunde); Aktionsradius 15 bis 17 Tage; Fangkapazität 1 200 Korb oder Kisten Frischfisch oder 800 Kantjes Heringe oder gemischt je die Hälfte; Bunkerraum 55 bis 60 Kubikmeter Treibstoff; Wasservorrat 16 bis 20 Kubikmeter; Besatzungsstärke 10 bis 12 Mann. Besondere Ausrüstung: Heringskehlmaschinen, Fischwaschmaschine, Umsteuerung der Maschine von der Brücke; einzurichten für die Grundschleppnetzfischerei und für die pelagische Fischerei mit der Möglichkeit, eventuell auch die Ringwadenfischerei auszuüben.

In Büsum/Kiel ist im vorigen Jahr ein Schiff entwickelt worden, das von der Werft in Nienstätten gebaut wurde und vielleicht einige Anhaltspunkte für kommende Neubauten bieten könnte. Es heißt Schleswig-Holstein, wird bereedert durch das Heringskontor Schleswig-Holstein GmbH, Kiel... Länge ü. a. 29,65 m, 392,5 Kubikmeter = 145 Bruttoregistertonnen mit 585-PS-Motor, ist für die Grundnetz- und pelagische Fischerei eingerichtet und fährt auf Büsum als Lösch- und Ladehafen.«

Große Schwierigkeiten hatte der Kapitän auf der Milly Ekkenga auch mit der Besatzung. Am Freitag, dem 23. Juni 1967 meldete er von See, daß wieder drei Matrosen gekündigt hätten. Der Reeder Ekkenga bemühte sich, in Bremerhaven einen neuen Steuermann und einige Leute zu bekommen. Sieben neue Männer sollten am Montag am Schiff sein. Der Kapitän hatte noch auf See einem weiteren Matrosen gekündigt, weil er nach dieser Reise sowieso weg wollte. Der Direktor Warnecke warf nach dem Festmachen in Cuxhaven den Steuermann hinaus wegen Trunkenheit an Bord während des Einlaufens. Am Montag, einen Tag vor dem erneuten Auslaufen, kündigte der zweite Steuermann, und der Maschinist-Assistent meldete sich krank. Am Montag, dem 26. Juni, waren ein neuer 1. Steuermann und die anderen von Bremerhaven gekommen. Die Leute weigerten sich sofort, leere neue Fässer an Bord zu schaffen. »Mehr oder weniger waren alle betrunken und verlangten den zweiten Vorschuß.« (Der erste war ihnen bei der Musterung in Bremerhaven ausgezahlt worden.) Von den verbliebenen alten Matrosen kam einer wegen Scheidungsschwierigkeiten nicht wieder an Bord. Ein anderer war einfach weggeblieben, ohne sich zu melden. Acht Männer waren also von Bord gegangen, sieben neue eingestellt worden, so daß das Schiff mit 16 Mann besetzt war. Als die Milly Ekkenga auf See war, weigerten sich die neuen Matrosen, die in Cuxhaven neu an Bord genommenen Netze zu verstauen. »Ihre

Arbeit, meinten sie, begänne erst auf dem Fangplatz. Der Kapitän befürchtet, daß diese keine Heringe kehlen können. Er bat, noch zwei Mann nachzuschicken«. Die neuen Matrosen von Bremerhaven konnten tatsächlich nicht schlachten und »wollten nur saufen«. Zwei Matrosen von der alten Stammbesatzung kündigten aus diesem Grund, »weil sie nicht für die neuen Leute mitarbeiten wollten«. Außerdem hatten auch zwei von den neuen Leuten gekündigt, weitere wollten folgen. Der Direktor Warnecke machte sich Sorgen um den Kapitän, der zumindest Mitte Juli 1967 ziemlich nervös war, zumal er auch »die ganze nördliche Nordsee nach Heringen abgesucht, aber keine gefunden« hatte. »Nur 22 Kantjes mitgebracht. Hat auch diesmal 2 mal pelagisch gefischt, aber nur wenige Heringe damit gefangen«, wohl auch deshalb, weil, wie der Kapitän Ende August 1967 einmal meldete, »1 000 Schiffe auf engstem Raum« fischten. Zu alledem hatte der Bugsierschlepper am 16. Juli in Cuxhaven »völlig idiotische Manöver« gefahren und Milly Ekkenga beim Festmachen an der Löschpier mehrere Einbeulungen in die Backbordseite gedrückt.

Als der Logger am 18. Juli von Cuxhaven wieder in See stechen sollte, herrschte noch abends »an Bord... ein wirres Durcheinander. Der Kapitän mußte selbst dafür sorgen, daß Proviant, Fässer und alle Ausrüstungsgegenstände verstaut wurden. Nur wenige Besatzungsmitglieder griffen zu. Die meisten Leute liefen irgendwo im Schiff herum und gingen der Arbeit aus dem Wege. Es waren fast chaotische Zustände.« Ein Mitarbeiter aus dem Glückstädter Büro »paßte an Land auf, daß keine weiteren Besatzungsmitglieder wegliefen. Keine Ordnung und Disziplin. Unter diesen Umständen kann man sich schon vorstellen, wie die nächste Reise sein wird. Der bisherige zweite Steuermann..., der jetzt als erster fungieren soll, war nach Angaben des Maschinisten während der 3 Hafentage fast ununterbrochen betrunken und lief noch kurz vor der Ausreise in ähnlichem Zustand herum. Es ist bedauerlich festzustellen, daß mit Ausnahme der Maschinenanlage alles an und auf diesem Schiff von Reise zu Reise schlechter wird.« Dies schrieb das Glückstädter Büro dem Reeder Herbert Ekkenga nach Emden. Mittlerweile waren seit dem ersten Auslaufen Ende Dezember 1966 »47 Mann durch die Musterrolle gelaufen«, davon hatten 34 wieder abgemustert. Nur ein alter Matrose, der früher schon auf einem Glückstädter Logger gefahren war, gehörte zur Mannschaft der Milly Ekkenga Mitte Juli 1967.

Ein Heckfänger des Typs Milly Ekkenga auf hoher See.

Die Unterkünfte auf dem Schiff waren für zwanzig Personen ausgelegt. Eine Besatzung von nur 16 Mann war nach Ansicht des Kapitäns zu wenig. Denn von den 16 Mann verblieben nach Abzug von 1 Kapitän, 3 Mann an der Maschine, 1 Koch und 2 Steuerleuten nur noch 9 Mann zum Arbeiten am Netz oder zum Verarbeiten des Fanges. »Wenn davon noch einer ausfällt, dann kann der Fang bis zum nächsten Hol nicht ordnungsgemäß vereist oder verstaut werden. Auf den bisherigen Loggern waren 18 Mann Besatzung in der Regel folgendermaßen verteilt: Auf der Brücke der Kapitän; 1 Maschinist auf der Maschinenwache; der Koch in der Küche; der Steuer- und der Bestmann auf dem Vordeck zum Legen der gekehlten Heringe in die Fässer; 1 Maschinist oder der Maschinen-Assistent beim Auswarren der Heringe mit Salz; 1 Leichtmatrose oder Matrose beim Abholen der geschlachteten Heringe von der Kaakplanke; 1 älterer Matrose als Wantenehmer zum Schöpfen der Heringe von den Kribben in die Kaak-Körbe; 10 Mann auf der Kaakplanke zum Schlachten. Wenn auf der Milly Ekkenga die gleiche Besatzungszahl an Bord ist und nur Herin-

SG 1 Milly Ekkenga läuft über die Toppen geflaggt am 23. Dezember 1966 erstmals ihren Heimathafen an.

ge, also kein Frost- oder Frischfisch gleichzeitig verarbeitet werden muß, werden die 18 Mann folgende Arbeitsplätze bei großen Fängen einnehmen: Kapitän auf der Brücke; Maschinist auf Maschinenwache; Koch in der Küche; 2 Steuerleute auf dem vorderen Arbeitsdeck beim Salzen und Verpacken der Heringe; 1 Mann, eventuell der Maschinist oder sein Assistent, beim Einspülen und Schieben der Heringe von den Achterdecksskribben zum Schrägförderer; 12 Mann am Fließband beim Schlachten.«

In dem Bericht, aus dem die obigen Angaben stammen, heißt es weiter: »Da bei eingearbeiteter Besatzung pro Schlachter mit 2 Kantjes pro Stunde gerechnet wird (ohne leere Fässer und Salz zurechtzustellen und ohne Fässer zu verküpern und zu verstauen), so könnten auf Milly Ekkenga im Verhältnis zu den anderen Loggern mindestens 4 Fässer pro Stunde mehr verarbeitet werden. Außerdem ist die Arbeit auf Milly Ekkenga weniger anstrengend, da alles von selbst läuft, also keine Körbe oder Schöpfnetze mit Fischen getragen werden müssen, die Leute ohne Ölzeug besser arbeiten können, stets im Trockenen und windgeschützt stehen etc.«

Auf der Reise Ende Juli/Anfang August 1967 hatte der Logger einen guten Fang gemacht. Dazu hoffte Direktor Warnecke: »Wenn wir jetzt einige Reisen hintereinander gute Resultate erzielen, wird sein schlechter Nimbus zerstört, und das Schiff und sein Kapitän bekommen den Ruf, den sie verdienen.« Als das Schiff um den 10. August wieder in Cuxhaven war und wieder für eine neue Fangreise ausgerüstet wurde, klagte das Glückstädter Büro erneut: »Hinsichtlich der Besatzung waren auf Milly Ekkenga wieder grauenhafte Zustände. Stundenlang standen die leeren Fässer an der Pier, bis endlich gegen Mittag ein paar Leute damit anfingen, diese an Bord zu rollen. In der Kapitänskammer ging es zu wie in einem Taubenschlag. Leute, die am Vortag und des Morgens ihre Seefahrtsbücher zwecks Anmusterung abgegeben hatten, meldeten sich mit faden-

scheinigen Begründungen wieder ab ... Die Matrosenwohnräume machten einen sehr schlechten Eindruck. In der Küche war ein Proviantschrank mit Gewalt offen gebrochen worden. Auf der Brücke waren alle dort stehenden Privatsachen des Kapitäns verschwunden; Unordnung und Unsauberkeit an allen Ecken und Enden. Es fehlt überall die ordnende Hand eines pflichtbewußten Ersten Steuermanns. Außer dem Kapitän und den Maschinisten sind nur Beachcomber [Strandgutsammler = heruntergekommener Seemann], Verbrecher oder Trunkenbolde an Bord – also die niedrigste Sorte Menschen, die man sich denken kann. Mit Herrn B. bin ich der gleichen Meinung, daß mit dieser – in den letzten Monaten wesentlich schlechter gewordenen – Besatzung keine Erfolge zu erzielen sind und daß vor allem zunächst 2 ordentliche, charakterfeste Steuerleute gefunden werden müssen, die für Zucht und Ordnung an Bord sorgen. Dann muß die ganze Besatzung von Grund auf regeneriert und [es müssen] nach und nach möglichst befahrene Leute aus Ostfriesland an Bord gesetzt werden. Mit der jetzigen Besatzung kann der Kapitän nichts unternehmen und kann auch keine Qualitätsware anlanden.«

1967 fuhren für die Glückstädter Heringsfischerei 8 Logger. Zwei von ihnen, Balder und Ministerialdirektor Streil, der von Emden geliehen war, fingen nur mit den bis zu 4 Kilometer langen Treib- oder Fleetnetzen.

Hermod, Wotan, Saxnot, Hödur und Jakob Ekkenga fischten mit Treib-
wie auch mit Schleppnetzen, die einen Umfang von 65 Metern hatten und
mit denen pro Hol 30 bis 40 Zentner Fisch an Bord gehievt werden konnten. Milly Ekkenga fischte mit dem Schleppnetz und damit auch allein
pelagisch.Sie landeten 580 992 Pfund Frischheringe und 26 389 Kantjes
Salzheringe an. Auf den acht Loggern fuhren insgesamt 152 Seeleute, im
Landbetrieb waren 65 Personen tätig. Im Dezember strandete der Logger
Ministerialdirektor Streil, als er nach Emden überführt werden sollte, am
Ostende der Insel Norderney. Die sechsköpfige Überführungsbesatzung
wurde vom Rettungsboot Langeoog aufgenommen.

Die Fänge fielen 1967 unbefriedigend aus. Die Ursache waren die unergiebigen Fanggründe, die Ausdehnung der Fischereigrenzen der
Nordseeanrainer auf 12 Seemeilen und der z. T. veraltete Loggerbestand.
Neubauten sollten durch die Abwrackaktion der Bundesregierung gefördert und neue Fanggründe bei Neufundland vor der amerikanischen Ostküste erschlossen werden.

Schon im späten Mittelalter blieben wegen Überfischung die Heringe vor Schonen in Südschweden weg. In den folgenden Jahrhunderten war die Nordsee ein schier unerschöpfliches Heringsreservoir, und zwar solange, wie Segellogger mit Handbetrieb den Heringsfang passiv durch Fleet- oder Treibnetze betrieben. Erst der aktive Fang mit Schleppnetzen, anfangs einzeln, dann mit zwei Loggern pelagisch, dann pelagisch allein und mit der Ringwade, schließlich mit großen Fischdampfern der Hochseefischerei, reduzierte den Heringsbestand und ließ die Nordsee zu einem »unergiebigen Fanggrund« werden. Neufundland war der neue Hoffnungsname, weit, zu weit ab von Glückstadt, Emden und Vegesack, als daß sich die Loggerheringsfischerei daran noch hätte sanieren können.

1967 wurden von den Loggern aus Emden, Vegesack und Glückstadt nur 180 000 Kantjes angelandet. 1966 und 1965 waren es noch über 222 000, 1964 noch 320 000 und in den Jahren 1960-1963 über 400 000 gewesen. Der deutsche Salzheringsbedarf – teils inklusive DDR, die von der Deutschen Heringshandelsgesellschaft in Bremen beliefert wurde, –

betrug jährlich 300 000 bis 350 000 Faß je 100 Kilogramm, der von den drei Heringsfanggesellschaften nicht gedeckt werden konnte. Sie fingen immer weniger und wurden immer unrentabler. Das Geschäftsjahr 1967 schloß für die Glückstädter Gesellschaft mit einem Verlust von 547 737,- DM ab. Insgesamt hatte sie 1966 und 1967 einen Verlust von 1,5 Millionen DM gemacht.

Anfang Juni 1968 wurden die beiden Glückstädter Logger Milly Ekkenga und Jakob Ekkenga für die »Kanada-Fischerei« ausgerüstet. Zusammen mit Schiffen der Emder und der Vegesacker Heringsfischereien sollten die beiden Glückstädter Logger in kanadischen Gewässern ihr Glück versuchen und frühestens nach einem halben Jahr ihren Heimathafen wieder anlaufen. Sie sollten auf Saint Pierre, der kleinen Insel südlich von Neufundland, versorgt werden und ihre Fänge löschen. Vorgesehen war, die Heringsfässer mit Frachtern nach Deutschland zu bringen.

Die deutschen Heringsfischereien befanden sich in der Krise und versuchten, sich durch Fusion zu retten. Im Juli 1968 beschlossen die Emder Heringsfischerei, die zu 83,25% der Firma Ekkenga gehörte, die zweite Emder Heringsfischerei Großer Kurfürst und die Leerer Heringsfischerei, die erst kürzlich ihren Sitz von Leer nach Emden verlegt hatte – die letzteren gehörten zu über 90% der Emder Reederei Schulte & Bruns –, ihren Sitz und ihre Loggerflotte nach Bremerhaven zu verlegen. Vorher schon hatte sich die Bremen-Vegesacker Fischerei mit der Norddeutschen Hochseefischerei in Bremerhaven verbunden. Für die acht Logger umfassende Glückstädter Flotte sollte sich nichts ändern, obwohl der Haupteigentümer Herbert Ekkenga in einem Bericht über die wirtschaftliche Entwicklung der Gesellschaft im November 1967 dringende weitere Hilfe des Landes über einen gerade bewilligten langfristigen Kredit von 1,5 Millionen DM – entsprechend der Verluste von 1966 und 1967 – hinaus angemahnt hatte. Er schlug vor, das Land Schleswig-Holstein solle »fünf neue Hecklogger – verbesserte Typen der Milly Ekkenga – in Schleswig-Holstein in Auftrag« geben und sie nach Fertigstellung der Glückstädter Heringsfischerei GmbH verchartern. »Die Chartergebühr müßte am Ende des Jahres nach dem Fangergebnis festgelegt werden. Somit würde das Risiko auf die Privatwirtschaft und auf die öffentliche Hand verteilt.« Eine andere Möglichkeit, die Glückstädter Heringsfischerei längerfristig zu retten, könne auch darin bestehen, daß das Land »den entstehenden Verlust ganz oder teilweise übernimmt, wie durch das Land Niedersachsen im Jahre 1966 geschehen.«

Mitte August brachte der norwegische Frachter Bestum 5 500 Kantjes Salzheringe nach Glückstadt, die er von Jakob und Milly Ekkenga auf Saint Pierre übernommen hatte. 5 000 weitere von Emder Loggern löschte er in Emden. Die anderen Glückstädter Logger fischten in der Nordsee bei den Shetlandinseln um den 59. Breitengrad. Von dort brachten Ende August Wotan 1 250 und Balder 932 Kantjes.

Am 21. Oktober 1968 feierte die Glückstädter Heringsfischerei, die am 21. Oktober 1893 gegründet worden war, ihr 75jähriges Bestehen in Anwesenheit des schleswig-holsteinischen Landwirtschaftsministers – zu seinem Ressort gehörten die Fischereibetriebe – Ernst Engelbrecht-Greve, der aus Obendeich bei Glückstadt stammte und in Glückstadt das Gymnasium besucht hatte. Aus diesem Anlaß veröffentlichte Wilhelm Diercks ein 24-Seiten-Heft mit einem Überblick über »75 Jahre Glückstädter Heringsfischerei«. Die Festreden ließen für einige Stunden die Schwierigkeiten vergessen, mit denen auch die Glückstädter Heringsfischerei zu kämpfen hatte. Engelbrecht-Greve attestierte der Fischerei, sie sei für Schleswig-Holstein ein »bedeutsamer Wirtschaftszweig«. Der Glückstädter Bürgermeister Dr. Manfred Bruhn meinte, sie habe »das Wellental nunmehr durchfahren«, und die Lokalzeitung faßte zusammen, die »Glückstädter Heringsfischerei ist nach 75 Jahren so aktiv und mobil wie eh und je«. Zu dieser Zeit fischten für die Glückstädter die Jakob und Milly Ekkenga vor der kanadischen Küste, der Treibnetzlogger Balder sowie die kombiniert fischenden Logger Hermod, Wotan, Saxnot und Hödur im Seegebiet unterhalb der Doggerbank.

Jakob Ekkenga kehrte nach fast fünf Monaten am 1. November nach Glückstadt zurück. Der Logger hatte in sechs Reisen – zwischen der Insel Saint Pierre und dem Fanggebiet – 7 156 Kantjes gefangen. Ein Ergebnis, das er in der Nordsee nicht erbracht hätte, wie der Geschäftsführer meinte. Am 11. November fuhr er wieder hinaus zum Fischen in der Nordsee. Am 24. Oktober verursachte der mit 1 090 Kantjes zurückkehrende Logger Saxnot, der übers Jahr viel zu wenig anlandete, einen für den Glückstädter Binnenhafen gefährlichen Schaden. Er rammte in ziemlicher Fahrt das wegen Sturm geschlossene Fluttor der Schleuse, das aus den Angeln gehoben wurde, und richtete einen Schaden von 100 000,- DM an. Wäh-

Zusammen mit Milly Ekkenga und weiteren Schiffen aus Emden und Bremen-Vegesack fischte Jakob Ekkenga von Juni bis Oktober 1968 vor der nordamerikanischen Küste.

rend die Glückstädter Heringsfischerei mit dem Fangergebnis von 42 735 Kantjes der sieben eigenen Logger im Jahre 1968 – 15 946 Kantjes mehr als 1967 – sehr zufrieden war, meldete die Ostfriesen Zeitung am 28. November 1968, daß die Bremen-Vegesacker-Fischerei-Gesellschaft ihre 18 Einheiten umfassende Flotte auf 8 reduzieren und mit den anderen nach Bremerhaven verlegten Loggern von der Ems zumindest an Land eng zusammenarbeiten wollte.

Die Emder, Leerer und Bremen-Vegesacker Heringsfischereien aber machten weiter Verluste und stellten ihre Betriebe im Herbst 1969 ein. Schon bald nach Neujahr 1969 liefen die sieben Glückstädter Logger wieder auf Frischfischfang aus. Vor allem Seelachs, Kabeljau, Schellfisch und Makrelen wurden von ihnen im Februar in Cuxhaven angelandet. Die Fänge waren nicht schlecht, die Erlöse bei 15 Pfennigen pro Pfund dagegen miserabel. Der Motorlogger Balder, ein reiner Drifter, der nicht beim Frischfischfang eingesetzt werden konnte, lag mit seinen Fängen weit unter Durchschnitt. Er ging im Juni auf Heringsfang und sollte am 19. Juni

206

über die Toppen geflaggt nach Glückstadt zurückkehren und die diesjährige Matjessaison eröffnen. Dieser Logger wurde noch im Laufe der Fangsaison 1969 wegen seiner schlechten Fangergebnisse, aber auch wegen der Abwrackprämie, die in Höhe von 116 000 DM beantragt wurde, verschrottet. Obgleich Ende 1968 beschlossen worden war, Jakob und Milly Ekkenga wieder vor der kanadischen Küste fischen zu lassen, wurde wegen der guten Fänge in der Irischen See darauf verzichtet, aber sicherlich auch deshalb, weil die kanadischen Heringe wegen ihrer Größe schlecht vom Markt angenommen wurden und weil das Umladen der Fässer und der Transport durch Frachter sich als unrentabel und schädlich für die Ware erwiesen hatten. »Der Fang in der Irischen See wird billiger«, erklärte Direktor Warnecke noch Anfang Juli. Die Personalprobleme waren manchmal kaum lösbar. In der Packerei arbeiteten im Juli 1969 unter dem Meister Steffen neben nur drei Glückstädterinnen 12 Frauen aus Portugal, Griechenland, der Türkei und aus Spanien.

Wie aus heiterem Himmel, überschlugen sich plötzlich die Meldungen ab dem 25. September, und am 2. Oktober um 11 Uhr meldete der Direktor Heinrich Warnecke den Konkurs der Fischerei beim Glückstädter Amtsgericht an. Mit Wotan, der am 9. Oktober von der Fangreise zurückkehrte, lagen nun alle Glückstädter Logger an der »Kette« am Pier der Fischerei. »Als wir vor drei Wochen ausliefen, hatte keiner von uns eine Ahnung, daß es die letzte Reise werden sollte. Wir waren alle wie vor den Kopf geschlagen«, faßte Kapitän Hockemeier von Wotan die Stimmung unter den Glückstädter Loggerbesatzungen zusammen.

Auf einer Sitzung des Arbeitsausschusses des Aufsichtsrates am 4. September 1969 in Bremen wurde bekannt, Prüfer hätten festgestellt, daß die Bilanzen der Fischerei für 1968 doch erheblich ungünstiger ausgefallen waren als bisher vermutet. Sie hatten einen Verlust von 1,3 Millionen DM für die Glückstädter Heringsfischerei und von 300 000 DM für die Fortuna Heringsfischerei, die den Heckfänger Milly Ekkenga bereederte, er-

Der norwegische Frachter Bestum brachte Mitte August 1968 5 500 Kantjes Salzheringe, die Milly und Jakob Ekkenga auf der Georges-Bank vor der nordamerikanischen Küste gefangen hatten. Auf der Insel St. Pierre waren die Heringe umgeladen worden.

mittelt. Wegen dieser und wegen neuer im laufenden Geschäftsjahr 1969 aufgetretener Verluste könnte die Fischerei nicht mit weiteren Krediten rechnen. Es bliebe nur die Eröffnung des Vergleichs- oder des Konkursverfahrens. Auf einer Besprechung am 24. September in Glückstadt stellten Rechtsanwälte fest, daß ein Vergleichsverfahren für die Fortuna Heringsfischerei, in deren Eigentum sich der moderne Logger Milly Ekkenga befände, möglich wäre, für die Glückstädter Heringsfischerei aber das Konkursverfahren eröffnet werden müßte. Mitte September war schon die Mannschaft von Saxnot abgemustert worden, und ein erneutes Auslaufen von drei inzwischen zurückgekehrten Loggern konnte nicht mehr verantwortet werden, da Gelder zur Entlohnung des seemännischen Personals nicht mehr zur Verfügung standen. Am 29. September 1969 fand in Hamburg die entscheidende Sitzung statt, auf der die Einleitung des Konkursverfahrens über das Vermögen der Glückstädter Heringsfischerei GmbH beschlossen wurde. Die Fortuna Heringsfischerei wurde ausgeklammert. Milly Ekkenga sollte bis zum Ende der Saison weiterfangen und dann

Am 1. 11. 1968 kehrte Jakob Ekkenga von seiner Fangreise vor der nordamerikanischen Küste zurück. Links Kapitän Willi Pöhler, neben ihm Direktor Heinrich Warnecke mit Bürgermeister Dr. Manfred Bruhn.

Kapitän Kurt Tobel (ganz links) hatte Jakob Ekkenga über den Atlantik gesteuert.

zum Schätzpreis von 2 250 000,- DM verkauft werden. Sie wurde Ende 1969 noch durch die Hamburger Firma Pickenpack bereedert und auf Frischfischfang geschickt, 1970 aber nach Island verkauft und in Dagny umgetauft.

1967 hatte die Glückstädter Fischerei noch 65 Personen an Land und 152 auf den Schiffen beschäftigt. Im März 1969 arbeiteten im Landbetrieb 8 Angestellte: der Geschäftsführer, der Leiter des Lohnbüros und eine Mitarbeiterin, ein Versandleiter, ein Bürolehrling, ein Netzmeister, ein Packmeister und ein Schlossermeister, außerdem 48 Arbeiterinnen und Arbeiter: 3 Böttcher, 2 Verlader, 4 Packer, 11 Packerinnen, 5 Hilfsarbeiter auf dem Hof, 1 Maler, 1 Elektriker, 2 Schlosser, 1 Magazinverwalter, 4 Netzmacher oder Takler, 11 Netzstickerinnen, 1 Zimmerer, 1 Nachtwächter und 1 Putzfrau. Die Handwerker verdienten 1969 in der Stunde 4,29 DM, angelernte Arbeiter 3,76 DM, ungelernte Arbeiter 3,45 DM, Packerinnen 2,70 DM, Netzstrickerinnen 2,97 DM und Netzstrickerinnen in der Anlernzeit 2,06 DM.

Alltag im Landbetrieb.
Aus den Wochenberichten des Fischereidirektors 1965 bis 1969

Die ganze Woche vom 8. bis 13. 3. 1965: »Am Sonnabend (6. 3.) rief Herr
B. an, daß Kapitän Hockemeier mit 1 Steuermann und 3 Matrosen sowie
2 Maschinisten nach Emden kommen müßte, um C. H. Metger (=Leih-
logger) nach Glückstadt zu überführen. Auto-Brinkmann angerufen, die
restlichen Leute am Donnerstag nach hier zu bringen und Hockemeier
informiert. Am Sonntag (7. 3.) fährt Hermod um 15 Uhr raus, Steuermann P. krank und nicht an Bord. Am Montag, den 8.: Anruf Hermod:
schlechtes Wetter, Fänge an der Ostkante schlecht und will ev. mit Hödur
zusammen pelagisch fischen. Sonde und Zwischenkabel von Wotan sollen morgen mit P. Rosenberg für Hödur nach See. Das Boot von Wotan
kommt mit Joh. Schulte nach Bremerhaven. Herr K. mit Maschinisten H.
nach Emden. Beim Arbeitsamt auf deren Anraten noch 10 Portugiesen
bestellt, da Griechen fraglich. Ausnahmegenehmigung für Maschinisten
Sch. durch H. von Aurich angefordert. An Wasser- und Schiffahrtsamt
wegen Schließung der Schleuse geschrieben. Dienstag, den 9.: Herr N.
brachte Viertel Fässer. Anruf von Herrn Ekkenga, daß Wotan während
der Saison keine Aufliegezeit mehr bekommt, daher auch jetzt auf Slip.
Muß sowieso wegen des neuen Schwingers rauf. Mit Hagenuk wegen des
neuen Senders telefoniert… Die Vegesacker holen noch 150 Faß 1963er
Ware. Saxnot Anruf, will neue Scherbretter haben. H. Anruf, Maschinist
Sch. sofort nach Emden, da Emden keinen C-II-Maschinisten mehr hat.
B. meldet, daß Kabel und Sonde für Hödur mit P. Rosenberg nach See
gingen. Mittwoch, den 10.: Hermod meldet sich, hat gestern mit Hödur
zum ersten Mal pelagisch gefischt, gut gefangen, aber nur 50 Korb bekommen, da Netz wieder gerissen. Bereiten jetzt Netz von Hödur vor,
jedoch Wetter schlecht. C. H. Metger läuft um 18 Uhr von Emden aus.
Beide Kurrleinen von Wotan sind zum Fischen nicht mehr gut genug und
müssen ersetzt werden. Daher 2 x 800 Faden neu bestellt. Herr B. bekommt Aufstellung, was wir in Sachen Wotan bisher getan haben. Herr B.
ruft an, daß wir morgen zur Besprechung bei der Werft in Cuxhaven sein
müssen. Donnerstag, den 11.: K. und W. nach Cuxhaven, holen B. in Bre-
merhaven-Lehe ab. Nach Besichtigung des Schiffes eingehende Besprechung und Festlegung von Anschaffung und Reparaturen der Brücke etc.

Diese wird 20 cm breiter und Fenster schräg etc. C. H. Metger war um 13 Uhr im Außenhafen. Abends noch Anmusterung der Leute auf Grund von angeforderten Unterlagen von SBG [Seeberufsgenossenschaft]. Herr R. war mit Herrn K. zum Besichtigen da. Kauft 50/1 Ihlen M und Herr J. 50/1 EEG. Noch zusätzliche Ausrüstung für C. H. Metger. Freitag, den 12.: Saxnot meldet E-Motor der Winde kaputt und hat das Netz noch nicht ein. Gestern 400 Korb gefangen. Muß Sonntag einlaufen, Montag früh zur Werft und Mittwoch wieder nach See. C. H. Metger um 9.30 Uhr nach Cuxhaven zum Eis- und Kistennehmen. Herrn Ekkenga benachrichtigt. Alle Spanierinnen entlassen. 736 Kantjes sortiert, 554 Tonnen gepackt, 207 Faß verladen. C. H. Metger ausgelaufen.«

»Reisebericht vom 8. und 9. Mai 1965 nach Niedernwöhren«
an der Mittelweser

»Die fünf Kapitäne von den Loggern Traute, Balder, Odin, Frija und Streil waren für den Nachmittag um 16 Uhr in Heines Gasthof geladen, um abschließend über den Mannschaftsstand zu sprechen. Die einzelnen Kapitäne melden etwa 9 bis 13 Mann. Traute hat keinen Koch und noch keinen Steuermann, da der Maschinist nicht mit dem vorgesehenen Steuermann… zusammen fahren will. Die Leute unterschreiben grundsätzlich keine Heuerscheine mehr. Es bleibt also immer alles offen bis zu dem Augenblick, da sie vom Bus abgeholt werden. Dann werden die Kapitäne von unterwegs anrufen, damit wir wissen, wieviel Leute von uns zugegeben werden müssen. Die Kapitäne klagen darüber, daß der Tarif seit Jahren unverändert geblieben ist und sie den Leuten nicht mehr bieten können als in anderen Jahren. Die Vegesacker bezahlen alle Matrosen mit Bestmannsgage und sollen Ihnen außerdem noch 50,- DM Handgeld geben. Die Ausgangsposition unserer Kapitäne ist also schlechter.

Die Ausfahrtsdaten in der Himmelfahrtswoche konnten nicht eingehalten werden, da man erstens sonntags die Leute nicht bekommt und zum anderen unser neu eingesetzter Busbetrieb die Männer noch nicht nachts holen kann, da der Fahrer nicht weiß, wo sie wohnen und die Gegend noch nicht genügend kennt… Am Abend waren wir noch mit Herrn Kapitän Jürgens von Hödur zusammen, da ihm einige Leute weggelaufen sind, die mit einem Fleetlogger fahren wollen. Diese haben aber auf Be-

fragen gesagt, daß sie auf Hödur weiter fahren wollten, und somit bekamen sie auch ihr Urlaubsgeld ausgezahlt... Am nächsten Morgen fuhren
wir zunächst nach Raddestorf, um den Steuermann für Traute fest zu machen. Dann weiter nach Minden zu einem Koch, der ebenfalls für Traute
angenommen wurde. Die nächste Station war Lerbeck, um einen Matrosen... zurück zu bekommen. Der aber hatte inzwischen eine Stelle bei der
Müllabfuhr bekommen mit einem Wochenlohn von DM 200,- DM und
40,- Schmutzgeld. Wegen eines anderen Matrosen mußten wir nach Minden zurück. Dieser versicherte, daß er auf Hödur weiter fahren wolle. Sind
dann nach Stadthagen gefahren zu Matrose Sch. War nicht zu Hause, sollte am nächsten Tag bei uns anrufen und tat es nicht. Mußten ihn also für
Hödur streichen. Dasselbe bei einem zweiten Matrosen von Hödur ebenfalls in Stadthagen. Damit war es Mittag geworden und unser Programm
erledigt. Wie schwierig es ist, Leute zu bekommen, kann nur der ermessen, der selber von Haus zu Haus gegangen ist. Unsere Kapitäne sind
manchmal verzweifelt. Sie kamen zu Leuten, die früher bei uns gefahren
haben, die ihnen Abrechnungen von 1 000,- bis 1 300,- vorlegten. Sie [die
Kapitäne] selber müssen in den Wintermonaten arbeiten und verdienen

Die Fischer sitzen auf dem Trocknen

Glückstadt: Heringsflotte in Konkurs

ws. **Glückstadt, 5. Oktober**
Die „Glückstädter Heringsfischerei GmbH" mußte gestern mittag Konkurs anmelden. Fünf Logger und ein
moderner Hecktrawler, die der Gesellschaft gehören,
werden zunächst stillgelegt.

Die Nachricht vom Kon-
kurs schlug wie eine Bom-
be ein. 75 Jahre lang ha-
ben die zarten Matjes, die
aus Glückstadt auf den
deutschen Markt kamen,
den Ruhm der Stadt be-
stimmt.

Die im Aufsichtsrat der
Gesellschaft vertretene
Landesregierung hatte
noch im vergangenen Jahr
ein Darlehen von 1,6 Mil-
lionen Mark gegeben.
Trotzdem ließ sich der
Konkurs nicht aufhalten.

Rechtsanwalt Sayk aus
Glückstadt ist als Interes-
senvertreter der Reederei
eingesetzt worden.
Der Anwalt gestern
abend zu BILD: „Ich habe
die Hoffnung, daß durch
Stadt und Land eine Auf-
fanggesellschaft gebildet
werden kann, um die
Fischerei zu erhalten.

Ts GLÜCKSTADT. Was wird aus der Glückstädter Heringsfischerei? — Das ist die Frage, die seit Donnerstag vergangener Woche die Glückstädter bewegt. In einer Betriebsversammlung wurde· an diesem Tage der Belegschaft offiziell gekündigt.

Ausgenommen davon ist lediglich die Packerei. Die Logger, die Glückstadt im Laufe der Woche angelaufen hatten, liegen am Kai. Die Mannschaften sind entlassen, die Schiffe werden nicht mehr auf Fang hinausfahren. Auch für die anderen drei Logger, die noch draußen sind, dürfte es ·die letzte Fangreise für die Glückstädter Heringsfischerei gewesen sein. Sie werden ebenfalls an der Fischerei festmachen und dort liegenbleiben.

Die Vermutungen und Gerüchte über das künftige Schicksal dieses 1893 durch die Initiative Glückstädter Bürger gegründeten Betriebes überschlagen sich. Ist es fünf Minuten vor zwölf? — Wird die Fischerei in den Sog des allgemeinen Fischsterbens hineingezogen? — Fragen, auf die auch wir keine Antwort bekamen, denn die Verantwortlichen hüllen sich in Schweigen.

Bereits am Freitag vergangener Woche sprachen wir telefonisch mit dem Vorsitzenden des Aufsichtsrates, dem Direktor der Landesgarantiekasse Schleswig-Holstein, Köberle. Wir fragten ihn nach der wirtschaftlichen Situation der Heringsfischerei und damit nach dem Grund der Maßnahmen, die so überraschend getroffen wurden. Seine Antwort: ,,Kein Kommentar!" Direktor Köberle bat uns um Stillschweigen in der Presse bis nach der Sitzung des Aufsichtsrates, die am Montag in Hamburg stattfinden sollte, trotz vielfältigster Anfragen durch die Glückstädter Bevölkerung.

Die Sitzung des Aufsichtsrates fand statt. Auch sie brachte offenbar kein Ergebnis, das, wie wir annahmen, der Öffentlichkeit zugänglich gemacht werden könnte. ,,Kein Kommentar!" war gestern auch die einzige Erklärung, die von Bürgermeister Dr. Bruhn zu bekommen war, der als Aufsichtsratsmitglied an dieser Hamburger Sitzung teilgenommen hatte. ,,Ich kann nichts sagen", ist die Antwort des Geschäftsführers Warnecke auf unsere Frage nach Informationen über die Zukunft des Betriebes.

Alles hüllt sich in Stillschweigen, so daß den Spekulationen innerhalb der Bevölkerung Tür und Tor geöffnet sind. Warum dieses Stillschweigen, so muß man sich fragen, da doch die hinlänglich bekannten Maßnahmen, wie die Entlassung der Belegschaft, eine deutliche Sprache sprechen.

Sicher ist, daß hinter der Glückstädter Heringsfischerei ein harter Sommer liegt. Die Fänge waren über alle Maßen schwach, der Absatz, bedingt durch die heißen Tage. und. die damit verbundenen Transportschwierigkeiten, gering. Und .dabei ist die Nachfrage groß. In der vergangenen Woche wurden von den noch auf See befindlichen Loggern Fänge von 20 Kantjes erzielt. Die normalen Fangergebnisse pro Tag liegen bei 50 und mehr Kantjes. Sie sollen sich jedoch in diesen Tagen gebessert haben.

Sollten aus den ,,Matjeswochen 1969" die ,,Matjesgedenkwochen" werden? Das wäre für die Elbestadt furchtbar, denn es ist die Heringsfischerei, die Glückstadt weit über die Landesgrenzen hinaus. bekannt gemacht hat.

900,- pro Monat. Wenn sie dann fragen, ob bei uns auch Neubauten geplant sind wie in Vegesack und wir darauf keine eindeutige Antwort geben können, kann man sich vorstellen, daß sie sich überlegen, ob es noch ratsam ist, weiter zu fahren.«

Einige Einzelmeldungen aus den Wochenberichten 1965 bis 1969:

Freitag, den 28. 5. 1965: Wir verladen einen Waggon Heringe in die Ostzone ... In der Packerei muß die Sortieranlage wieder zusammengebaut werden. Fahren die Netze aus, die für Stettin präpariert werden müssen. Heringsbestände sind: Volle [Vollheringe] R = 410 Fässer, Volle A 218, Volle G 436, Yhlen A 216, Yhlen G 50 zusammen 1 330 Fässer. Sorgen machen uns die Frauen für die Packerei. Es laufen Anträge auf 10 Griechinnen und 10 Türkinnen. Es ist alles sehr fraglich und wir wissen nicht, was nun noch zu tun wäre.

Sonnabend, 9. 10. 1965: Kapitän Jürgens hat noch keine Leute bekommen, auch keinen Steuermann. Er kann so nicht kommen.

Sonntag, 10. 10. 1965: Kapitän Feuerstein ruft an, daß sie Hols mit 83, 2, und 66 Kantjes gemacht haben auf 58° 5" N. Fleetlogger nichts gefangen Quadrat 954. Einige sollen zum Skagerrak, wo ein Vegesacker in halber Fleet 25 Kantjes hatte.

Donnerstag, 13. 10.: Wir reparieren wieder das halbpelagische Netz, das die Saxnot wieder mithaben soll. Sie hat jetzt drei Möglichkeiten zum Fischen [mit dem Treibnetz, mit dem Schleppnetz und pelagisch]. Haben in diesen Tagen 4 neue Leute angenommen, um einige Leute für Wotan etc. mit nach See geben zu können. Bei der Ausfahrt [von Saxnot] melden sich 2 Mann krank, 2 Mann sind auf St. Pauli, so daß 4 Mann fehlen. Die Ausfahrt ist somit [wegen der 4 neuen] doch noch gesichert.

Montag, den 1. 11. 1965: Traute soll noch Kartoffeln für den Logger Ministerialdirektor Streil mitnehmen.

Mittwoch, 4. 11. 1965: Traute liegt bei der Werft Mützelfeld in Cuxhaven, da der Motorblock einen Riß haben soll. Die Reparatur ist gegen Abend beendet. Ein Mann ist an Land geblieben und wird angezeigt. Es werden Wanzen und Flöhe in der Männerunterkunft an Land gemeldet. Kostenpunkt 814,- DM mit 5 Jahren Garantie. Sonst sind jedes Jahr 400,- DM bezahlt worden.

Glückstädter Heringsfischere meldet ihren Konkurs an!

Was wird aus dem Betrieb und seinen Loggern? — Glückstadt fürchtet um sein Image

Ts. GLÜCKSTADT. In Sachen Glückstädter Heringsfischerei gibt es seit gestern nichts mehr zu verschweigen! Die Würfel sind gefallen! Vormittags gegen 11.00 Uhr tat Geschäftsführer Warnecke den schweren Gang zum Amtsgericht Glückstadt und meldete den Konkurs des 76jährigen Glückstädter Unternehmens an.

Der Glückstädter Rechtsanwalt und Notar Bruno Sayck ist mit der Wahrnehmung der Interessen der Fischerei beauftragt worden. Von ihm war gestern keine Stellungnahme zu erhalten, da er mehrere Termine wahrzunehmen hatte. Unbestätigten Meldungen zufolge soll der große Kreis der Gläubiger, darunter mehrere Glückstädter Geschäftsleute, durch einen Itzehoer Rechtsanwalt vertreten werden. Obwohl seit langem bekannt war, daß die Rentabilität des Unternehmens sehr zu wünschen übrig ließ, kommt dieser Konkurs doch überraschend. Das umso mehr, als erst kürzlich die Landesregierung Schleswig-Holstein eine „Finanzspritze" von 1,5 Millionen gegeben hatte.

Mit der „Milly Ekkenga" sind bis auf den Logger „Wotan" alle Schiffe der Fischerei in Glückstadt. Sie liegen „an der Kette", ihre Besatzungen haben abgemustert. Auch „Wotan", der in diesen Tagen mit über 370 Kantjes erwartet wird, muß dann in Glückstadt. verbleiben. Die Zukunft der Logger ist ungewiß. Wie bekannt wurde, soll die Emdener Fischerei nicht daran denken, die Schiffe zu übernehmen. Alle sechs Logger sind intakt, so daß man hofft, im Ausland Käufer zu finden. Im Inland sind die Chancen für einen einigermaßen günstigen Verkauf gering, denn es gibt nur

noch die Emdener Heringsfischerei, der auch die Glückstädter Heringsfischerei als Tochtergesellschaft angehörte, in der drei bekannte Fischereien aufgegangen sind. Sie unterhält heute noch 14 Logger. Enttäuschung und Resignation herrscht insbesondere be den Loggerbesatzungen, und hie insbesondere bei den Kapitänen die teilweise jahrzehntelang für die Glückstädter Fischerei auf Fang waren.

Probleme entstehen auch für die Stadt Glückstadt selbst, die nun um ihr Image fürchten muß. Bekanntlich waren es die Glückstädter Majteswochen, die in den letzten beiden Jahren die Aufmerksamkeit der Öffentlichkeit auf die Elbestadt lenkten. Auch Bürgermeister Dr. Bruhn weiß noch nicht, wie man diese für Glückstadt so erfolgreichen Werbewochen im kommenden Jahr fortsetzen wird.

Sonntag, 14. 11. 1965: Früh zum Außenhafen, da die Streil noch da lag, keinen Koch. Leute wollen nicht ohne Koch fahren. Habe mir dies von allen schriftlich geben lassen.

Montag, 15. 11. 1965: Hödur eingelaufen. Wir brauchen für ihn ein zweites pelagisches Netz von 1 600 Maschen. Müssen seine Kurrleine marken, er bekommt 2 x 400 Faden neue Kurrleine und 450 (Faden) gebrauchte auf der Trommel. Hödur läßt die Fleet an Land, hatte viermal damit gefischt. Hat die Absicht, wieder mit Logger Claasen zusammen zu fischen. Frija um 15 Uhr ohne Schwierigkeiten nach See. Auf Stettin fehlen nun doch 4 Leute und Herr R. mit PKW nach Bückeburg. Für Streil soll heute ein anderer Koch kommen.

Dienstag, 16. 11. 1965: Streil liegt noch im Außenhafen, 17 Mann an Bord! Da der Koch nicht kommt, machen dem Steuermann Vorschlag zu kochen und dafür bekommt er die Gage des Kochs dazu. Um 11 Uhr, als alle Leute anfangen zu packen, abgelegt. Herr R. meldet um 15 Uhr [aus Bückeburg] vier Mann im Wagen für die Stettin. Will um 18 Uhr hier sein. Balder meldet von Brunsbüttel, daß seine Heizung kaputt gefroren ist. Während des Abends X Telefonanrufe von betrunkenen Matrosen der Stettin mit allen möglichen Drohungen. Seit 20 Uhr sind Herr R. und Herr St. mit unserm Wagen unterwegs, um die Leute aus den Wirtschaften zu holen. Um 11 Uhr nachts legt der Logger [Leihlogger Stettin] mit völlig betrunkener Mannschaft ab.

Mittwoch, 17. 11. 1965: Gegen Abend ist alles Wasser aus dem Binnenhafen gelaufen, weil eine Matratze sich zwischen die Schleusentore geklemmt hatte. Der Logger liegt sehr schräg, und zwei Festmacher sind gerissen.

Donnerstag, 16. 11. 1965: Die Saxnot konnte gestern wegen des Wasserstandes kein Salz nehmen. Kapitän Jürgens meldet von unterwegs [an Land], daß 3 Mann fehlen. Wir lassen ihn trotzdem kommen. Wotan ruft an, daß er Wasser im Brennstoff hat, die Maschine blieb wiederholt stehen, und das Netz lag 2 Stunden am Grund. Hat es aber wieder bekommen. Die Herren R. und St. müssen bis abends 7 Uhr wieder von Kneipe zu Kneipe und Leute für Hödur einsammeln. Dann will er ablegen und kann nicht, weil er auf Grund sitzt. Kommt eine Stunde später weg. Besatzung komplett.

Freitag, 19. 11. 1965: Sind heute in der Packerei mit der Ladung von Saxnot angefangen, furchtbar kleines Zeug.

Sonnabend, 25. 11. 1967: Rief die Milly Ekkenga an, daß der Fang nördlich Irland wie abgeschnitten sei. Ist ganz allein und sucht weiter südlich nach anderen Fangmöglichkeiten.

Montag, 27. 1. 1967: Fänge schlecht. Mit M. wegen Fangplatz für Milly gesprochen, da Holländer angeblich aus Irischer See mit guten Fängen kommen.

Dienstag, 28. 11. 1967: Im allgemeinen Fänge schlecht. Die Milly Ekkenga hatte 20 Kantjes südlich Dunmore. Streil und Balder bekommen Bescheid, am Donnerstag und Montag einzulaufen.

Mittwoch, 29. 11. 1967: Mit Kapitän Feuerstein gesprochen. Hat 130 Kantjes und 500 Pakete [Frostfisch] an Bord. Ein komplettes Netz wieder mit

Otter verloren. Befindet sich auf 58° 20' N und 8° W. Sonst ist nirgends was los.

Donnerstag, 30. 11. 1967: Fänge schlecht. SG 1 [Milly Ekkenga] auch keinen Fang. B. sagt, die Holländer sollen angeblich in der Irischen See gut gefangen haben und meint, zwei Gespanne von Emden und Hermod/Hödur von uns dorthin zu schicken. Einverstanden. Wotan soll sich noch für eine Woche Verpflegung holen, ist jetzt 7 Wochen draußen. Kapitän Hockemeier will eventuell im Gatt versuchen. Streil wird abgemustert und soll morgen nach Emden überführt werden.

Freitag, 28. 3. 1969: (Kapitän Heins von der Milly Ekkenga war wegen irgendwelcher Querelen Anfang März ausgeschieden. Da aber kein gleichwertiger Ersatz für ihn gefunden werden konnte, überredete man ihn, weiter zu machen.) Der erste Steuermann will auch weg und Heins meint, daß er bleibt, wenn er wieder an Bord kommt. Der zweite Steuermann hat auch gekündigt. Wir können uns weitere Experimente mit den Kapitänen nicht leisten, denn jeder muß sich erst mit den Eigenheiten des Schiffes vertraut machen. Wir müssen daran denken, daß die Milly wieder nach Kanada soll, und es ist verdammt ungewiß, ob ein anderer Kapitän auch so gut fischt.

Sonnabend, 23. 8. 1969: Kam außer Hermod auch die Milly Ekkenga. Zunächst haben 4 Mann gekündigt. Es könnten noch mehr werden, meinte der Steuermann W. Um 13 Uhr weigerten sich die Leute, das Schiff zu beladen. Milly hat von 627 Kantjes 164 trockengelaufene. Kapitän Jürgens sagt, auf See geht das Gerücht, daß die Glückstädter Logger nach Emden sollen.

Dienstag, 26. 8. 1969: Hermod wird seeklar gemacht und geht um 17 Uhr durch die Schleuse. Da die meisten Leute nicht an Bord sind, macht er im Außenhafen wieder fest. Klappern wie üblich mit unserm Wagen die Kneipen ab. Als er ablegt, fehlen noch zwei Mann, die von Obenhausen nach Brunsbüttel nachgebracht und per Versetzboot an Bord gebracht werden.

Aus dem Wochenbericht 15. - 20. 9. 1969: Wotan meldet, daß er nachmittags um 15 Uhr einlaufen will. Ein Mann von der Hofkolonne, eine Packerin und eine Netzstrickerin kündigen zum Letzten. Wotan 868 Kantjes. Auf Wotan geht der 2. Maschinist. Ersatz ist nicht zu bekommen. Kapitän Hockemeier fragt: Kommen unsere Schiffe nach Emden? Wir sind wieder mit Sortieren und Packen angefangen. Müssen über 3000 1-kg-Dosen mit M

Als SG 3 Wotan von der Fangreise im Oktober 1969 zurückkehrte, hatte die Fischerei Konkurs angemeldet.
Oben links Kapitän Hockemeier, rechts Kapitän Schomburg, unten Segelmacher Johannes Obenhausen und
Netzmeister Karl Willms.

und K packen. Saxnot meldet sich mit 645 Kantjes und will um 17 Uhr einlaufen. Auch hier geht der zweite Maschinist weg. Wir versuchen, irgendwo einen aufzutreiben, alles vergebens. Saxnot bleibt wegen Mangels an Maschinenpersonal liegen. Die Besatzung löscht das Schiff, bekommt Vorschuß und fährt nach Hause. Wotan ist verarbeitet. Verladen 586 Faß. Wir brauchen wieder halbe und viertel Fässer.

Montag, 22. 9. 1969: Hödur meldet sich mit 830 Kantjes und läuft um 9 Uhr ein. Sind in der Packerei bei Saxnots Ware, die gut ausfällt.

Dienstag, 23. 9. 1969: Saxnot wird leer gemacht, Netze, Fässer, Reepen etc. von Bord. Zwei Lastzüge mit Heringen beladen. Für Hödur werden 3 Schleppnetze repariert.

Mittwoch, 24. 9. 1969: Herr Ekkenga kommt nachmittags 14 Uhr zu der angesetzten Besprechung mit Herrn K. und Rechtsanwalt S. sowie Herrn B., Bremen. Nach langer Besprechung wird beschlossen, daß ab sofort die Logger liegenbleiben, auch Hödur, der Freitag auslaufen sollte.

Donnerstag, 25. 9. 1969: Die Belieferungen für Hödur abbestellt und Kapitän Kölling informiert. Die Besatzung wird am Freitag ihre Sachen von Bord holen. Wir beginnen auch dieses Schiff abzurüsten. Um 15 Uhr kommt [der Logger] J. Ekkenga und löscht 640 Kantjes. Kapitän Pöhler spricht noch mit Herrn Ekkenga wegen Weiterbeschäftigung in Emden. Diese Angestellten des Seebetriebes fragen natürlich auch nach Kündigungsschutz und werden die ÖTV damit beauftragen. Machen eine Betriebsversammlung, um die Landbelegschaft zu informieren. Die Meister bekommen die Listen mit den Kündigungsfristen. Empfohlen wird allen mit Ausnahme des Packerei-Personals, sich schon gleich nach einer anderen Beschäftigung umzusehen.

Freitag, 26. 9. 1969: Abmusterung der Besatzung von J. Ekkenga. Am Montag wird die Hermod kommen. Im übrigen sind es lebhafte Tage, und das Telefon steht nicht still.

Die Glückstädter Heringsfischerei, Immobilien- & Baugesellschaft mbH und das Ende der deutschen Loggerheringsfischerei 1976

Schon am 27. Oktober 1969 meldete sich beim Glückstädter Bürgermeister Dr. Bruhn der westdeutsche Großbauunternehmer und Großmakler Wilfried Hilgert aus Porz bei Köln, der am Kauf der Glückstädter Heringsfischereigesellschaft für 2,1 Millionen DM interessiert war und auch den Betrieb weiter führen wollte. Zugleich bekundete auch der Heringsvermarkter Schuldt aus Glückstadt sein Interesse, zwei Logger auf eigene Rechnung fahren zu lassen. Er wollte ohne Landbetrieb auskommen und den Fang sofort an Bord so verpacken, daß er bei Anlandung ohne weitere Bearbeitung in den Handel gebracht werden konnte.

Die Verhandlungen mit dem Kaufmann Wilfried Hilgert führten am 12. Februar 1970 zum Kaufvertrag. Hilgert erwarb für 2,1 Millionen DM das Grundstück der Fischerei, die Logger Hermod, Wotan, Saxnot, Hödur und Jakob Ekkenga und die Beteiligungen der Fischerei an verschiedenen Firmen, u.a. 350 000 DM an der Fortuna Heringsfischerei, 200 000 DM an der Franz Witte & Co. GmbH Kommanditgesellschaft Lübeck, 150 000 DM an der Franz Witte & Co. GmbH Lübeck-Schlutup, 30 000 DM an der Woldemar Fischverarbeitung GmbH Emden und 12 000 DM an der Deutschen Heringshandelsgesellschaft. Die Grundstücke und Schiffe gingen an den Käufer über mit allem Zubehör, mit den auf den Grundstücken vorhandenen Baulichkeiten, Ausstattungen, Einrichtungen, Anlagen und Vorrichtungen und den Hilfs- und Betriebsstoffen. Hilgert übernahm keine Verbindlichkeiten der alten Firma und auch keine Steuerschulden. Die neue Firma hieß danach bald »Glückstädter Heringsfischerei Immobilien- und Baugesellschaft mbH«.

Wilfried Hilgert erklärte in einem Zeitungsinterview, daß auch steuerliche Vorteile ihn veranlaßt hätten, den Glückstädter Betrieb zu erwerben. Er wollte möglichst alle fünf noch vorhandenen Logger – Milly Ekkenga gehörte der Fortuna Heringsfischerei – in Dienst stellen. Künftig, so hob Hilgert hervor, würden deutsche Logger nur noch von Glückstadt auslaufen.

Die Vertriebsfirma Schuldt wollte mit dem neuen Besitzer einen Vertrag über die Vermarktung der Matjes und Heringe schließen. Am 10. März 1970 verließ der Logger SG 2 Hermod mit 12 alten und 4 neuen Besat-

Gelbes Licht
für Glückstadts
Heringsfischerei?

Ts. GLÜCKSTADT. Geht es mit der Glückstädter Heringsfischerei wieder weiter? Alles spricht dafür, denn die Stadt war in den vergangenen Monaten nicht untätig, diesen alten Glückstädter Betrieb der Elbestadt zu erhalten. Wenn auch Bürgermeister Dr. Bruhn keine konkreten Angaben über den Stand der Verhandlungen macht, so gibt er doch zu erkennen, daß zumindest „gelbes Licht" für den Fortbestand der Fischerei gegeben ist. „Ja, wir haben erfolgreich verhandelt und einen Interessenten für den Betrieb gefunden", sagt Dr. Bruhn auf Anfrage. Um die nicht ganz leichten Übernahmeverhandlungen nicht zu gefährden, hüllt sich der Bürgermeister darüber hinaus jedoch in Schweigen.

Inzwischen ist allerdings bekannt geworden, daß ein junger westdeutscher Bauunternehmer den Betrieb für den Betrag von 2,1 Millionen Mark, bar auf den Tisch, wie in der ersten Konkursverhandlung erklärt wurde, erworben wird. Der Vertrag soll bereits unter Dach und Fach sein. Unbestätigten Meldungen zufolge sollen auch die Mannschaften der Logger bereits angeheuert werden.

Der noch immer ausstehende Abschluß des Konkursverfahrens — die Verschuldung der Glückstädter Herings-Fischerei betrug etwa acht Millionen Mark — ist offenbar der alleinige Grund dafür, daß ein Startschuß für den Neubeginn noch nicht gegeben werden kann. Dennoch darf Glückstadt optimistisch sein: Die Matjeswochen 1970 wird es geben!

zungsmitgliedern als erster nach dem Zwangsvergleich der alten Firma den Glückstädter Hafen zu einer neuen Fangreise. Am 17. März folgte SG 8 Hödur.

Zum Ende der Fangsaison wurden die Logger Saxnot und Jakob Ekkenga gegen Abwrackprämien verschrottet. Von der in Konkurs befindlichen Emder Heringsfischerei wurden dafür im November 1970 die Logger Heinrich Lutter, Peter Wessels und Gerhard Ekkenga erworben. Letzterer wurde in Stadt Porz, den Wohnort des neuen Besitzers Hilgert, umbenannt.

Im Oktober 1971 beantragte die Fischerei beim Fischereiamt des Landes Schleswig-Holstein Abwrackhilfen für die Logger Wotan (gebaut 1955) und Hödur (gebaut 1956). Der schleswig- holsteinische Landwirtschaftsminister erbat dafür beim Bundesminister für Ernährung, Landwirtschaft und Forsten insgesamt 337 704 DM, die im Juli 1972 noch nicht zugesagt und wohl auch nicht gezahlt worden waren, da die Schiffe 1973 bzw. 1974 ins Ausland verkauft wurden.

Am Ende der Fangsaison 1974 entließ Hilgert bis auf 1,5 Stellen alle Mitarbeiter des Landbetriebes. Die drei noch fahrtüchtigen Logger gingen auf Frischfischfang und löschten in Cuxhaven. Insgesamt landete die Heringsfischerei Glückstadt 1974 in Glückstadt nur 633 Kantjes Salzheringe im Wert von 88 620 DM an. Damit sah die Landesregierung keine Möglichkeit mehr, den Betrieb zu fördern, zumal die Glückstädter Log-

Käufer für die Heringsfischerei

Glückstadt (öb) Den Auftrag, so schnell wie möglich die Vorbereitungen für einen Vergleichsvorschlag zu treffen, erhielt der Konkursverwalter der Glückstädter Heringsfischerei, Rechtsanwalt Grisar in Itzehoe.

Bei der ersten Verhandlung vor dem Amtsgericht in Glückstadt hatte Grisar einen Zwangsvergleich empfohlen, da er einen Käufer an der Hand hat, der interessiert wäre, das gesamte Unternehmen zu erwerben und mit 2,1 Millionen DM bar zu bezahlen. Der Käufer soll sich mit dem Gedanken tragen, die Fischerei eventuell weiter zu betreiben. Für den Verkauf des gesamten Unternehmens plädiert auch der Sprecher des Gläubigerausschusses, Direktor Ehlers von der Landesbank und Girozentrale in Kiel. Nur dadurch bestehe für die Gläubiger eine Chance, überhaupt etwas zu bekommen. Bei der Verschrottung der Schiffe bliebe für sie nichts übrig.

Die Frage, wieviel Schulden vorhanden sind, ist sorgfältig zu prüfen, erklärte der Konkursverwalter auf Anfrage, weil wahrscheinlich einige Forderungen doppelt angemeldet worden seien. Die Summe wird zwischen 7 und 8 Millionen DM liegen.

gerfischerei ein Unikum in der Bundesrepublik geworden war und die Fischereipolitik hauptsächlich die Kutterfischerei unterstützte. Dennoch erhielt die Glückstädter Heringsfischerei noch 1975 eine Abwrackprämie für den Logger Peter Wessels mit der Auflage, die Prämie »für die Modernisierung und Rationalisierung der noch vorhandenen Loggerflotte zu investieren«. Weil dies durch Hilgert aber nicht geschah, wurden seine weiteren Anträge auf Abwrackprämien in Höhe von 180 000,- DM für die Logger Heinrich Lutter und Stadt Porz vom Januar 1976 negativ beschieden.

Die Bemühungen des Bürgermeisters Dr. Bruhn auch beim Bundestagsvizepräsidenten und früheren schleswig-holsteinischen Ministerpräsidenten Kai-Uwe von Hassel, der während eines Wahlkampfes auch einmal die Glückstädter Heringsfischerei besucht hatte, bewirkten nichts mehr. Am 18. Oktober 1976 schrieb er an von Hassel: »Ich werde nun nach einer Lösung suchen, um ohne die hiesige Heringsfischerei auch zukünftig die Glückstädter Matjeswochen durchzuführen.« Denn er hielt die seit acht Jahren durchgeführten Glückstädter Matjeswochen für unverzichtbar und für »wirtschaftsbelebend«, da sie den Fremdenverkehr förderten.

Über das Ende der Glückstädter Heringsfischerei berichtete sogar der Spiegel in seiner Nummer 10/1976 ganzseitig: »Aus Protest gegen die Unnachgiebigkeit Bonner Bürokraten will der letzte deutsche Herings-Reeder seine Flotte auflösen… Er bot seine Logger-Flotte dänischen und afrikanischen Interessenten an und erschreckte so die Liebhaber des echten und wahren Matjes-Genusses. Denn schon seit Jahren stammen die veritablen deutschen Matjes-Heringe ausschließlich von Hilgert-Schiffen. Nur er läßt nämlich junge Heringe ohne Rogen und Milch nach altem Rezept auf hoher See kehlen (schlachten) und in Fässer einsalzen. Zeitweise schickte er bis zu fünf Heringslogger und zwei Fischdampfer zu den Fanggründen… Bei Behörden und Großfischern machte [er] sich… durch seine flotte Fahrt schon bald unbeliebt. So forderte er vom Bundesernährungsministerium eine strenge Auszeichnungspflicht für Salzheringe, die eine Verwechslung seines echten Matjes mit an Land nachgekehlter Ware verhindern sollte. Hilgert: ›Es ist ein Betrug am Verbraucher, wenn auf dem Markt Matjes-Heringe verkauft werden, die ein Jahr alt sind, aber als frisch angeboten werden.‹ Im Streit mit einem Fischproduzenten, [der Glückstädter Firma Schuldt], der gefrorene Importheringe in original

Bürgermeister Dr. Bruhn verabschiedet am 10. 3. 1970 Kapitän Jürgens (rechts) und Steuermann Heinze,
die mit Hermod wieder hinaus zum Fischen fahren.

Glückstädter Matjes verwandelte, bemühte Hilgert das Schleswig-Holsteinische Oberlandesgericht, um sein Rezept juristisch abgesichert zu bekommen. Mit Erfolg: Die Richter bestätigten in ihrem Urteil, beim echten
Matjes handele es sich traditionell um einen jungfräulichen, seegekehlten
und seegesalzenen Hering. Mit dem Fischkartell Seefisch-Absatz-Gesellschaft (Unilever, Oetker, Jacobs-Kaffee, Pickenpack), das mit 40 Schiffen

44 Prozent der westdeutschen Frischfischfänge anlandet, legte sich der Reeder an, als er an der deutschen Nordseeküste die Frischfischpreise unterbot... Die Strafe folgte prompt. Weil der Preisbrecher keiner anerkannten Erzeugergemeinschaft oder Erzeugerorganisation wie der Seefisch-Absatz-Gesellschaft angehörte, verweigerten ihm die Behörden fast alle beantragten Dieselöl-Subventionen. Außerdem blieb er von den in der Hochseefischerei begehrten Zuschüssen für Schiffsneubauten ausgeschlossen, die bis zu 30 Prozent der Kosten tragen. Verbittert über diese Benachteiligung, begann der Reeder schon vor über einem Jahr, seine Flotte abzutakeln. Ein Schiff nach dem anderen wurde an dänische und deutsche Großfischereien ausgeliefert ... Der Exreeder will künftig in der ganzen Bundesrepublik Tennisplätze bauen...«

Ein wohl kaum lösbares Problem hat Wilfried Hilgert allen Matjesfreunden mit dem von ihm erfochtenen Urteil beim Schleswig-Holsteinischen Oberlandesgericht vom 12. November 1974 hinterlassen. »Diese Kreise«, so heißen in diesem Urteil alle Matjesfreunde und Matjesexperten, »erwarten, wie dem Senat glaubhaft gemacht worden ist, daß ein als ›Matjes‹ bezeichneter Fisch binnen kürzester Frist nach dem Fang, zumindest noch am Fangtag, gekehlt und gesalzen wird, mag das bei Fangschiffen, die längere Zeit auf See sind, durch Verarbeitung an Bord oder mag das bei Schiffen, die wegen der günstigen Lage der Fanggründe zum Hafen täglich zurückkehren, noch am Fangtage an Land geschehen. Diese Voraussetzungen wurden bei den von der Beklagten [der Firma Schuldt] in der Fangsaison 1974 verarbeiteten Fischen unstreitig nicht erfüllt. Daß in den entscheidenden Kreisen an einen ›Matjeshering‹ die oben dargestellten Erwartungen geknüpft werden, erscheint dem Senat glaubhaft aufgrund des oben wiedergegebenen Inhalts von Fachbüchern der Fisch- und Nahrungsmittelwirtschaft, aufgrund der gutachterlichen Äußerung von Dr. Dornheim (Bundesforschungsanstalt für Fischerei) vom 25. 6. 1974, der bestätigt, daß es sich nach der wissenschaftlichen Fachliteratur bei einem deutschen ›Original (›Echter‹) Matjes‹ traditionell um einen jungfräulichen, seegekehlten und seegesalzenen (Leichtsalzung) Hering handelt, aufgrund des Gutachtens der Gesundheitsbehörde der Stadt Hamburg, in dem es wörtlich heißt: ›Neben der Tatsache, daß es sich um einen jungen, nicht geschlechtsreifen Hering handelt, was daran feststellbar ist, daß der Ansatz von Milch und Rogen äußerlich nicht erkennbar sein darf,

Kapitän Kölling fuhr am 17. 3. 1970 mit Hödur wieder raus.

227

muß es sich um einen ausgebluteten Fisch handeln. Ein Fisch kann aber nur dann ausbluten oder ein sonstiger Übertritt des Blutes in das Fischfilet verhindert werden, wenn der Fisch unmittelbar nach dem Fang gekehlt wird, wobei alle Innereien bis auf geringfügige Reste entfernt werden. Dies ist in der Regel nur dann möglich, wenn der Fisch auf See unmittelbar nach dem Fang gekehlt wird. Nur in ganz besonders günstigen Fällen wie an den Küsten Schottlands und Islands, wo der Matjeshering gleichsam vor der Tür gefangen wird und wenige Stunden nach dem Fang an Land gekehlt wird, ist eine solche Handhabung zulässig‹, aufgrund der zahlreich vorgelegten eidesstattlichen Versicherungen von Gaststätteninhabern und Hoteliers, die übereinstimmend unter einem ›Matjeshering‹ nur einen seegekehlten und seegesalzenen Hering verstehen, sowie aufgrund der zahlreichen, oben genannten eidesstattlichen Versicherungen von Fischhändlern, die zum Inhalt haben, daß sie unter einem ›Matjeshering‹ einen seegekehlten und seegesalzenen Hering verstehen...«

Nach dieser Definition gibt es wohl kaum noch Matjes (siehe weiter unten die Kapitel »Die Vermarktung des Herings« und »Weiterleben der Heringsfischereitradition...«).

Anfang Oktober 1976 beendete der Immobilienhändler Wilfried Hilgert aus Porz, der die Glückstädter Heringsfischerei im März 1970 gekauft hatte, seinen Ausflug in die Fischerei. Die Firma wurde aufgelöst, die Schiffe wurden verkauft. Das Ende der 1893/94 gegründeten Glückstädter Fischerei dokumentieren zwei Fotos aus dem Jahre 1979. Auf einer Werft in Wilhelmshaven-Mariensiel liegen die Logger SG 1 Stadt Porz, 1957 als Gerhard Ekkenga von der Emder Heringsfischerei AG in Dienst gestellt, und SG 4 Heinrich Lutter, 1957 für die Großer Kurfürst Heringsfischerei AG in Emden gebaut, und werden abgewrackt.

Die Logger der Glückstädter Heringsfischerei von 1894 bis 1976. Numerierung nach einer unveröffentlichten Liste mit weiteren, auch technischen Angaben von Herbert Karting

1. TÜMMLER SG 1 - hölzerner Segellogger - gebaut bei Gehlsen in Glückstadt - Stapellauf am 7. April 1894 - Anfang Oktober 1905 mit der ganzen Mannschaft im Sturm in der Nordsee untergegangen.

2. STÖR SG 2 - hölzerner Segellogger - gebaut bei Junge in Wewelsfleth - Stapellauf am 21. April 1894 - am 6. August 1914 von einem englischen Kriegsschiff versenkt, nachdem die Mannschaft von Bord gegangen war.

3. MAKRELE SG 3 - hölzerner Segellogger - gebaut bei Cassens in Emden - Stapellauf am 8. März 1894 - 1922 verkauft an Kapitän Thode in Hamburg und als Küstenfrachtschiff verwendet - Totalverlust 1924.

4. HERING SG 4 - hölzerner Segellogger - gebaut bei Cassens in Emden - Stapellauf am 8. März 1894 - 1920 verkauft an Kapitän Max Both in Glückstadt und als Küstenfrachtschiff verwendet - gesunken 1921.

5. HAI SG 5 - hölzerner Segellogger - gebaut 1895 bei Gehlsen in Glückstadt - 1920 verkauft an Kapitän Hans Karl Heinrich Both in Glückstadt und als Küstenfrachtschiff verwendet - Totalverlust 1923.

6. WAL SG 6 - hölzerner Segellogger - gebaut 1895 bei Gehlsen in Glückstadt - 1927 verkauft an Kapitän Karl Max Both in Glückstadt - später an andere Eigner - Totalverlust 1949.

7. DORSCH SG 7 - hölzerner Segellogger - gebaut 1895 bei Peters in Wewelsfleth - 1924 verkauft - 1942 verkauft nach Norwegen - Verbleib nicht bekannt.

8. BUTT SG 8 - hölzerner Segellogger - gebaut 1895 bei Thormählen & Co. in Wisch bei Elmshorn - 1920 verkauft - Verbleib nicht bekannt.

9. ROCHE SG 9 - hölzerner Segellogger - gebaut 1896 bei Gehlsen in Glückstadt - 1931 ver-

kauft an Emder Heringsfischerei AG - als Kohlenhulk verwendet.

10. LACHS SG 10 - hölzerner Segellogger - gebaut 1896 bei Gehlsen in Glückstadt - 1927 verkauft - 1941 gesunken.

11. FORELLE SG 11 - hölzerner Segellogger - 1896 gebaut bei Peters in Wewelsfleth - 1930 verkauft - 1938 Totalverlust.

12. SCHOLLE SG 12 - hölzerner Segellogger - gebaut 1896 bei Thormählen in Elmshorn - 1927 verkauft - Verbleib nicht bekannt.

13. WELS SG 13 - hölzerner Segellogger - 1897 gebaut bei Gehlsen in Glückstadt - 1931 verkauft an die Emder Heringsfischerei AG - als Kohlenhulk verwendet.

14. HECHT SG 14 - hölzerner Segellogger - 1897 gebaut bei Peters in Wewelsfleth - 1929 durch an Bord ausgebrochenes Feuer zum Wrack.

15. SEESTERN SG 15 - hölzerner Segellogger - 1903 gebaut bei Gehlsen in Glückstadt - 1931 verkauft an Großer Kurfürst Heringsfischerei AG Emden - 1934 ins Ausland verkauft.

16. HUMMER SG 16 - hölzerner Segellogger - 1904 gebaut bei Gehlsen in Glückstadt - 1931 verkauft an Emder Heringsfischerei AG - 1937 nach Hamburg verkauft.

17. AUSTER SG 17 - hölzerner Segellogger - 1905 gebaut bei Gehlsen in Glückstadt - 1931 verkauft an Großer Kurfürst Heringsfischerei AG Emden - 1934 nach Schweden verkauft - 1970 abgewrackt.

18. SEEHUND SG 18 - hölzerner Segellogger - 1905 gebaut bei Peters in Wewelsfleth - 1931 verkauft an Heringsfischerei Dollart AG Emden - 1934 an Kapitän Strübing, Hamburg, verkauft, wird aber noch in Emden auf der Staatswerft von der Firma Gebrüder Schlömer aus Oldersum zum Ausbildungs-

schiff mit dem neuen Namen Beluga umgebaut, außer der Besatzung soll Platz für 60 Kursusteilnehmer eingerichtet werden - 1974/75 an der Trave verrottet (ausführlicher bei Karting, Schiffe aus Wewelsfleth. 1. S. 191 ff.).

19. OTTER SG 19 - hölzerner Segellogger - 1906 gebaut von Gehlsen in Glückstadt - 1914 von einem englischen Kriegsschiff versenkt, nachdem die Besatzung von Bord gegangen war.

20. DELPHIN SG 20 - hölzerner Segellogger - 1907 gebaut bei Gehlsen in Glückstadt - 1931 verkauft an Heringsfischerei Dollart AG Emden - 1934 nach Schweden verkauft - 1968 als Wrack aus dem dänischen Schiffsregister gestrichen, aber noch 1977 vorhanden.

21. STINT SG 21 - 1907 als letzter hölzerner Segellogger bei Peters in Wewelsfleth gebaut - Ende August 1923 im Sturm in der Nordsee mit der ganzen Mannschaft gesunken.

22. GLÜCKSTADT SG 22 - eiserner Dampflogger - 1910 gebaut bei Meyer in Papenburg - 1916 von der Kaiserlichen Marine »gechartert« - durch Mine 1917 in der Ostsee versenkt - von den Russen geborgen - danach an estländische Eigner - 1933 wegen Alkoholschmuggels in Finnland beschlagnahmt - 1945 an Rußland - Verbleib nicht bekannt.

23. ELBE SG 23 - eiserner Dampflogger - 1911 gebaut bei Meyer in Papenburg - 1916 von der Kaiserlichen Marine »gechartert« - 1931 verkauft an Großer Kurfürst Heringsfischerei AG Emden - 1940 von der Kriegsmarine beschlagnahmt - 1945 zurück an die Heringsfischerei Großer Kurfürst - 1960 verkauft an die Emder Heringsfischerei AG - 1962 abgewrackt.

24. GLÜCKSTADT SG 126 - eiserner Dampflogger - 1922 gebaut bei Stülcken Sohn in Hamburg - am 12. Oktober 1926 im Sturm in der Elbmündung mit gesamter Mannschaft gesunken.

25. FORTUNA SG 127 - eiserner Dampflogger - 1922 gebaut bei Stülcken Sohn in Hamburg - 1931 verkauft an Emder Heringsfischerei AG - 1940 von der Kriegsmarine beschlagnahmt - 1944 nach einer Kollision gesunken.

26. FUCHS SG 132 - eiserner Dampflogger - 1908 gebaut bei Bremer Vulkan in Vegesack für die Hochseefischerei Bremerhaven AG - 1915-1918 »gechartert« von der Kaiserlichen Marine - 1927 verkauft an die Glückstädter Fischerei - 1931 verkauft an die Emder Heringsfischerei AG - 1938 nach Dänemark verkauft.

27. WOLF SG 133 - eiserner Dampflogger - 1908 gebaut bei der Bremer Vulkan in Vegesack für die Hochseefischerei Bremerhaven AG - 1927 verkauft an die Glückstädter Heringsfischerei - 1931 verkauft an Großer Kurfürst Heringsfischerei AG Emden - 1938 ins Ausland verkauft.

28. ILTIS SG 134 - eiserner Dampflogger - 1909 gebaut bei Bremer Vulkan in Vegesack für die Hochseefischerei Bremerhaven AG - 1915 »gechartert« von der Kaiserlichen Marine - 1918 zurück an den Eigner - 1927 verkauft an die Glückstädter Heringsfischerei - 1931 verkauft an die Heringsfischerei Dollart AG Emden - 1940 von der Kriegsmarine beschlagnahmt - 1945 zurück an den Eigner - 1951 abgewrackt.

29. WIESEL SG 135 - eiserner Dampflogger - 1914 gebaut bei Schiffbaugesellschaft Unterweser AG Wesermünde-Lehe für die Hochseefischerei Bremerhaven AG - 1927 verkauft an die Glückstädter Heringsfischerei - 1931 verkauft an die Heringsfischerei Dollart AG Emden - 1939 nach Dänemark verkauft - Mitte der 1980er Jahre gesunken.

30. TRAUTE SG 1 - eiserner Dampflogger - 1931/32 gebaut von Mützelfeld in Cuxhaven - in Auftrag gegeben von der Glückstädter Heringsfischerei, wegen des Konkurses 1932 übernommen vom Glückstädter Kapitän Carl Christian Hermann Stüting - 1934 verkauft an die Glückstädter Heringsfischerei - 1940 von der Kriegsmarine beschlagnahmt

- 1945 zurück an die Glückstädter Heringsfischerei - 1950 Umbau zum Motorlogger -
1964 verkauft zum Abwracken.

31. TIU SG 2 - eiserner Motorlogger - 1934 gebaut bei Mützelfeld in Cuxhaven für die
Glückstädter Heringsfischerei - 1940 beschlagnahmt von der Kriegsmarine - 1945
von den Amerikanern als Kriegsbeute beschlagnahmt und der Fischdampfer-Treuhandstelle in Bremerhaven übergeben - von
der Glückstädter Heringsfischerei gechartert
- von der Bundesregierung 1955 zurückgegeben - 1957 verkauft nach Norwegen - 1988
noch im Schiffsregister.

32. DONAR SG 3 - eiserner Motorlogger - 1934
gebaut bei Kremer in Elmshorn für die
Glückstädter Heringsfischerei - 1940 beschlagnahmt durch die Kriegsmarine - 1945
von den Amerikanern als Kriegsbeute beschlagnahmt und der Fischdampfer-Treuhandstelle in Bremerhaven übergeben - 1947
von der Glückstädter Heringsfischerei gechartert - 1954 gesunken nach Kollision mit
deutschem Trawler bei der Doggerbank, die
Mannschaft wurde gerettet.

33. BALDER SG 4 - eiserner Motorlogger - 1934
gebaut bei der Norderwerft Hamburg für die
Glückstädter Heringsfischerei - 1940 von der
Kriegsmarine beschlagnahmt - 1945 von den
Amerikanern als Kriegsbeute beschlag-
nahmt und der Fischdampfer-Treuhand-
stelle übergeben - 1947 von der Glückstädter
Heringsfischerei gechartert - 1955 von der
Bundesregierung zurückgegeben - 1969 ab-
gewrackt.

34. ODIN SG 5 - eiserner Motorlogger - 1934 gebaut auf der Neptunwerft in Rostock für die
Glückstädter Heringsfischerei - 1940 von der
Kriegsmarine beschlagnahmt - 1945 von den
Amerikanern als Kriegsbeute beschlagnahmt und der Fischdampfer-Treuhandstelle in Bremerhaven übergeben - 1947 von
der Glückstädter Heringsfischerei gechartert
- 1955 von der Bundesregierung zurückgegeben - 1966 abgewrackt.

35. FRIJA SG 6 - eiserner Motorlogger - 1934 gebaut auf der Neptunwerft in Rostock für die
Glückstädter Heringsfischerei - 1940 beschlagnahmt von der Kriegsmarine - 1945
von den Amerikanern als Kriegsbeute beschlagnahmt und der Fischdampfer-Treuhandstelle in Bremerhaven übergeben - 1947
von der Glückstädter Heringsfischerei gechartert - 1966 abgewrackt.

36. FRO SG 8 - eiserner Motorlogger - 1936 gebaut bei Kremer Elmshorn für die Glückstädter Heringsfischerei - 1940 beschlagnahmt von der Kriegsmarine - 1945 als
Kriegsbeute an die Russen - Verbleib nicht
bekannt.

37. HEIMDALL SG 7 - eiserner Motorlogger - 1938
gebaut von Mützelfeld in Cuxhaven für die
Glückstädter Heringsfischerei - 1940 beschlagnahmt von der Kriegsmarine - 1945
gesunken in der Danziger Bucht, wurde aber
gerettet, repariert und der Glückstädter Heringsfischerei zurückgegeben - 1949 gesunken nach Kollision mit französischem Trawler im Ärmelkanal, die Mannschaft wurde
gerettet.

38. ELSTER SG ? - eiserner Dampflogger - 1907
gebaut bei Bremer Vulkan in Vegesack für
die Bremen-Vegesacker Fischerei-Gesellschaft - 1915 »gechartert« von der Kaiserlichen Marine - 1918 zurück an die Vegesacker
Fischerei - 30. 12. 1938 verkauft an die
Glückstädter Heringsfischerei - 1939 verkauft nach Hamburg (wie es scheint, nur
kurze Zeit im Besitz der Glückstädter) - danach verschiedene Eigner - noch 1964 in
Griechenland - Verbleib nicht bekannt - (diese Angaben stammen von Herbert Karting;
ich kann nicht nachweisen, daß die Elster
für die Glückstädter Heringsfischerei unter
einer SG-Nummer gefahren ist).

39. SAXNOT SG 7 - eiserner Motorlogger - wurde
von der Glückstädter Heringsfischerei 1939
bei der Emder Werft Schulte & Bruns in
Auftrag gegeben, aber erst 1950 fertig- und
in Dienst gestellt - 1970 abgewrackt.

40. WOTAN SG 3 - eiserner Motorlogger - 1954 von der Glückstädter Heringsfischerei bei Mützelfeld in Cuxhaven in Auftrag gegeben - Dezember 1955 Stapellauf - 1956 erste Fangreise - 1971 übernommen von der Glückstädter Heringsfischerei, Immobilien- & Bau GmbH - 1974 ins Ausland verkauft - Verbleib nicht bekannt.

41. HÖDUR SG 8 - eiserner Motorlogger - 1954 von der Glückstädter Heringsfischerei bei Mützelfeld in Cuxhaven in Auftrag gegeben - Januar 1956 Stapellauf, im selben Jahr auf Fangreise - 1971 übernommen von der Glückstädter Heringsfischerei, Immobilien- & Bau GmbH - 1973 ins Ausland verkauft - Verbleib nicht bekannt.

42. HERMOD SG 2 - eiserner Motorlogger - 1957 gebaut bei Schulte & Bruns in Emden für die Glückstädter Heringsfischerei - 1971 übernommen von der Glückstädter Heringsfischerei, Immobilien- & Bau GmbH - 1980 abgewrackt.

43. URSULA SG 9 - eiserner Motorlogger - 1916 Stapellauf bei Conrad Lühring in Hammelwarden - 1919 abgeliefert an die Braker Heringsfischerei - 1926 verkauft an

die Emder Heringsfischerei - 1927 verkauft an die Heringsfischerei Großer Kurfürst AG in Emden - nach Kriegsdienst und erneutem Eignerwechsel 1958/59 verkauft an Dr. H. Apetz, den Direktor der Glückstädter Heringsfischerei - 1962 verkauft an die Glückstädter Heringsfischerei und abgewrackt.

44. VIKTORIA SG 10 - eiserner Motorlogger - 1916 Stapellauf bei Conrad Lühring in Hammelwarden - 1919 abgeliefert an die Braker Heringsfischerei - 1926 verkauft an die Emder Heringsfischerei AG - 1927 verkauft an die Heringsfischerei Großer Kurfürst AG - Kriegsdienst und Rückgabe an die Eigner - 1958/59 verkauft an die Glückstädter Heringsfischerei - 1962 abgewrackt.

45. JAKOB EKKENGA SG 5 - eiserner Motorlogger - 1951 gebaut bei Schulte & Bruns in Emden für die Emder Heringsfischerei AG - 1965 verkauft an die Glückstädter Heringsfischerei - 1970 abgewrackt.

46. MILLY EKKENGA SG 1 - eiserner Motorlogger und Heckfänger - 1966 gebaut bei der Werft De Dageraad in Woubrugge/Holland für die Fortuna Heringsfischerei GmbH Glückstadt, einer Schwesterfirma der Glückstädter Heringsfischerei - 1970 verkauft nach Island - nach Eignerwechseln, wie es scheint, heute noch in Betrieb.

47. STADT PORZ SG 1 - eiserner Motorlogger - 1957 als Gerhard Ekkenga bei Schulte & Bruns in Emden für Emder Heringsfischerei AG gebaut - 1971 verkauft an Glückstädter Heringsfischerei-, Immoblien- & Bau GmbH - 1979 abgewrackt in Wilhelmshaven-Mariensiel.

48. HEINRICH LUTTER SG 4 - eiserner Motorlogger - 1957 gebaut bei Schulte & Bruns in Emden für Heringsfischerei Großer Kurfürst AG - 1971 verkauft an Glückstädter Heringsfischerei-, Immoblien- & Bau GmbH - 1979 zusammen mit dem Logger Stadt Porz abgewrackt in Wilhelmshaven.

49. PETER WESSELS SG 5 - eiserner Motorlogger - 1957 gebaut bei Schulte & Bruns in Emden für die Heringsfischerei Großer Kurfürst in Emden AG - 1971 verkauft an die Glückstädter Heringsfischerei-, Immobilien- & Bau GmbH - 1979 nicht mehr im Glückstädter Register - Verbleib nicht bekannt.

50. TEUTONIA SG ? - eisernes Motor-Hochseefischereifahrzeug - 1965 gebaut bei Rickmers in Bremerhaven für die Nordatlantische Hochseefischerei GmbH Cuxhaven (ab 1973 ? eine Schwestergesellschaft der Glückstädter Heringsfischerei-, Immobilien- & Bau GmbH) - verkauft an die Nordsee - Deutsche Hoch-seefischerei GmbH in Cuxhaven - 1973 verkauft an die Glückstädter Heringsfischerei, Immobilien- & Bau GmbH, sank noch 1973 in Cuxhaven, wurde geborgen und repariert - 1974 verkauft an die Nordsee - Deutsche Hochseefische-

rei GmbH in Cuxhaven und umgetauft in Darmstadt - Verbleib nicht bekannt. (Diese Angaben stammen ausschließlich von Herbert Karting; das Schiff scheint nicht unter einer SG-Nummer für die Glückstädter Heringsfischerei gefahren zu sein.)

51. SAXONIA SG ? - eisernes Motor-Hochseefischereifahrzeug - Dezember 1965 Stapellauf bei Rickmers in Bremerhaven für Nordatlantische Hochseefischerei GmbH in Cuxhaven - 1973 verkauft an die Glückstädter Heringsfischerei-, Immobilien- & Bau GmbH - 1974 verkauft an die Nordsee - Deutsche Hochseefischerei GmbH in Cuxhaven - 1987 verkauft an die Deutsche Fischfang Union GmbH & Co. KG in Cuxhaven - Verbleib nicht bekannt. (Diese Angaben stammen ausschließlich von Herbert Karting; das Schiff scheint nicht unter einer SG- gefahren zu sein.)

Die Nummern der Glückstädter Logger (SL = Segellogger; DL = Dampflogger; ML = Motorlogger, die Nummern in runden Klammern beziehen sich auf die vorherige Liste):

SG 1 Tümmler SL (Nr. 1), Traute DL (Nr. 30), Milly Ekkenga ML (Nr. 46), Stadt Porz ML (Nr. 47).

SG 2 Stör SL (Nr. 2), Tiu DL (Nr. 31), Hermod ML (Nr. 42).

SG 3 Makrele SL (Nr. 3), Donar ML (Nr. 32), Wotan ML (Nr.40).

SG 4 Hering SL (Nr. 4), Balder ML (Nr. 33), Heinrich Lutter ML (Nr. 48).

SG 5 Hai SL (Nr. 5), Odin ML (Nr. 34), Jakob Ekkenga ML (Nr. 45), Peter Wessels ML (Nr. 49).

SG 6 Wal SL (Nr. 6), Frija ML (Nr. 35).

SG 7 Dorsch SL (Nr. 7), Heimdall ML (Nr. 37), Saxnot ML (Nr. 39).

SG 8 Butt SL (Nr. 8), Fro ML (Nr. 36), Hödur ML (Nr. 41).

SG 9 Roche SL (Nr. 9), Ursula ML (Nr. 43).

SG 10 Lachs SL (Nr. 10), Victoria ML (Nr. 44).

SG 11 Forelle SL (Nr. 11).

SG 12 Scholle SL (Nr. 12).

SG 13 Wels SL (Nr. 13).

SG 14 Hecht SL (Nr. 14).

SG 15 Seestern SL (Nr. 15).

SG 16 Hummer SL (Nr. 16).

SG 17 Auster SL (Nr. 17).

SG 18 Seehund SL (Nr. 18).

SG 19 Otter SL (Nr. 19).

SG 20 Delphin SL (Nr. 20).

SG 21 Stint SL (Nr. 21).

SG 22 Glückstadt [1] DL (Nr. 22).

SG 23 Elbe DL (Nr. 23).

SG 126 Glückstadt [2] DL (Nr. 24).

SG 127 Fortuna DL (Nr. 25).

SG 132 Fuchs DL (Nr. 26).

SG 133 Wolf DL (Nr. 27).

SG 134 Iltis DL (Nr. 28).

SG 135 Wiesel DL (Nr. 29).

Die von anderen Heringsgesellschaften geliehenen oder gecharterten Logger, die ihre Fänge in Glückstadt anlandeten:

MINISTERIALDIREKTOR STREIL - Segellogger aus Stahl mit Hilfsmotor - 1932/33 bei Schulte & Bruns in Emden im Rahmen des Arbeitsbeschaffungsprogramms gebaut und der Emder Heringsfischerei AG übergeben - 1963, 1965, 1967 Leihlogger in Glückstadt - 1968 abgewrackt.

CARL FISSER - Segellogger aus Stahl mit Hilfsmotor - 1932/33 bei Bauwerft S. G. Unterweser in Wesermünde im Rahmen des Arbeits-beschaffungsprogramms gebaut und der Dollart Heringsfischerei AG in Emden übergeben - 1955 Leihlogger in Glückstadt - 1957 nach Norwegen verkauft.

C. H. METGER - Segellogger aus Stahl mit Hilfsmotor - 1932/33 bei Schulte & Bruns in Emden im Rahmen des Arbeitsbeschaffungsprogramms gebaut und der Emder Heringsfischerei AG übergeben - 1965 Leihlogger in Glückstadt - 1968 abgewrackt.

STETTIN - Segellogger aus Stahl mit Hilfsmotor - 1939 bei Schulte & Bruns für die Emder Heringsfischerei AG gebaut - 1965 Leihlogger in Glückstadt - 1969 abgewrackt.

SPARENBURG - Dampflogger - gebaut 1911 von Meyer in Papenburg für die Heringsfischerei Großer Kurfürst AG in Emden - 1956 Leihlogger in Glückstadt - 1962 abgewrackt.

MÜNSTER - Dampflogger - gebaut 1910 bei Meyer in Papenburg für die Emder Heringsfischerei AG - 1956 Leihlogger in Glückstadt - 1957 verkauft.

ANTON KAPPELHOFF - eiserner Segellogger mit Hilfsmotor - gebaut 1932/33 bei Meyer in Papenburg im Rahmen des ersten Arbeitsbeschaffungsprogramms und der Emder Heringsfischerei AG übergeben - 1963 Leihlogger in Glückstadt - noch während der Saison 1963 in Emden abgewrackt.

Kapitäne auf Glückstädter Loggern – eine unvollständige Liste

Aden, J.: 1898 SG 2 Stör.

Becker, Anton: 1894 SG 4 Hering; 1895 SG 5 Hai; 1897 SG 13 Wels; 1898 SG 5 Hai, SG 10 Lachs, SG 14 Hecht.

Blecke, ...: 1928 SG 18 Seehund.

Boelsen, H. aus Neegenmerten: 1898 SG 3 Makrele; 1900 SG 13 Wels.

Block, Fr. aus Glückstadt: 1912, 1913 SG 2 Stör, SG 12 Scholle; 1914 SG 12 Scholle.

Böke, Fr.: 1909 SG 11 Forelle.

Bredemeier, ...: 1965 auf Leihlogger Stettin; 1967 auf Leihlogger Ministerialrat Streil.

Brockmeier, H. aus Heimsen: 1914 SG 4 Hering; 1928 SG 20 Delphin.

Büsching, Heinrich: 1958, 1960, 1962 SG 10 Viktoria.

Bulmahn, Fr. aus Quetzen: 1909 SG 6 Wal; 1912, 1913 SG 14 Hecht; 1914 SG 15 Seestern.

Bulmahn, Wilhelm aus Quetzen: 1905 SG 5 Hai; 1907 SG 6 Wal; 1908 SG 2 Stör; 1909 SG 11 Forelle, SG 14 Hecht; 1912 SG 14 Hecht, SG 16 Hummer; 1913, 1914 SG 19 Otter.

Deterding, H. aus Lahde: 1900, 1902 SG 12 Scholle; 1905, 1907, 1909 SG 18 Seehund; 1910, 1912 SG 22 Glückstadt.

Elbeshausen, Josef: 1951, 1953 SG 1 Traute.

Erdmann, Freerich: 1922 SG 10 Lachs; 1924 SG 16 Hummer.

Fahrenholz, ...: 1951 SG 2 Tiu.

Feuerstein, Alfred: schon seit 1934 bei der Glückstädter Heringsfischerei; 1954 SG 6 Frija; 1956 SG 7 Saxnot; 1957 SG 8 Hödur; 1960, 1964 SG 2 Hermod; 1967 SG 1 Milly Ekkenga.

Führing, D. aus Quetzen: 1912 SG 2 Stör; 1914 SG 5 Hai.

Hagemann, ...: 1896 SG 1 Tümmler.

Hahn, Fr.: 1909 SG 10 Lachs.

Hanke, H. aus Lahde: 1902 SG 2 Stör; 1909 SG 12 Scholle; 1912 SG 18 Seehund.

Hardich, Wilhelm aus Münchehagen: fährt schon seit 1902 auf Loggern; 1934, 1937 SG 4 Balder; 1938 SG 7 Heimdall.

Hartmann, Lübbe aus Ostgroßefehn: 1913 SG 9 Roche; 1914 SG 8 Butt.

Haschenbergerm, H.: 1909 SG 13 Wels.

Heinrichsdorf, Fritz aus Warsingsfehn/Ostfriesland: 1962, 1964 auf G. M. Daneker, einem Emder Logger, Heringskönig; 1970, 1971 SG 3 Wotan.

Heins, Henry: 1968, 1969 SG 1 Milly Ekkenga.

Heuer, W.: 1926 SG 11 Forelle.

Heyen, ... aus Ostrhauderfehn: 1969 SG 1 Milly Ekkenga.

Hilgemeier, Hermann aus Ovenstädt: 1912 SG 20 Delphin; 1913 SG 4 Hering; 1914 SG 7 Dorsch.

Hille, Friedrich: 1934 SG 1 Traute; 1937, 1938 SG 2 Tiu; 1951 SG 3 Donar, SG 5 Odin; 1956 SG 5 Odin.

Hockemeier, Friedrich aus Ilvese: 1956 erster Steuermann auf SG 3 Wotan; 1959, 1960 SG 7 Saxnot; 1962 SG 6 Frija, Heringskronprinz; 1963, 1964, 1967, 1968 SG 3 Wotan.

Hoffmann, A. aus Glückstadt: 1912 SG 7 Dorsch; 1913 SG 10 Lachs; 1914 SG 13 Wels.

Humke, Wilhelm: 1934, 1937 SG 3 Donar; 1938 SG 4 Balder; 1951, 1953 SG 7 Saxnot; 1954 SG 4 Balder.

Jacke, ...: 1937, 1938 SG 1 Traute.

Janssen, Jak(ob) aus Friedrichschleuse: 1900 SG 7 Dorsch; 1905, 1909, 1912 SG 17 Auster; 1914 SG 20 Delphin.

Jürgens, Heinrich 1 aus Ilvese: 1912 SG 4 Hering; 1913 SG 7 Dorsch; 1914 SG 11 Forelle.

Jürgens, Heinrich 2: fährt seit 1934 auf Loggern; 1951 SG 6 Frija; 1954, 1956 SG 1 Traute; 1959, 1960, 1962, 1964 SG 8 Hödur; 1965, 1967, 1968, 1970 SG 2 Hermod.

Jürgensen, J.: 1934, 1939 technischer Direktor; wechselt 1939 nach Emden.

Kirchhof, P. aus Karolinensiel: 1898 SG 2 Stör; 1900, 1902 SG 10 Lachs; 1904, 1907, 1909 SG 16 Hummer.

Koch, Fr.: 1906, 1907, 1909 SG 19 Otter.

Kölling, Karl: 1956 auf Leihlogger Carl Fisser;

1957, 1958, 1960, 1962 SG 4 Balder; 1967 - 1970 SG 8 Hödur; 1976 SG 2 Hermod.

Könemann, Wilhelm aus Loh: 1905 mit SG 1 Tümmler untergegangen.

Krömer, Ernst: 1958, 1960, 1962 SG 9 Ursula.

Kühn, G.: 1950, 1967 SG 7 Saxnot.

Lampe, Christian aus Glückstadt, 1881 bis 1944: 1909 SG 5 Hai; 1912 SG 11 Forelle; 1913, 1914 SG 16 Hummer; 1918 bis 1919 SG 23 Elbe hauptsächlich auf Frischfischfang; 1924 SG 127 Fortuna; 1934 SG 2 Tiu; 1937, 1938 SG 5 Odin.

Lampe, Heinrich Friedrich Wilhelm, geb. 23. 2. 1871 in Raderhorst, Kreis Minden, Kapitänspatent 23. 2. 1899: 1900, 1902, 1903 SG 11 Forelle; 1903 SG 15 Seestern; 1907 SG 12 Scholle; 1909 SG 15 Seestern; 1912, 1913, 1914 SG 21 Stint; 1923 mit SG 21 Stint untergegangen.

Lange, C. aus Ilserheide: 1898 SG 4 Hering.

Lüdeking, Chr. aus Rosenhagen: 1912, 1913 SG 8 Butt; 1914 SG 10 Lachs.

Lüdeking, H.: 1909 SG 2 Stör.

Martens, Heroiben: 1894 SG 3 Makrele; 1895 SG 7 Dorsch; 1896 SG 11 Forelle; 1897 SG 14 Hecht; 1898 SG 12 Scholle, SG 14 Hecht; 1901, 1902 SG 1 Tümmler; 1900, 1902, 1907 SG 14 Hecht.

Meier, Fritz aus Niedernwöhren: 1924 Reepschießer auf DL Berlin in Emden; 1954, 1956, 1960 SG 2 Tiu; 1958, 1959, 1960, 1962 SG 1 Traute; 1964 erhält er wegen zehnjähriger Betriebszugehörigkeit die silberne Ehrennadel; 1965.

Mensing, ...: 1903, 1904 SG 1 Tümmler.

Meyer, D.: 1913, 1914 SG 3 Makrele.

Möller, D. aus Windheim: 1912 SG 3 Makrele.

Nahrwold, Aug.: Oktober 1939 SG 7 Heimdall.

Nahrwold, Chr.: 1900, 1902 SG 8 Butt; 1919 SG 2 Stör.

Nahrwold, Friedrich aus Ilse: 1909 SG 9 Roche; 1912 SG 19 Otter; 1934 SG 5 Odin; 1937 SG 8 Fro, auf 10 Reisen 10 063 Kantjes (= ca. 8 Millionen Heringe) gefangen und damit Heringskönig; 1938 SG 8 Fro.

Nahrwold, Heinrich: 1899, 1900 SG 1 Tümmler.

Nahrwold, W.: 1900 SG 2 Stör; 1909 SG 8 Butt; 1913 SG 11 Forelle.

Paulsen, Wilhelm aus Glückstadt, 1879 bis 1964: fährt 1895 erstmals als Schiffsjunge; 1907 Steuermannspatent; 1909, 1910 SG 4 Hering; 1911, 1912 SG 6 Wal; 1913 SG 11 Forelle; wechselt danach zum Reichsbahnausbesserungswerk Glückstadt (siehe weiter unten seine Erinnerungen »Loggerleben«).

Plönges, Friedrich aus Glückstadt: 1912 SG 3 Makrele; 1912-1914 SG 6 Wal; 1926 mit SG 126 Glückstadt untergegangen.

Pöhler, Willi: ab 1929 als Schiffsjunge in Glückstadt; 1956 auf Leihlogger Sparenburg; 1959, 1960 SG 6 Frija; 1962 SG 7 Saxnot; 1963 - 1969 SG 5 Jakob Ekkenga.

Rehling, Friedrich: *1903 in Ilvese, später wohnhaft in Heimsen; seit 1934 bei der Heringsfischerei; 1937 SG 1 Traute; 1938 SG 2 Tiu; 1951, 1953 SG 4 Balder; 1953 SG 3 Donar, die nach einer Kollision in der Nordsee sinkt, die Mannschaft wird gerettet; 1954, 1956 SG 7 Saxnot, SG 8 Hödur; 1957 SG 2 Hermod; 1967 noch in Glückstadt erwähnt.

Reinking, Wilhelm aus Ilserheide: 1909 SG 7 Dorsch; 1912, 1913 SG 15 Seestern; 1914 SG 17 Auster.

Rössener, Christian: 1894 SG 2 Stör; 1895 SG 8 Butt; 1896 SG 12 Scholle; 1898 SG 11 Forelle; 1900 SG 4 Hering; 1907 SG 15 Seestern; 1907, 1909 SG 21 Stint.

Sachowski, Christian aus Quetzen: 1912 SG 10 Lachs; 1913 Steuermann SG 19 Otter.

Sachowski, W. aus Lahde: 1909 SG 3 Makrele; 1912 SG 10 Lachs; 1913, 1914 SG 18 Seehund.

Schön, Bruno: 1894 SG 1 Tümmler; 1895 SG 6 Wal; 1896 SG 9 Roche, SG 10 Lachs; 1898 SG 1 Tümmler, SG 9 Roche.

Schönbeck, Fr.: 1934, 1937, 1938 SG 6 Frija.

Schomburg, Karl: 1958, 1960, 1962 SG 5 Odin; 1967, 1968 SG 4 Balder; 1969 als Steuermann auf Milly Ekkenga.

Schwarze, K. aus Quetzen: 1906, 1907 SG 13 Wels; 1907, 1909 SG 20 Delphin; 1911-1914 SG 23 Elbe; zeitweise 1912, 1913 auch auf SG 5 Hai.

238

Schwarze, W.: 1914 SG 9 Roche; 1928 SG 135 Wiesel.

Stüting, Fritz: 1951 SG 5 Odin; 1954, 1956, 1959, 1960, 1962 SG 3 Wotan; scheidet 1955 als Betriebsleiter aus.

Stüting, Hermann aus Lahde: 1887 bis 1951; 1913 SG 20 Delphin; 1913, 1914 SG 2 Stör, die von den Engländern versenkt wird, die Mannschaft wird interniert; 1929 SG 127 Fortuna; 1933 SG 1 Traute, die er von der Werft Mützelfeld erwirbt und damit bis zur Neugründung der Glückstädter Heringsfischerei AG als »Glückstädter Heringsfischerei Hermann Stüting« firmiert. Mit SG 1 Traute wird er 1934 von der neugegründeten AG übernommen; Aufsichtsratsmitglied der

neuen Gesellschaft ab 1934 bis 1936. Folgende Auszüge aus einem Artikel in der Glückstädter Fortuna zu seinem 50jährigen Berufsjubiläum am 9. Juni 1951 schildern vielleicht beispielhaft den Berufsweg eines Kapitäns aus dem Mittelweserraum: »Einer der bewährtesten Kapitäne der deutschen Heringsfischerei ist der jetzige Außenbetriebsleiter der Glückstädter Heringsfischerei AG Hermann Stüting. Sein Name wird mit dem Aufblühen der Glückstädter Heringsfängerflotte stets aufs engste verbunden bleiben. Mit 14 Jahren kam Hermann Stüting nach Glückstadt, und morgen begeht der gebürtige Westfale aus Lahde, Kreis Minden, sein 50jähriges Berufs-

Kapitän Friedrich Hockemeier aus Ilvese auf SG 3 Wotan wird 1962 Heringskronprinz, d. h. er hat den höchsten Fang aller Treibnetzfischer angelandet.

239

jubiläum. Die Daten seiner Berufslaufbahn
... sind ... ein geschichtlicher Spiegel der
deutschen und besonders der Glückstädter
Loggerfischerei. 1901 trat der junge Stüting
bei der Glückstädter AG ein, die 14 hölzerne
Segellogger in Fahrt hatte. ... Ein erprobter
Kapitän war Heinrich Deterding. Zu ihm
kam Stüting an Bord auf SG 12 Scholle und
fuhr dort die ersten Jahre als Affhauer (Reep-
abhalter), Jüngste und Auste (Leichtmatrose). 1904 war das erste Matrosenjahr,
und im Winter kam die erste Saison als
Fischdampfermatrose auf Orion, im Sommer 1905 Loggerfischerei auf Wels, 1906 auf
Seehund und wintertags immer Fischdampferfahrt. 15. 1. 1908 Einberufung zur
Kaiserlichen Marine, aus der er bereits am
1. 10. 1909 auf Antrag der Glückstädter Heringsfischerei als Dispositions-Urlauber aus-
schied, um sogleich auf Logger Stör für den
Rest der Saison an Bord zu gehen. Im Winter noch einmal Fischdampferfahrt und

dann 1910 Bestmann auf Dampflogger
Glückstadt, dem zweiten Schiff dieser Klasse bei der Glückstädter Reederei. Examen
an der Navigationsschule Altona 1910/11
und Steuermann bei Kapitän Deterding
(Dampflogger Glückstadt). Anschließend
als Steuermann auf Forelle und 1913 erstes
Kapitänsjahr mit Delphin, 1914 bei Kriegsausbruch mit Stör in Grund geschossen und
für 4 Jahre und 9 Monate als Gefangener
auf der Isle of Man. Am 13. März 1919 war
er wieder in der Heimat und ab Juni für ein
Jahr in Norwegen als Vertreter der Glückstädter Fischerei zwecks Überwachung von
drei Glückstädter Loggern, die in dem der-
zeit neutralen Ausland von ihren Besatzungen verlassen worden waren. Nach Erledi-
gung dieses Auftrages von 1920 bis 23 Kapitän auf SG 13 Wels, 1924/25 Seestern,
1926/27 Dampflogger Elbe, 1928 Dampflogger Fortuna. Als Nachfolger von Karl
Upphoff 1929/30 Außenbetriebsleiter bei

Kapitän Hermann Stüting und kaufmännischer Leiter Albert Vers.

240

der alten Gesellschaft, bis die Glückstädter Flotte 1931 ... nach Emden verbracht werden mußte. Weiterfahrt von dort mit der Fortuna. Die entscheidende Wende im Leben des Jubilars kam. 1932/33 wurde er mit Unterstützung von Mützelfeld sen., auf dessen Werft in Cuxhaven ein Dampflogger-Neubau für Glückstadt in Spanten stand, selbständiger Kapitän auf Traute. Es wurde jenes Schiff, mit dem Kapitän Stüting die Voraussetzung geschaffen hat, daß Glückstadt später überhaupt wieder Loggerneubauten und damit seine Heringsfischerei erhielt. Die Erfolge und das Können des Jubilars bildeten die Unterlagen zu den Verhandlungen bei den entscheidenden Dienststellen in Berlin ... Er ist immer derselbe geblieben: ein harter Fischermann und treuer Mensch in geradem Kurs mit Mut und Verstand...«

Im Juni 1920 hatte das Seeamt in Hamburg über den Untergang des Loggers Stör unter Kapitän Stüting verhandelt. Am 26. Juni berichtet darüber die Glückstädter Fortuna: »... Der Logger war in der Nähe der englischen Küste beim Fischen, als am 5. August 1914 abends 7 Uhr dem Kapitän von englischen Streitkräften die Mitteilung gemacht wurde, er solle sofort die Netze einholen und nach Deutschland segeln; falls der Logger am anderen Morgen noch in der Nähe angetroffen werden sollte, würde das Schiff versenkt werden. Da kein Wind war, um zu entkommen, holte am anderen Morgen das Kriegsschiff Antrim die Besatzung an Bord und schoß den Logger in den Grund.« Das Seeamt stellte fest, daß sich die Engländer völkerrechtswidrig verhalten hätten und daß dem Kapitän keinerlei Schuld träfe.

Uphoff, C.: 1900 SG 9 Roche; 1902 SG 13 Wels.

Vahrenholz, Fr.: 1953 SG 2 Tiu; 1956 SG 4 Balder.

Vahrenholz, H.: 1951 SG 2 Tiu; 1954 SG 5 Odin.

Wiebke, H. aus Ilserheide: 1898 SG 1 Tümmler; 1900 SG 5 Hai, SG 6 Wal; 1913 Steuermann auf SG 14 Hecht.

Wiegmann, Wilhelm aus Ilvese: 1909 SG 4 Hering; 1912, 1913 SG 13 Wels; 1914 SG 14 Hecht.

Woltzen, Johann: 1900 SG 3 Makrele.

Wühlke, F.: 1902 SG 9 Roche.

Kapitän Wilhelm Hardich.

Fischerei-Aktiengesellschaft Neptun in Emden (1895 bis 1914)

Sie war eine mit Personal, Schiffen und der Ausrüstung 1895 von Holland nach Emden übergesiedelte Gesellschaft und begann ihre Fangtätigkeit im selben Jahr mit 15 Loggern. Für die holländischen Schifferfamilien wurden in Emden in einer besonderen Straße Einfamilienhäuser gebaut.

Das Aktienkapital betrug zunächst 400 000, 1900 dann 600 000 und schließlich 1 Million Mark. 1906 hatte sie ihren Höchststand mit 30 Loggern. In den Jahren 1904 bis 1910 überwogen trotz dieser großen Flotte die Geschäftsverluste. Am 4. Januar 1914 vernichtete ein gewaltiges Feuer den gesamten Landbetrieb. Alle Gebäude und Nebengebäude wurden zerstört, alle Netze, Segel und anderen Ausrüstungsgegenstände verbrannten. Schon am 21. Februar 1914 beschloß die Generalversammlung, die Gesellschaft aufzulösen. Ihre Logger wurden an deutsche und holländische Heringsfischereien verkauft.

Bremen-Vegesacker Fischerei-Gesellschaft (1895 bis 1969)

Wie auch in Glückstadt ein Jahr zuvor waren die Initiatoren zur Gründung dieser Gesellschaft hauptsächlich Kaufleute, die sich ein zusätzliches Geschäft als Werftbesitzer, Segelmacher, Faß- oder Netzfabrikanten, Ausrüster, Verproviantierer, Fischhändler o.a. versprachen. Es waren aber auch solche Herren darunter, die Publizität und Seriosität versprachen oder die das Wohlwollen der Verwaltungen besaßen bzw. selbst führende Positionen in der Verwaltung innehatten. Hier in Vegesack gehörten erstmals auch Banken zum Gründerkonsortium. Ein werbender Prospekt im Dezember 1893 wies auf die seit 1872 in Emden existierende und die in Glückstadt im Aufbau befindliche Heringsfischerei hin.

Im Juni 1894 folgte eine Versammlung der Interessenten, die aber nicht ausreichend Kapital zeichneten. Erst nach weiterer Werbung auch in Bremen wurde am 31. 1. 1895 die Bremen- Vegesacker Fischerei-Gesellschaft (BVFG) mit einem Grundkapital von 450 000 Mark gegründet, das bis 1907 auf 1,5 Millionen Mark erhöht werden konnte. Als am 9. Februar 1895 Vertreter der Reichsregierung für die ersten vier zu bauenden Logger insgesamt 32 000 Mark und für vier weitere 24 000 Mark und 20 000 Mark für den Netzreservefonds in Aussicht stellten, wurden vier eiserne Segellogger bei der Bremer Vulkan-Werft, die 198 Aktien zu je 1 000 Mark der neuen Gesellschaft gezeichnet hatte, in Auftrag gegeben.

Ins Handelsregister wurde die Gesellschaft am 1. März 1895 eingetragen. Am 30. Mai des Jahres fuhren die ersten vier Logger auf Heringsfang in die Nordsee. Die Fangflotte wurde ständig erweitert. 1901 erwarb die Heringsfischerei den ersten deutschen Dampflogger mit Namen »Welle«.

1905 mußte die Gesellschaft ungewöhlich hohe Netzverluste in Höhe von 127 000 Mark verkraften. Die Reichsregierung half mit 108 000 Mark. Dies war sogar der Glückstädter Lokalzeitung eine Meldung am 30. September 1905 wert. Sie berichtete auch, daß Vegesack neun alte Segellogger nicht zum Fang hinausgeschickt hätte, um mit dem vor einigen Jahren erworbenen neuen Typ des Dampfloggers weitere Erfahrungen zu sammeln.

1909 besaß die Vegesacker Gesellschaft 40 Schiffe. 1912 kam der erste Motorlogger hinzu, und 1914, bei Ausbruch des Ersten Weltkrieges umfaßte die Flotte 25 Segel-, 15 Dampf- und einen Motorlogger. Bis zu diesem Zeitpunkt hatte die BVFG 487 000 Mark Reichszuschüsse in Form von Bauprämien und Subventionen für den Netzreservefonds erhalten. 1914 beschäftigte sie 604 Seeleute und 167 Personen im Landbetrieb. Zu Beginn des Krieges wurden durch die Engländer 7 Logger aufgebracht und versenkt. Die Mannschaften, die ihre Schiffe verlassen durften, wurden in England interniert. 1923 besaß die Gesellschaft nur noch 17 Logger, einen Segel-, 11 Dampf- und 5 Motorlogger.

Um 1930 hatten die deutschen Heringsfischereien mit großen Schwierigkeiten zu kämpfen (die Glückstädter mußte ihre gesamte Flotte 1931 verkaufen). Die Bremen-Vegesacker übernahm 1930 die Heringsfischerei AG Visurgis in Nordenham und kaufte im selben Jahr von der Midgard Deutsche Seeverkehrs- und Heringsfischerei AG in Nordenham 17 Schiffe mit Ausrüstung und Material. 1931 kamen 7 Logger und 5 Dampfer von der Deutschen Heringsfischerei GmbH Wesermünde und 10 Schiffe von der Elsflether Heringsfischerei hinzu. Mit der Elsflether Heringsfischerei übernahm die BVFG auch deren Landanlagen und betrieb diese bis 1961.

1931 verfügte die Gesellschaft über eine Flotte von 56 Loggern, davon 27 Dampf- und 21 Motorlogger. 5 Dampfer hatte sie an die Leerer Heringsfischereigesellschaft weiterverkauft, mit der sie zugleich einen Arbeitsgemeinschaftsvertrag abschloß.

Aus dem Arbeitsbeschaffungsprogramm der Weimarer Republik 1932/ 33 erhielt Vegesack 12 und aus diesem von den Nazis fortgesetzten Loggerneubauprogramm 1934 nochmals 7 Logger, dafür mußte die Gesellschaft diese Schiffe für mehr als 2,5 Millionen Reichsmark verpfänden. Parallel zum Ausbau der Flotte konnte die BVFG in den folgenden Jahren bis zum Beginn des Zweiten Weltkrieges ihre Landanlagen beträchtlich erweitern.

1920 fing sie mit 15 Schiffen 23 500 Kantjes, 1932 mit 48 Schiffen 162 000, im Rekordjahr 1937 mit 67 Schiffen 352 000 und 1938 mit 68 Schiffen 269 000 Kantjes. 1938 verfügte die deutsche Loggerheringsfischerei insgesamt über 170 Schiffseinheiten. Vegesack war zu dieser Zeit nicht nur die größte deutsche Heringsfischerei, sondern auch die größte auf dem Kontinent. Sie beschäftigte 1200 Besatzungsmitglieder und 600 Personen an Land.

Bei Beginn des Zweiten Weltkrieges wurden 62 Logger der BVFG von der Kriegsmarine beschlagnahmt, von denen 14 Kriegsverluste waren und zwei nach der Kapitulation an die UdSSR abgeliefert werden mußten. Die Landbetriebe in Vegesack und Elsfleth waren unbeschädigt geblieben. Unter großen Mühen wurden die Standorte der Vegesacker Logger erkundet und einige von ihnen schon bald zurückgeholt. Schon am 10. September 1945 fuhren als erste deutsche Logger wieder 20 aus Vegesack auf besonders gekennzeichneten Wegen durch die minenverseuchte Nordsee auf Heringsfang und landeten bis zum Ende des Jahres 38 000 Kantjes an. Ein Jahr später konnte die BVFG schon 28 Schiffe auf die Reise schicken. Sie landeten 152 000 Kantjes an. 1947 gingen von allen deutschen Heringsfischereigesellschaften 66 Logger in See, davon 35 aus Vegesack. Letztere konnten 174 000 Kantjes mit Heringen füllen. Diese ungewöhnlich großen Fänge waren sicherlich bedingt durch die Schonzeit für den Hering während der sechs Kriegsjahre.

Erst nach der Währungsreform konnten 1949 fünf Treibnetzloggerneubauten in Auftrag gegeben werden, für die aber noch Baubeschränkungen der Alliierten galten. 1951 setzte die BVFG erstmals kombinierte Treibnetz- und Schleppnetzlogger auch für den Frischfischfang ein. In diesem Jahr wurden auch acht über vierzig Jahre alte Logger verschrottet. Nach Aufhebung der einschränkenden Baubestimmungen der Siegermächte 1954 gab die Gesellschaft fünf moderne kombinierte Logger für Treib- und Schleppnetzfang in Auftrag, die ungefähr 40 Meter lang waren und von einem 600 PS starken Motor angetrieben wurden. Im nächsten Jahr folgten weitere fünf, die ebenso wie die anderen mit Hilfe der Bundesregierung und des Landes Niedersachsen finanziert wurden. 1957 konnten zwei weitere Schiffe und 1958 der letzte Logger dieses Typs in Dienst gestellt werden. Mit diesen kombinierten Loggern ging man vom bisherigen Saisonbetrieb, der von Mai bis Dezember dauerte, auf den Jahresbetrieb über, denn von Januar bis Mai wurden frische Fische gefangen, deren Erlöse aber kaum die Kosten deckten. In den Jahren 1955 bis 1958 landeten die gut 40 Vegesacker Logger jährlich durchschnittlich 250 000 Kantjes Heringe an. Um den Fang vorteilhafter vermarkten zu können, gründete die BVFG 1961 die Vegesacker Fischwaren GmbH. Durch Abwrackprämien des Bundes begünstigt, sank die aktive Fangflotte der Vegesacker von 44 Schiffen im Jahr 1959 auf 18 im Jahr 1962, zugleich halbierte sich die Menge der angelandeten Kantjes auf 118 000.

Im Herbst 1963 stellten die Vegesacker einen Heckfänger, die Lesum, in Dienst, von dem man sich wegen seines größeren Aktionsradius', seiner rationellen Arbeitsweise und seiner größeren Kraft bessere Ergebnisse versprach (siehe auch das Kapitel über den Heckfänger der Glückstädter Heringsfischerei).

In den 1960er Jahren sanken die Fangergebnisse unaufhörlich. Waren 1963 mit 18 Schiffen 215 000 Kantjes, das sind überdurchschnittlich viele, angelandet, so waren es 1966 mit ebenfalls 18 Schiffen nur 98 000, obwohl 1966 zwei verbesserte neue Heckfänger zum Einsatz gekommen waren.

Am 1. Januar 1967 verband sich die BVFG mit der Norddeutschen Hochseefischerei AG in Bremerhaven zu einer Betriebs- und Verwaltungsgemeinschaft. Die nun von Bremerhaven aus betreute Flotte von 18 Loggern der BVFG fing in diesem Jahr nur 58 000 Kantjes. Die Fänge in der Nordsee lohnten nicht mehr, und da die Fangversuche an der nordamerikanischen Küste 1968 wegen der zusätzlichen Umschlags- und Verladekosten und wegen der dort gefangenen besonders großen Heringe von 32 bis 35 cm, die vom deutschen Markt nicht angenommen wurden, ebenfalls unrentabel waren, gingen von Vegesack 1969 nur noch zwei Logger auf Heringsfang. Sie landeten nach ihrer ersten Reise 1 800 Kantjes an. Dies war die letzte Fahrt von Loggern der Bremen-Vegesacker Fischerei-Gesellschaft. Ihre Schiffe wurden in den nächsten Jahren verkauft.

Rudolf Schwartje, dessen Geschichte der BVFG von 1984 ich die meisten obigen Angaben entnommen habe, hat aufgrund der Fangergebnisse von 1895 bis 1969 – neun Kriegsjahre ausgenommen – errechnet, daß die Vegesacker insgesamt 7 670 815 Kantjes mit ca. 6 Milliarden und 200 Millionen Heringen gefangen haben.

Altonaer Heringsfischereigesellschaft Elbe (1896 bis 1899)

Diese Gesellschaft ist am 10. Januar 1896 mit einem Grundkapital von 200 000 Mark gegründet worden. Sie begann den Heringsfang mit einem zum Logger umgebauten Kutter. Später besaß sie vier Logger. Sie beteiligte sich auch an der Küstenfischerei auf Hering und Sprotten in der Elbmündung im Winter 1896/97. In der Generalversammlumg der Aktionäre am 20. Oktober 1899 wurde die Liquidation der Gesellschaft beschlossen. Ihre Logger erwarb die Fischerei-Aktiengesellschaft Neptun in Emden.

Elsflether Heringsfischerei (1896 bis 1931)

»Ein Jahr nach der Gründung der BVFG bildete sich auf der gegenüberliegenden Weserseite auf oldenburgischem Gebiet in Elsfleth ein Konkurrenzunternehmen.« (Rohdenburg, 1975. S. 175.) Im Juli gab das im Juni gebildete »Comité zur Gründung der Hochsee-Häringsfischerei in Elsfleth« einen werbenden Prospekt heraus, der die Gründung einer Gesellschaft von staatlicher Hilfe wie in Vegesack abhängig machte. 196 kleine Gewerbetreibende und Landleute hatten schon 400 000 Mark Aktienkapital gezeichnet. Sie gründeten die Gesellschaft am 12. Oktober 1896. Am Nordrand der Stadt wurde ein Gelände aufgespült, und es wurden dort die er-

246

sten Betriebsgebäude errichtet. Vor dem Grundstück ließ die oldenburgische Staatsregierung eine Pieranlage errichten.

Im Mai 1897 fuhren die ersten vier Logger, die bei der Bremer Vulkan-Werft gebaut waren und denen der Vegesacker entsprachen, auf Heringsfang. Im nächsten Jahr ließen die Elsflether drei hölzerne Logger bei Gehlsen in Glückstadt und einen eisernen in Wewelsfleth an der Stör bauen. Die geplante Erweiterung der Flotte in den nächsten Jahren gelang nicht. 1899 wurden zwei englische Smacks dazu gekauft und für den Heringsfang auf der Nordsee umgebaut. Dabei sparte man im Vergleich zum Kauf neuer Logger etwa 20 000 Mark. Bis 1907 wurde das Aktienkapital auf 1 Million Mark und 1910 nochmals um 100 000 Mark aufgestockt. 1902 besaß die Gesellschaft 13, 1905 21 und von 1910 bis 1912 25 Schiffe. 1910 hatten die Elsflether den ersten Motorlogger in Dienst gestellt.

Ab 1912 geriet die Gesellschaft in Schwierigkeiten, u. a. auch wegen etlicher Netzverluste in Höhe von fast 110 000 Mark. Nach dem Ersten Weltkrieg nahmen die Elsflether 1919 mit drei Loggern die Heringsfischerei wieder auf. 1920 besaßen sie 10, 1921 19 und 1930 nur noch 10 Logger. Am 8. Mai 1931 wurde die Heringsfischerei von der Bremen-Vegesacker Fischerei-Gesellschaft übernommen, die die Landanlagen in Elsfleth als zweiten Landbetrieb bis 1961 weiter nutzte.

Geestermünder Herings- und Hochseefischerei (1898 bis 1919)

»Über dieses wichtige und interessante Unternehmen, das als einziges die Kombination von Herings- und Frischfisch- Fischerei von Anfang an verwirklichte und als erste Gesellschaft in Deutschland Dampfschiffe für den Heringsfang einsetzte, sind nur noch wenig Angaben überliefert.« (Rohdenburg, 1975. S. 185). Diese Gesellschaft wurde am 6. Januar 1898 mit einem Aktienkapital von 1,5 Millionen Mark gegründet. Sie »hatte sich nach holländischem Vorbild Heringsdampfer konstruieren lassen, um ... sowohl auf Grundfischfang (Frischfisch) mit dem Schleppnetz (im Winter und Frühjahr) als auch auf Heringsfang mit dem Treibnetz (im Sommer und Herbst) gehen zu können. Mit anfangs 5, später 9 dieser Damp-

fer wurde bis 1902 ein ständiger Zuwachs an Heringsanlandungen erzielt
... Seit 1910 setzte die Gesellschaft Dampflogger, ab 1914 auch Motorlogger ein, konnte damit aber nicht die seit 1910 sinkenden Anlandungen... steigern.« (Rohdenburg, 1975. S. 186.) Die Geestermünder Gesellschaft ging am 18. Februar 1919 in den Privatbesitz ihres Direktors als
Edward Richardson Herings- und Hochseefischerei Geestemünde über.
Sie besaß 1921 8 Segel-, 2 Dampf-, 2 Motorlogger und 7 Dampfer und
hieß jetzt Deutsche Fischerei AG Wesermünde mit Edward Richardson
und Julius Wettering als Vorstandsmitgliedern und Bankier J. F. Schröder
als Vorsitzendem des Aufsichtsrates im Jahre 1931. Diese drei Herren
hatten im selben Jahr – nach dem Deutschen Seefischerei-Almanach – die
gleichen Funktionen bei der Deutschen Heringsfischerei GmbH Wesermünde, die 5 Dampfer, 2 Motor- und 5 Dampflogger besaß, die noch
1931 an die Bremen- Vegesacker Heringsfischerei verkauft wurden. Diese
Privatgesellschaft wurde 1935 mit der 1907 gegründeten Norddeutschen
Hochseefischerei AG in Bremerhaven vereinigt.

Heringsfischerei Dollart, Emden (1899 bis 1950)

Ein Prospekt vom 16. Oktober 1899 rief in Emden zur Gründung einer
weiteren Heringsfischereigesellschaft auf mit Hinweisen auf die günstige
Entwicklung der Emder Heringsfischereigesellschaft in den Geschäfts-
jahren 1891-1898. Die neue Gesellschaft wollte für 400 000 Mark Aktienkapital zehn preiswerte englische Smacks kaufen und zu Heringsloggern
umbauen. Die Landanlagen sollten bescheiden eingerichtet werden. Die
Emder Heringsfischerei AG wollte sich nicht nur mit einer großen Summe
beteiligen, sondern auch die erste Ausrüstung und die gesamte Geschäftsführung übernehmen. 1900 begann diese Gesellschaft ihren Betrieb mit
11 Loggern. Zu Beginn des Ersten Weltkrieges besaß sie 19. Ein Logger
lag in Emden, die beiden Dampf- und 8 Segellogger, die auf der zweiten
Fangreise waren, erreichten bei Ausbruch des Krieges ihren Heimathafen. 4 Segellogger liefen neutrale Häfen an und 4 Segellogger wurden von
den Engländern aufgebracht und versenkt, ihre Mannschaften interniert.

Die Dollart fischte noch bis 1927 mit 4 Segel-, 4 Dampf- und 1 Motor-logger, danach aber ohne Segellogger. 1932 besaß sie 7 Dampf- und 5 Motorlogger, 1939, vor Ausbruch des Zweiten Weltkrieges, 7 Dampf-, 8 Motorlogger und 2 Dampfschiffe. Sie war die kleinste der Emder Gesell-schaften. 1926 erwarben die drei Emder Heringsfischereien von der liqui-dierten Gesellschaft in Brake 4 Motorlogger und 1931 den größten Teil der Fangflotte der Glückstädter Heringsfischerei. Alle Schiffe wurden auf die drei Emder Gesellschaften verteilt, die sich 1932 zu einer Arbeits- und Betriebsgemeinschaft unter Führung der Emder Heringsfischerei AG zu-sammenschlossen. Juristisch waren sie noch selbständige Gesellschaften, tatsächlich aber eng miteinander verflochten (vergl. auch das Kapitel über die Emder Heringsfischerei AG).

Aus dem ersten Loggerneubauprogramm der Weimarer Republik 1932/33 übernahm die Dollart 1933 drei Schiffe, aus dem zweiten 1934 zwei. Die für diese Schiffe gewährten Reichsdarlehen sollten in zwanzig Jahren zurückgezahlt sein. Zu Beginn des Zweiten Weltkrieges 1939 verfügte die Dollart über 2 Motorschiffe, 7 Motor- und 6 Dampflogger. Im Kriegsein-satz gingen die beiden modernen Motorschiffe, zwei Motor- und ein Dampflogger verloren. 1948 übereignete die Gesellschaft ihr Betriebsge-lände der Emder Heringsfischerei AG und erhielt dafür den Motorlogger Ministerialdirektor Streil. Als selbständige Gesellschaft hatte sie keine Über-lebenschancen mehr und wurde durch Beschluß der Aktionärsversamm-lung vom 14. Dezember 1950 mit der Heringsfischerei Großer Kurfürst verschmolzen, da die Aktienmehrheit beider Gesellschaften bei der Emder Werft bzw. Reederei Schulte & Bruns lag. Die Dollart brachte 10 Logger ein. Das Kapital der Kurfürst erhöhte sich um 480 000 DM auf 1 280 000 DM.

Großer Kurfürst Heringsfischerei, Emden (1904 bis 1969)

Unter Mitwirkung des Deutschen Seefischereivereins wurde im Frühjahr 1904 in Emden eine vierte Heringsfischerei AG »Großer Kurfürst« mit einem Grundkapital von 1 Million Mark gegründet. Die Leitung auch die-ser Gesellschaft übernahm der sogenannte Zentralvorstand, der schon die Emder und die Dollart führte. Die Planung sah den Erwerb von 20 Loggerneubauten für das gezeichnete Kapital von 1 Million Mark vor. 1905 waren zehn fertiggestellt. 1907 besaß die Gesellschaft die vorgesehenen 20, 1911 dann 22 Logger, 1912 und 1913 hatte sie 23. Wie die anderen Gesellschaften wurde auch sie durch Staatsbeihilfen gefördert.

Bei Ausbruch des Ersten Weltkrieges erreichten 2 Dampf- und 14 Segellogger ihren Heimathafen rechtzeitig, 2 Segellogger liefen neutrale Häfen an und 3 Segellogger wurden von den Engländern aufgebracht und versenkt und ihre Mannschaften in England interniert. Erst 1919 konnte der Heringsfang mit beschränkter Loggerzahl wieder aufgenommen werden. 1927 wurden die 14 Segellogger von Großer Kurfürst zum letzten Mal auf Fangreise geschickt. Ein Jahr vorher hatten die drei Emder Gesellschaften vier Motorlogger der liquidierten Braker Heringsfischerei mit Zubehör und Fanggerät und 1931 den größten Teil der Glückstädter Fangflotte erworben. Diese Schiffe wurden auf die drei Gesellschaften verteilt. 1932 verfügte Großer Kurfürst über 6 Dampf- und 15 Motorlogger. 1933 erlitt die Gesellschaft zwei Totalverluste. Eine Mannschaft konnte gerettet werden, von der zweiten überlebte nur ein Besatzungsmitglied. Aus dem Loggerneubauprogramm Anfang der 1930er Jahre übernahm Großer Kurfürst insgesamt sechs Motorlogger. Ab 1935 hat die Gesellschaft verstärkt ihren Landbetrieb ausgebaut und modernisiert. Sie hatte in den 1930er Jahren die größte Flotte in Emden, zu Beginn des Zweiten Weltkrieges 1939 4 Dampf-, 20 Motorlogger und ein Motorschiff, wovon sie im Krieg sieben Schiffe verlor.

Auch nach dem Zweiten Weltkrieg blieben die drei Emder Gesellschaften unter gemeinsamer Verwaltung. Die Landanlagen von Großer Kurfürst hatten den Krieg weitgehend unbeschadet überstanden und wurden nach 1945 auch von den beiden anderen Gesellschaften benutzt. Ein Motorschiff hatte die Gesellschaft noch kurz vor Beginn des Krieges bei der Emder Werft Schulte & Bruns in Auftrag gegeben. Kurz vor Ende des Krieges war es fertig, aber als Kriegshilfsschiff u.a. mit einem Geschützturm ausgerüstet. Seinen Rückbau genehmigte die Militärregierung erst 1947, und 1948 konnte der kombinierte, also für Treib- und Schleppnetzfischerei ausgerüstete Logger auf Fang gehen. Bis Anfang der 1950er Jahre waren die umbauwürdigen Dampflogger modernisiert und zu Motorloggern umgebaut, alte, unrentable Schiffe aber verkauft.

Da die Aktienmehrheit beider Gesellschaften bei der Firma Schulte & Bruns in Emden lag, wurden 1950 Dollart und Großer Kurfürst vereinigt. Die Dollart, deren Name nun verschwand, brachte zehn Logger und 480 000 DM Kapital in die Fusion ein. 1955 und 1957 ließ Großer Kurfürst fünf kombinierte Logger für Treib- und Schleppnetzfischerei und mit besonderen Räumen für Frischfische ausgerüstet bauen. Auf die Anschaffung weiterer Logger dieses modernen Typs, der ganzjährig eingesetzt werden konnte, mußte aus Geldmangel verzichtet werden.

Das Grundkapital der Gesellschaft, das 1950 bei Übernahme der Dollart 1 280 000 DM betragen hatte, wurde 1956 durch den Hauptaktionär auf 1,6 Millionen aufgestockt. 1958 beschloß die Leerer Gesellschaft für die Zukunft eine gemeinsame Geschäftspolitik mit den beiden Emder Gesellschaften. 1961 wurden alle drei Gesellschaften (und auch die Glückstädter) in Gesellschaften mit beschränkter Haftung (GmbH) umgewandelt.

Nachdem 1965 der Landbetrieb der Emder Heringsfischerei AG und 1968 auch der in Leer stillgelegt worden war, wurden die Schiffe aller drei Gesellschaften an der Ems vom Landbetrieb der Gesellschaft Großer Kurfürst betreut. (Die weitere Entwicklung habe ich schon im Kapitel »Emder Heringsfischerei AG« dargestellt.) 1969 schrieb Großer Kurfürst über 1,36 Millionen DM Verluste. Nun wurde auch der Landbetrieb dieser Gesellschaft stillgelegt und der Heringsfang mit Saisonschluß 1969 eingestellt.

Braker Heringsfischerei, Brake (1904 bis 1927)

Ein Komitee gab im August 1903 einen Prospekt heraus, der zur Gründung einer Heringsfischerei-Gesellschaft in Brake mit einem Aktienkapital von 600 000 Mark aufrief. Ein Grundstück stellte die oldenburgische Regierung, die auch schon die Elsflether und die Fischerei AG Weser großzügig unterstützt hatte, zur Verfügung.

Am 10. Mai 1904 wurde die Gesellschaft in das Handelsregister eingetragen. Die Reichsregierung förderte jeden Loggerneubau mit 6 000 Mark und gab einen Zuschuß von 20 000 Mark zum Netzreservefonds. 1906 besaß die Gesellschaft 10, 1907 schon 18 und 1908 nach einer Kapitalerhöhung um 400 000 Mark 24 Logger. 1905 landeten sie 8 440 und 1911 33 486 Tonnen Heringe an.

Im Februar 1914 erwarb die Braker Gesellschaft das Grundstück der 1912/13 liquidierten Fischerei AG Weser in Elsfleth, wohin sie ihren Betrieb ausdehnen wollte, was aber wegen des Krieges nicht realisiert werden konnte. 1927 wurde die Braker Heringsfischerei-Gesellschaft liquidiert.

Fischerei-Aktiengesellschaft Weser in Elsfleth (1905 bis 1912)

Der holländische Fischer Pott, der in Holland von Vlaardingen aus die Heringsfischerei betrieb, übersiedelte mit seinem Betrieb nach Elsfleth, da er vermutlich seine Ware hauptsächlich in Deutschland absetzte und den deutschen Zoll von 3 Mark pro Tonne sparen wollte. Er brachte Personal und Mannschaften aus Holland mit nach Elsfleth, wo schon etliche Holländer lebten, die bei der Elsflether Gesellschaft beschäftigt waren.

Am 23. Mai 1905 wurde die AG mit einem Grundkapital von 660 000 Mark, das in den Händen der Familie Pott lag, ins Handelsregister eingetragen. Sie begann die Fischerei mit sechs Dampfschiffen, später kamen vier Logger hinzu. Da die Reichsregierung die Übersiedlung ausländischer Gesellschaften nach Deutschland für unerwünscht hielt und weil bei der Weser viele Holländer arbeiteten, erhielt die Gesellschaft nur geringe Reichsmittel zur Unterstützung. Die mangelnde Förderung war wohl der Hauptgrund für die Einstellung des Betriebes in Elsfleth und seine Rückverlegung nach Holland 1912.

Im November 1913 erfolgte die Löschung der Firma im Handelsregister. Ihr Grundstück in Elsfleth wurde im Februar 1914 an die Braker Heringsgesellschaft verkauft, die hier ihren Landbetrieb ansiedeln wollte, was sie jedoch wegen des hereinbrechenden Krieges nicht konnte.

Leerer Heringsfischerei (1905 bis 1969)

Schon in den Jahren 1813-1815 fuhr eine Heringsbuise von Leer zum Fang
aus. Als Ostfriesland 1815 dem Königreich Hannover angegliedert wurde, gab es keine Unterstützung mehr, wie sie die Preußen noch geleistet
hatten. Deshalb mußte die Buise 1819 versteigert werden.

Seit Gründung der Glückstädter Heringsfischerei AG 1893/94 brachte
die Glückstädter Lokalzeitung regelmäßig Berichte aus der Welt der
Heringsfischereien. Über die zu gründende in Leer ist dort am 12. September 1905 zu lesen: ›Die Gründung der Leerer Gesellschaft ist gesichert. Es sind 700 000 Mark gezeichnet. Aktien für 100 000 Mark wird die
Stadt Leer übernehmen, und weitere 200 000 Mark sind versprochen.‹
Am 14. Oktober 1905 berichtete die Glückstädter Fortuna: ›Die Leerer
Gesellschaft wird ihren Betrieb im nächsten Jahr mit fünf Stahlsegellog-
gern mit Dampfhilfsschraube nach dem Typ des zuletzt gebauten
Vegesacker Dampfloggers aufnehmen. 1907 sollen weitere fünf Logger
folgen.‹ Und noch einmal berichtete die Glückstädter Zeitung am 2. Dezember 1905: ›Wie aus Leer geschrieben wird, ist die Eintragung der Leerer Heringsfischerei AG in das Handelsregister erfolgt. Das Aktienkapital
von 1 Million Mark verteilt sich auf 230 Aktionäre. Die Reichsregierung
hat der neuen Gesellschaft 160 000 Mark (pro Logger 16 000 Mark) bewilligt, das ist das Doppelte der sonst üblichen Unterstützung.‹

Die Leerer Heringsfischerei AG begann 1906 mit fünf Dampfloggern,
die mit 100-PS-Dampfhilfsmaschinen ausgerüstet waren. Sie konnten 550
Kantjes laden. Die Gesellschaft verfügte bei Beginn des Ersten Weltkrieges über 14 Fangschiffe, von denen im August/September 1914 zehn nach
Leer unversehrt zurückkehrten. Zwei liefen den neutralen Hafen Stavanger
an, und zwei wurden von den Engländern aufgebracht und versenkt, nachdem ihre Mannschaften die Schiffe verlassen hatten. Ein später von der
Kaiserlichen Marine ›gecharterter‹ Dampflogger ging im Krieg verloren.
Während des Krieges konnte die Leerer Gesellschaft ihre Landanlagen
mit kriegswichtigen Arbeiten so gut einsetzen, daß Verluste der Vorjahre
ausgeglichen, Gewinne erzielt und Dividenden gezahlt wurden.

1920 fuhren erstmals nach dem Krieg wieder elf Dampflogger hinaus
zum Fang, 1922 zwölf, 1923 dreizehn, 1924 vierundzwanzig, 1925-1930
vierzehn Dampf- und ein Motorlogger. 1930 erwarben die Leerer von der

Bremen-Vegesacker Fischerei Gesellschaft fünf Heringsdampfer, die zwischen 1898 und 1904 gebaut worden waren. Zugleich, wohl weil die Leerer den Vegesackern einen großen Teil der Bezahlung schuldig blieben, schlossen beide Gesellschaften einen Arbeitsgemeinschaftsvertrag, mit dem die Bremen-Vegesacker sich die Leerer Gesellschaft einverleiben wollten, was ihnen aber nicht gelang. Der Vertrag wurde schon im Geschäftsjahr 1934/35 wieder gelöst, weil inzwischen mehr als drei Viertel der Aktien in den Besitz der Stadt Leer gelangt waren. Aus dem Loggerneubauprogramm 1932/33 und 1933/34 über nahmen die Leerer je fünf Motorlogger. 1933 schickten sie 25, 1934 und 1935 30 Schiffe auf Fang. Bis 1939 erwarb die Gesellschaft noch vier kombinierte Motorlogger und legte sechs Schiffe still. 1939 hatte sie auch drei Motorlogger mit isolierten Frischfischräumen ausgerüstet. Sie fingen zwischen Januar und Mai frische Fische, die sie bei der Nordsee – Deutsche Hochseefischerei AG Wesermünde anlandeten.

Im Januar 1940 bestand die Flotte der Leerer Gesellschaft aus 23 Schiffen. Von den nicht im Kriegseinsatz befindlichen alten Loggern wurden zwischen 1939 und 1945 fünf außer Dienst gesetzt. Bei der Kriegsmarine gingen vier verloren. Die Landanlagen, deren große Lagerhalle zerstört worden war, konnten nach 1945 weiter betrieben werden. Schon vom 16. Oktober 1945 an fuhren wieder drei (oder fünf?) Schiffe aus Leer auf Fang.

1946 waren 19 Schiffe wieder in Leer, davon acht auf Fang. Die anderen mußten wegen ihrer militärischen Einrichtungen um- oder zurückgebaut werden. 1949 waren alle 19 Schiffe eingesetzt. So viele Leerer Logger waren bis zum Ende im Jahr 1969 nur noch einmal, 1955, unterwegs. 1953 wurde wieder ein Schiff auch für den Frischfischfang eingesetzt, den 1964 bzw. 1965 acht bzw. sechs Schiffe betrieben und 5,7 bzw. 5,9 Millionen Kilogramm Frischfisch anlandeten. Als am 6. November 1957 die zwei Emder Gesellschaften mit der Leerer eine engere Zusammenarbeit beschlossen, war dies der Anfang vom Ende der Selbständigkeit der Leerer Heringsfischerei AG. Der Leerer Direktor wurde stellvertretendes Vorstandsmitglied der Emder Fischereien, umgekehrt traten Dr. H. Apetz, der Multifunktionär aus Emden, und der Prokurist der Emder Gesellschaften als stellvertretende Vorstandsmitglieder in die Geschäftsführung der Leerer Gesellschaft ein. Die Leerer war jetzt abhängig von den Emder

Gesellschaften und auf Gedeih und Verderb mit ihnen verbunden. In den nächsten Jahren erwarben die drei Gesellschaften an der Ems 13 moderne kombinierte, auch zum Frischfischfang ausgerüstete Logger. Davon bekam Leer vier. Als 1958 die Stadt Leer ihre Aktien, die sie seit Gründung der Leerer Heringsfischerei AG besaß, an den Hauptaktionär der Gesellschaft Großer Kurfürst, Schulte & Bruns, verkaufte, war aus der Leerer Gesellschaft eine Emder geworden, wie schon die Glückstädter spätestens 1955. Vermutlich wegen der chronischen schlechten Geschäfts- und Finanzsituation wurden die vier Aktiengesellschaften in Leer, Emden und Glückstadt 1961 in Gesellschaften mit beschränkter Haftung (GmbH) umgewandelt. Die Rechtsform einer AG ist üblich bei vielen Aktionären. Inzwischen aber war die Zahl der Aktionäre dieser Gesellschaften zusammengeschmolzen, und die Firmen Ekkenga mit Faßfabriken in Emden und Leer und die Werft Schulte & Bruns in Emden waren die Hauptgesellschafter der vier Fischereien. Eine Aktiengesellschaft (AG) ist verpflichtet, ihre Bilanzen offenzulegen, eine GmbH brauchte dies 1961 noch nicht.

In den nächsten Jahren schwankte die Fangflotte der Leerer Fischerei beträchtlich: 1960 = 18 Schiffe, 1961 = 15, 1964 = 8, 1965 = 5, 1966 = 11, 1968 = 7 und 1969, im letzten Fangjahr, 6 (zum Vergleich die Fangflotte bei Großer Kurfürst: 1963 = 10, 1964 = 20, 1965 = 5, 1966 = 9, 1968 = 10, 1969 = 7). Diese Schwankungen offenbaren, daß die Heringsfischereigesellschaften ins Trudeln geraten waren. Die Landanlagen der Emder Heringsfischerei GmbH waren 1965 stillgelegt worden. Die Leerer schlossen 1968 ihren Landbetrieb, dessen Grundstück zum größten Teil W. Bruns in Leer erwarb. Von nun an wurden alle Logger von der Ems durch den Landbetrieb von Großer Kurfürst betreut. 1968 nahm auch ein Leerer Logger am Heringsfang an der nordamerikanischen Ostküste teil. Der Erfolg blieb aus, und 1969 lagen die Leerer mit ihrem Jahresverlust von gut 1,4 Millionen Mark nicht weit ab von der Emder mit 1,65 und der Kurfürst mit 1,37 Millionen Mark. Dies bedeutete die Stillegung der Heringsfischerei mit Ende der Saison 1969 von der Ems aus. Ende 1969 besaßen die Leerer noch zwei Motorlogger aus der Bauzeit 1955/57, die 1972 verkauft waren.

»Midgard«
Deutsche Seeverkehrs- und Heringsfischerei, Nordenham

Die Midgard - Deutsche Seeverkehrs-AG wurde am 10. 11. 1905 mit Sitz in Nordenham gegründet. Diese Gründung geschah auf Initiative des Kaufmanns Adolf Vinnen, der auch die Nordsee in Nordenham 1896 mitbegründet hatte. Die Firma sollte vor allem die Hafenanlagen in Nordenham von der Oldenburgischen Regierung erwerben, um sie für den Güterumschlag zu nutzen. Die Midgard verpachtete 1908 ein Grundstück und einen 135 Meter langen Pier an die Visurgis. 1925 übernahm die Midgard die Visurgis Heringsfischerei GmbH und betrieb mit deren 17 Loggern einige Jahre den Heringsfang in der Nordsee, ohne finanziellen Erfolg. Diese 17 Schiffe mit Ausrüstung und Materialien erwarb 1930 die Bremen-Vegesacker Heringsfischerei-Gesellschaft. Die Midgard existiert heute noch in Nordenham als ein Seetransportunternehmen.

Heringsfischerei Aktiengesellschaft Visurgis, Nordenham

Diese Gesellschaft wurde am 17. Oktober 1907 von der Nordsee Hochseefischerei Gesellschaft, die von Nordenham aus den Frischfischfang betrieb und ihre Fische über eigene Verkaufsstellen auch direkt reichsweit vermarktete, mit einem Aktienkapital von 1 Million Mark gegründet. Sie nahm 1908 ihren Betrieb mit sieben Loggern auf und besaß schon ein Jahr später einundzwanzig. Das Grundstück und einen 135 Meter langen Pier pachtete die Visurgis von der Midgard - Deutsche Seeverkehrs- und Heringsfischerei Aktiengesellschaft. Sie charterte ab 1911 außerdem noch zwei Logger von der Bremer Reederei GmbH. Diese erwarb 1913 die »Brema« Heringsfischerei Aktiengesellschaft, eine Tochterfirma der Visurgis, die in diesem Jahr (oder schon 1911) mit einem Kapital von 900 000 DM gegründet worden war. Rohdenburg (1975, S. 184) vermutet, daß auch die Bremer Reederei eine Tochterfirma der Visurgis war. Die Visurgis wurde 1920 von der Midgard übernommen, die sie 1930 an die Bremen-Vegesacker weiter verkaufte.

Hochseefischerei Aktiengesellschaft Bremerhaven

Sie wurde mit einem Aktienkapital von 2,8 Millionen gegründet. Seit 1908 schickte sie zwei, ab 1910 drei und ab 1914 vier Dampflogger und einen Fischdampfer auf Heringsfang, die 1911 10 967 Kantjes anlandeten. Da die Gesellschaft nur geringe Subventionen erhielt, wurde der Heringsfang bald aufgegeben. 1921 besaß sie 12 Dampfer und 4 Dampflogger.

Norddeutsche Hochseefischerei Aktiengesellschaft, Bremerhaven

Sie wurde 1907 mit einem Aktienkapital von 750 000 Mark gegründet und setzte nur 1909 zwei Fischdampfer für den Heringsfang ein, die nach Rohdenburg (1975, S. 186) 2443 Kantjes fingen. Die Gesellschaft wurde 1935 mit der Geestemünder Herings- und Hochseefischerei Aktiengesellschaft vereinigt.

»Brema« Heringsfischerei Aktiengesellschaft

Sie wurde 1911 (oder 1913 nach Rohdenburg, 1975. S. 183) als Tochterunternehmen der Visurgis mit einem Kapital von 900 000 Mark gegründet. Weiteres ist mir nicht bekannt geworden.

Cuxhavener Heringsfischerei Aktiengesellschaft

Sie wurde 1919 mit einem Kapital von 4 Millionen Mark gegründet, ist aber nicht aktiv geworden.

Deutsche Heringsfischerei GmbH Wesermünde

Sie wird im Deutschen Seefischerei-Almanach 1931 mit 5 Dampfern, 2 Motor- und 5 Dampfloggern geführt. Ihr Aufsichtsratsvorsitzender und ihre Vorstände sind wie bei der Deutschen Fischerei AG Wesermünde der Bankier J. F. Schröder, Bremen, Edward Richardson und Julius Wettering. 1931 kaufte die Vegesacker Gesellschaft 7 Logger und 5 Dampfer von der Wesermünder Gesellschaft, das war der gesamte Schiffsbestand der Gesellschaft. Die 5 Dampfer wurden sofort an die Leerer Heringsfischerei Gesellschaft weiter verkauft. Diese Gesellschaft war vermutlich eine Tochtergründung der Deutschen Fischerei AG Wesermünde, über die vermutlich nur die Heringsfänger der ehemaligen Geestemünder Herings- und Hochseefischerei verkauft wurden.

Die Vermarktung des Herings

Auf der Heringskonferenz 1908 referierte der Fischereidirektor Klippert aus Bremen-Vegesack kurz über die Heringssorten. Daraus fasse ich folgendes zusammen: Das Sortieren der Heringe geschah bis vor einigen Jahren schon auf See. An Land wurden die Kantjes nur nachgepackt. Seit einigen Jahren aber wird der Fang vielfach im Landbetrieb neu sortiert und dadurch eine reellere Sortierung und Packung erreicht. Diese Sortierung geschieht nach zwei Grundsorten:

1. Vollheringe
   a) Superior, von ihm passen ca. 600 in eine Tonne,
   b) prima sortierte, von ihnen passen ca. 700 in eine Tonne,
   c) prima, von denen ca. 800 in eine Tonne passen,
   d) kleine, von denen 850 - 1 000 in eine Tonne passen.
2. Hohlheringe
   a) Matjes, jungfräulicher, noch nicht geschlechtsreifer Hering,
   b) Ihle, abgelaichter Hering.

Diese Sortierung richtet sich nach holländischen Gepflogenheiten. Die gute Sortierung und Packung von Tonnen aus deutscher Produktion hat bewirkt, daß diese Heringe stellenweise schon die schottischen, die erheblich schlechter gepackt sind, verdrängt haben. [In den 1970er Jahren gab es dann noch eine interne Sortenskala von EE bis KK, Buchstabenfolgen, die manchmal auf den Fotos aus der Packerei zu erkennen sind.]

Ebenfalls über »Fragen der Sortierung« referierte auf der Heringskonferenz der Direktor Gehrts der Glückstädter Heringsfischerei. Auch seinen Beitrag kurz zusammengefaßt: An Bord der Logger können die Besatzungen zumindest bei einem kleinen Fang eine gute Sortierung vornehmen. Wenn dies trotzdem nicht immer geschieht, dann deshalb, weil die Qualität der Mannschaften von Jahr zu Jahr schlechter wird. Man muß sich daher heute schon damit begnügen, wenn die gefangenen Heringe in zwei Sorten sortiert werden, nämlich in Matjes- bzw. Ihlenheringe und in Vollheringe. Letztere sollten, wenn irgend möglich, in große und kleine sortiert werden. Die Kantjes müssen natürlich an Bord entsprechend gekennzeichnet werden. Die als Matjes oder Ihlen gezeichneten Tonnen sollten, wenn sich die Packung als reell herausstellt, nicht wieder vollkommen neu gepackt werden. Ihr Inhalt, welcher ca. um 25 % geschrumpft ist, wird, nachdem die überflüssige Lake abgenommen ist, mit weiteren Fischen bis oben hin stramm ergänzt. Den Matjesheringen schadet, da sie doch sehr zart sind, eine erneute Verarbeitung.

Anders verhält es sich mit dem größten Teil des Fanges, den Vollheringen. Sie werden immer von Grund auf neu nach der Größe sortiert und gepackt. In der Regel wird der größte Hering am Anfang des Sommers bei den Shetlandinseln und der kleinste im Herbst gefangen, wobei er schon wegen der Maschen der Netze niemals kleiner ausfällt als 1 000 Stück pro Tonne. Heringe, die bei der Verarbeitung nicht mit der nötigen Sorgfalt behandelt worden sind, oder die in undichte Tonnen gepackt waren und deshalb pökelleer gelaufen sind, werden als Wrackheringe bezeichnet und können nur zu einem wesentlich geringeren Preis abgesetzt werden.

Die Heringe müssen möglichst sofort nach dem Einholen der Netze geschlachtet werden. Läßt sich dies wegen zu großer Fänge oder weil die Netze wegen eines Sturmes nicht rechtzeitig eingeholt werden konnten, nicht leisten, dann sprechen wir von übernachteten Heringen, die nicht richtig ausbluten und deren Fleisch eine rötliche Farbe behält. Auch diese müssen mehrere Mark unter Tagespreis abgegeben werden. Das Sortieren wird meistens von weiblichen Arbeitskräften erledigt. Es ist eine anstrengende und besonders im Winter unangenehme Arbeit. »Andererseits«, so betonte Gehrts, »erfolgt dafür aber auch eine angemessene Bezahlung. Die Glückstädter Fischerei-Aktiengesellschaft zahlt augenblicklich für das Aufpacken von Kantjes 30 Pfennige, für das Sortieren und Packen von Grund auf neu gepackter Tonnen 66 Pfennige, einschließlich aller Nebenarbeiten. Die Frauen, welche das Sortieren und Packen besorgen und diese Arbeit im Akkord verrichten, haben bei täglich 9-stündiger Arbeitszeit einen Durchschnittsverdienst von zirka 20 Mark pro Woche.«

Bis in die 1950er Jahre hinein verkaufte der Lebensmittelkaufmann in seinem sogenannten Tante-Emma-Laden Salzheringe unmittelbar aus dem Faß. Wenn es nicht vorn stand, dann aber in einem hinteren Lagerraum. In den bald modernisierten und zu Schnell- oder Selbstbedienungsläden umfunktionierten alten Geschäften hatte die anrüchige Heringstonne nichts mehr zu suchen. Die Heringsverarbeitungsfirma Woldemar in Emden führte 1951 ihren »Ferting« ein, den küchenfertig entgräteten Salz-

Wenn auch die fünf neuen Logger aus dem Loggerneubauprogramm des Reiches noch nicht fertig sind, wird beim Umzug am 1. Mai 1934 schon für den Glückstädter Hering geworben.

hering, der mit chemischen Konservierungsmitteln haltbar gemacht wurde. 1958 veränderte Woldemar dieses Verfahren, indem der Salzhering während seiner Weiterverarbeitung die Originallake nur kurz während des maschinellen Entgrätens verließ. Am Schluß wurde der entgrätete Salzhering mit gereinigter Originallake verpackt. 1970 führte Woldemar den verschweißten Kunststoffbeutel ein. Mit »Stapelbar von Woldemar«, der stapelbaren Packung, gelangte der ehrenwerte alte Salzhering dann in die Regale

261

des Selbstbedienungssupermarktes, und zwar in dem Jahr, als die deutschen Loggerheringsfischereien – bis auf die Glückstädter – den Heringsfang aufgaben. Als auch in Glückstadt nach 1976 kein auf See gekehlter und auf See gesalzener Hering mehr angelandet wurde, mußte der tiefgefrorene frische Hering an Land zu Matjes oder Salzhering weiterverarbeitet werden. Heute sind es z. B. in Emden die Firmen Woldemar und Fokken und Müller, die auch in Dosen oder Eimern Salzheringe vertreiben. Außerdem haben sie sich auf die Matjesproduktion spezialisiert. Es ist verständlich, wenn die Emder Fischverarbeiter den tiefgefrorenen Hering und den von Mai bis Juli an verschiedenen Plätzen in der Nordsee gefangenen Matjes, der erst nach dem Auftauen geschlachtet und danach gesalzen wird, mit besonderen Vorzügen ausstatten. Letzterer soll »im

**Anordnung Nr. 83 der Hauptvereinigung der deutschen Fischwirtschaft
vom 13. Oktober 1938.
Betrifft: Prüfung und Stempelung von Salzheringen.**

§ 1.

Alle Gebinde mit Salzheringen deutscher Herkunft, die zum unmittelbaren menschlichen Genuß im Inlande bestimmt sind und in den Verkehr gebracht werden sollen, sind nach Maßgabe der zu erlassenden Ausführungsbestimmungen mit einem Stempel zu versehen.

Salzheringe deutscher Herkunft sind solche, die nach § 6 Nr. 2 des Zolltarifgesetzes vom 25. Dezember 1902 (RGBl. I S. 261) vom Zoll befreit sind.

§ 2.

Ausgenommen von der Stempelpflicht sind:

a) Salzheringe deutscher Herkunft, welche an Betriebe der Fischindustrie zur weiteren Verarbeitung, z. B. zu Marinaden, Räucherwaren usw. abgegeben werden;

b) die zum unmittelbaren menschlichen Genuß bestimmte Exportware; diese Exportware muß jedoch den von der Hauptvereinigung der Deutschen Fischwirtschaft bestellten Prüfern vorgestellt werden und deutlich lesbar als Exportware gekennzeichnet sein;

c) Salzheringe, solange sie zwischen zugelassenen Salzungsbetrieben gehandelt werden.

Gestempelte, noch nicht in den Verkehr gebrachte oder innerhalb der Salzereibetriebe gehandelte Ware ist nach Umpackung neu stempelpflichtig.

§ 3.

Betriebe, die nachweisbar seit 1936 Heringe gesalzen bzw. umgepackt haben, dürfen Kantjes (ungestempelte Seepackungen) zum Zwecke der Herstellung von handelsüblichen Packungen erwerben. Diese umgepackte Ware unterliegt der Prüfungs- und Stempelpflicht.

§ 4.

In den Verkehr gebrachte Salzheringe aus gestempelten Salzheringsgebinden dürfen nur in neue, nicht mit einem Prüfungsstempel versehene Fässer umgepackt werden, an welchen der Firmenname desjenigen, der die Ware umgepackt hat, angebracht ist.

Ausführungsbestimmungen zur Anordnung Nr. 83 der Hauptvereinigung der deutschen Fischwirtschaft vom 13. Oktober 1938 über Prüfung und Stempelung von Salzheringen.

Auf Grund der Anordnung Nr. 83 der Hauptvereinigung der deutschen Fischwirtschaft, betr. Prüfung und Stempelung von Salzheringen vom 13. Oktober 1938, wird bestimmt:

A. Vorschriften über die Verpackung, Sortierung, Salzung und Güte der Salzheringe.

§ 1.
Verpackung.

1. Die Ware muß in neuen Fässern genormten deutschen Formats verpackt sein. Die Fässer müssen sauber und unbeschädigt sein und allen Erfordernissen für die Erhaltung der Ware entsprechen. Als „neu" gelten auch solche Fässer, die schon einmal für die erste Einsalzung von Heringen auf See (Kantjes) oder an Land verwandt worden sind.

2. Die Salzheringe müssen gleichmäßig und fest, mit handelsüblicher Steilpackung und mit beiderseits gutem Spiegel verpackt sein.

3. Für den Export bestimmte Ware darf auch in anderen als den unter Ziffer 1 genannten Fässern verpackt werden, soweit sie für den Export von Salzheringen geeignet sind.

4. Für die Verpackung ungekehlter Salzheringe für Industriezwecke dürfen auch maßhaltende Schottentonnen benutzt werden.

5. Die Fässer sind vor der Prüfung deutlich lesbar folgendermaßen zu kennzeichnen:

a) A u f   d e m   D e c k e l   ist anzubringen:

   aa) das Herstellungsjahr,

   bb) die Gattungsbezeichnung,

   cc) die Bezeichnung der Größe (Sortierung),

   dd) bei Matjesheringen deutscher Herkunft und eingeführten Matjes ausländischer Herkunft — letztere, falls sie geprüft und gestempelt werden sollen —, welche im Fischgewebewasser einen Salzgehalt von weniger als 20 vom Hundert enthalten, die Bezeichnung „Mildgesalzen",

   ee) bei Salzheringen deutscher Herkunft entsprechend Fangart und Herstellungsweise die Bezeichnung:

„Deutscher Treibnetz-Salzhering"

oder

„Deutscher Schleppnetz-Salzhering"

und

„Auf See gekehlt und gesalzen"

oder

„Landsalzung".

   aaa) Bei Seesalzung zusätzlich die Kennziffer des Fahrzeugs und die fortlaufende Nummer der Reise.

   bbb) Bei Landsalzung der Anlandemonat; dieser wird durch ein besonderes Zeichen gekennzeichnet.

   ff) Bei Salzheringen ausländischer Herkunft das Herkunftsland.

b) **Auf dem Deckel oder Boden** ist bei Salzheringen deutscher Herkunft die Firma des Herstellers, bei eingeführten Heringen, die zur Prüfung und Stempelung angemeldet sind, Name bzw. Firma des deutschen Importeurs anzubringen. An Stelle des Namens der Firma kann das eingetragene Warenzeichen der betr. Firma verwendet werden.

c) **Auf den Faßdauben** zwischen den beiden oberen Ringen:

aa) bei der nicht stempelpflichtigen, nur für Industriezwecke bestimmten Ware die Bezeichnung anzubringen:

„Nur für Industriezwecke",

bb) bei den eingeführten Matjesheringen ausländischer Herkunft, die geprüft und gestempelt werden sollen, sowie bei den Matjesheringen deutscher Herkunft, beide, soweit sie im Fischgewebewasser einen Salzgehalt von weniger als 20 vom Hundert besitzen, die Bezeichnung:

„Mildgesalzen".

6. Alle Bezeichnungen sind in deutlich lesbarer und haltbarer Schrift anzubringen. Die Schriftstempel bedürfen der Genehmigung durch die Hauptvereinigung der deutschen Fischwirtschaft.

§ 2.
Gattung.

Es sind folgende Gattungsbezeichnungen zu verwenden.

a) Vollheringe (abgekürzt V) für Heringe, die mit Laich (Milch oder Rogen) gefüllt sind;

b) Fettheringe (abgekürzt F) für Heringe, die ungefüllt und deren Eingeweide reichlich mit Fettflomen behaftet sind;

c) Matjesheringe (abgekürzt M) für Heringe, die ungefüllt, deren Eingeweide reichlich mit Fettflomen behaftet sind und deren Fischgewebewasser einen Salzgehalt von weniger als 20 vom Hundert enthält;

d) Ihlenheringe (abgekürzt Y) für Heringe, die abgelaicht haben, noch nicht wieder gefüllt sind und an deren Eingeweiden keinerlei oder doch nur Spuren von Fettflomen vorhanden sind;

e) teilweise ungefüllt (abgekürzt TU) (**nur bei Landsalzung**) für Heringe, bei denen eine scharfe Sortierung nach Voll- oder Fettheringen nicht vorgenommen ist. Derart bezeichnete Gebinde dürfen keine Ihlenheringe enthalten.

f) Ungekehlte Heringe (Bezeichnung „Ungekehlt");

g) Wrackheringe (Bezeichnung „Wrack") für beschädigte Heringe, die für den unmittelbaren menschlichen Genuß noch verwendet werden können.

§ 3.
Sortierung.

1. Die Voll-, Fett-, Matjes- und Ihlenheringe müssen wie folgt nach Größe sortiert und bezeichnet sein:

GR =		bis	600	Stück	je	1/1	Faß
R =	601	„	700	„	„	1/1	„
A =	701	„	800	„	„	1/1	„
G =	801	„	900	„	„	1/1	„
M =	901	„	1050	„	„	1/1	„
K =	1051	„	1200	„	„	1/1	„
KK =	1201	und mehr.					

2. Bei ungekehlten und Wrackheringen ist eine bestimmte Stückzahl im Gebinde nicht vorgeschrieben.

3. Eine Sortierung nach „Rogener" und „Milchner" ist verboten.

§ 4.

1. Der Salzhering muß durch eine genügende Menge Salz gar geworden und für eine ausreichende Zeit haltbar gemacht worden sein.

2. Der mildgesalzene Matjeshering muß weniger als 20 vom Hundert Salzgehalt im Fischgewebewasser aufweisen.

§ 5.

Güte.

Salzheringe müssen im Geruch, Geschmack und Aussehen einwandfrei sein, allen Vorschriften des Lebensmittelgesetzes sowie den einschlägigen Anordnungen genügen und für den menschlichen Genuß ohne weiteres geeignet sein. Die Salzheringe dürfen insbesondere nicht angetrant, gelb, bauchbeschädigt, sie müssen frei von „Süß" und „Stank" sein.

Hausfrauen, kauft deutsche Heringe!

Es ist das Bestreben der Reichsregierung, den inländischen Bedarf an deutschen Salzheringen, der sich jährlich auf über eine Million Faß beläuft, nach und nach aus eigenen Fängen zu decken. Ein erfreulicher Erfolg ist diesen Bestrebungen auch bereits insofern beschieden gewesen, als die deutsche Produktion, die sich noch vor wenigen Jahren auf 200 000 bis 300 000 Faß belief, im letzten Jahre auf über 700 000 Faß gesteigert werden konnte.

Da jedoch die Einfuhr nicht in gleichem Maße trotz aller Devisenschwierigkeiten eingedämmt werden konnte, hat der erfreuliche Mehrfang der deutschen Heringsfischereien dazu geführt, daß heute noch

große Bestände der besten deutschen Ware

auf den deutschen Fischereiplätzen in Emden, Leer und Grohn-Vegesack liegen. Diese Ware muß in wenigen Wochen geräumt sein, damit die Schiffe zur neuen Fangperiode auf See ausgeschickt werden können. Es darf nicht geschehen, daß die Ware im Werte von über anderthalb Millionen Mark unverkauft daliegt und ein großer Wirtschaftszweig schwer gefährdet wird, der vielen tausenden Seeleuten und Arbeitnehmern ihr Brot gibt.

Der deutsche Kaufmann und die deutsche Hausfrau haben die unbedingte Ehrenpflicht, diese Ware zu bevorzugen. Es geht deshalb an alle Hausfrauen die dringende Bitte, nur deutsche Salzheringe zu kaufen, und an sämtliche Händler, Gastwirte usw. die Aufforderung, diese deutsche Ware, die in vorzüglicher Qualität zu billigsten Preisen zu haben ist, zu kaufen.

Tiefkälteschlaf nahezu ohne Qualitätsverlust bis zum Anschluß an die neue Matjessaison [also durchaus ein Jahr lang] ... zarter in der Fleischstruktur« geworden sein (R. Müller, 1985. S. 4). Nun gut, ich mag keinen Matjes – ich bevorzuge Bratjes von frischen grünen kleinen Heringen. Das alte Qualitätszeichen »auf See gekehlt und gesalzen« ist mit der Loggerflotte gestorben. Da taugt das Urteil des Schleswig-Holsteinischen Oberlandesgerichtes von 1974, in dem den Glückstädtern ausdrücklich bestätigt wurde, daß nur auf See gekehlte und gesalzene Matjes sich Matjes nennen dürften, nur noch fürs Archiv (hierzu siehe im Kapitel »Die Glückstädter Heringsfischerei, Immobilien- & Baugesellschaft...«). Es ist wahrscheinlich, daß selbst die noch lebenden alten Loggerleute sich inzwischen auch diesen modernen Matjes oder Salzhering schmecken lassen.

Der abgelaichte Hering, der Ihle, hat mit ca. 5 bis 8% den geringsten Fettgehalt. Mit der nachfolgenden Freßperiode steigt sein Fettgehalt auf 20 bis 25% an, und er heißt jetzt Fetthering. In der Reifezeit, wenn sich

AUF SEE GEKEHLT   AUF SEE GESALZEN

MIT DEM TREIBNETZ GEFANGEN VON DEN DEUTSCHEN LOGGER-FISCHEREIEN IN BREMEN-VEGESACK, EMDEN, LEER U. GLÜCKSTADT

LOGGER-MATJESHERINGE DHG

LOGGER-FETTHERINGE DHG

LOGGER-VOLLHERINGE DHG

LIEFERUNG NUR AN DEN GROSSHANDEL DURCH:

DEUTSCHE HERINGSHANDELS-GESELLSCHAFT M. B. H.

CONTRESCARPE 19   **BREMEN**   FERNSCHREIBER 02 4426
POSTFACH 1632   TELEGRAMM-ADR.:
RUF: 2 22 17   VOLLHERING

Deutsche Salzheringe

auf See gekehlt und gesalzen

Marke:

Alleinverkauf nur an den Großhandel durch die

Deutsche Heringshandels-Gesellschaft m. b. H.
Bremen

Die deutsche Fangflotte besteht aus:

4 Dampfern

65 Dampfloggern

100 Motorloggern
_____

zus. 169 Schiffen

und ist beheimatet in Emden, Vegesack,
Leer und Glückstadt

wieder die Milch beim männlichen und der Rogen beim weiblichen Hering bilden, geht der Fettgehalt auf 12 bis 18% zurück. Dies ist der Vollhering.

Der Hering hat vor allem durch die Fischindustrie eine vielseitige Verwendung gefunden. Ich zitiere hier Kurt Schubert, Kleine Sortenkunde über Seefische, S. 7: »Folgende Produkte sind vom Hering bekannt: Frischhering, tiefgefrorene Heringe, tiefgefrorene Heringsfilets, mildgesalzene Heringe (Matjes), hartgesalzene Heringe (Salzheringe), Kräuterheringe (daraus Anchosen, Gabelbissen), Kalträucherhering (Lachshering = geräucherter Salzhering, Lachsbückling = Lachshering ausgenommen). In England stellt man Reds her = trocken gesalzene Frischheringe, Bloaters = in Lake vorgesalzene Heringe, Kippers = vorgesalzene frische Fettheringe (vom Rücken gespalten), Heißräucherhering (Bücklinge, Delikateßbücklinge, Bücklingsfilets, Kippers auf norwegische Art, Fleckheringe, Räucherrollmops, Anchosen (Appetitsild, Kräuterheringe, Gabelbissen, Matjesfilet und Anchosenart), Marinaden (gesäuertes Heringsfleisch, saure Heringe, marinierte Heringe, Delikateßhering, Kronsild, Bismarckheringe, Rollmops, Gabelrollmops, marinierte Heringsfilets, marinierte Heringshappen, eingelegte Heringe, Heringsstipp, Bratfischwaren (Brathering, Brateringsfilets, Brateringsstücke, Brateringshappen, Bratrollmops), Kochfischwaren (Hering in Gelee, Rollmops in Gelee, Speckrollmops in Gelee), Fischdauerkonserven in Soßen, Heringsfilets in Öl, Bücklingsfilets und Kippers in Öl, Brateringsvollkonserven, Heringspasten, Heringssalat, Delikateßheringssalat, Matjessalat, Heringshäckerle, Heringsmilch, Heringsöl, Heringsmehl.«

Der Heringskönig Kapitän Harm Wiese läßt sich – für einen Prospekt der DHG –
Matjes-Heringe servieren.

Die diesjährige Tarifbewegung in der Heringsfischerei.

Durch die auszugsweise Veröffentlichung ihres letzten Tarifangebots versuchen die Reeder der Heringsfischereien die Öffentlichkeit zu irritieren. Der beabsichtigte Zweck erscheint zu durchsichtig. Das geübte Verfahren der Reeder erscheint noch eigentümlicher dadurch, daß sie zur Zeit der teilweisen Veröffentlichung ihrer Angebote auch das Reichsarbeitsministerium als Schlichtungsinstanz anriefen. Wohlweislich verschweigt der Verein der Deutschen Heringsfischereien, welcher Mitglied des „Deutschen Streikschutzes" ist, daß sie von den Arbeitnehmern verlangen, daß diese sich für die ganze Saison für die angebotene Summe fest binden sollen, während der Arbeitgeberverband für sich das Recht in Anspruch nahm, die Dienste der Schiffsleute zurückzuweisen, wenn sie ihre Schiffe oder einzelne derselben infolge Teilstreits oder Totalstreits auf den Schiffen oder im Landbetriebe oder aus Gründen höherer Gewalt — hierin ist auch das Steigen der Mark inbegriffen —, nicht in Fahrt bringen oder auflegen. Sie wollen dann sogar noch weiter berechtigt sein, das Dienstverhältnis ohne Vergütung fristlos zu kündigen. Da den Reedern gesetzlich dieses Recht natürlich nicht zusteht, verlangten sie von den Arbeitnehmerverbänden die Einräumung desselben durch § 2 ihres von ihnen verfaßten Tarifvertrages. Bei den Verhandlungen erklärten die Reeder, von dieser Bestimmung unter keinen Umständen abgehen zu können.

Bei der Veröffentlichung des Zahlenmaterials verschweigen die Arbeitgeber natürlich auch, daß die angeführten Verdienste nur bei einer täglichen Arbeitszeit von durchschnittlich 16—17 Stunden zu erlangen sind und daß die Besatzung nur alle 6—7 Wochen einmal 24 Stunden Freizeit hat, im übrigen aber an den Sonntagen wie an den Werktagen arbeiten muß. In Wirklichkeit arbeitet der Heringsfischer auf See in 5½ Monaten soviel an Stundenzahl, als der Arbeiter an Land in 10 Monaten bei einer achtstündigen Arbeitszeit. Ebenfalls wird von Arbeitgeberseite verschwiegen, daß der Heringsfischer heute mindestens 8000 Mk. verauslagen muß, um seiner See- und Fischerausrüstung die unbedingt notwendige Auffrischung zu geben. Sollte die allgemeine wirtschaftliche Lage eine wesentliche Änderung erfahren, so will der Reeder von dem Vertrag zurücktreten können, dem Arbeitnehmer soll dieses Recht jedoch verwehrt bleiben. Welche Gefahren der Abschluß eines Tarifvertrages auf die Dauer von 5½ Monaten in sich

birgt, haben die Heringsfischer in der vergangenen Sai[son] erfahren. Im Vorjahr hat während der ganzen Sai[son] der Kapitän eines Dampfloggers etwa 13 000 Mk., [eines] Segelloggers etwa 11 000 Mk., ein Steuermann etwa 75[00] bezw. 5000 Mk. verdient. Ein verheirateter Matrose k[onnte] mit seinem Verdienst trotz 16—17 stündiger Arbeitszeit n[icht] einmal seine Familie notdürftig ernähren.

Nach dem von den Arbeitgebern veröffentlichten letz[ten] Angebot — das erste war bedeutend niedriger — verdi[ent] z. B. ein Steuermann eines Segelloggers bei einer täglic[hen] 16—17 stündigen Arbeitszeit einschließlich Sonntagsarbeit z[u]züglich der ausgesetzten Prämie 32 375 Mk. in 5½ Monat[en] Dagegen verdient ein Kartoffelkutscher in Hamburg ab 1. Ju[ni] d. Js. nach dem jetzt abgeschlossenen Lohntarif innerhalb de[r]selben Zeit bei einer 8 stündigen Arbeitszeit und Sonntag[s]ruhe 33 600 Mk. und ein Fensterputzer 36 636,80 Mk. J[ede] Überstunde und Sonntagsarbeit wird bei diesen Berufsgrup[pen] mit 15 % Aufschlag bezahlt.

Von den Heringsfischern wird verlangt, daß der Tar[if]vertrag auf 5½ Monate abgeschlossen wird, während Lan[d]betriebe Tarifverträge höchstens auf die Dauer von 14 Tag[en] abschließen.

Ob aber die Heringe für den Konsumenten auch n[ur] einen Pfennig billiger werden, wenn diejenigen Perso[nen] die ihn bei Sturm und Wetter bei ständiger Einsetzung ih[res] Lebens fangen, nicht soviel verdienen, daß sie ihre Famil[ie] ernähren können.

Eine Kontrolle darüber, daß die Tonnengelder auch ri[chtig] nach den tatsächlich herangebrachten Mengen ausbeza[hlt] werden, soll dem Schiffsmann auch nicht zustehen. [Er] damit zufrieden sein, wenn ihm von der Reederei mitget[eilt] wird, daß er nicht soviel, sondern nur soviel handelsüb[lich] gepackte Tonnen von seiner Fangreise mitgebracht hat. A[uch] hierin soll er sich ganz dem Reeder ausliefern.

Im übrigen hat inzwischen die Schlichtungsinstanz [ent]schieden. Der § 2 des von den Reedern angefertigten [Ver]trags-Entwurfs ist gestrichen. Auch in geldlicher Beziehu[ng] hat der Schiedsspruch, über dessen Annahme oder Ablehnu[ng] jetzt abgestimmt wird, einige Verbesserungen gebracht.

Wedel, 30. Mai 1922.

Verband Deutscher Kapitäne u[nd]
Steuerleute der Hochseefischer[ei]

— Glückstadt, 19. Juni. Von der Heringsfischerei. Sämtliche Heringsfischerei-Gesellschaften haben ihre Logger zur ersten Fangreise fertig gestellt; ob dieselben aber den Fang aufnehmen werden, ist noch sehr fraglich, da sich Lohndifferenzen eingestellt haben, die schon längere Zeit schweben. Die Kapitäne und Seeleute stellen solche Forderungen, welche die Gesellschaften nicht glauben annehmen zu können. Das Schiedsgericht hat den Seeleuten wesentlich höhere Löhne zugebilligt, als die Gesellschaften geboten haben. Die Fischerei-Gesellschaften haben den Schiedsspruch angenommen, die Seeleute aber haben abgelehnt. Hieraufhin sind sämtliche Kapitäne und Steuerleute entlassen worden. Leider geht durch diesen Lohnstreit die schöne Fangperiode verloren.

Die Mannschaft

Die Aufgaben, Löhne etc. der Angestellten und Arbeiter des Landbetriebes waren zu vergleichen mit denen anderer Unternehmungen. Die Arbeiter waren meist Handwerker wie Schiffszimmerleute, Böttcher, Schmiede, Schlosser, Netz- oder Segelmacher, Fischpacker u. a. Sie unterstanden verantwortlichen Meistern wie auch sonst in industriellen Betrieben. Daneben beschäftigten die Landbetriebe immer eine ziemliche Anzahl Hilfsarbeiter, vor allem Hilfsarbeiterinnen in der Packerei und auf dem Netzboden, die zum Teil im Akkord arbeiteten (Löhne im Landbetrieb siehe z. B. im Kapitel Glückstädter Heringsfischerei unter »Arbeiten im Landbetrieb 1902« und »... Konkurs 1969 ...«).

Anders sah es aus bei den Angehörigen der Schiffsmannschaften, die aufgrund ihrer Tätigkeit, ihrer Entlohnung und ihrer Herkunft etwas Besonderes waren. Berufsfischer waren in der Regel nur der Kapitän, der Steuermann und einige ältere Matrosen. Der Kapitän war auch berufsmäßiger Seemann, der nach der Bundesratsverordnung vom 5. 5. 1904 das Patent für Schiffe auf kleiner Fahrt besitzen und der mindestens zwölf – später 24 – Monate auch als Steuermann (Bestmann) in der Hochseefischerei gefahren sein mußte. 1931 wurden, begründet durch die technische Entwicklung der Schiffe, B-Patente für Kapitäne und Steuermänner und C-Patente für Maschinisten eingeführt, die bis zum Ende der Loggerfischerei galten. »1956 wurde in Windheim eine staatliche Seefahrtsschule für B-Patente, die sogenannte ›Matjesakademie‹, mit Unterstützung des Landes Bremen eröffnet« (Brandes, 1984. S. 46). Die Kapitäne durchliefen die Laufbahn vom Jungen, über den Jüngsten bis zum Vollmatrosen. Dann erst konnten sie das Patent erwerben. Der Steuermann war ebenfalls berufsmäßiger Seemann, der auch nach der Bundesratsverordnung von 1904 eine Reihe von Voraussetzungen erfüllen mußte. Kapitän und Steuermann blieben im Gegensatz zum Rest der Mannschaft auch nach Beendigung der Fangsaison oft im Dienst der Heringsfischereigesellschaft. Der Kapitän war für die Schiffsführung, das Anheuern der Mannschaft und die Auswahl der Fangplätze verantwortlich. Der Steuermann löste den Kapitän bei der Führung des Schiffes schon mal ab, er war ansonsten

für das gesamte Geschehen an Deck verantwortlich, vor allem für das Salzen der Heringe an der Warback.

Wenn auch die Aufgaben der weiteren Besatzungsmitglieder aus den Berichten der Loggerleute in diesem Band deutlich werden, so will ich sie doch hier kurz zusammenfassen. Die Mannschaft war hierarchisch gegliedert. Der älteste Matrose war der Wantenehmer, der die Anordnung der anderen auf der Schlachtbank festlegte und das Tempo des Schlachtens durch Nachfüllen der Körbe mitbestimmte. Ihm nachgeordnet waren die beiden Spillöper, die die gesalzenen Heringe aus der Warback in die Fässer füllten und sie mit den Bäuchen nach oben so packten, daß möglichst viele hineinpaßten. Der Abholer brachte die mit gekaakten Heringen gefüllten Körbe zum Salzen und schüttete sie in die Warback. Die anderen Matrosen – meist drei – hatten während des Schlachtens keine besonderen Aufgaben. Der jüngste Matrose war der Cook oder Kock in the room oder im Raum. Er hatte während des Einholens die unangenehmste Arbeit, das Verstauen der nassen Netze, zu verrichten. Von den Leichtmatrosen hießen zwei Oudste oder Audste und einer der Jüngste. Letzterer

272

war der jüngste der Leichtmatrosen. Beim Aussetzen, Einholen und Schlachten erledigten sie Hilfsarbeiten. Die beiden Schiffsjungen, der Reepschießer und der Avhauer, hatten das Reep einzuholen bzw. im Reepraum ordentlich aufzuschießen. Der Koch war nicht nur für die Verpflegung zuständig. Er war in der Regel ein Matrose, der auch Wache gehen und schlachten mußte. Der Heizer auf den Dampf- und Motorloggern erledigte die Hilfsarbeiten an der Maschine und ihre Versorgung mit Kohlen. Sein unmittelbarer Vorgesetzter war der Maschinist. Das Schlachten, vor allem bei einem guten Fang ging alle an, vom Kapitän bis zum Avhauer. Beim Schlachten war die hierarchische Ordnung teilweise aufgehoben.

Die Zweiteilung der Besatzung wird deutlich in der Unterkunft an Bord. Die sieben Matrosen, die drei Leichtmatrosen und die beiden Jungen hatten lange ihr beengtes Quartier vorn, Kapitän, Steuermann, Koch, Maschinist und Heizer hatten hinten etwas mehr Platz. Sie hatten es auch deshalb bequemer, weil sich Kapitän und Steuermann einerseits, Maschinist und Heizer andererseits oft im Sechs-Stunden-Rhythmus ablösten. Die Matrosen und Jungen hatten bis auf den Wacheschiebenden den gleichen Arbeitsrhythmus. Die Kojen waren entweder besetzt oder leer.

Das Bordleben in der Freizeit, das auch einige der in diesem Buch abgedruckten Fotos zeigen, war nicht sehr abwechslungsreich. Es gab keine Post und keine Zeitung und lange auch noch kein Radio. Die Mahlzeiten waren der beste Kalender. Die Menge und die Frische bzw. das Alter des Proviantes waren kein schlechter Zeitmesser (Precht, 1987. S. 100 ff.). Nach fünf Wochen wurde der Vorrat knapp, nach sechs Wochen war er aufgebraucht. Schon einige Tage vorher mußte die Heimreise angetreten werden, auch wenn noch nicht genug Kantjes an Bord waren. Der Beruf des Heringsfischers war hart und auch gefährlich. Wir haben dieses Buch allen auf See gebliebenen Loggerleuten gewidmet, vorn aber nur die 46 Namen der mit den Glückstädter Loggern Tümmler, Stint und Glückstadt ertrunkenen Seeleute abgedruckt. Wilfried Brandes hat 1984 (S. 82) die Schiffsverluste der Loggerfischerei von 1874 bis 1966 aufgelistet, danach sind insgesamt 46 Logger – Kriegsverluste nicht mitgerechnet – untergegangen, davon 31 mit insgesamt 428 Mann.

Erst nach Einführung der Reichsversicherungsordnung 1911 gab es auch in der Heringsfischerei alle damals üblichen Schutz- und Wohlfahrtseinrichtungen. Die Seeunfallversicherung hatte natürlich für die Loggerbesatzungen eine ganz außergewöhnliche Bedeutung. Nach einer Statistik der Seeberufsgenossenschaft war auf Fischdampfern und Heringsloggern die Zahl der gemeldeten Unfälle von 37 im Jahr 1895 auf 249 im Jahr 1911 gestiegen. Darunter waren 14 Todesfälle 1895 (9 bzw. 5 1896 und 1897, 102 im Jahre 1902) und 77 im Jahre 1911, insgesamt von 1895 bis 1911 allein 817 Unfälle mit Todesfolge, wobei vermutlich die Ertrunkenen mitgezählt sind. Die Heringsfischereien gehörten seit 1896 der Seeberufsgenossenschaft an.

Die schwere Arbeit an Deck, im Freien und bei jedem Wetter, beeinträchtigte auch die Gesundheit des Widerstandsfähigsten. Entzündungs- und Hautkrankheiten waren durch die Arbeit des Schlachtens, durch das Scheuern des Ölzeugs und durch den ständigen Kontakt mit Salzwasser am häufigsten. »Die von Bordärzten der Fischereischutzschiffe behandelten Loggerpatienten hatten im Zeitraum von 1950 bis 1968 hauptsächlich folgende Beschwerden: 1. Zahnkrankheiten 1950 = 14%, 1968 = 12,7%. 2. Handeiterungen 13% bzw. 3,1%. 3. Rheumatische Krankheiten 3% bzw.

9,6%. 4. Erkältungskrankheiten 5% bzw. 14%. Der Rückgang der Handeiterungen ist zum Teil wohl auf den Einsatz von Desinfektionsmitteln
zurückzuführen. Von den rheumatischen Krankheiten ist vor allem das
Maschinenpersonal betroffen. Die Zunahme der Erkältungskrankheiten
könnte vielleicht auf die seit 1960 ansteigende Zahl von unbefahrenen
Arbeitskräften... zurückgeführt werden.« (Brandes, 1984. S. 56.)

Der Charakter der Seeleute und die Kaiserliche Marine

In seiner Denkschrift zur Förderung der »Großen deutschen Heringsfischerei« schrieb der erste Präsident des Deutschen Seefischereivereins,
Walther Herwig, 1897 u.a. (ich zitiere zusammenfassend): »Nicht nur die
physischen, sondern auch die psychischen Eigenschaften, jene Ruhe, Kalt-
blütigkeit und Arbeitsausdauer, jene bewußte und instinktive Findigkeit
in schwierigen Lagen, jener unerschrockene Mut in Gefahr können nicht
rasch erworben, sondern müssen durch Generationen vererbt werden. Die
hohe Schule, aus der solche Seeleute hervorgehen, ist nicht die Dampf-,
sondern die Segelschiffahrt, und in der letzteren steht nach alter Erfahrung die Seefischerei in vorderster Linie. Das Verständnis hierfür ist noch
nicht allgemein. Aber es wächst unter dem Druck der Not. Denn täglich
mehren sich die Klagen über den Mangel an tüchtigem seemännischen
Nachwuchs.

Zu eminentester Bedeutung weitet sich die Frage aber aus, wenn sie in
Beziehung zur Kriegsflotte gebracht wird. [Zum forcierten Aufbau einer
großen deutschen Flotte wurde am 18. 6. 1897 Alfred Tirpitz als Staatsse-
kretär ins Reichsmarineamt berufen. Das erste Flottengesetz verabschie-
dete der Reichstag am 28. 3. 1898.] Für unsere Marine ist das beste
Mannschaftsmaterial gerade gut genug. Und wenn sich der m. E. unauf-
haltsame Prozeß der Vermehrung der Flotte erst einmal vollzogen haben
wird, dann möchte ich Deutschland wünschen, daß seine Fischerflotte
neben der Marine und gleichzeitig mit ihr so gewachsen ist, daß sie den
Hauptteil der Bemannung bestreiten kann. Und nicht etwa nur wegen des
Bedarfs im Frieden, sondern wegen der Reserve im Kriegsfall. Wird es
nämlich einmal ernst, so vollzieht sich die Mobilmachung voraussichtlich

mit äußerster Schnelligkeit. Dabei helfen die Mannschaften, die auf der Handelsflotte auf fernen Meeren umherschwimmen, so gut wie nichts. Sie sind zur rechten Zeit nicht zur Stelle zu schaffen. Dagegen steht die stets an die Küste gebundene Seefischereibevölkerung in jedem Augenblick ganz zur Verfügung, eine Tatsache, auf die die Marineverwaltung auf das Eifrigste bedacht sein sollte.«

Die Heringsfischereigesellschaften sollten vor allem auch deshalb unbedingt weiter und stärker vom Reich gefördert werden.

Daß in der Kaiserzeit dieses Lied auf den Fischermann auch von anderen gesungen wurde, verwundert nicht. Ein Jahr vor Kriegsausbruch schreibt Harry Hauschild in seinem Werk über die soziale Lage der Besatzungen der deutschen Hochseefischereifahrzeuge u. a.: »Ebenso wie nun der Charakter der Seefischerei sich von demjenigen anderer Gewerbe unterscheidet, muß notwendigerweise auch ein Charakterunterschied zwischen dem Fischermann und dem bestehen, der es nicht ist... Seine Berufstätigkeit und damit der größte Teil seines Lebens wickelt sich ausschließlich auf dem Meere mit seinen unbegrenzten Horizonten und seinen schrecklichen Launen ab, völlig isoliert von dem Arbeitsfeld anderer Berufsklassen... Es ist doch etwas anderes, in ruhiger Sicherheit hinter dem Pfluge herzuschreiten und in die aufgebrochene Scholle das Samenkorn zu streuen und dann zu sehen, wie es keimend hervorquillt aus dem Erdreich, zur Reife gelangt und geerntet wird, als jahraus, jahrein die salzige Flut abzuernten, die zwar nicht beackert und nicht angesät zu werden braucht, die aber kühl und brüllend plötzlich das junge Weib zur Witwe und die unmündigen Kinder zu Waisen macht. Das alles drückt dem Charakter des Fischers seinen Stempel auf. Man beobachtet an ihm ein streng abgeschlossenes Wesen gegenüber anderen Berufsklassen. Zum Teil stehen deshalb auch die unselbständigen Hochseefischer Bestrebungen, wie sie sich in anderen Arbeitergruppen in gewerkschaftlichem Zusammenschluß und in der Teilnahme an politischen Fragen zeigen, mehr oder weniger verständnislos gegenüber. Wenn sich in den letzten Jahren auch Strömungen geltend gemacht haben, die auf einen gewerkschaftlichen Zusammenschluß aller unselbständigen Arbeiter an Bord der Hochseefischereifahrzeuge gerichtet waren, so haben diese doch nur eine relativ geringe Wirkung ausgelöst. Kaum mehr als 1/3 der Besatzungen der Fischdampfer und Heringslogger sind heute im ›Seemannsverband‹ organisiert.

Der Seefischer ist im allgemeinen viel zu gleichgültig, als daß er sich während seines kurzen Anlandseins mit Fragen beschäftigte, um die von anderer Seite erbitterte Kämpfe geführt werden. Er ist auch nicht der Mann, der sich ohne weiteres zu einem längeren hartnäckigen Kampf bestimmen läßt, um vielleicht geringe wirtschaftliche Vorteile oder bessere Arbeitsbedingungen zu erreichen. Ist er an Land, lebt er in den wenigen Stunden entweder seiner Familie oder bemüht sich nicht selten, möglichst rasch seinen so sauer verdienten Lohn zu verjubeln. Außerdem würde er auch schwer in die Reihe der Parteikämpfer hineinpassen, weil er, sobald er sich benachteiligt oder ungerecht behandelt wähnt, augenblicklich aufbraust und zu Gewalttaten neigt, um sich jedoch bald darauf in stummer Resignation dauernd und willig auch dem Unbilligsten zu fügen... Immer ist er ein guter Soldat gewesen, von echter, unwandelbarer Königstreue. Die Hochseesegelfischer werden mit Vorliebe den Torpedodivisionen zugewiesen, weil sie erstens die Wasserverhältnisse an der Küste genau kennen und dann auch noch an das Im-Wasser-Arbeiten gewöhnt sind. Vielfach werden sie... auch an Bord von Marine-Segelyachten kommandiert. Im übrigen ist der Hochseefischer ein gern gesehener Marine-Soldat.«

Die Löhne der Mannschaften

Die Heringsfischereien boten ihren Mannschaften auf den Loggern bis zuletzt ein Minimum an Stundenlohn, lange eine fast menschenunwürdige Unterkunft und miserable Arbeitsbedingungen. Ohne Not waren selbst die Leute aus dem Mittelweserraum nicht Kapitäne geworden. Die Gewerkschaften und Sozialdemokraten sahen die Übelstände, die nach ihrer Meinung nur den Geldbeutel der Aktionäre füllen sollten. Erst in der Weimarer Republik wurde den Aktionären ein gleichberechtigter Verhandlungspartner oktroyiert. Noch 1908 klagte ein Fischereidirektor auf der Heringskonferenz: »Infolge der sozialdemokratischen Agitation ist man vor einem Streik nie sicher.« Hier ist der Agitator noch so eine Art Terrorist, der sich bald danach zu einem – wenn auch ungeliebten – Verhandlungspartner mausert. Die erste Interessenvertretung der Loggermannschaften war der örtliche Heuerausschuß, der vor jeder Fangsaison mit

Tarifvertrag

zwischen dem

Verein Deutscher Heringsfischereien e. V., Sitz Bremen

und dem

Deutschen Verkehrsbund (Reichsabteilung Seeleute), Sitz Hamburg.

----

§ 1.

Die Schiffsmannschaften der dem Verein Deutscher Heringsfischereien ange-
schlossenen Heringsfischereien werden von diesen auf Grund der gesetzlichen Bestimmungen und zu den Bedingungen dieses Tarifvertrages angenommen.

Die Anmusterung geschieht für die Dauer der Saison. Eine Lösung des Dienst-
verhältnisses vor Beendigung der Saison kann nur aus nachgewiesenen, zwingenden
Gründen erfolgen.

§ 2.

Die Schiffsleute erhalten Grundheuer und Tonnengeld für jede handelsüblich
gepackte Tonne Heringe und Makrelen nach anliegendem Zusatzvertrag, der ein
Bestandteil dieses Vertrages ist.

Für Lampentrimmen einschließlich Fertigmachen der Karbidapparate ist für jede
Reise *RM* 10.— zu zahlen.

Für Wrack- und ungekehlte Salzheringe werden $^2/_5$ der Tonnengelder vergütet.
Sollten ausnahmsweise frische Heringe angebracht werden, so erhält die Mannschaft
von dem Erlös anteilmäßig die auf Fischdampfern üblichen Gesamtprozente.

Bei der Abmusterung erhält der Mann die endgültige Abrechnung über seinen
Verdienst.

§ 3.

Die der Schiffsbesatzung geschuldete Grundheuer kann nach jeder Reise, das
Tonnengeld kann alsdann bis zu 50 % als Vorschuß abgehoben werden. Nach
erfolgter Anmusterung kann ein doppelter Wochenlohn abgehoben werden.

§ 4.

Nach jeder ordnungsmäßig vollendeten Reise von mindestens 50 handelsüblich
gepackten Tonnen erhält jeder der Schiffsleute $^1/_{16}$ Tonne Heringe mit Faß unent-
geltlich. Die Heringe werden von der Reederei gepackt und expediert. Der Versand
hat sofort nach Schluß jeder Reise zu erfolgen.

§ 5.

Die Schiffsleute erhalten das Fahrgeld 4. Klasse einschließlich Gepäckbeförderung
mit der Eisenbahn von und nach dem Orte der Annahme vergütet.

§ 6.

Die Effekten der Besatzungen sind gegen jeden Seeunfall zu Sätzen, wie sie im
Lohntarif festgesetzt sind, versichert. Geht nur ein Teil der Effekten verloren, so wird

278

der Geschäftsleitung der Gesellschaft über die Höhe der Heuer verhandelte. Die seit 1872 existierende, mit der Gründung der Emder Heringsfischereigesellschaft von den Holländern übernommene Anteilsfischerei wurde 1880 durch ein kombiniertes Entlohnungssystem, das einen Grundlohn und einen Anteil am Fang vorsah, abgelöst. Die örtlichen Heuerausschüsse schlossen sich zu einem zentralen Deutschen Heringsfänger-Verband zusammen. Die Heringsfischereiaktiengesellschaften schafften es, Streiks in ihren Betrieben zu verhindern, mußten aber 1907 die Grundheuer anheben, nach Meinung der Direktoren unverantwortlich gewaltig, nach Einschätzung von W. Brandes nur geringfügig. »Der gewerkschaftlich orientierte Deutsche Seemannsverband forderte 1901 in der Denkschrift ›Ein Notschrei der seemännischen Arbeiter‹ von der Reichsregierung Verbesserungen in der Seemannsordnung und bessere staatliche Kontrolle und Aufsicht in der Seefischerei. Müller, Sekretär des Transportarbeiterverbandes, versuchte... bereits 1902, die Heuertariffrage in der Loggerfischerei zum Gegenstand gewerkschaftlicher Politik zu machen. Auch die von Gerichten bestätigten Urteile, daß die Arbeitsbedingungen in der Loggerfischerei sich außerhalb der bestehenden Seemannsordnungen bewegten, konnten für keine Veränderung der bestehenden Arbeits- und Lohnverhältnisse sorgen.« (Brandes, 1984. S. 63.)

»Mit den politischen Veränderungen 1918 und der Einführung der Tarifautonomie der Gewerkschaften, kam es zu einer stärkeren Verhandlungsbasis der Loggermannschaften, die sich zum Teil im ›Deutschen Transportarbeiterverband, Abteilung Seeleute‹ und dem ›Zentralverband der Maschinisten und Heizer‹ organisiert hatten. Die Forderungen der Gewerkschaften nach Aufhebung des bisherigen Heuervertrages und verbesserten Arbeits- und Heuerbedingungen konnten... durchgesetzt werden. Die Gewerkschaftsforderung, die bisherige Anwerbung durch den Kapitän durch eine paritätisch besetzte Heuerstelle zu ersetzen..., wurde von den Arbeitgebern nicht akzeptiert. Die Gewerkschaften lehnten 1922 das Lohnangebot der Unternehmen ab, so daß ein Vertreter des Reichsarbeitsministeriums als Vermittler eingeschaltet wurde. Es kam zu keiner Einigung. Die Loggermannschaften wurden entlassen. Nach erneuten Verhandlungen konnte eine Übereinkunft zwischen den Tarifpartnern erzielt werden. Mit dem Verbot der Gewerkschaften im Mai 1933 endete auch die gewerkschaftliche Tarifpolitik. Die Arbeits- und Heuerverträge

Abrechnung für *Solzmann* **M/L** Traute SG 1

An Bord _4. 6. 53_ Von Bord _2 3. Dez. 1953_

Dienstzeit: _6_ Monate _2v_ Tage

Heuer pro Monat: DM _135,-_ = DM _900_ -

Tonnengeld für:

_3949_ Tonnen Gekehlte à _31_ = DM _1224_ 19

_147_ Tonnen Ungekehlte à _15½_ = DM _30_ 53

_6_ Tage Urlaub à _10_ DM = DM _60_ -

Ausrüstungsbeihilfe: _6_ Reisen à _35,-_ DM = DM _210_ -

= DM

= DM

= DM

= DM

= DM

= DM

= DM

= DM

= DM

= DM

= DM

Bruttoverdienst DM _1424_ 72

Abzüge:

Sozialversicherungsbeiträge .... DM _212,_ -

Lohnsteuern .... DM _237_ 35

Kirchensteuern .... DM _15 48_ -

Notopfer Berlin .... DM _23 80_

DM

DM

_485_ 63

Nettoverdienst DM _939_ 09

abzüglich gezahlter Vorschüsse und bezahlter Rechnungen (siehe Rückseite) ...... DM _1.360_ 40

Schlußzahlung DM _578_ 69

_18. 48_

Glückstadt, den _2 3. Dez. 1953_ 195

_597 17_

Glückstädter Heringsfischerei
Aktiengesellschaft

280

wurden nicht mehr ›ausgehandelt‹, sondern durch den Treuhänder der Arbeit einseitig festgelegt. Die gewerkschaftliche Vertretung der Loggerbesatzungen übernahm nach 1949 die DGB-Gewerkschaft ›Öffentliche Dienste, Transport und Verkehr‹ ...

Im April 1952 forderte die ÖTV die Einführung eines ordentlichen Tarifvertrages für die Frischfischsaison, 20% Erhöhung der Grundheuern und ein Urlaubsentgelt. Die Verhandlungen erbrachten lediglich zehnprozentige Anhebung der Grundheuern und der Tonnengelder sowie eine Urlaubsvergütung. Die Arbeitgeber verwiesen in den nächsten Jahren immer wieder auf die wirtschaftlich schlechte Lage der Loggerfischerei. Die Heuerabschlüsse von 1952 bis 1969 bewegten sich nicht im Rahmen des allgemeinen Lohnanstiegs, so daß das Lohnniveau sich immer mehr zu einem Hilfsarbeiterlohn entwickelte. Die Lohnposten ›Tonnengelder‹ und Prozentanteile im Frischfischfang verloren aufgrund sinkender Fangmengen an Bedeutung, so daß nach Verhandlungen mit der Gewerkschaft ›Garantieheuern‹ eingeführt wurden.« (Brandes, 1984. S.63-65.)

Die sozialen Verhältnisse in der Heringsfischerei unterschieden sich auch deshalb wesentlich von denen der Frischfischfischerei, da die Logger nur sechs bis sieben Monate im Jahr unterwegs waren. Die Art der Entlohnung war bei der Gründung der Emder Heringsfischereigesellschaft 1872 von den Holländern übernommen worden und hieß Anteilsfischerei. Danach betrug die Summe der Fanganteile für die ganze Besatzung in Emden 27,75%. Diese verteilten sich auf die einzelnen Mannschaftsgrade folgendermaßen: Kapitän 4%, Steuermann 2,5%, acht Matrosen je 2%, zwei Leichtmatrosen je 1,5%, Jüngster 1%, Reepschießer 0,75% und Avhauer 0,5%. Diese Art der Entlohnung wurde bald durch die Gewährung eines Grundlohnes erweitert. Die Mannschaften erhielten bei allen deutschen Heringsfischereigesellschaften einen festen Lohn, verbunden mit Fanganteilen. Nur der Lohn des Kapitäns bestand ausschließlich aus Fanganteilen. 1914 sah die Lohntabelle folgendermaßen aus (sie hatte sich gegenüber der von Herwig 1897 veröffentlichten erheblich verändert): Der Kapitän erhielt 4,5 % vom Fang abzüglich 5 Mark pro Tonne und 3 % Skonto, Steuer- oder Bestmann 13,50 Mark Wochenlohn und 0,40 Mark für jede angelandete Tonne, Matrose 12 Mark und 0,32 Mark Tonnengeld, Leichtmatrose 9 Mark und 0,24 Mark, Jüngster 6,75 Mark und 0,17 Mark, Junge 5 Mark und 0,12 Mark und Abholer 4,50 Mark und 0,11 Mark. Bei

3

Deutsches Reich.

Musterrolle

der Mannschaft des deutschen *Dampf* Schiffes

Glückstadt

Heimatshafen:
Registerhafen:
Glückstadt

Unterscheidungssignal:
L M T H

Für die Reise*) 1926 *(eintausendneunhundert*
Zeit*) *sechsundzwanzig)*

Hafen der Ausreise: *Glückstadt*

Vor dem unterzeichneten Seemannsamte sind*) erschienen der nachbenannte Schiffer auf *mittlerer* Fahrt als Kapitän einerseits, und die unter Nr. *1* bis *16* nachbenannten Schiffsoffiziere und Schiffsleute andererseits und haben erklärt, daß diese sich zum Schiffsdienste nach Maßgabe der deutschen Seemannsordnung auf dem obengenannten Schiffe und, soweit nicht nachstehend anderes vermerkt, für die vorbezeichnete Reise*) Zeit*) gegen die bei ihrem Namen angegebene Heuer sowie nach Empfang des unter der Heuer angegebenen Vorschusses und unter den umstehend aufgeführten weiteren Bedingungen verheuert haben.

Die Heuer ist, soweit dabei nichts anderes vermerkt steht, in Mark und für den Monat angegeben; die Zahlung beginnt mit dem Tage der Anmusterung, soweit ein früherer Tag des Dienstantritts vermerkt ist, mit diesem.

Glückstadt, den *28. Mai* 19*26*

Das Seemannsamt.

Preuß. Musterungsbehörde

gez. Haren

*) Das Unzutreffende ist zu durchstreichen.

Lager-Nr. 395. Formular A. — J. Johannsens Buchdruckerei (Joh. Jöbeln) Schleswig.

Lau-fende Nr.	Name und Stellung. Wohnort. Unterschrift des Angemusterten.	Geburtsort und Geburtsdatum. Erste Versicherungsanstalt und Unterscheidungssignal des letzten Schiffes. Sonstige Angaben zur Invalidenversicherung.*)	Heuer. Vorschuß. Tag des Dienstantritts.	Ende des Dienstes. Abmusterndes Seemannsamt.
1	2	3	4	5
1	Lütz Paul Steuerm. u.P. Glückstadt gez. Paul Lütz	Steinmocker ²⁶/₇ 97 Schlesw.-Holst. L.M.S.Z.	23.— 46.— 28,5 1926	
2	Evert Otto Maschinist Stettin gez. Otto Evert	Dreschwitz ⁵/₁₀ 93 Pommern L.M.S.Z.	monatl. 200.— 100.— 28,5 1926	
3	Gerdes Eduard Matrose Carolinensiel gez. Eduard Gerdes	Carolinensiel ²⁸/₁₁ 05 Hannover L.M.S.Z.	18.— 36.— 28,5 1926	
4	Lütz Robert Matrose Glückstadt gez. Robert Lütz	Perkin ²⁴/₁ 05 Schlesw.-Holst. L.M.S.A.	18.— 36.— 28,5 1926	
5	Bachstein Bruno Matr. Dessau gez. Bruno Bachstein	Löbten ²⁵/₁₂ 94 Dessau L.M.S.Z.	18.— 36.— 28,5 1926	
6	Hellmann Otto Matr. Münchehagen gez. Otto Hellmann	Münchehagen ¹³/₅ 91 Clausburg L.T.N.J.	18.— 36.— 28,5 1926	
7	Helmerking August Matrose Schlüsselburg gez. Aug. Helmerking	Schlüsselburg ²⁷/₁ 03 Westfalend L.M.S.Z.	18.— 36.— 28,5 1926	
8	Taupen Johs Matrose Friedrichschleuse gez. Johs Taupen	Friedrichs-schleuse ¹³/₇ 02 Oldenburg L.M.S.Z.	18.— 36.— 28,5 1926	

*) z. B. (höhere) „Lohnkl. III vereinbart (veranlagt)"; Militärdienstzeiten in der abgekürzten Form: „M. von ____ I ____ bis ____ I ____"; Hinweis auf etwaige der Musterrolle beigefügte Bescheinigungen über die als Beitragszeit anzurechnenden Krankheiten.

einem Fang von mehr als 100 Kantjes pro Reise erhielten alle ein sogenanntes Voering und Klimmgeld zwischen 6 Mark für den Kapitän und 1 Mark für den Abholer. Alle bekamen pro Reise den sogenannten Deputathering, das waren für den Kapitän und den Steuermann je ein achtel und für die anderen je ein sechzehntel Faß. Wenn der Logger in der ganzen Saison mehr als 800 Kantjes anlandete, dann gab es nach der letzten Reise nochmals ein viertel Faß für Kapitän und Steuermann, ein achtel für die Matrosen und je ein sechzehntel für den Jüngsten, den Jungen und den Abholer.

Krieg und Revolution brachten außerordentliche Lohnbewegungen mit sich. Die beiden Arbeitnehmerverbände Deutscher Transportarbeiterverband (Reichsabteilung Seeleute, Sitz in Hamburg) und der Zentralverband der Maschinisten und Heizer Deutschlands (Sitz in Berlin) schlossen am 19. 2. 1920 mit dem Verein Deutscher Heringsfischereigesellschaften (Sitz in Bremen) einen neuen Tarifvertrag für die Besatzungen der Heringslogger ab, der nun eine Grundheuer und Tonnengeld auch für den Kapitän vorsah und die Höhe nach Loggertyp unterschied. Der Kapitän eines Segelloggers hatte Anspruch auf 1 010 Mark monatlicher Grundheuer und 7 Mark Tonnengeld, der eines Motorloggers 980 Mark und 6,13 Mark und der Kapitän eines Dampfloggers sollte 950 Mark und 5,25 Mark erhalten (der ganze Tarifvertrag ist abgedruckt bei Jasper, 1921. S. 163ff.). Nach Jasper (S. 62) verdienten die Loggermannschaften nicht schlecht, auch deshalb nicht, weil sie an Bord freie Kost und freie Unterkunft und dort auch keine Gelegenheit hatten, den Verdienst auszugeben. Rechnet man jedoch den Stundenlohn aus, dann kommt man auf einen niedrigen Satz. Wenn die Mannschaften nach der Saison von vielleicht sechs Monaten keine Arbeit an Land oder auf einem Frischfischfänger fanden, dann reichte der Verdienst wohl kaum, um über den Winter zu kommen. In der Weimarer Republik und in der Nazizeit sank das Realeinkommen der Loggermannschaften ständig, denn von 1926 bis 1938 wurden die Grundheuern nicht ausreichend erhöht. 1952 wurde erstmals eine Urlaubsvergütung in den Tarifvertrag einbezogen. Um die Abwanderung der Mannschaften zu verringern, wurden 1962 Treueprämien gezahlt, und in den letzten Verträgen bis 1969 wurde die Garantieheuer eingeführt, da wegen der geringer werdenden Fangerlöse die Tonnengelder immer weniger einbrachten (nach Brandes, 1984. S. 61f.).

Essen an Bord

Die Tarifverträge schrieben genau vor, was der Mannschaft an Lebensmitteln zustand und was der Koch mindestens leisten mußte. Der Mann für die Küche war anfangs sicherlich nicht einmal ein Hobbykoch. Seine ursprünglich wichtigere Aufgabe war als« Cook in the room« das Verstauen der Netze beim Einholen. Aber langsam verselbständigte sich seine Arbeit als Koch – auch wenn er immer mit auf die Schlachtbank und sonstige Arbeiten verrichten mußte. »Koch gut – Mannschaft gut« und umgekehrt, dieser Ausspruch leuchtet ein. Die »Bratjes«, kleine frische Heringe gebraten, – für mich schon immer das leckerste Heringsessen – waren, wie Winckler schreibt, obligatorisch. Außerdem waren z. B. vor dem Ersten Weltkrieg in der Speisekammer verstaut: Frisches und Hartbrot, Mehl, weiße Bohnen, Reis, grüne Erbsen, braune Bohnen, Speck, drei Faß Pökelfleisch, Butter, 2 000 Liter leichtes Bier, 80 Liter Branntwein, Käse, Pflaumen, Rosinen, Korinthen, Schmalz, Wurst, Weinessig, Kaffeebohnen, Tee, Zucker, Sirup, Zichorien, Pfeffer, Elixier, Senf, Rüböl, 6 Hektoliter Kartoffeln, Sauerkohl, und außerdem hatte der Koch 10 Mark vom »Fischerei-Kontor« zum Kauf von frischem Gemüse erhalten.

Auf dem Logger gab es auch später immer noch weniger Rind- und Schweinefleisch, Geflügel, Eier, Dosenmilch, Zucker oder Frischobst als auf den Frischfischfängern, die ja eine erheblich kürzere Zeit auf See waren als die Logger. Dafür gab es reichlicher Brot und Kartoffeln. Deshalb brachten die Loggerleute in der Regel mehr Eigenproviant mit, wie Schinken und Mettwürste, Produkte ihrer Nebenerwerbsstellen im Mittelweserraum. Die Mannschaft im Vorderschiff, die Matrosen und die Jungen, aßen in ihrer Unterkunft getrennt von Kapitän, Steuermann, Koch, Maschinist und Heizer, die hinten ihre Mahlzeiten einnahmen.

Einen Sonntag gab es auf See eigentlich nicht. Mindestens wurde auch dann von frommen Kapitänen – wenn es sie denn gab – die halbe Fleet ausgesetzt. Man merkte den Feiertag allenfalls daran, daß der Koch z. B. einen Pudding oder eine andere Leckerei gemacht hatte. Wie der Glückstädter Wilhelm Paulsen berichtet, gab es um die Jahrhundertwende sonntags wenigstens einen Schnaps.

Der Alkohol spielte an Bord sicherlich keine unbedeutende Rolle. Vor

Speiserolle.

Tägliche Ration.

Brot	Fleisch	Fisch	Wasser	Hülsenfrüchte
Brot 500 g oder Mehl zum Backen 375 g	Rindfleisch 250 g oder Schweinefleisch 200 g oder geräucherter Speck 175 g „im Stück gewogen" oder präserviertes Fleisch in Dosen 150 g; bei der Verproviantierung im Inland, soweit erhältlich. Bei Gewährung von Salzfleisch sind 300 g Rindfleisch oder 250 g Schweinefleisch auszugeben. In Dosen präserviertes Fleisch ist nach sechswöchigem alleinigen Genuß von Salzfleisch zweimal wöchentlich an Stelle des gesalzenen Fleisches zu geben	Frischer Fisch 750 g oder getrockneter oder gesalzener Fisch 375 g, jedoch nur an zwei Tagen in der Woche	7¹/₂ Liter	Dreimal wöchentl. je 250 g oder als Ersatz mehlhaltige Nährmittel 250 g

Als tägliche Ration wird Fleisch oder Fisch gewährt. Es ist für möglichste Abwechselung zwischen Fleisch und Fisch und zwichen den einzelnen Fleischsorten zu sorgen

Wochenration.

Kartoffeln und Gemüse	Butter	Brotaufstrich	Kaffee	Tee	Zucker	Getrockn. Früchte	Gewürze
Kartoffeln oder kartoffelähnliche Knollengewächse; Sauerkohl oder frisches oder gesalzenes oder konserviertes oder Trockengemüse zur Sättigung. An Stelle der Kartoffeln oder kartoffelähnlichen Knollengewächse können 150 g getrocknete Kartoffeln für den Tag gegeben werden oder 200 g Mehl als Ersatz	Butter oder Schmalz oder Margarine 350 g oder Baumöl 125 g. Butter oder Schmalz können nur in Höhe der behördlichen Ration des Liegehafens beansprucht werden; die Differenz darf in Margarine oder Baumöl gewährt werden	Marmelade oder zuckerhaltiger Brotaufstrich 250 g	Bohnenkaffee 50 g und Kaffeeersatz 150 g, beides in geröstetem Zustand	30 g	150 g	100 g	Senf, Essig Pfeffer Salz Zimt nach Bedarf.

Für Speisezubereitung wöchentlich an Küche für den Mann.

Fette	Zucker	Nährmittel	Mehl
125 g	Zucker 50 g oder Sirup 75 g	Mehlhaltige Nährmittel oder als Ersatz Reis oder Hülsenfrüchte 800 g	100 g

Vorläufig im Hafen mindestens wöchentlich einmal frisches Fleisch und soweit erhältlich frischer Proviant. 3 Wochen nach Ausreise sind für jeden Mann täglich 20 g Zitronensaft oder Rum zu verabreichen. Butter oder Schmalz oder Margarine ist der Reisedauer entsprechend mitzunehmen. Als Ersatz für Butter können auch, wenn Schmalz und Margarine sowie Baumöl fehlen, für den Mann 150 g Fleisch oder 100 g Speck für einen Tag mehr gegeben werden.

286

allem auf den An- und Rückreisen wurde er konsumiert. Während des Aussetzens und Einholens und während der Verarbeitung des Fanges konnte man sich das wohl kaum leisten. Die Einstellung des Kapitäns spielte dabei eine wesentliche Rolle (Brandes, 1984. S. 57). Wenn der Heringsfänger aber zwischen zwei Reisen für vielleicht zwei Tage zu Hause war, dann gab es in der Regel Sonntagsessen mit Braten, Pudding und Kuchen.

Die Mannschaftsfrage
Referat des Direktors Dr. Kool aus Emden
auf der Heringskonferenz 1908:

»Die fortwährend stattgefundene Ausdehnung der Heringsflotte ist in erster Linie Schuld daran, daß die Mannschaftsfrage nach wie vor ihrer Lösung harrt. Die Flotte umfaßte 1905 178 Schiffe mit 2 600 Mann Besatzung. Sie wird im Jahre 1908 250 Schiffe mit annähernd 3 600 Mann Besatzung zählen. In vier Jahren ist der Bedarf also um mehr als 30% gestiegen. Sodann ist der Aufschwung der Industrien der letzten Jahre als weiterer Grund für den Mangel an geeigneten Leuten zu betrachten. Waren doch die höheren und steigenden Lohnsätze der Industriebezirke verlockender als der Verdienst, welchen der Heringsfang gewähren konnte. Unter diesen Umständen sehen sich die Fischereien immer mehr gezwungen, sich im Auslande nach Ersatz umzusehen, und kaum eine einzige Fischerei wird in der nächsten Saison imstande sein, ihre Flotte nach See zu senden, ohne eine beträchtliche Anzahl Ausländer in ihrem Dienst zu haben. Vor Anfang der jetzt abgelaufenen Saison von 1907 beschlossen die Fischereien notgedrungen, den Satz der Tonnengelder erheblich zu erhöhen, und zwar um 20 Prozent für die Matrosen und um 20 bis 80 Prozent für die Leichtmatrosen und Jungens, während der Wochenlohn der beiden jüngsten Jungens an Bord, Reepschießer und Abholer, um 10 resp. 50 Prozent erhöht wurde... Diese sehr große Vermehrung der Kosten kann gerade jetzt von den Fischereien äußerst schlecht getragen werden, wo, durch die stetig gesunkenen Heringspreise, eine Deckung der Kosten aus dem Erlös schon ohne diese Mehrausgabe eine sehr fragliche sein wird... An eine weitere Lohnerhöhung ist aus dem Grunde gar nicht zu denken: sie würde den Untergang der Fischereien bedeuten.

Man hätte erwarten dürfen, daß diese für die Fischereien so einschneidende Maßregel der Lohnerhöhung eine Verbesserung der Güte der sich meldenden Mannschaften zeitigen würde – dem war aber nicht so: selten sind seitens der Fischereien so viele Klagen wegen schlechter Führung und wegen Rücksichtslosigkeit, mit der das Eigentum der Gesellschaften seitens der Besatzungen behandelt worden ist, laut geworden, wie im abgelaufenen Jahre. Der alte Stamm der tüchtigen Heringsfischer wird immer kleiner, ein neuer Nachwuchs bildet sich nicht heran, und was sich

Dem Fürsorgezögling Karl Wuntke geboren am 7. März 1894 zu Gelsenkirchen wird hiermit bescheinigt, daß der Landeshauptmann in Westfalen zu Münster ihm die Erlaubnis erteilt hat, mit Kapitän Deterding auf den Heringsfang zu gehen.

‑ziehungsanstalt „Gotteshütte"
Kleinenbremen am Wesergebirge.

Den 29. Mai 1909

Klem, Hausvater.

zur Anmusterung anbietet, ist manchmal sehr zweifelhaften Wertes. Aber fast noch größer als an Matrosen ist der Mangel an Jungens. Es fällt äußerst schwer, brauchbare Jungens an Bord zu bekommen; befahren sind sie nur sehr ausnahmsweise; meistenteils sind sie sehr ungeschickt ... In meinem Referat der Konferenz von 1905 habe ich über die damaligen Versuche der Fischerei ›Neptun‹ mit der Heranziehung von Fürsorgezöglingen berichtet... Seitdem... haben wir sie weitergeführt und ausgedehnt. Wo wir auf den Loggern hatten: im Jahre 1904 10 Fürsorgezöglinge, wovon 8 desertierten..., 1905 30 ..., wovon 10 desertierten ..., 1906 51 ..., wovon 15 desertierten ..., 1907 66 ..., wovon 6 desertierten, während 1908 70 bis 80 Fürsorgezöglinge voraussichtlich fahren werden. Den sehr starken Rückfall... der Weggelaufenen im letzten Jahre verdanken wir dem Umstand, daß wir einen Diakon mit der ständigen Beaufsichtigung und ausschließlichen Behandlung der Zöglinge während ihres Aufenthaltes an Land beauftragt hatten, der zuvor durch längeren Aufenthalt in den betreffenden Anstalten diese Zöglinge und ihre Charaktere kennen gelernt hatte. Ihm hatten wir einen gemütlichen Saal zur Verfügung gestellt, wo die Jungens am Abend verweilen und von den Versuchungen der Wirts-

289

häuser ferngehalten werden konnten. Obwohl wir durch diese Maßregel sehr viel gewonnen hatten, so wurde der Hauptzweck, die bleibende Heranziehung der Zöglinge nicht erreicht, indem sie sich, obwohl kontraktlich dazu verpflichtet, im zweiten Jahre nicht wieder zur Anmusterung meldeten. Im ganzen haben von sämtlichen in den vier Jahren verpflichteten 157 Zöglingen nur 20 ihre zwei Jahre durchgehalten, also nur 14 Prozent. Die Hauptursache dieses Mißerfolgs ist, daß Jungens, welche ohne jede Vorbereitung aus den Großstädten und vom Innenlande in das vom Landleben so sehr abweichende Seemannsleben übergepflanzt werden, sich nur äußerst schwer an Bord gewöhnen können, während sie in den Wintermonaten, in welchen der Heringsfang gänzlich ruht, eine nur geringe Gegelegenheit haben, auf anderen Seeschiffen anmustern zu können. Wir begrüßten es deshalb mit großer Freude, als der Landeshauptmann der Provinz Westfalen sich entschloß, eine Vorschule zum Seemannsberuf zu gründen, die Bark ›Albion‹ ankaufte, zu einem Schulschiff umbauen ließ und unter dem Namen: Ausbildungsschiff ›Klarzumwenden‹ hier in Emden als Liegeschiff stationierte. Von den in den Anstalten von Westfalen, Hannover und Rheinprovinz sich freiwillig meldenden Zöglingen wurden die geeignetesten ausgesucht, und mit reichlich 50 Jungens von 14 bis 17 Jahren wurde der Betrieb Anfang 1908 unter Leitung eines sehr tüchti-gen, sich besonders dazu eignenden, früheren Deckoffiziers der Kaiserlichen Marine, unterstützt von dem Diakon und 4 Matrosen eröffnet. Nach einem bestimmten Stundenplan werden den Jungens nebst theoretischen, sich an den Lehrplan der Volksschule anschließenden Unterricht, die ersten Grundlagen der Seemanns, Steuermanns-, und Fischereikunde beigebracht, während Knoten, Spleißen, Rudern, Segeln sie praktisch für den Seemannsberuf vorbereitet. In zwei aufeinanderfolgenden Sommern werden sie auf den Heringsloggern fahren, und in dem dazwischen liegenden Winter wieder an Bord des Schiffes ›Klarzumwenden‹ weiter ausgebildet werden. Man darf begründete Hoffnung hegen, daß die auf diese Weise vorbereiteten ausgebildeten Jungens dem Seemannsberuf dann auch weiter erhalten bleiben werden. Es ist in den letzten Monaten vieles für und gegen die Unterbringung von Fürsorgezöglingen an Bord von Schiffen gesprochen und geschrieben worden. Man fürchtet hauptsächlich, daß sie, als minderwertige Charaktere, einen demoralisierenden Einfluß auf die übrige Mannschaft ausüben könnten. Dem könnte man gegenüberstellen, daß es denn doch für die Seeschiffahrt viel wünschenswerter sei: erzogene minderwertige Charaktere anzumustern, als verpflichtet zu sein, unerzogene minderwertige Charaktere aufnehmen zu müssen, wozu der jetzige Mangel an Mannschaften geradezu zwingt... Unter den vielen Tausenden Zöglingen Deutschlands aber (allein die Provinz Westfalen hat deren 2 500 männliche) gibt es sehr viele, welche in jungen Jahren aus den Händen ihrer sie verwahrlosenden Eltern genommen worden sind, um sie aus ihrer Umgebung heraus zu reißen und vor dem Untergang zu retten. Eben diese Verwahrlosten und nachher ordentlich Erzogenen ..., diese sollen in Betracht kommen. Eine ganz bewußte, sorgfältige Sichtung also. Wer sich von diesen freiwillig meldet und sich an Bord des Schulschiffes als geeignet für den Seemannsdienst herausstellt, der soll als Seemann ausgebildet werden.«

Die Herkunft der Loggermannschaften

Der weitaus größte Teil der Loggermannschaften stammte nicht von der Küste, sondern aus dem Binnenland und fast die Hälfte – zumindest noch in den 1930er Jahren – aus dem Gebiet der Mittelweser, nämlich den Kreisen Minden, Nienburg, Bückeburg, Stadthagen und Grafschaft Schaumburg (auf den Glückstädter Loggern fuhren auch viele Sachsen aus der Gegend um Dresden). Die große Beteiligung der Mittelweser-Bevölkerung an der Heringsfischerei steht im Zusammenhang mit der früheren Hollandgängerei aus diesem Raum, die bis ins 17. Jahrhundert, das goldene Zeitalter der Niederlande, zurückgeht. Dorthin wanderten jene Männer, die in ihrer Heimat im Sommer keine Arbeit fanden, und sie kamen auch mit der Schiffahrt und der Fischerei in Berührung.

Anfang des 19. Jahrhunderts, als die Hollandgängerei schon im Abklingen war, gingen allein aus dem Kreis Minden jährlich durchschnittlich 115 Männer in der Saison nach Holland. Ende des 19. Jahrhunderts sollen allein aus den rechtsseitigen Mittelweserdörfern des Kreises Minden jährlich 50 bis 60 Männer nach Holland auf Heringsfang gezogen sein. Mit der Gründung deutscher Heringsfischereien vor allem der Bremen-Vegesacker 1895 wechselten sie auf deren Logger. »Das Zentrum der

„Heringsdörfer" im Kreise Minden

Sechs Monate Nordseefischer, sechs Monate Weserbauer — Die erste deutsche Seeberufsschule

Im nördlichsten Zipfel des Kreises Minden liegen die „Heringsdörfer" an der Weser: Heimsen, Bierde, Neuenknick, Ilse, Ilvese, Rosenhagen, Windheim, Lahde und andere Ortschaften mehr. Breitgiebelige Bauernhäuser mit einem landläufigen Misthaufen vor der Tür und einem fetten Schwein im Stall. Und doch — hier sind Heringsfänger zu Hause.

Da lehnt ein graubärtiger Heringsfänger am Dielentor und „imölt sich eins". Draußen auf seinem Heringslogger in der salzigen Nordsee ist ihm ein Priem lieber, aber daheim bei Muttern lobt er sich seine Piep ... Von der Stube her singt die Stimme seines Jüngsten, ein Seemannslied.

„Da hören Sie's! Dem steckt's auch schon im Blute, das Meer, der Heringsfang, wie bei uns allen von Kindesbeinen an, vom Urgroßvater her. Der wanderte zwar noch hinüber nach Holland mit der Sense übern Rücken zum Grasmähen. Mit 25 bis 30 Talern in der Tasche kam er dann nach drei Monaten zurück. Und als eines Tages für seine Sense keine Arbeit mehr zu finden war, da ging er mit den holländischen Heringsfängern, die damals die Nordsee beherrschten, in See. Heute sind wir rund 1300 westfälische Heringsfänger im Kreise Minden, die auf deutschen Heringsloggern von Mai bis November auf Fang gehn. Dazu kommen noch all' die vielen anderen im benachbarten Schaumburg-Lippe, im Kreise Stolzenau in Münchehagen, Loccum und Wiedensahl. Im Kreise Minden sind wir nicht weniger als 60 Kapitäne, die mit ihren Mannschaften bei den Heringsgesellschaften in Bremen, Vegesad und Emden ihr Brot verdienen. Zu einem Dampflogger gehören immer ein Kapitän und 17 Mann, die meist aus demselben Dorf stammen und wie Pech und Schwefel zusammenhalten ..."

Wenn die Heringsschwärme kommen — so erzählt der Seebär, der sich hier auf seinem eigenen Grund und Boden in nichts von den westfälischen Landratten unterscheidet — gibt es alle Hände voll zu tun. Dann heißt es alle Mann an Bord. Abends werden die riesiggroßen Netze ausgelegt und morgens wieder eingeholt und entleert. Gleich auf See werden die Heringe ausgeschlachtet und gesalzen. Geht ein Logger nach den Fangtagen an Land, so wird für die Mannschaft, die drei bis vier Wochen — oft ist es die englische und norwegische Küstenzone — draußen auf See lag, meist ein dreitägiger Urlaub bewilligt. Es ist keine Seltenheit, daß die gesamte Loggermannschaft mit einem Omnibus von der Wasserkant abgeholt und schnellstens nach der Weserheimat befördert wird, wo vielleicht gerade Kindtaufe, Verlobung, Hochzeit oder Schützenfest gefeiert wird, bei dem der heimische Heringsfänger unter keinen Umständen fehlen dürfen; denn die bringen erst die richtige Stimmung mit. Schließlich will man auch einmal schnell selbst nachsehen, ob die Erben daheim im Gärtchen an der Weser gut angesetzt haben, ob das Jüngste schon laufen gelernt hat und was dergleichen Freuden des menschlichen Daseins mehr sind. Und für die Daheimgebliebenen ist es immer ein Freuden- und Festtag, wenn die Ernährer der Familien unter ihnen weilen.

So mancher von ihnen sah die Heimat nicht wieder. Er wurde bei stürmischer See über Bord gespült. Im Jahre 1905 fanden 30 Heringsfänger aus dem Kreise Minden den Seemannstod ...

Alljährlich im Herbst kehren die Heringsfänger mit klingendem Lohn in den Taschen für die Wintermonate wieder in die Heimat an der Weser zurück, sich ihrer eigenen Scholle freuend, die sie so lange nicht unter den Füßen gehabt haben. In der Regel kehren die erfahrenen Käptens, die Steuerleute, Leichtmatrosen und Schiffsjungen um Martini in die Heimat zurück. Der salzige Geruch des Meeres umwittert sie noch ...

Bisher mußten die Leichtmatrosen und Schiffsjungen im berufsschulpflichtigen Alter nach ihrer Rückkehr in die ländliche Berufsschule, deren Interesse zu 99 v. H. der Landwirtschaft gelten mußte. Sinn und Trachten der jungen Heringsfänger aber galt ihrem besonderen Berufe, galt Schiff und Meer. So saßen sie oft ohne die notwendige Anteilnahme am Unterricht in den Schulbänken. Jahre hindurch klaffte diese Lücke im Unterricht. Erst jetzt, vor einigen Wochen, wurde, wie wir berichteten, in den Heringsdörfern an der Weser auf Betreiben der beiden Mindener Regierungsräte Dr. Rütten und Elschenbroich eine leiende Berufsschulung der jungen Heringsfänger eingerichtet und damit die erste deutsche Seeberufsschule überhaupt gegründet, in der Käpten Buchholz den Fachunterricht erteilt.

Es ist nicht Sinn dieser ersten deutschen Seeberufsschule hohe nautische Wissenschaft zu vermitteln. Wohl aber soll der junge „Scheeper" die elementaren Dinge des täglichen Lebens innerhalb und außerhalb seines Berufskreises beherrschen. Hier ist die praktische Arbeit mit in den Lehrplan aufgenommen, diejenige praktische Arbeit, die ordnungsgemäß zu erlernen auf See keine Zeit frei zu machen ist. Im Mittelpunkt des Unterrichts steht das Netz mit allem, was dazu gehört. Der berufspraktische Unterricht kann deshalb nur von einem erfahrenen Käpten erteilt werden, der im Heringsfang von der Pike auf groß geworden ist. Er kennt auch den „Verkehrston" der Jungfischer am besten. Wenn man in den Unterricht hineinkommt, ist es eine Freude zu sehen, wie hier mit Netzen und Garnen, mit Tauen und anderen Arbeitsgeräten im Gruppenunterricht hantiert wird, wie jede „Seemannschaft" bestrebt ist, der anderen an Leistung nicht nachzustehn.

Bei diesen Jungen braucht es kaum besondere Beispiele, um ihnen die Volksgemeinschaft begrifflich klar zu machen. Sie erleben sie bei jeder Ausfahrt. Sie bilden eine Schicksalsgemeinschaft auf hoher See, in der der eine soviel wert ist wie der andere. „Wer nie fortgeht, kommt nie heim." Sie aber kehren alljährlich wieder in ihre Heimat zurück, an der sie hängen, so zäh, so verbunden wie die schollenbewußten Bauern auf ihren Erbhöfen an der Weser.   TAM.

Mittelweser-Heringsdörfer ist das Amt Windheim, und von diesem [sind es] die Dörfer Ilvese, Heimsen, Schlüsselburg und Windheim. Bei der Volks- und Berufszählung vom 17. Mai 1939 wurden erstmalig in den Kreisen Minden, Nienburg, Bückeburg und Stadthagen die Heringsfänger genau erfaßt. Gezählt wurden damals im Amt Windheim 465, im Amt Petershagen 42, im Kreis Nienburg 245, im Kreis Bückeburg 60 und im Kreis Stadthagen 142, zusammen 954 Heringsfänger.« (Kleeberg, 1948. S. 224.)

Der Anteil der männlichen Bevölkerung von 16 bis 60 Jahren am Heringsfang betrug 1939 in Münchehagen bzw. Loccum im Kreis Nienburg 25% bzw. 12,8%, im Gutsbezirk Baum/Kreis Bückeburg 35%, in Ilvese bzw. Seelenfeld im Kreis Minden 39,5% bzw. 28,1%. »Die große Zahl Angehöriger eines seemännischen Berufs tief im Binnenlande brachte es mit sich, daß auch der theoretischen Berufsausbildung dieser jungen Leute mehr Beachtung geschenkt wurde. Schon seit 1910 gab es an der Mittelweser Lehrgänge für Steuerleute auf kleiner Fahrt, die als Zweigstelle der Reichsseefahrtsschule in Wesermünde eingerichtet waren.« (Kleeberg, 1948. S. 228.) Die Kurse fanden in den Wintermonaten statt und dauerten 15 Wochen. Die Bremen-Vegesacker zahlte ihren Schülern 100 Mark für Schulgeld und Lehrmittel. Da die Jungen schon im Alter von 15 Jahren

№ *1345*, *Hamburg, den* *13 Juni* 19*10*

Seitens der **Kaiserlich Russischen Gesandtschaft** *steht der Anmusterung des russischen Untertans* *Herbert Suebovitz* *geboren zu* *Riga* *am* *1891* *nichts im Wege.*

Im Auftrage der Kaiserlich Russischen Gesandtschaft.

293

Ich teile Ihnen mit daß
ich die Einwilligung von
meinen Eltern habe daß
ich auch die Härings„
fischerei kann fahren.
Ich bin im Alter von
14½ Jahr gesund und kräf„
tig habe auch Lust und
Liebe zur See.

Es grüßt Hochachtungsvoll
Willi Schust

Rottwerndorf b. Pirna;
am 13/4.1908,

Erkläre hiermit die Einwillig
ung für meinen Sohn
Wilhelm (Willy)
zu den anstehenden Verhalten

Rottwerndorf, am 13. April 1908.

Otto Schust

auf einem Heringslogger anheuerten, aber bis 18 berufsschulpflichtig waren
– und dazu zählten 1934 allein im Amt Windheim 170 Jugendliche – wurden im Kreis Minden, in Lahde, Windheim, Heimsen und Neuenknick,
vier Berufsschulklassen für Heringsfischer eingerichtet, die 1936 schon
111 Schüler zählten. In den Monaten Januar bis April wurden dreimal
wöchentlich fünf Stunden Unterricht erteilt. 1934 gab es im Kreis Minden 1 300 Personen, die bei verschiedenen Heringsfischereien arbeiteten,
davon 800 allein in Bremen-Vegesack. Die alten Heringsfischer besaßen
in der Regel ein kleines Haus mit bis zu drei Morgen Land. Sie waren auf
die Einnahmen aus dem Heringsfängerberuf angewiesen, da andere Er-
werbsmöglichkeiten an der Mittelweser damals nicht vorhanden waren.
In den Familien waren oft Großvater, Vater, Enkel und Brüder in der
Heringsfischerei während der Saison tätig gewesen. Von Ende November
bis Mai arbeiteten sie zu Hause. Der kleine landwirtschaftliche Betrieb
sicherte der Familie die Ernährungsgrundlage. Das Geld aus der Heringsfischerei erlaubte Neuanschaffungen, den Ankauf von Land und den Haus-
bau. Wenn man ihnen die Möglichkeit bot, in den Heimathafen ihrer Heringsfischerei umzuziehen, dann lehnten sie solches in der Regel ab. Ihre
Heimat war an der Mittelweser. Allenfalls »die zweite Heimat« war z. B.
»in Glückstadt«, wie auf Befragen einer antwortete: »Aber wir gehörten in
Glückstadt bei de Fischerei, das möchte ich hier noch einflechten; die
Besatzungen, die gehörten mit dazu. Nich so wie in Vegesack und Emden, zack biste weg ... Da war quasi die Landbesatzung und die Schiffsbesatzung und da war quasi 'nen Strich durch. So hier hast du nichts zu
suchen ..., 'ne und das war in Glückstadt alles ganz anders. Die gehörten
mit dazu zur Fischerei. Das alles war eine Familie.« (Precht, 1984. S. 159 f.)

Der Heringsfang als Erwerbszweig im Amt Windheim

von Friedrich Brinkmann, Schuhmachermeister und Loggerkapitän bei
der Bremen-Vegesacker Heringsfischerei, geb. 1905 in Hackhorst, Kreis
Bückeburg, gest. 1980 in Lahde, Kreis Minden; leicht gekürzter Wieder-
abdruck aus: Mitteilungen des Mindener Geschichtsvereins 44 (1972).
S. 92-97 und aus: binnen und buten. Nachrichten des Mindener Yacht-
Clubs e.V. Nr. 10/78. S. 4-9

Das Wappen des AmtesWindheim zeigt im geteilten Schild oben ein Segelschiff, nämlich einen stilisierten Logger mit Stagfock, Gaffelsegel und Spitzbesan,und unten zwei gekreuzte Schlüssel. Es soll damit, abgesehen von den gekreuzten Schlüsseln, die dem Wappen des ehemaligen Amtes Schlüsselburg entnommen sind, die Verbundenheit der Einwohner des Amtes mit der See und mit dem Heringsfang auf Loggern in der Nordsee zum Ausdruck gebracht werden. Das hat seine Berechtigung, fuhr doch schon im Jahre 1900 jeder 25. männliche Einwohner des Amtes Windheim auf See zum Heringsfang.Die Arbeitsmöglichkeiten am Land waren gering, aber auch der gute Verdienst lockte, und so fuhr damals, wer irgend konnte, auf See. Wie groß der Unterschied zwischen Seeverdienst und dem Verdienst an Land damals war, verdeutlicht ein dem Verfasser vor Jahren gegebener Hinweis eines alten Invaliden auf seinen Verdienst als Matrose. Als dieser um die Jahrhundertwende als Audste (Leichtmatrose) das erste Jahr zum Heringsfang fuhr, konnte er sich schon nach einer Saison im Herbst von seinem ersparten Geld einenBauplatz kaufen.

Schon Ende des 18. Jahrhunderts gab es in der Gegend von Minden und Bückeburg ein Überangebot an Arbeitskräften. Auch die landwirtschaftlichen Arbeiter des Amtes Windheim gingen daher, soweit sie hier nicht genügend Beschäftigung fanden,nach Holland zumGrasmähen und kamen dort zum Teil mit der Seefahrt in Berührung. Sie fanden den dortigen Heringsfang gewinnbringend. Durch die Nachrichten von den guten Verdienstmöglichkeiten haben die »Hollandgänger« immer mehr Leute nachgezogen, so daß schließlich im Jahre 1872 bei erneuter Gründung der »Emder Heringsfischerei AG« schon ein guter Stamm von Heringsfischern aus dem Mindener Raum vorhanden war. Als dann 1894 eine Fischereigesellschaft in Glückstadt, 1895 »Neptun« in Emden und die Bremen-Vegesacker- Fischereigesellschaft gegründet wurden, konnten diese schon größtenteils auf deutsche Besatzungen zurückgreifen. 1900 war für die neugegründete Emder »Heringsfischerei Dollart AG« das 1. Fangjahr, 1905 folgten dann noch »Großer Kurfürst AG« in Emden und die »Leerer Heringsfischerei AG«.

Statt Arbeitslosigkeit gab es Arbeitsplätze auf See (beim Heringsfang) für die Einwohner des Amtes Windheim und Umgebung, und zwar fast mehr, als besetzt werden konnten, dazu Aufstiegsmöglichkeiten vom Schiffsjungen bis zum Kapitän. Inzwischen waren im Amt Windheim nicht

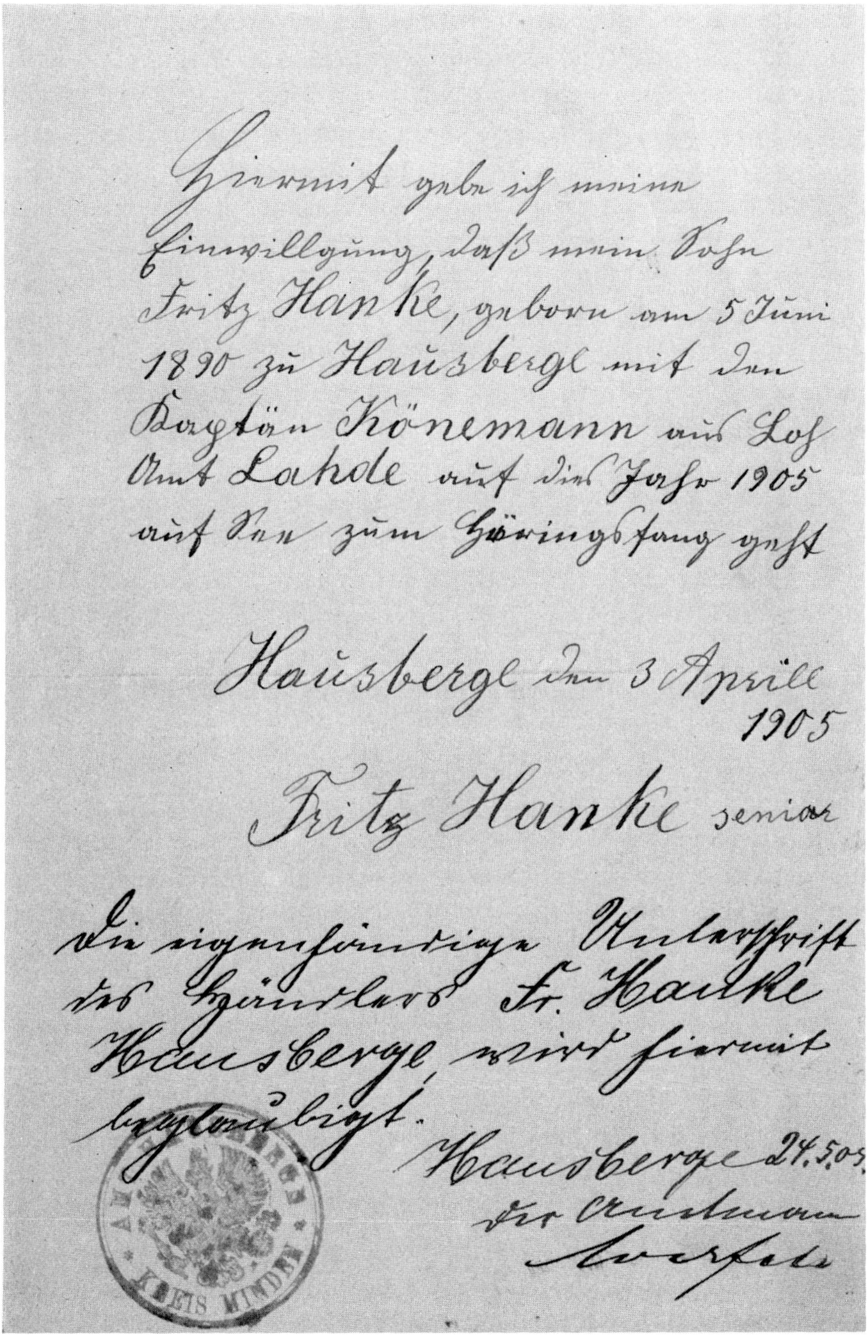

Hiermit gebe ich meine
Einwilligung, daß mein Sohn
Fritz Hanke, geboren am 5 Juni
1890 zu Hausberge mit dem
Vorstehen Könemann aus Loh
Amt Lahde auf das Jahr 1905
auf den zum Häringsfang geht

Hausberge den 3 April
1905

Fritz Hanke senior

Die eigenhändige Unterschrift
des Häuslers Fr. Hanke
Hausberge, wird hiermit
beglaubigt.

Hausberge 2[4].5.05.
Der Amtmann
Averfeld

297

nur Kriegervereine, sondern auch Seemannsvereine gegründet worden. Der erste Seemannsverein wurde in Rosenhagen im Jahre 1900 gegründet; in den anderen Gemeinden erfolgten die Gründungen in den nächsten Jahren. Es war der Beginn der Blütezeit des Heringsfanges als Erwerbsquelle für die hiesige Bevölkerung. Alle Schiffe konnten mit deutschen Besatzungen besetzt werden, und in den typischen Heringsfängergemeinden gab es fast kein Haus, aus dem nicht ein oder zwei Mann zur See fuhren. Es gab hier im Binnenland eine seemännische Bevölkerung, auf die die junge deutsche Marine bei den Musterungen gern zurückgriff, ja, die sogar als Elite auf der kaiserlichen Jacht (Hohenzollern) Dienst tat.

Urgroßvater, Großvater, Vater und Sohn übten vielfach seit Jahrzehnten den schweren Beruf des Heringsfängers aus, von dessen Leistung es im Volksmund hieß: »Ett sind gaue Bir'n, wenn se plücket sind.« Wenn auch jedes Jahr etwa 2 bis 4 Männer auf See blieben – im Jahre 1905 waren es sogar 30 Mann aus dem Amtsbezirk –, so reizten doch immer wieder das Wagnis und der gute Verdienst. Wenn in den zwanziger Jahren unseres Jahrhunderts im Mindener Land ein gewisser Wohlstand herrschte und im Gegensatz zu anderen Kreisen vorwiegend schmucke Häuser und Gärten, sehr selten dagegen noch ein Haus mit Strohdach zu finden waren, so hatte der Heringsfang als Erwerbsquelle nicht wenig dazu beigetragen.

Aus dem Bauerntum als nachgeborener Sohn hervorgegangen, blieb der Heringsfänger im Grunde mehr oder weniger auch Bauer. Ich habe kaum einen Kapitän gekannt, der nicht seine bäuerliche Denkweise bewahrt hatte. Das trifft allerdings nicht nur für unseren Heimatraum, sondern auch für Ostfriesland und Oldenburg zu. Das Streben nach einem Häuschen, nach Eigentum und Land lag allen im Blut; es gab sogar Kapitäne hier, die sich während ihrer langen Dienstzeit einen großen Bauernhof »zusammengefahren« haben. Jeder, ob Kapitän, Schiffsjunge oder Matrose, fuhr nur zur Gründung und Festigung seiner Existenz, die an Land, in der Heimat lag, zur See. Es kam ihnen darauf an, bares Geld heimzubringen, ein Grundstück zu kaufen, ein Haus darauf zu bauen und möglichst von Jahr zu Jahr weiteres Land dazuzukaufen. Die Frau oder Mutter versorgte zu Haus die Kuh oder Ziege im Stall, ebenso bewirtschaftete sie das Land; das heißt, sie half in der Regel einem benachbarten Bauern bei den Feldarbeiten, der ihr als Entgelt das eigene Land beackerte. So war zu Hause für den Lebensunterhalt gesorgt. Im Monat Dezember kam der Heringsfänger zurück, nahm den Winter über Gelegenheitsarbeit an, oder fuhr, wenn er noch große Schulden hatte, bis zum Frühjahr einige Monate auf Fischdampfern der Grundschleppnetzfischerei.

Den Beruf des Heringsfängers zu erlernen war schwer. Als Junge fing man an, dann wurde man Leichtmatrose und schließlich Matrose. Nach 60 Monaten Fahrzeit als Matrose konnte man die Navigationsschule besuchen und das Steuermannspatent erwerben, nach 24 Monaten als Steuermann wieder das Kapitänspatent. Diese Entwicklung wurde seitens des deutschen Seefischereivereins gefördert, und auf Anregung des damaligen Amtmanns Korvetten Kapitän Gerstung wurden im Amt Windheim und in Nachbarorten Navigationslehrgänge der Seefahrtsschule Wesermünde eingerichtet. Nach den vorliegenden Akten fanden solche statt:

1910 in Ilse	(16 Teilnehmer)
1911 in Münchehagen	(Teilnehmerzahl unbekannt)
1912 in Döhren	(15 Teilnehmer)
1913 in Heimsen	(12 Teilnehmer)
1914 in Ilvese	(24 Teilnehmer)
1921 in Niedernwöhren	(Teilnehmerzahl unbekannt)
1922 in Niedernwöhren	(Teilnehmerzahl unbekannt)
1925 in Niedernwöhren	(Teilnehmerzahl unbekannt)
1926 in Neuenknick	(13 Teilnehmer)
1927 in Quetzen	(12 Teilnehmer)
1929 in Ilvese	(34 Teilnehmer)
1930 in Lahde	(15 Teilnehmer)
1931 in Lahde	(17 Teilnehmer)
1932 in Lahde	(13 Teilnehmer)
1933 in Lahde	(22 Teilnehmer)
1934 in Lahde	(23 Teilnehmer)
1935 in Lahde	(24 Teilnehmer)
1936 in Lahde	(21 Teilnehmer)

Als 1931/1932 die Arbeitslosigkeit in Deutschland immer größer wurde, versuchten die Hafenstädte, namentlich Vegesack, ihre Arbeitslosen, die nie auf Heringsfang zur See gefahren waren, bei den örtlichen Fischerei-

Gegenwärtig: Anlage **C** zu Ziffer 38.

1. _Hafpolizeirat Sturm_ als Vorsitzender,

2. _____

3. _____   **Verhandelt**

         Beisitzer,   den _21. Nov._ 191_3_.

4. _____

     Vereideter Protokollführer.

Vor der Königlich Preußischen Musterungsbehörde — ~~der Königlich Preußischen Schiff-fahrts-Kommission~~ — ~~dem Magistrat~~ — erschienen heute der Kapitän _H. Deterding_ aus _Lahde_ Führer des deutschen _Dampf_schiffes _Glückstadt_ Heimatshafen _Glückstadt_ und die nachbenannten Schiffsleute

Steuermann	H. Brase	aus Lützen	Hannover und Westfalen
Matrose	H. Könemann	Gorpen Vahlsen	Westfalen
„	Fr. Blome	Lützen	Hannover
„	H. Wiegmann	Lahde	Westfalen
„	H. Wiegmann	Lützen	Hannover
„	Fr. Möller	Minden	Westfalen
„	Chr. Hensing	Lützen	Hannover
„	W. Brase	Lahde	„
„	Fr. Lange	„	Westfalen
Küche	W. Kammeier	„	„
Jüngste	H. Harders	Glückstadt	Westfalen
Reysoch.	E. Reßner	Heissen	Westfalen
Reysabh.	H. Riechsmeier	Lahde	Westfalen
Maschinist	H. Woltjen	Delmenhorst	Oldenburg

Lager-Nr. 394 — F. Johannsens Buchdruckerei (Johs. Ibbeken), Schleswig.

Ausmusterung 1913

gesellschaften unterzubringen. Diese Bemühungen nahmen nach der »Machtübernahme« der NSDAP zum Teil derartig groteske Formen an, daß sich der damalige Amtmann Timmermann des Amtes Windheim zu Lahde gezwungen sah, eine Denkschrift einzureichen, in der auf die alte Tradition des Heringsfanges im Amte Windheim und Umgebung hingewiesen und der Vorwurf des Doppelverdienens der Amtseinwohner zurückgewiesen wurde. Timmermann hatte Erfolg, die Heringsfänger im Amte Windheim behielten ihre Arbeitsplätze, und die Navigationslehrgänge wurden weiterhin im Amtsbezirk Windheim durchgeführt. Nach dem Zweiten Weltkrieg kam der Heringsfang mit den noch vorhandenen Schiffen langsam wieder in Gang. Die bewirtschafteten Nahrungsmittel waren zunächst knapp und nur auf Lebensmittelkarten erhältlich, die Reichsmarkwährung war entwertet, so daß ein Fäßchen Deputatheringe, das es nach jeder Fangreise gab, besonders wertvoll war.

Nach Einführung der »Deutschen Mark« und dem Beginn des sogenannten Wirtschaftswunders stieg der Wert der Arbeitsstundenleistung von Jahr zu Jahr. Es wurden zwar jetzt neue, moderne Fangschiffe gebaut, die auch zum Schleppen eingerichtet waren, aber die Schwere der Arbeit auf diesen Schiffen und der jetzt noch geringere Schlaf, den die Heringsfänger auf See fanden, standen nicht im guten Verhältnis zum Mehrlohn; während die Arbeitnehmer an Land bei höherem Lohn über die 48-Stunden- zur 45-Stunden-Woche kamen und seitdem die 40-Stunden-Woche anstrebten, waren es für die Heringsfänger auf See immer noch fast durchschnittlich 100 Arbeitsstunden in der Woche, in der Hauptfangsaison auch wohl noch einige mehr. Jedenfalls wurde der Nachwuchs der Heringsfänger im Amte Windheim und Umgebung zahlenmäßig geringer. Die Reedereien wehrten sich über die Arbeitsämter, diese machten nämlich Schwierigkeiten in der Vermittlung von Heringsfängern in andere Berufe, aber die rückläufige Entwicklung war nicht mehr aufzuhalten. Immer mehr Heringsfänger wanderten in den folgenden Jahren in andere Berufe ab.

Während der Saison 1960 trat ein so großer Besatzungsmangel ein, daß sogar Ausländer von den Reedereien angeworben werden mußten. Isländer, Iren, Griechen, Bewohner der Faröer-Inseln waren allerdings kein vollwertiger Ersatz, und so blieb es nicht aus, daß mehrere Schiffe wegen Besatzungsmangel nicht eingesetzt werden konnten. Bei der Bremen-Vegesacker-Fischerei waren es 7 Logger, die zu Hause blieben. Die übrigen Vegesacker Logger fingen in dieser Saison 195 000 Kantjes (15 Millionen kg) Heringe gegenüber 250 000 Kantjes in der Saison 1959.

Nach 1960 mehrten sich die Nachrichten und Zeitungsmeldungen über Nachwuchssorgen bei den Heringsfängern. So berichtete das Mindener Tageblatt 1961, daß sich zwar zum Navigationslehrgang noch 15 Teilnehmer, aber zur Seemannsberufsschule in Windheim keine Schüler gemeldet hätten, während es im Jahre 1960 noch 29 Schüler gewesen seien. Zweifellos befand sich seitdem der Heringsfang in einer Krise, deren Hauptgrund wohl in der Konjunktur zu suchen war. Nach einer Statistik war 1961 schon abzusehen, daß sich der Arbeitskräftemangel bei der Heringsfängerei in den folgenden Jahren nicht ändern würde.

Wenn wir versuchen, alle Ursachen der Abwanderung der bisherigen Heringsfänger unseres Heimatraumes und auch den Nachwuchsmangel zu untersuchen, müssen wir feststellen, daß es nicht allein die Entbehrungen, die dauernde Nässe, der lange Arbeitstag und kulturelle und andere Verzichte sind, die eine Abkehr von diesem Beruf herbeiführten. Wagemut und Abenteuerlust steckten nämlich zu allen Zeiten in der Jugend, doch die Menschen dieser Gegend paarten Wagemut und Abenteuerlust meistens mit einem gewissen Realismus, und es ist wohl nicht von ungefähr, daß gerade im Amt Windheim viele Hochseefischer, aber nur wenige Seeleute der Handelsmarine beheimatet waren. Der Verdienstunterschied war wohl der Hauptgrund dafür. Und so ist wohl auch der schwindende Unterschied im Jahresverdienst zwischen einem Heringsfänger und dem eines Facharbeiters an Land ein wesentlicher Grund für die Abwanderung der Heringsfischer in andere Berufe gewesen. Ein weiterer Grund für die Abwanderung und den fehlenden Nachwuchs lag darin, daß schon seit Jahren ein radikaler Umbruch auch bei der sogenannten Landbevölkerung bemerkbar ist. Das bäuerliche Denken der »Nichtlandwirte«, oder richtiger gesagt, der »Auch-Landwirte« hört mit der Nachkriegsgeneration auf. Arbeitskräftemangel, gute Verdienstmöglichkeiten, 40-Stunden-Woche und ein langesWochenende lassen die landwirtschaftlichen Nebenerwerbsstellen, oder, wie man hier auch zu sagen pflegt, die »Quälstellen« uninteressant werden. Wenn überhaupt, werden sie heute meistens von der älteren Generation bewirtschaftet, wenn sie körperlich noch dazu in der Lage ist. Die jüngeren ziehen den kurzen, geregelten Arbeitstag vor und denken in den seltensten Fällen daran, »beim Bauern« nach Feier-

abend oder auch zum Wochenende zu helfen oder sich überhaupt mit der schweren Landarbeit abzugeben.

Die Häuser der Arbeitnehmer sind vielfach umgebaut: Dielen und Ställe sind verschwunden. Arbeitsplätze, die hohen Verdienst, leichte Arbeit und viel Freizeit garantieren, haben neben dem Beruf des Wald- und Landarbeiters in dieser Gegend besonders den Heringsfängerberuf uninteressant werden lassen. Wenn in früherer Zeit ein Matrose in der Saison mindestens den Verdienst eines Facharbeiters an Land hatte, so lag er um 1960 meistens unter dem eines Hilfs- oder Gelegenheitsarbeiters. Wenn man davon ausgeht, daß der Durchschnittsarbeitstag des Heringsfängers in der Hauptsaison 18 bis 20 Arbeitsstunden hat und ein Tag auf See ohne 12 bis 14 Stunden Arbeitszeit gar nicht denkbar wäre, so kommt man auf keinen sehr hohen Stundenlohn. Infolge der vorher erwähnten besseren Arbeitsbedingungen an Land und eines auch nach außen in Erscheinung tretenden Wohlstandes ist im Laufe der letzten Jahre immer mehr eine Abkehr von dem schweren Beruf des Heringsfängers eingetreten, nicht nur hier, sondern auch anderswo. In diesem Zusammenhang ist

1. _Hafenmeister Anrew_
    stellv. Vorsitzender,

2. _____

3. _____
      Beisitzer,

4. _____
      Vereideter Protokollführer.

Verhandelt

Glückstadt, den 25. Oktober 191**3**.

Vor der Königlich Preußischen Musterungsbehörde — ~~der Königlich Preußischen Schiff-fahrts-Kommission~~ — ~~dem Magistrat~~ — erschienen heute der Kapitän _N. Bulmahn_

aus _Knetzen_   Führer des

deutschen _Segel._ Schiffes _Otter_

Heimatshafen _Glückstadt_   und die nachbenannten Schiffsleute

Steuermann Chr. Saxorzky	aus Krützen	Berf. Anst.	Hannov.
Matrose Arthur Lange	Dresden	„	Schl. Holst.
„ Chr. Andresen	Flensburg	„	Hamfsch.
„ Wilh. Pehling	Lahde	„	Hannover
„ Alb. Lietz	Glückstadt	„	Schl. Holst.
„ Herm. Gröhn	Altona (Vogerloch)	„	Seekasse
„ Wilh. Kaiser	Vogerloch	„	Mittelburg
„ Emil Weschke	Köhlen	„	Hamfsch.
Küster Heinr. Rümann	Krützen	„	Seekasse
„ Hans Wulf	Hamburg	„	Hamfsch.
Jüngster Rob. Schreiter	Dresden	„	(Seekasse)
Kaposch. Osk. Dochsch.	dto.	„	—
Joh. Schumann, Seepabh.	Pirna	„	—

Lager-Nr. 394 — F. Johannsens Buchdruckerei (Johs. Ibbeken), Schleswig.

Abmusterung 1913

auch jene Versammlung von 60 Steuerleuten aus der näheren Umgebung, aber auch aus Bremen, Vegesack, Leer, Aumund und Glückstadt Ende 1960 in Wasserstraße zu sehen, die hier in Gegenwart von Gewerkschaftsvertretern ihre Forderung nach höheren Grundlöhnen berieten. Die Steuerleute beauftragten die Gewerkschaftsvertreter, sich bei den maßgeblichen Stellen für die Lohnerhöhung einzusetzen.

Den Rückgang an Heringsfischern im Kreisgebiet Minden förderte natürlich besonders das Ende der Vegesacker Fischerei- Gesellschaft, »ihrer« angestammten Reederei, das schließlich auch das Ende dieses Berufsstandes im Amt Windheim bedeutete: Anfang Januar 1967 nämlich schlossen die Bremen-Vegesacker- Fischerei-Gesellschaft und die Norddeutsche Hochseefischerei Bremerhaven einen Vertrag über die Betriebs- und Verwaltungsgemeinschaft ab, der tatsächlich das Ende der Vegesacker Fischerei bedeutete, da ihre Verwaltung, ihre Werkstätten und Magazine nach Bremerhaven verlegt wurden und die Fusion beider Unternehmen angestrebt

wurde. Die Fusion war in Wirklichkeit der Konkurs der Vegesacker Reederei. Nur zwei Logger der Vegesacker Reederei wurden von der Norddeutschen Hochseefischerei in Bremerhaven übernommen.

Heute ist praktisch der Seemannsberuf im Kreisgebiet ausgestorben. Obwohl noch die Seemannsvereine sehr aktiv sind und die Tradition der Seefahrt im hiesigen Raum bewahren, gab es 1970 nur noch sehr wenige Mitglieder dieser Vereine, die die Strapazen einer mehrmonatigen Fangreise mit großen Fabrikschiffen auf sich nahmen. Der Heringsfang erfolgt schon seit geraumer Zeit nicht mehr mit Loggern. [Von Glückstadt aus fuhren noch bis 1976 Logger auf Heringsfang.] Doch findet die alte Verbundenheit des Amtes Windheim mit der See unter anderem ihren Ausdruck durch die Seemannsvereine, und die Erinnerung an den für diesen Raum einst so bedeutsamen Heringsfang mit Loggern wird durch das Wappen des Amtes Windheim bewahrt.

Beispiele aus dem Leben der Seemannsvereine an der Mittelweser

Aus dem Heringsfängermuseum in Heimsen bei Minden übermittelte mir der ehrenamtliche Leiter Manfred Scheller im März 1994 folgende Liste der Seemannsvereine: Seemannsverein Quetzen- Rosenhagen, gegründet 1900, inzwischen aufgelöst; Münchehagen, gegründet 1901, existiert noch; Ilse von 1902 ruht; Niedernwöhren, gegründet 1902, existiert noch; Windheim von 1903 existiert noch; Ilvese von 1904 existiert noch; Neuenknick von 1905 ist aufgelöst; Heimsen von 1906 ist aufgelöst; Loccum von 1907 existiert noch; Wasserstraße von 1908 existiert noch; Raderhorst von 1911 ist aufgelöst; Bierde von 1919 ist dabei sich aufzulösen; Wiedensahl von 1932 ist aufgelöst; Seelenfeld von 1933 existiert noch; Loh (Gorspen-Vahlsen) von 1936 existiert noch; Ilserheide von 1950 ist aufgelöst. »Die noch aktiven Seemannsvereine«, so schrieb Manfred Scheller weiter, »haben sich zu einer Arbeitsgemeinschaft zusammengeschlossen, die jeweils zum Beginn eines Jahres in Rosenhagen tagt. Außerdem findet jedes Jahr am 1. Sonntag im Oktober der ›Tag der Heringsfänger‹ im Museum in Heimsen statt.«

Auszüge aus dem Mindener Tageblatt verschiedener Jahrgänge:

»Fünfzig Jahre Seemannsverein Windheim. Aus Hollandgängern wurden Heringsfänger. Wenn der Seemannsverein Windheim in diesen Wochen und Tagen die Feier seines 50jährigen Bestehens vorbereitet hat, kommt diesem Ereignis gegenüber den vielen anderen ähnlicher Art eine besondere Bedeutung zu. Windheim ist durch die Berufsschule für Heringsfänger, der einzigen im Binnenlande, und die Steuermannslehrgänge zum Erwerb von Patenten zum Seesteuermann in Kleiner Hochseefischerei von jeher ein besonderer Mittelpunkt für alle Menschen gewesen, die alljährlich auf See hinausfuhren, um die Ernte des Meeres einzuholen. Der heutige und der morgige Tag sind daher für diesen bedeutenden Erwerbszweig unserer engeren Heimat von geschichtlicher Bedeutung. Aus dem ganzen Amt Windheim, darüber hinaus aus Schaumburg-Lippe und dem Kreise Nienburg werden 21 Gastvereine in Windheim erwartet. Es ist dies eine der letzten großen Veranstaltungen der engen Kameradschaft dieser durch den Kampf mit der See erprobten Männer, ehe es wieder mit den Loggern hinaus geht, von denen die ersten bereits gefahren sind. Es leben im Dorfe Windheim noch einige alte Heringsfänger, die ihre ersten Fahrten von holländischen Häfen aus angetreten haben. Einer von ihnen ist der Kapitän Fritz Starke. Er gehört mit zu den Gründern des Windheimer Seemannsvereins… Starke ist 74 Jahre alt, vom Rheuma, dem alten Seemannsleiden, geplagt, sonst gesund und geistig frisch und lebhaft. Er erzählt gern aus seiner langen Fahrenszeit. Schon mit 14 einziger Ernährer seiner Mutter, blieb ihm keine Zeit zu jugendlichem Spiel. Gleich nach der Konfirmation galt es Geld zu verdienen… Am 23. Mai 1893 fuhr er… mit anderen nach Vlaardingen in Holland und von da aus zum Heringsfang… Auch von schweren Stürmen weiß Kapitän Starke zu erzählen. ›Wir befanden uns nicht weit von der holländischen Küste entfernt, als plötzlich ein starker Sturm aus Nordnordwest einsetzte, der uns die Segel zerriß. Unser kleiner Hilfsmotor war gegen diesen Sturm machtlos. Ich übernahm persönlich das Ruder, um das Schiff scharf gegen den Wind zu halten. So habe ich 72 Stunden ohne Ablösung am Ruder gestanden. Den ersten Tag habe ich vier Pellkartoffeln gegessen, den zweiten nichts, und am dritten Tag, als der Sturm anfing, etwas abzuflauen, haben wir etwas zum Essen zubereiten können. Bei Sturm ist es ratsam, mit möglichst wenig Geschwindigkeit zu fahren, da man sonst zu viel Wasser an Deck bekommt. Wir trieben der Küste immer näher. Da entschloß ich mich, ein kleines Sturmsegel in der Größe von 1,5 Quadratmeter zu setzen. Mit Hilfe des Sturmsegels gelang es mir, etwas von der Küste abzukommen. Glücklich erreichten wir dann unseren Hafen.‹ Vom Fang eines Thunfisches von acht Zentnern Gewicht: ›Es war nach der Inflation [1923]. Ich sollte mit einem neuen Motorlogger auf den Fang fahren. Wegen eines Streiks wurde das Schiff nicht mehr rechtzeitig fertig. So kam ich leihweise nach Bremerhaven und erhielt dort den Dampflogger Wolf. Ich ließ mir in der Schmiede der Fischerei einen starken Angelhaken schmieden und befestigte ihn mit einem langen Tau an einer Stange. Als wir die Fischgründe erreichten, wimmelte es dort von Thunfischen. Nun sollten wir aber keine Thunfische, sondern Heringe fangen. In 14 Tagen hatten wir unser Schiff voll. Nun entschloß ich mich, schnell noch einen Thunfisch zu fangen... Ein Mann mußte Heringe über Bord werfen. Es dauerte nicht lange, da kam ein Thunfisch an die Oberfläche des Wassers und schnappte nach einem Hering. Im selben Augenblick haute ich dem Fisch mein Angelgerät in den Rücken. Dieser sauste mit der Leine los... Als etwa 100 Meter Leine abgelaufen waren, nahm der Fisch plötzlich einen anderen Kurs und schwamm unter unserem Schiff her. Er hatte eine solche Kraft, daß er das ganze Schiff herumriß. Nun fingen wir an, die Leine einzuziehen. Schließlich kam der Fisch an die Oberfläche. Ich machte aus einem Tau eine große Schlinge und warf sie dem wild um sich schlagenden Fisch um den Schwanz. Mit Hilfe eines Flaschenzuges und der Dampfwinde wurde er dann an Bord gehievt. Der Thunfisch muß frisch auf den Markt gebracht werden. Wird er gesalzen und wieder gewässert, verliert er an Geschmack und steht nicht hoch im Preis. Auf der Fischhalle in Bremerhaven wurde er versteigert. Ein Groß- und zwei Kleinhändler wollten ihn gern kaufen und trieben sich gegenseitig den Preis so in die Höhe, daß ich für das Pfund den außergewöhnlichen Betrag von 2,50 Mark erhielt.‹« (25. 4. 1953.)

»50 Jahre Seemannsverein Neuenknick. 23 Seemannsvereine der näheren und weiteren Umgebung erwartet. Der 82jährige Heinrich Wallbaum... ist nicht nur der Gründer und einst jahrzehntelange Vorsitzende des Seemannsvereins Neuenknick, sondern auch sein zweitältestes Mitglied.

An Lebensjahren wird er nur noch von dem 92jährigen Wilhelm Scheumann... übertroffen. In beiden verkörpert sich ein Stück seemännischer Tradition unserer Heringsfängerdörfer. Die Augen der Alten glänzen, wenn sie von den Zeiten erzählen, als sie noch nach Holland fuhren und mit den Segelloggern die Ernte des Meeres heimbrachten... Opa Wallbaum erzählt noch gern mit einem vergnüglichen Lächeln, wie man in Wettbewerb trat mit dem Kriegerverein. Oft ging es bei den Festen so hoch her, daß man sich genötigt sah, eine Vereinspolizei zu bilden, die Armbinden trug, und, wenn nötig, für Ordnung zu sorgen hatte. Auf... [einem] Vereinsbild aus dem Jahre 1907 tragen diese Männer Rosetten auf dem rechten Rockaufschlag... Alle trugen eine einheitliche [den Ausgehmützen der Soldaten der Kaiserlichen Marine ähnliche] Kopfbedeckung.« (23. 4. 1955.)

»Seefahrt und Fischfang lebensnotwendig. Am Wochenende feierte der Seemannsverein Ilvese offiziell die Wiederkehr des 60. Gründungstages. Höhepunkt war am Sonntag die Festversammlung auf dem Schulhof, bei der Pastor Hünefeld die Festansprache hielt, in der er u. a. auf die schwierige Situation des Fischfangs hinwies und betonte, daß nicht nur Seefahrt, sondern auch Fischfang lebensnotwendig sind. Im Rahmen dieser Feierstunde überreichten die Vertreter verschiedener Vereine Erinnerungsgaben. Die festlichen Stunden wurden mit einem Seemannstreffen eingeleitet, an dem auch Oberkreisdirektor Krampe teilnahm, der zum Jubiläum nicht nur ein Tischbanner überreichte, sondern erneut herausstellte, daß er sich den seefahrenden Leuten des Kreises Minden eng verbunden fühlt. In diesem Zusammenhang wies er auf die Bedeutung des Seenotrettungswerkes hin. Der Haupttag wurde am Vormittag mit einer Gedenkstunde für die toten und gefallenen Seeleute eingeleitet, denen zu Ehren am Ehrenmal ein Kranz niedergelegt wurde. Nachdem am frühen Nachmittag die befreundeten Seemannsvereine sowie die Abordnungen der örtlichen Vereine in traditioneller Weise von Ehrenjungfrauen eingeholt worden waren, bewegte sich ein großer Festzug zum Schulhof. Der Vorsitzende des Seemannsvereins Ilvese, Kapitän Fritz Mensing, begrüßte alle Festteilnehmer, u. a. Vertreter der Glückstädter Heringsfischerei sowie vor allem Pastor Hünefeld, der von je her ein Förderer und Gönner des Vereins war... In seiner Festansprache... betonte er mit Nachdruck, daß die Seemannsvereine zu jeder Zeit den Reedereien das Rückgrat gegeben haben. Die Dörfer des Kreises Minden hätten durch die Heringsfängerei ein neues Gesicht bekommen. Dennoch falle dieses Jubiläum in eine Zeit der schwersten Krisen der deutschen Heringsfängerei. Es habe sich ein unverkennbarer Strukturwandel vollzogen. Man könne sich in der Heringsfängerei heute keine geruhsamen Wintermonate leisten, und die wirtschaftliche Rentabilität verlange einfach den Verzicht auf die in früheren Jahren übliche Saisonarbeit. Da andererseits die Verdienstmöglichkeiten an Land erheblich besser geworden seien, hätten viele Seeleute den nicht leichten Beruf aufgegeben, und von den jungen Leuten seien nur noch wenige bereit, diesen gefahrvollen und schweren Beruf auszuüben. Während vor drei Jahrzehnten mehr als 180 Heringsfänger in Heimsen und Ilvese ansässig gewesen seien, wären es heute höchstens noch 30. Die Heringsfischerei sei unpopulär geworden, weil es an Land bessere Verdienstmöglichkeiten gebe. Die wirtschaftliche Wahrheit aber sei: Nicht nur Seefahrt tut not, sondern gerade der Fischfang tut not! Er ist unabdingbar für eine gesunde Volksernährung. Die Frage, ob die Heringsfängerei noch eine Zukunft habe, beantwortete der Redner mit einem entschiedenen Ja. Es gehe im Fischfang, so sagte Pastor Hünefeld, wie in der Landwirtschaft um das tägliche Brot! Also sei er lebenswichtig und könne nur bejaht werden. Die Seeleute stünden nach seiner Ansicht mit den Landwirten zusammen in der vordersten Front im Kampf um die Sicherstellung der Volksernährung. Dieses Bewußtsein müsse zugleich sittliches Eigentum aller Seeleute und auch der Seemannsvereine werden. Die Feierstunde wurde von Liedvorträgen des Männergesangvereins und der Frauenchors umrahmt. Im Anschluß überreichten die Vertreter des MGV Ilvese, der Spielvereinigung Ilvese-Heimsen und des Seemannsvereins Quetzen Erinnerungsgaben. Die Ehrendamen ließen durch Frl. Hannelore Hockemeier, der Tochter des Heringskronprinzen des Jahres 1962, Friedrich Hockemeier [er fuhr damals auf SG 6 Frija], einen Fahnenwimpel überreichen. In dem sich anschließenden Festmarsch wurden Modelle der alten Logger BV 10 und BV 104 mitgeführt.« (Der Artikel, der mir als Kopie vorliegt, ist undatiert, stammt aber aus aus dem Jahre 1964.)

»Tradition und Gemeinschaftsgeist der einstigen Fahrensleute lebendig halten. Seemannsverein Rosenhagen beging 75-Jahr-Feier. Festakt mit vielen Gästen. Im festlichen Rahmen und im Beisein der Bürgerschaft, zahlreicher Gastvereine und Ehrengäste beging der Seemannsverein Rosenhagen am Sonntagnachmittag sein 75jähriges Jubiläum, das mit einem Festakt auf dem Schulhof, mit zahlreichen Ansprachen und der Festrede von Lehrer Werner Nahrwold seinen Höhepunkt hatte. Nach einem kurzen Festmarsch, der musikalisch angeführt wurde von der Feuerwehrkapelle Heimsen mit den örtlichen Vereinen sowie den Seemannsvereinen Wasserstraße, Ilvese, Bierde, Seelenfeld, Windheim, Gorspen-Vahlsen und Loccum mit ihren Fahnenabordnungen und zum Schulhof führte, entbot dort Vorsitzender Erwin Koch allen Gästen ein herzliches Willkommen, das insbesondere Bürgermeister Wilhelm Krömer, einigen Stadträten, dem Bezirksvorsitzenden der Deutschen Gesellschaft zur Rettung Schiffbrüchiger, Karl-Heinz Kolbus (Windheim), sowie dem ältesten Vereinsmitglied und alten Fahrensmann, dem 81jährigen Fritz Koch galt. In einer Gedenkminute, während der eine Vereinsabordnung am hiesigen Ehrenmal einen Kranz niederlegte, gedachte man der auf See gebliebenen und verstorbenen Fahrensmänner Rosenhagens. In seiner Festrede hielt Lehrer Nahrwold Rückschau auf die Entwicklung des Seemannsvereins, die untrennbar mit der Geschichte Rosenhagens verbunden ist. Aus den Hollandgängern des Jahres 1875 ... wurden Seeleute. Dadurch entstand schon bald mitten im Binnenland echte Seefahrtstradition in den Familien und Dörfern im Norden des Kreises Minden. Auch in Rosenhagen gab es in fast jedem Haus einen Fahrensmann. Um eine feste Kameradschaft und erfolgreiche Berufsfortbildung zu erreichen, beschloß man am 30. April 1900, einen Seemannsverein zu gründen. Dazu fanden sich nach dem Protokoll der Gründungsversammlung, die im Dorfkrug bei Bulmahn stattfand, 32 Fahrensleute zusammen, die den ersten Seemannsverein im Kreise Minden ins Leben riefen. Seit seinem Bestehen hat der Verein 26 Kapitäne hervorgebracht. Mit Recht läßt sich heute sagen, daß die Fahrensmänner das dörfliche Leben hier fast ein dreiviertel Jahrhundert entscheidend mitgeprägt haben. Unlösbar mit der Geschichte des hiesigen Seemannsvereins verbunden ist Kapitän Heinrich Nagel, der von 1950 bis zu seinem frühen Tod 1962 Vorsitzender des Seemannsvereins war. Große berufliche Erfolge machten ihn weit über die Grenzen des Dorfes und Kreises bekannt. So wurde er in den Jahren zwischen 1950 und 1961 mit seiner Schiffsbesatzung nicht weniger als fünfmal Heringskönig, wobei er jeweils das höchste Fangergebnis aller bundesdeutschen Hochseefischer

[= Loggerheringsfischer] erzielte. Mit der zunehmenden Industrialisierung, die auch in den Dörfern des Nordkreises einkehrte, ging die Zahl der Heringsfänger ständig zurück. Heute fährt von den Mitgliedern niemand mehr zur See. Deshalb, so meinte Werner Nahrwold, würde es immer schwieriger, die Tradition der Fahrensleute fortzusetzen. Die 75-Jahr-Feier des Seemannsvereins Rosenhagen sollte daher Anlaß sein, die Erinnerungen an gemeinsam durchlebte und gestaltete Zeiten auch künftigen Generationen als Verpflichtung vor Augen zu halten und in den Vereinen weiter zusammenzustehen. Bürgermeister Wilhelm Krömer unterstrich in seinen Grußworten, daß sich Tradition und echter Gemeinschaftsgeist der alten Fahrensleute weiter entwickeln und auch für die Jugend Vorbild sein möge. Ortsvorsteher Wilhelm Nahrwold überbrachte die Glückwünsche der gesamten Einwohnerschaft, bevor Bezirksvorsitzender Karl-Heinz Kolbus (Windheim) Grüße und Glückwünsche namens der Deutschen Gesellschaft zur Rettung Schiffbrüchiger entbot, um zugleich als Leiter der Spadaka Windheim ein Geldgeschenk zu überreichen. Nachdem Vertreter der Gastvereine mit der Übergabe von Fahnennägeln und Präsenten dem Geburtstagskind ihre Glückwünsche abgestattet hatten, klang die Jubiläumsfeier mit einem gemütlichen Beisammensein im Festlokal Bulmahn-Meier aus.« (27. 5. 1975.)

»Seemannsverein feiert 8ojähriges Bestehen. Vor 150 Jahren brach der erste Heringsfischer aus Niedernwöhren zum Fang auf hoher See auf... Das mochte auch der Norddeutsche Rundfunk sich nicht entgehen lassen: Als der Seemannsverein Niedernwöhren und Umgebung am Sonnabend im Landhaus Heine im Rahmen seines Wintervergnügens zugleich sein 8ojähriges Bestehen feierte, war auch ein Kamerateam des NDR mit von der Partie... Anlaß für den NDR, das Jubiläumsfest aufzuzeichnen, war, wie Redakteurin Gisela Ellenberg erläuterte, daß der Seemannsverein Niedernwöhren so fernab von der Küste seine Heimat hat, also ein höchst selten vorkommender Zusammenschluß im Binnenland ist. Und so machte sich das Team bereits am Freitag zu ersten Vorbereitungen auf den Weg nach Niedernwöhren. Aufgezeichnet wurden ein Interview mit dem Vorstand, am Sonnabendabend dann des weiteren das festliche Grünkohlessen, der Auftritt des Shanty-Chores aus Barsinghausen vor den zahlreichen seemännischen Ausstellungs- und Erinnerungsstücken im Hintergrund und noch manches andere mehr. Als Gäste konnte Vereinsvorsitzender Friedrich Meier unter anderem auch Stadthagens Bürgermeister Ernst Meier und Niedernwöhrens Gemeindebürgermeister Ernst Wöbbeking begrüßen. Letzterer überreichte namens der Gemeinde dem Vorstand auch einen Ehrenteller... Daß an... [der] langen Heimatgeschichte die Seeleute einen wesentlichen Anteil haben, das ging auch aus Meiers Grußworten hervor: ›Wir sind stolz darauf, daß wir annähernd 150 Jahre aus dem 650jährigen Geschehen unserer Gemeinde gemeinsam gehen konnten, denn bekanntlich können wir nachweisen, daß Niederwöhren seit dem Jahr 1832 ein Heringsdorf war.‹ Meier erinnerte daran, daß seinerzeit der Niedernwöhrener Karl-Heinrich Ahnefeld als erster aus dem heimischen Raum von Holland aus zum Heringfang in See stach. In den Jahren danach folgten ihm immer mehr, so daß schließlich um die Jahrhundertwende fast in jedem Haus der Gemeinde ein Heringsfänger daheim war. Kurz ließ Meier auch noch einmal die Gründungsjahre aufleben: Nachdem Ende der 90er Jahre des vergangenen Jahrhunderts ein Heringsfischer-Verband aus der Taufe gehoben worden war, lösten sich die bis dahin gebildeten Interessengemeinschaften der Fischer – neben Niedernwöhren gab es noch welche in Loccum und Münchehagen – auf oder aber traten künftig, und so war es in Niedernwöhren der Fall, als Seemannsverein in Erscheinung. Ziel war und ist, die auf See geschlossenen Kameradschaften zu pflegen und in Not geratenen Kameraden zu helfen. An der Gründung des Niedernwöhrer Seemannsvereins beteiligten sich im Jahre 1902 annähernd 60 Seeleute. Unter der Leitung des damaligen Vereinsvorsitzenden Ernst Hohmeier fanden sogar in Verbindung mit der Seefahrtsschule Elsfleth in Niedernwöhren Steuermannslehrgänge statt. Erfreulich verlief zu der Zeit auch die Mitgliederentwicklung: Nach zehn Jahren waren es schon über 100. Im Jahre 1912 wurde auch die erste Vereinsfahne mit dem Wahlspruch ›In Sturm und Wetter ist Gott unser Retter‹ geweiht. Nachdem die beiden Weltkriege und einige Schiffsunglücke große Lücken in den Verein gerissen hatten, zählte er 1952 beim 50jährigen Jubiläum wieder über 100 Mitglieder. Nun droht aber von anderer Seite Unbill: Raubfischerei und zunehmende Verschmutzung der Nordsee führten schließlich dazu, daß Ende der 60er Jahre kein deutsches Schiff mehr auf Heringfang fuhr, der Niedernwöhrener Verein mit nur noch neun Mitgliedern kurz vor der Auflösung stand.

[Die Glückstädter fuhren noch bis 1976; dann endete die Logger-heringsfischerei; die Fischdampfer der Hochseefischerei fingen und fangen auch weiterhin große Mengen frische Heringe, die gefrostet angelandet werden.] Dazu kam es jedoch nicht. Nach einem energischen Wort des inzwischen verstorbenen Kameraden Fritz Hohmeier faßten die verbliebenen Mitglieder neuen Mut, und heute treffen sich wieder alle Vierteljahre um die dreißig ehemalige Heringsfänger zum Klönabend in Niedernwöhren.« (Der Artikel, der mir als Kopie vorliegt, ist undatiert, stammt aber aus dem Jahre 1982.)

»Mitten im Binnenland: Heringsfänger-Museum.

Zuschüsse zur Verwirklichung einer bisher einzigartigen Idee kamen von höchsten Stellen, aber die Arbeit vor Ort wird nach wie vor ehrenamtlich erledigt. Das ist der Grund dafür, daß das kürzlich eröffnete erste deutsche Heringsfängermuseum Petershagen/Heimsen an der Weser zwischen Nienburg und Minden vorerst nur selten geöffnet ist. Aber warum befindet sich ein derart maritimes Museum im Binnenland? Die Antwort liefert die Historie: Im Bereich der Mittelweser lebten etwa vor 200 Jahren frühe Gastarbeiter, die alljährlich im Frühjahr ihre Sense schulterten und sich zum Grasmähen nach Holland auf den Weg machten. Als um 1730 [?] die ersten Heringsfänger aufs Meer hinausfuhren, erkannten etliche Hollandgänger eine noch lohnendere Verdienstmöglichkeit. Die Wege wurden kürzer, als vor nunmehr 115 Jahren die Emder Heringsfängerei aus der Taufe gehoben und 1895 als größtes unter elf Unternehmen die Bremen-Vegesacker Fischerei-Gesellschaft gegründet wurde. Die meisten der in Vegesack beheimateten Heringslogger hatten bis zum Ende ihrer Fahrten im Jahre 1969 Besatzungen aus dem Mittelweserbereich Nienburg/Minden. Auf den 1950 noch vorhandenen 43 Schiffen führten 40 Kapitäne aus diesem Landstrich das Kommando.

Aufstieg und Niedergang der deutschen Heringsfanggesellschaften läßt sich in anschaulicher Weise in der Heringsfängersammlung der Heimatstuben Heimsen (Kreis Minden-Lübbecke) nachvollziehen... Bullaugenverzierte Türen gewähren... den Weg zu Vitrinen und Schaubildern. Schriftstücke legen Zeugnis ab aus der Zeit des sozialen Kampfes, Beispiele von Freizeitbasteleien, Modelle und Erinnerungsstücke von Bord sind zu sehen. Die Ausstellungsstücke lassen ein wenig von jener harten Arbeit erahnen, die auf den Fangschiffen zu bewältigen war.« (Der Artikel, der mir vorliegt, ist undatiert, stammt aber aus dem Jahre 1987.)

Im neuen Prospekt des Museums, das inzwischen erheblich ausgebaut wurde, ist 1994 zu lesen: »Heringsfänger waren Leute, die ein knappes halbes Jahr in der Heimat [im Städteviereck Minden-Bückeburg-Stadthagen-Stolzenau] und ein reichliches halbes Jahr auf See lebten. Dieses Erscheinungsbild nimmt das Museum konzeptionell auf und präsentiert im Haupthaus das Erleben der Heringsfänger auf See und in drei Fachwerkhäusern auf dem Museumshof ›Heringsfängerheimat‹. ›Männer von der Mittelweser auf Heringsfang‹ nennt sich die erste Abteilung, in der sich der Ablauf einer Fangsaison, unterstützt von einem Videofilm, nachvollziehen läßt. In der Abteilung ›Maritime Kultur‹ ist alles zusammengefaßt, womit Heringsfänger ihre Wohnungen ausstatteten, um sich seemännisch auszuweisen. Die Veränderungen des Arbeitsplatzes verdeutlichen die Entwicklung der Fangschiffe und der Fangmethoden. Die Geschichte der binnenländischen Seemannsvereine führt zur Abteilung ›Heringsfänger und Marine‹, die das Zwitterdasein deutscher Heringsfänger dokumentiert, beruflich sowohl volkswirtschaftlichen wie militärischen Zielen dienen zu müssen. Auf dem Museumshof zeigt das ›Meßlinger Haus‹ Handwerke, die Heringsfänger ausübten, wenn sie an Land waren, oder die für ihr Leben an Land von besonderer Wichtigkeit waren. Das ›Friller Haus‹ spiegelt den Heringsfänger in seinen kulturellen, sozialen und ökonomischen Bezügen zu seiner Heimat, und das ›Heimser Haus‹ weist Trachten und Brauchtum des Heringfängerlandes auf.«

Karen Precht befragte für ihre Magisterarbeit über die Saisonarbeit im Mittelweserraum 1987 70 ehemalige Fahrensleute. Über ihre Methode schreibt sie: »Bei meinen Vorarbeiten schien mir – da der größte Teil der ehemals maritimen Saisonarbeiter noch in Vereinen organisiert war – der Einstieg über die Institution Verein ebenso gerechtfertigt wie einzig erfolgversprechend. Zu diesem Zweck schrieb ich die noch vorhandenen zwölf Vereine an [nach ihrer Anmerkung 6 waren dies in Nordrhein-Westfalen die Seemannsvereine in Bierde, Gorspen-Vahlsen, Heimsen, Ilse, Ilvese, Quetzen, Raderhorst, Rosenhagen, Seelenfeld, Windheim; in Niedersachsen waren es die Vereine in Loccum, Niedernwöhren und

Münchehagen] und erhoffte mir anhand der an sie gerichteten Fragen über a) Mitgliederzahl, b) Altersspanne der Mitglieder und c) Vereinsaktivitäten eine ungefähre Vorstellung von Anzahl und Alter ehemaliger Heringsfischer. Als Resonanz erhielt ich drei Antworten. Bei der dritten Antwort handelte es sich eindeutig um eine Rückfrage... Im Mittelweserraum leben noch [1987] an die zweihundert ehemalige Heringsfischer, die meisten von ihnen sind in Vereinen organisiert. Die relativ homogene Struktur der Schiffsbesatzung, die Notwendigkeit der Kapitäne, ihre Besatzungen selbst zu suchen und auch die verschiedenen Perspektiven beruflicher Art, die sich den maritimen Saisonarbeitern im Laufe der Zeit anboten, konstituierten und konstruieren ein ziemlich dichtes Geflecht von zwischenmenschlichen Verbindungen, in das ich eindrang und welches mir sehr oft geholfen hat, Gewährspersonen ausfindig zu machen und mit ihnen in Kontakt zu treten. Dieses Beziehungsgeflecht allerdings war nicht nur hilfreich, bisweilen lagen ihm spezifische Formen von Aversionen und Agressionen zugrunde... Hinzu kam, daß die unterschwellige Exotik einer maritimen (Teil-)Kultur im Binnenland und das recht klägliche Scheitern der allgemeinen Fischereipolitik in den 60er Jahren spezifische Formen der Folklorisierung mit sich brachten. Ehemalige Kapitäne erzählten mir, daß sie nicht das erste Mal an so einem Unternehmen teilhaben würden. Funk und Presse hatten aber in ihren Köpfen einen Fragenkatalog hinterlassen, der immer ein wenig an Wind und Wetter und Leben und Tod und an Männlichkeit und Kameradschaft denken ließ.« (S. 22 bis 24 der maschinenschriftlichen Magisterarbeit.) Karen Precht hat achtzehn Interviews mit ehemaligen Heringsfischern und einigen Ehefrauen von maritimen Saisonfischern geführt und in ihrer Arbeit ausgewertet. Einige Stellungnahmen der Heringsfänger zum Ende der deutschen Loggerheringsfischerei habe ich aus ihrer Arbeit im Kapitel »Die deutsche Loggerfischerei 1945 bis 1969« zitiert.

316

Loggerleute erzählen

1895, mit 15 Jahr, hew ik mien erste Reis makt

erzählt von Wilhelm Paulsen, 1879 in Glückstadt geboren, fuhr von 1895 bis 1914 auf Glückstädter Segelloggern, gestorben 1964 in Glückstadt. Der folgende Text ist kaum gekürzt wiedergegeben aus Wanda Oesau: Glückstadts Heringslogger unter Segel. Glückstadt o. J. S. 16f.

22. Mai 1895 hew ik mien erste Reis makt, mit 15 Jahr. Toerst weer ik Schippsjung, dat heet Reepschießer, denn een Jahr jüngster Leichtmatrose, denn ältester Leichtmatrose, denn Vullmatros, dann worr ik Bestmann ohne Examen, dat heet Stürmann, und 1907 hew ik mien Schipperpatent in Altona makt. 5 Johr hew ik as Koptein fohrt: 2 Johr SG 4 Hering, 2 Johr SG 6 Wal, 1 Johr SG 11 Forelle. Ja de Segelloggers harrn all'n Grotmast und Besanmast. De Grootmast weer so takelt: Grotseil, Toppseil und vörn harr wi de Stagfock und den Klüver. Dat gew'n groten Klüver, 5 clair, 3 clair und'n Sturmklüver. Op de Fischgrünn keem dat Grotseil rünner und dat Fischseil an, dat wer lütter. An den Besanmast seet dat Besanseil und dat Besan-Toppseil und na vörto de Aap. Bi't Fischen wör de Grotmast halw dallegt, wat he ni son Windfang harr. Bit 1899 weern wi noch mit dat Gangspill togang, um de Netten hochtohiewen. Jede Nach gung 5 bit 6 Mann 5 bit 6 Stunden Karussell, um dat Fischreep ruttotrecken, un de annern reeten an de Netten un haun de Fischen rut. Dorbi reepen se: Buwes Johann – hale mal ran – hal em rut! – Is vun Kiel – na de Priel – pack he mal ran! – Hal ein – hale bei – rumps! An Gangspill reepen wi mit, wat wi ni toslepen. Son Nett is 30 m lang, und 95 – 110 Netten sünd dat ganze Fleet. Jede Nach Klock 1 weer inhiewen. Klock 12 wörn wi weckt. Dat is Halemanns Hale! weer de Weckrop. Af und an sungn se ok in de Kojen [sangen oder riefen in die Kojen als Weckruf]: Kamt oud ju Hoggi – treck an ju Rocki – treck an ju Larsen [auch Las oder Lass = Latzhemd; in Brinkmanns Erinnerungen (weiter unten) heißt es, »treckt an ju Loatschen« = Latschen, flache Schuhe, die hier eigentlich nicht gemeint sein können] – binn vör ju Fell. – Dat is Halemanns Hale – verstah ju mi well! – [sehr laut:] Dat is Halemanns Hale!

Halwi een weer Kaffee. Klock een Hiewen. Wenn dat to Enn weer, Klock 6 oder halw 7, gew dat Fröhstück, jeden Morgen gebroden Hering. Denn gung't an't Kehlen, an't Affschlachten, Solten und in Kantjes pakken. Dat duur sien veer Stünn. De Kantjes wörren dann verstaut. Dat muß gau gahn, wat de Fisch ni lieden. In Sommer, Hochsommer harrn wi mennigmal hitte Dag, schöne dag, denn wer dat dodenstill, und de Sünn schien warm op'n Puckel. Veerhunnert bit fiefhunnert Kantjes kunn dat Schipp laten. Klock 6 gew dat Abendbrot, veel Riis. Wi eten all ut een grot Schöttel. Toletzt maken wi in de Mitt een Lock und goten Beer darto, dat rögen wi um, dat schmeck! Bi veer rum ward dat Nett utsett, jo nich to lat, na Klock neegen is dat to lat, denn fangst nix mehr. Dat Utsetten is so: Seggt wi, datt Fleet hett 100 Netten, denn sünd 20 Netten 1 Quartel, dat ganze 5 Quartel. Denn het dat: 1. Quartier, gib die Zeisinge hier! 2. Quartier, gib die Zeisinge hier! 3. Quartier! Halbe Fleet. Vor denjenigen, de't dat nich weet! 4. Quartier, gib die Zeisinge hier! 5. Quartier, [gib die Zeisinge hier! (?)] Wenn dat Fleet utsett wer, nehm de Reepschießer de Mütz aff und segg: Hier liegen wir geschoten – vor Spierreep und vor Floten – vor

318

wanten und vor Knoten – um Haring eintolopen – Schippzeising hau Ju fast! – Morgen früh drie Last (= 50 Kantjes) – drie Last Hering – Kripps voll und kehring – Räumpi dabei – Schipper und Stürmann und alles Volk von Blei – Quack op de Last – steht de Wandinnehmer fast! – Geschoten de Fleet! Gott segne die Arbeit! – Oder es wird gesagt: »Brills ut! (Brails ut!). Seil in und schotters de Bord!« Wenn de Fleet utsett is, heet dat: Geschoten die Fleet, – Gott segne die Arbeit! – De Jung nimmt dorbi de Mütz aff.

De Fischerie duur ümmer vun Mai bit Ende November. Normalerwies maken wi mit de segelloggers 4 ok 5 Reisen. Vun den Fang kreeg een Matros 12 Mark und 20 Penn för'n Faß Landpackung. Drinkwater nehm wi in Tunn mit. Klosett gew dat nich, darto nehm wi'n Tunn mit'n Tau an, de wör gliek över Bord sett und wedder utspölt. Wi nöm ehr de Huultunn.

As Beleuchtung harrn wi in de Kajüt Petroleum. Bi't Fischen stunn an Deck twee Pahls mit grote Petroleumlampen. De Koptein weer de Dokder an Bord un harr ok'n Aftek. Solang ik noch Jung weer, hebbt wi Sünndags nie fischt, de Sünndag worr heilig holn. Wenn sünnabends dat Nett inhievt weer un de free Sünndag wink un een ungestörte Nach – wie nööm her de Burnnach – denn juchen wi: Pullitje (=Brailboje) mit ju witte Hut, bring mi een Sack vull lichte Mut! – Husee! Husee! Husee! – Dank för de Herrn Spillöper.

Bit 1899 harrn wi an jeden Sünndagmorgen Andacht; dor weer't all. Na den Gottesdeenst gew dat'n Kümmel. Dann reep de Stürmann: »Besanschoot an! [Antreten zum Schnapsempfang!]«

Es war eine schöne und auch harte Zeit

von Wolfgang Berger, 1940 in Breslau geboren, nach der Flucht später in Steyerberg, Kreis Nienburg, von 1955 bis 1960 bei der Glückstädter Heringsfischerei, von Februar 1960 bis Mai 1960 in Bremen-Vegesack, danach bis zu einem schweren Unfall an Land 1960 wieder in Glückstadt, lebt heute als »Heringsfischer a. D.« in Euskirchen

Mit 14 Jahren, da war ich 1,48 cm groß, musterte ich 1955 bei der Glückstädter Heringsfischerei an. Sechs Jahre bin ich gefahren und zwar der Reihe nach als Schiffsjunge (Avhauer), im zweiten und dritten Jahr als Jüngster (jüngster Leichtmatrose), im vierten Jahr als Leicht- und vom fünften Jahr ab als Vollmatrose. Ein schwerer Unfall an Land und als Folge davon lange Krankheit zwangen mich, den Beruf zu wechseln. Von 1955 kenne ich noch alle Glückstädter Logger mit den Kapitänen: SG 1 Traute mit Kapitän Jürgens; SG 2 Tiu mit Kapitän Meier; SG 4 Balder mit Kapitän Vahrenholz; SG 5 Odin mit Kapitän Hille; SG 6 Frija mit Kapitän Feuerstein; SG 7 Saxnot mit Kapitän Rehling, dessen früherer Logger SG 3 Donar 1953 abgesoffen, die Mannschaft aber gerettet war. SG 1, 2, 4, 5 und 6 waren Fleet-Logger, die nur mit dem Treibnetz fischten. Dieser Schiffstyp machte 6 bis 7 Reisen. Er fing Ende Mai unter Shetland an und hörte im Ärmelkanal Ende Dezember wieder auf zu fischen. Diese Loggerklasse ging nur auf Salzhering in der Saison, und kurz vor Weihnachten wurde abgemustert. 1956 kamen zwei Neubauten hinzu. Sie fuhren, als ich 1958 und 1959 dabei war, als SG 3 Wotan unter Kapitän Stüting und SG 8 Hödur unter Kapitän Jürgens. 1957 kam als weiterer Loggerneubau SG 2 Hermod hinzu, die alte SG 2 Tiu war inzwischen außer Dienst gestellt. Diese Schiffstypen – dazu gehörte auch SG 7 Saxnot – waren größer und moderner. Sie fischten kombiniert mit Treib- und Schleppnetz. Sie fuhren schon Ende Januar zum Fischen, allerdings wie Fischdampfer auf Frischfisch, und das auch nur mit dem Schleppnetz. Diese Reisen dauerten immer nur 14 Tage, und wir hatten immer nur 48 Stunden Landurlaub, brauchten aber das Schiff nicht zu löschen. Wir liefen entweder Cuxhaven oder Hamburg an, je nachdem wo gerade der beste Markt war. Das wurde von Land aus bestimmt. Ende Mai hatte dann dieser Schiffstyp etwa zwei Wochen im Heimathafen Aufliegezeit. Das Schiff wurde umgebaut und fischte dann wie die kleineren Logger bis kurz vor Weihnachten auf Salzhering. Manchmal am Tag mit dem Schlepp- und nachts mit dem Treibnetz. Nun noch weiteres zum Fleetlogger: So ein Fleetlogger hatte als Besatzung an Bord 2 Schiffsjungen, 2 Jüngsten, 2 Leichtmatrosen, 7 Vollmatrosen, den 1. und den 2. Steuermann, 1 Koch, 1 Assi des Maschinisten und einen 1. und einen 2. Maschinisten und natürlich den Kapitän, also zu meiner Fahrenszeit ca. 20 Mann Besatzung. Wenn ein Logger mit einer unvollständigen Besatzung hinausfuhr, dann wurde die dem fehlenden Seemann zustehende Heuer an die Besatzung aufgeteilt, denn seine Arbeit mußte ja mitgemacht werden. Das Treibnetz, Fleet genannt, das war ca. 4 km lang. Das waren 120 Netze aneinandergeknüpft. Diese Fleet hing wie eine Gardine im Wasser, die untere Seite war mit Bleikugeln beschwert, der obere Rand war mit Kork, den Floten, versehen. So wurde das Netz stramm gehalten. An jedem Netzende war ein Holzbrail, später eine leichtere Blase am Tau befestigt. Zuerst ging also eine bunte Blase über Bord, für die anderen Schiffe das Zeichen, daß hier das Fleetende war, dann kamen 10 Blasen, dann die Stange, der Jonas, mit 3 Wimpeln, dann wieder 40 Blasen, dann kam wieder ein Jonas, also eine Fahnenstange mit 2 Wimpeln, dann wieder Blasen oder schon die schweren Brails, je nachdem, dann kam der 3. Jonas mit nur einem Wimpel, dahinter kamen noch ca. 30 Brails bis ans Schiff. Es gab das deutsche Netz mit dem Reep oben und das englisch/schottische mit dem Reep unter den Netzen. Nach dem Rie-

Erinnerungsfoto von SG *8 Hödur 1958 oder 1959.*
Links Wolfgang Berger, in der Mitte mit der Baskenmütze 1. Steuermann Jan Heinemann aus Leer.

cher des Kapitäns wurde die Fleet ins Wasser gelassen. In die Fleet gingen
zu 95% nur Heringe rein, manchmal auch ein paar Makrelen oder Knurr-
hähne und Wittlinge. Wenn die Netze wieder an Bord waren, je nach Wetter so gegen 6 oder 7 Uhr morgens, dann gab es ein kurzes Frühstück,
danach war bei gutem Wetter die ganze Mannschaft an Deck und mußte
den Hering verarbeiten. Bei gutem Fang halfen alle mit. Selbst der Assi
war an Deck, auch der Koch und der Kapitän. Die Heringe wurden nach
dem Fang alle einzeln gekehlt, also geschlachtet, damit sie ausbluten konn-

ten. Das Markenzeichen der deutschen Logger war »auf See gekehlt und gesalzen«. Eine gute Besatzung schaffte manchmal 50 Kantjes, wenn der Hering groß war, in der Stunde. Das Verarbeiten an Deck erlebte ich wie folgt: Die Besatzung mit dem Kapitän saß in der Runde. Beim Kapitän war es verschieden, was er am besten und schnellsten konnte, H. Jürgens tat kehlen, Kapitän Vahrenholz tat salzen. Ein Matrose, genannt der Wantenehmer, verteilte die Heringe rundherum in vor uns stehende Körbe, und Lehrjahre sind hart, wer nicht mitkam, bekam das Schöpfnetz mit dem Hering über den Kopf. Der langsamste Schlachter, ein Jüngster oder auch ein Leichtmatrose, mußte die vollen Körbe mit gekehlten Heringen immer abholen und in die Warback schütten. Dort hatte meist einer der Steuermänner immer die richtige Salzmenge auf der Schaufel. Es wurde gleich eingesalzen. Matjes wurden milder gesalzen als Salzheringe. Zwei Matrosen, genannt die Spillöpper, packten die gesalzenen Heringe in die Fässer. Gegen 11 Uhr morgens waren nach einem guten Fang 120 Kantjes verarbeitet. Gegen 12 oder 13 Uhr nach dem Mittagessen hatten wir manchmal zwei Stunden Pause. Danach wurde die Fleet wieder ausgesetzt und zwar immer gegen den Wind. Das Schiff lag dann wie ein Anker vor der Fleet. Das Aussetzen dauerte nur eine knappe Stunde. Wenn die Fleet im Wasser war, mußte der Avhauer, also ich 1955, seine Pudelmütze vom Kopf nehmen und eine Art Gebet aufsagen: »Geschoten de Fleet, Gott segne de Arbeit«. War es nicht laut genug, bekam man einen Tritt in den gemacht werden. Einer der Schiffsjungen mußte mit Talg, Werk und anderen Dingen rumlaufen. Wenn ein Faß dicht war, rief ein Matrose nach Wasser. Dann kippte ich eine Dose Wasser über den Deckel des Fasses. Dann konnte man sehen, ob es richtig dicht war. Wenn nicht, wurde es mit Talg beschmiert. Abends nach 18 Uhr kehrte Ruhe ein, und um 1 oder 2 Uhr nachts hieß es dann wieder unter fürchterlichem Spektakel: »Reise! Reise! Hiev up!« (Reise von englisch »rise« = aufstehen.) Das war der Weckruf, und alles ging von vorne los. Und das alles ca. 4 Wochen lang, wenn man täglich 60 bis 80 Kantjes fing. Bei mehr Fang natürlich weniger Schlaf und mehr Geld. Und dies begann nun mit den modernen Loggern wie Hermod, Wotan, Saxnot und Hödur. Denn diese Klasse fischte teilweise, nicht immer, mit Treib- und mit Schleppnetz. Das heißt, am Tage wurde mit dem Grundschleppnetz gefischt. Nachts kommt der Hering in höhere Wasserschichten, dann war die Fleet das bessere Fanggeschirr. Wann wir da geschlafen haben, weiß ich überhaupt nicht mehr, denn am Tag haben wir geschleppt bis zur Dunkelheit, dann schnell das Treibnetz ausgesetzt, manchmal auch noch drei Stunden geschlafen und dann ging alles wieder von vorn los. Um Mitternacht dann wieder wecken mit »Hiev up!«, das Treibnetz reingeholt, gleich danach das Schleppnetz ausgesetzt, und wenn ich das hier so niederschreibe, dann wundere ich mich nach all den Jahren, wann haben wir eigentlich mal richtig geschlafen? Wenn der Fang mit dem Schleppnetz gering war, mußten die Junggrade auch noch Kartoffeln schälen. Der mit der Fleet gefangene Hering war von viel besserer Qualität, weil er nicht auf dem Grund des Meeresbodens mitgeschleift war. Mit dem Schleppnetz konnte man immer nur drei Stunden fischen, dann mußte man es reinholen, nachts wurde auch schon mal vier Stunden geschleppt. Länger aber durfte es nicht sein, sonst wäre der Fisch zermatscht gewesen durch die Reiberei auf dem Meeresgrund. Das Schleppnetz fängt auch Steine und Fischlaich und viele kleine Fische, die beim Treibnetz durchgehen, deshalb beim Treibnetz also kein Raubfang. Die Arbeit mit dem Schleppnetz war körperlich nicht so schwer, denn da half ja viel die Winsch mit. Wenn wir auf Frischfisch fuhren, mußten wir viel sortieren, damit die verschiedenen Fische in die richtigen Eisfächer kamen. Beifang auf Salzheringssaison wurde wieder über Bord gespült, da war für die Glückstädter Logger nur der Hering wichtig. Wenn wir auf Salzhering fuhren, liefen wir immer Glückstadt an und hatten dann 72 Stunden Liegezeit, in der wir das Schiff selber löschen und laden mußten, d. h. die Fässer an Land bringen und auch leere Fässer wieder an Bord nehmen.

In Deutschland war es üblich, schon mit 14 Jahren zur See zu fahren. Man brauchte nur beim ersten Mal die Unterschrift des Erziehungsberechtigten. Damit hatte man das Seefahrtsbuch und brauchte dann in den nächsten Jahren, obwohl nur 15 oder 16 Jahre alt, keine Einwilligung der Eltern mehr. Man war in diesem Fall eben schon volljährig. Als ich anmusterte, war ich 1,48 Meter groß. So stand ich am Spill und holte jede Nacht 4 km Reep mit herein. Als ich nach der ersten Reise nach 6 Wochen im Kontor der Fischerei das erste Mal in den Spiegel sah – auf dem Logger Balder gab es keinen –, bin ich wie eine Rakete zurückgeschreckt. So sehr hatte ich mich in dieser Zeit im Gesicht verändert. An Bord gab es kein

Jugendschutzgesetz. Wir mußten voll mitarbeiten, und so ein 14jähriger Schiffsjunge verdiente damals 1955 schon ca. 250 DM und hatte freie Verpflegung.

Die Tätigkeit der Besatzung bei der Treibnetzfischerei war wie folgt: Die beiden Schiffsjungen: Avhauer war der Decksjunge, der mußte jede Nacht ohne Ablösung am Spill das 4 km lange, dicke Tau, genannt Reep, hereinzuziehen, das mit Teer getränkt war und voller Quallen hing. Der andere Schiffsjunge, Reepschießer genannt, das war meist der größere Schiffsjunge, mußte dieses 4 km lange Reep in der Runde im Reepraum unter Deck aufschießen, also genau aufeinanderlegen, damit beim Aussetzen der Fleet nichts durcheinander kam. Einer der beiden Jungmänner, auch Jüngste genannt, mußte immer von den Netztauen die Brails und Schwimmblasen abstecken, also vom Netz lösen. Der andere stand an der Krippe und mußte das Netz auseinanderziehen, wenn die Heringe ausgeschlagen wurden. Die beiden Leichtmatrosen an Bord hießen Audsten oder Austen oder auch Ochsen. Sie mußten die 4 km lange Fleet Hand über Hand an der Reling hochziehen. Fünf Matrosen standen an der Fleet, und mit viel Gebrüll wurde die Fleet mit Muskelkraft an Bord gezogen. Der sechste Matrose hatte Freitörn. Wer von den Matrosen in der Mitte stand, hatte die schwerste Arbeit. Er gab das Kommando. Nach fünf oder auch erst nach 10 Netzen rückten die Matrosen eins auf und ein anderer stand in der Mitte und der ganz rechts stehende ging raus und hatte jetzt zehn Netze Freitörn. Aber frei hatte man noch lange nicht, denn er mußte bei einem guten Fang die Heringe, die beim Ausschlagen weit geflogen waren, in die Krippen sammeln. Jetzt zum jüngsten Matrosen an Bord, der war ich 1959. Er hieß »Kock in the room«. Er war früher auf den Segelloggern auch der Koch und hatte die Aufgabe, die Netze unter Deck gut und richtig zu verstauen. Der Befehl, der ihn in den Netzraum schickte, wurde zu seinem Namen. Der Kapitän beobachtete alles von der Brücke aus. Die Maschinisten sorgten für den technischen Betrieb. Bei einem Fang von 100 Kantjes gab der Kapitän eine Flasche Dujardin-Kognak aus. Er bekam damals keine feste Heuer, sondern nur einen Fanganteil, das waren damals 1 DM pro Faß. 1955 machten wir eine Reise, auf der wir nach 6 Wochen erst 360 Kantjes gefangen hatten. Wir mußten zurück nach Glückstadt, denn das Trinkwasser war alle. Der Kapitän hatte in diesen 6 Wochen nur 360 DM verdient. Übrigens, meine zweite Reise 1955

Die folgenden Bilder demonstrieren das Einholen der Netzfleet und das Herausschlagen der Heringe in die Kribben. Auf der vorletzten Aufnahme ist der dritte von rechts Henrich Winkler.

an Bord der Balder, da waren wir wieder in 11 Tagen an Land, soviel hatten wir gefangen. Nun war es so: Die Balder sG 4 hatte noch keinen Kühlschrank an Bord. Die Verpflegung für 6 Wochen war überwiegend noch in Fässern, das Fleisch eingepökelt in den Fässern. Man kann aber in 11 Tagen nicht für 6 Wochen Proviant aufessen. Die Fässer brauchten wir aber für den Hering. Also ging ein Faß Verpflegung nach dem anderen

über Bord, damit wir Platz hatten für den Hering. Auch Trinkwasser war teilweise in Fässern, die bei sehr langer Reise umgefüllt wurden. Also vom Fleetlogger war in meiner Seemannszeit die kürzeste Reise nur 11 Tage, und die längste war 6 Wochen. Im Durchschnitt aber dauerte eine Reise mit dem Treibnetz 4 Wochen, mit Schleppnetz allerdings nie länger als 3 Wochen, denn dann war der Sprit alle.

Es gab damals vier Heringsfischereistandorte nämlich Emden, Leer, Bremen-Vegesack und natürlich Glückstadt. Glückstadt wurde später von Emden mitverwaltet. Interessant ist zu wissen: Die Besatzungen aus Emden und Leer waren überwiegend Ostfriesen. Die Besatzungen von Bremen-Vegesack und z. T. von Glückstadt bzw. auch die Kapitäne kamen alle aus der Gegend Steinhuder Meer, Petershagen, Kreis Nienburg, Minden und Mindener Umgebung. Es war damals üblich: Der Kapitän setzte sich aufs Moped, fuhr von Ort zu Ort und sammelte so seine Mannschaft für die kommende Saison ein. Also brachte jeder Kapitän seine Mannschaft mit nach Glückstadt. Fehlte noch eine Person, so fuhr vom Fischereibetrieb irgendein Arbeiter schon mal mit und wurde Seemann. Meine Fa-

milie mit Stiefmutter und dem arbeitslosen und behinderten Vater wohnte bei Nienburg/Weser, 250 km von Glückstadt entfernt. Während es die
meisten Besatzungsmitglieder nach dem Löschen und Wiederbeladen des
Loggers für den Rest der Freizeit in die Heimat zog, bin ich oft oder meist
in Glückstadt geblieben. Während wir das Schiff löschten, kam jedesmal
vom Kaufhaus Meyer der Herr Hahn an Bord, begrüßte uns und schrieb
auf, was wir alles Neues für die nächste Reise brauchten: Schlacht-
handschuhe, Fingerlinge, vielleicht 'ne Pudelmütze. Dieser Mann war für
uns wichtig, denn über Sonntag war das Kontor der Fischerei zu, das Geld
war Samstag alle, wir brauchten Vorschuß, und er gab ihn uns voller Vertrauen. Ich werde nie vergessen, wie wir der Verkäuferin vom Kaufhaus

so einen Petticoat geschenkt haben. Ein Bankkonto hatten wir noch nicht, und das Bargeld saß locker. Es gab in Glückstadt 1955 den »Singenden Wirt«, der hatte drei Töchter, und da war es klar, wo wir oft hingingen. 1956 hießen die Gaststätten »Zum Anker«, »Zum Klabautermann«, »Deichpavillon bei Bremer«, »Gaststätte Raumann«, »Der Glückstädter Hof«, »Flethenkieker« oder »Kajüte«, nicht zu vergessen »Die Hoffnung«, »Deutsches Haus«, »Grogkeller« und »Der Blaue Wal«, den alle wegen der dikken, vollbusigen Wirtin »Zum schlappen Titt« nannten. In dieser Kneipe hatte 1955, als ich 14-jähriger Schiffsjunge war, der Wantenehmer unseres Loggers, der stärkste Matrose an Bord, als Pfand seine Hose zurück lassen müssen. Am nächsten Morgen zerrte er mich aus der Koje. Ich sollte ihm aus der Kneipe seine Hose holen. Ich wollte nicht sofort, da hat er mich windelweich geschlagen. Wie ein armseliges Bündel schleppte ich mich zum Lokal. Es war geschlossen – Ruhetag. Ich kam ohne die Hose des Wantenehmers zurück. Er ging danach von Bord und blieb weg, ich habe ihn nie wieder gesehen. Da war also ein 14-jähriger sinnlos zusammen geschlagen worden von einem 30-jährigen, der nicht die Laufbahn vom Schiffsjungen an durchgemacht, sondern als Matrose angeheuert hatte. Solche waren manchmal weniger kameradschaftlich als jene, die auch mit 14 oder 15 Jahren Schiffsjungen gewesen waren.

329

In Glückstadt war ja auch die Marine zu Hause. Da diese Lords aber recht früh in die Kaserne mußten und die Mädchen dann noch nicht nach Hause wollten, kamen sie zu uns. Wir hatten ja das Geld. Auf einem Logger verdiente man damals das meiste. Wenn in Glückstadt nichts mehr los war, dann sind wir mit dem Taxi nach Itzehoe oder auch mal nach St. Pauli gefahren und haben durchgemacht bis zum nächsten Morgen. Einmal kam die Davidswache kontrollieren. Ich war für St. Pauli noch zu jung. Meine Begleiter, die Matrosen haben denen was erzählt: Wer nicht zu jung ist, um 20 Stunden ohne Pause zu arbeiten, ist auch nicht zu jung, um einen nackten Busen zu betrachten. Die Polizei ist wieder abgezogen.

Nach dem Löschen und Wiederbeladen des Loggers stand meistens auch schon ein Bus aus Münchehagen/Kreis Nienburg am Glückstädter Kai und holte den größten Teil der Besatzung ab. Die Fahrt in die Heimat dauerte sechs Stunden und kostete 25 DM, die beiden Schiffsjungen bezahlten nur 20 DM. Als es ab 1956 nicht immer gelang, die Mannschaft vollzählig zusammen zu kriegen, köderte die Reederei und übernahm die Kosten der Heimfahrt. Für jedes Besatzungsmitglied gab es auch ein Deputat an Heringen. Die Verheirateten bekamen ein achtel, die Junggesel-

len ein sechzehntel Faß pro Reise. Einmal kam ich erst nach der 6. Reise wieder nach Hause. Also trudelte ich mit 6 kleinen Fässern durch die Heimatortschaft. Es war recht lustig, das Gelächter war groß. Da ich 1956 und 1957 noch auf einem Fleetlogger fuhr, ging ich nach der Saison von Januar bis April auf die seemännische Berufsschule und bekam Geld vom Arbeitsamt. Manchmal fehlten Leute an Bord, da wurde mit dem Glückstädter Jugendgefängnis verhandelt, und kam so mancher auf Bewährung zu uns an Bord, und wir konnten auslaufen. Auf dem älteren Loggertyp Balder mußten wir mit 14 Mann vor dem Mast, ich betone, vor dem Mast, schlafen. Die Kojen waren wie bessere Starenkästen. Noch auf dem moderneren Logger Hödur, Baujahr 1956, schliefen wir mit 8 Mann vor dem

Mast. Die Unterkunft an Bord war katastrophal. Die Verpflegung war gut genug. Man konnte mit Fisch Gerichte verbessern. Es kam aber auf den Koch an, was er daraus machte. Wichtig für die Landratten, der Donnerstag ist an Bord immer der Seemannssonntag. Da gab es immer etwas Be-

sonderes. Wenn Bier oder Schnaps getrunken wurde, gab es keinen Unterschied zwischen den Jungs und den Matrosen. Die Jüngeren wurden
von den Älteren auch zum Trinken und Ausgeben animiert. Im Herbst
und Winter wurden unsere Klamotten nie richtig trocken. Heute wundere
ich mich, daß wir trotzdem nie erkältet waren. Die älteren Matrosen hatten auch schon mal einen guten Anzug mit an Bord. Der wurde nach dem
Auslaufen des Schiffes direkt nach Achtern in die Kapitänskajüte gebracht,
denn vor dem Mast wäre der in den 4 bis 6 Wochen der Reise glatt verschimmelt. Ansonsten hatten wir privaten Kram so gut wie nicht an Bord

bis auf ein paar Spiele und ein kleines Radio für alle, das einer mitgebracht hatte. Freizeit war wenig, allenfalls mal Kartenspielen. Gesungen haben wir keine Arbeits-, sondern eher schweinische Lieder. Der Geruch in der Unterkunft war schon manchmal recht scharf. Es gab z. B. Matrosen an Bord, die waren zu faul, sich auszuziehen. Ich erlebte selbst, da hat einer

334

oder haben auch mehrere 3 Wochen sich mit den Klamotten in die Koje geschmissen. Nur Ölzeug und Gummistiefel aus und schon waren sie eingeschlafen vor lauter Übermüdung. Übermüdet war man immer durch die Arbeit, aber auch nach dem Landgang, der bis zur letzten Sekunde ausgekostet wurde. Es ist vorgekommen, daß ich mit einem zweiten Leichtmatrosen nach einem Landgang im französischen Hafen Dieppe, den wir wegen Sturm angelaufen hatten, nicht aufzuwecken war. Ein Matrose war einmal mit einer brennenden Zigarette eingeschlafen und hatte sich ein ziemliches Loch in die Brust gebrannt. Nachts auf der Schleppwache war es mir einmal passiert, daß ich aus einem kurzen Alptraum aufschreckte und wie am Spieß brüllte, denn ich hatte einen großen Dampfer auf unser Schiff zufahren sehen. Auch auf dem älteren Balder hatten wir schon eine Toilette. Sie war seitlich Backbord, das heißt aber, ab Windstärke 6 bekam man bei der Notdurft ein Schuß Salzwasser ins Hinterteil geschossen, daß man sich nur noch wundern konnte. Auf den moderneren war es besser, da wurde man erst bei Windstärke 10 etwas naß. Während meiner Fahrens-

zeit gab es die Fischereischutzboote Fritjof, Meerkatze und Poseidon und das Fischereiforschungsschiff Anton Dorn. Diese Schiffe begleiteten und betreuten die deutsche Fischereiflotte. Zweimal haben sie mir geholfen. Es war Ende Mai 1956 auf SG 4 Balder unter Kapitän Vahrenholz. Wir hatten mit Mühe die Fleet drin, es war sehr stürmisch. Die Besatzung saß

auf der Keekplanke und kehlte den Hering. Neben mir saß der schwere
Steuermann Fritz Denker. Beim Kehlen hat man das linke Bein unter der
Planke nach hinten gestreckt. Und bei jedem schweren Schaukeln dachte
ich immer wieder, wenn die wegrutscht und alle anderen fliegen mit, das
gibt glatt einen Beinbruch. Es war eine Art Ahnung. Denn es gab eine
Sturzsee über unser Deck, die Planke rutschte weg. Von mir ein lauter
Aufschrei, knacks, hatte ich tatsächlich mein linkes Bein gebrochen. Da
wir auf der Balder aber noch vor dem Mast schliefen, wurde ich nach

achtern mit gebrochenem Bein in die Kapitänskajüte getragen und notdürftig versorgt und geschient. Jetzt mußte Hilfe herbei. Unsere Balder hatte aber keinen Sender an Bord. Doch das Glück war in der Nähe, der Logger SG 1 Traute war bei uns. Über das Sprachrohr wurde Kapitän Jürgens klar gemacht, um was es auf der Balder ging, und er versuchte nun mit seinem Sender für uns Hilfe zu bekommen, und wie das Schicksal so will: Die Poseidon lag gerade im Hafen Hamburg, ein anderes Krankenschiff war gerade auf Ausreise, und das dritte war gerade auf Heimreise. Also kein Versorgungsschiff auf dem Fangplatz. Da gab es aber noch das Forschungsschiff Anton Dorn, das hatte ja auch zur Not 6 Kojen an Bord, und dieses Schiff war in unserer Gegend. Und die haben mich dann bei Windstärke 10 mit einem Schlauchboot übernommen und mich nach Haugesund in Norwegen ins Krankenhaus gebracht. Ein zweites Mal, 1957 auf SG 1 Traute unter Kapitän Jürgens, wurde ich wegen eines Geschwürs zwei Tage auf dem Fischereischutzboot Meerkatze versorgt. 1959 erlebte ich auf dem Logger Hödur einen tödlichen Unfall. Bei bewegter See wurde das Schleppnetz hereingeholt. Plötzlich flogen mir ein paar Stiefel um die Ohren. Der Matrose und Bestmann Senno war mit dem Ärmel des

Ölzeugs in die Winde gekommen, wurde mit 'reingezogen, hatte sich mehrmals umwickelt und überschlagen und war tot. Die Reederei ordnete sofort die Heimreise an, auf der unser Bestmann Senno achtern beim Rettungsboot in einer Persenning, also in Segeltuch eingewickelt, lag.

Die Loggerleute waren, da sie schnell viel Geld ausgaben, in den Kneipen gern gesehen. Die Sprüche, die in der Bevölkerung umliefen, wie: Gott schütze uns vor Sturm und Wind und Leuten, die vom Logger sind, oder: Auf Loggern fahren nur Leute, die Vater und Mutter erschlagen haben, habe ich auch oft gehört. Hier steckt doch wohl eher dahinter, daß wir vom Logger durch die meist extrem harten Arbeits- und Lebensbedingungen auf dem Schiff vielleicht besonders rauhbeinig erschienen, wenn wir in den wenigen Stunden zwischen den Reisen mal einen drauf machten. Als dann später in den 1960er Wirtschaftswunderjahren die Männer aus den traditionellen Heringsfängergebieten sich mehr und mehr von dieser Arbeit zurückzogen und von dort auch kein Nachwuchs mehr kam, nahmen die Reedereien jeden Mann, den sie kriegen konnten, und darunter sind sicher manche Problemfälle gewesen, die den ehrenwerten Ruf unseres Fischerstandes lädiert haben.

Matrosen aus dem Mindener Land auf Heringsfang
in der Nordsee um 1925

von Friedrich Brinkmann, Schumachermeister und Loggerkapitän bei der
Bremen-Vegesacker Heringsfischerei, geb. 1905 in Hackhorst, Kreis Bückeburg, gest. 1980 in Lahde, Kreis Minden; Wiederabdruck aus: Mitteilungen des Mindener Geschichtsvereins 44 (1972). S. 98-113 und aus: binnen
und buten. Nachrichten des Mindner Yacht-Clubs Nr. 10/78. S. 10- 21

Der Monat Mai geht zu Ende. Wir streben, noch halb verschlafen, in den
frühen Morgenstunden von Quetzen dem 5 km entfernten Bahnhof Lahde
zu. Das Gepäck, bestehend aus einem gefüllten Seesack und Koffer, haben wir schon am Abend vorher aufgegeben. Der Kapitän begrüßt uns
auf dem Bahnhof und ist offensichtlich erfreut, daß alle pünktlich sind.
Der Zug kommt, und schon um 4.30 Uhr rollen wir unserem Ziele, der
Hafenstadt [Bremen-Vegesack], entgegen. Langsam erwacht überall das
Leben. Wir sehen rechts und links neben dem Bahngleise die ersten Frühaufsteher. Es sind spargelstechende Mädchen und Frauen. Nienburg
kommt in Sicht, und weiter geht die Fahrt. Gegen Mittag sind wir endlich
am Ziel. Wir nehmen unser Gepäck in Empfang, schultern unsere See-
säcke und lenken unsere Schritte der nahen Heringsfischerei zu. Das Schiff,
ein Segellogger mit einer kleinen Hilfsmaschine von 75 PS, liegt schon
fertig beladen am Pier. Wir stolpern mit unserem Gepäck die Treppe hinunter ins Mannschaftslogis, im vorderen Teil des Schiffes, während Kapitän, Steuermann, Maschinist, Heizer und Koch im hinteren Teil wohnen.
Jeder belegt eine ihm zusagende Koje und beginnt unverzüglich, dieselbe
herzurichten; dazu gehen alle in die nahe gelegenen Packhallen, wo jetzt
statt gefüllter Heringsfässer riesige Berge von Roggenstroh lagern, mit
dem jeder seinen Strohsack füllt. Inzwischen sind auch schon die Besatzungen von anderen Loggern, im ganzen liegen fünf zur Ausfahrt bereit,
eingetroffen, und im Schuppen herrscht ein fröhliches Treiben. Alle stop-
fen Strohsäcke. Der Kapitän, der inzwischen zum sogenannten Kontor
gegangen ist und sich und seine Besatzung angemeldet hat, kommt wieder an Bord und befiehlt: »Alles klar machen zur Anmusterung.« Jetzt
begeben wir uns zum Kontor, wo ein Herr vom Seemannsamt auf uns

wartet. Hier werden wir nun für die kommende Fangsaison angeheuert und in die Musterrolle des Schiffes eingetragen. Nachdem jeder von uns einen kleinen Vorschuß von der Reederei erhalten hat, gehen wir wieder an Bord und vervollkommnen nun noch die Ausrüstung des Schiffes, d. h. wir nehmen Proviant für die Reise mit, die höchstens 6 Wochen dauern soll, und kaufen noch etwas persönlichen Bedarf und Ausrüstung bei der auf dem eingezäunten Platz der Fischerei vorhandenen kleinen Bretterbude einer Schiffsausrüstungsfirma. Da wir alle etwas Proviant für die Seereise von Muttern mitgenommen haben, wie z. B. Speck, Eier – manche haben sogar einen ganzen geräucherten Schinken – kocht der Smutje nur einen großen Kessel Kaffee, der allen nicht so recht schmecken will. Kein Wunder, alles riecht im Schiff nach frischer Farbe. Und dann aus Blechtassen – Mucken genannt – trinken, da schmeckt der Muckefuck (Malzkaffee) nicht so recht, aber das wird sich während der Reise noch ändern.

Auslaufen. Endlich, am Abend mit beginnendem Hochwasser, werfen wir Leinen los und legen ab. Drei lange Töne aus der Dampfpfeife unseres Schiffes grüßen zum letzten Male unseren Heimathafen, und dann geht es stromabwärts der Nordsee zu. Auf der Schiffsbrücke stehen der Kapitän und Steuermann. Die erste Wache ist aufgezogen. Ein erfahrener Matrose steht am Ruder, d. h. er bedient das Steuerrad des Schiffes, während ein zweiter Matrose am Ausguck steht. Die Schiffsmaschine läuft volle Fahrt, während die Segel noch eingerollt sind. Sie würden auch im engen Fahrwasser nur hinderlich sein. So geht die Fahrt die Nacht durch, und im Morgengrauen kommt das erste Feuerschiff in Sicht. Wir haben die Nordsee erreicht. Das schmutziggelbe Wasser der Flußmündung wird klarer und nimmt bald eine grünlich durchsichtige Färbung an. Es weht eine frische Brise aus Westen, und wir setzen Segel, um mit Kurs Norden zum Westen mit Backbordhalsen beim Winde zu segeln. Das Schiff beginnt zu stampfen – so nennt man die kurzen Auf- und Niederbewegungen –, und die ersten Seekranken »opfern Neptun«. Der wachhabende Steuermann schimpft mit »Hein«, dem Schiffsjungen, der als unbefahrener Neuling an der Backbord-, also Windseite, »opfern« will, wobei ihm sein »Opfer« um die Ohren fliegt. Der Steuermann verweist ihn an die Leeseite. Wenn schon »opfern«, dann in Lee, niemals in Luv, sagt er. Den meisten Seeleuten schmeckt die Pfeife nicht mehr. Es herrscht aber auch im Schiff ein fürchterlicher Gestank. Das faul stinkende Wasser in den Bilgen beginnt sich zu bewegen, dazu kommt der fast unerträgliche Farb- und Teergeruch. Mit wenigen Ausnahmen haben alle Kopfschmerzen, und der Magen will auch nicht so recht seinen Zweck erfüllen. »Audsten Fritschen« (der älteste Leichtmatrose) meint: »Ich habe das Gefühl, als wenn der Magen mir unter den Kinnbacken säße und unten im Bauch, wo er eigentlich sein sollte, ist schlechte Luft.«

Das Wetter hält auch in den nächsten Tagen so an. Wir halten unseren Kurs weiter bis zum 61. Grad nördlicher Breite in der Nähe der Shetland-Inseln. Der Gestank und auch die Seekrankheit nehmen noch zu, und es wird erst anders werden, wenn wir die Netze ausgesetzt, das Schiff richtig durchgespült und durchgelüftet haben. Inzwischen fangen wir an, uns mit Tagesarbeiten zu beschäftigen. Die Schwimmer für die Netze müssen mit Tauen versehen werden. Auch werden noch Taue gespleißt und Matten geflochten. Der sogenannte Wandeinnehmer strickt sich mehrere Schöpfnetze, mit denen er später beim Heringskehlen die Schlachter mit Nachschub versorgt. Die im Schiff gestapelten Netze werden an Deck geholt, überholt und angefeuchtet.

Aussetzen der Netze. Endlich, am dritten Tage, sind wir auf dem gemeldeten Fangplatz angekommen. In der Ferne sehen wir mehrere Logger, anscheinend Holländer, die schon hinter den Netzen liegen. Wir suchen uns einen geeigneten Platz. Der Kapitän fragt den Steuermann, was er vom Wasser halte. Beide sind der Meinung, daß der Platz geeignet sei: Nußquallen und Planktonen sind da, das Wasser hat die richtige Färbung. Das Schiff wird vor den Wind gedreht, die deutsche Flagge gesetzt zum Zeichen dafür, daß wir diesen Platz für unsere Netze beanspruchen. Das Kommando »Schotters de Bord« ertönt. Alle Besatzungsmitglieder haben ihre vorher bezeichneten Plätze eingenommen und das Aussetzen der etwa 4 km langen und 30 Meter tiefen Netzwand beginnt. Ein armdickes geteertes Tau, mit Schwimmern in Abständen von etwa 30 Metern versehen, trägt die feinmaschige Netzwand, die gesäumt und an ihren Oberteilen mit faustgroßen Korkstücken versehen ist und das obere Wasser des Meeres in etwa 4 km Länge absperrt. Die riesigen Heringsschwärme, die um diese Jahreszeit bei Tage auf dem Grund des Meeres stehen, ziehen

*Die folgenden Fotos demonstrieren das Einholen des Schleppnetzes. Zu den nun folgenden neun Fotos
schrieb der Glückstädter Waldemar Cornelsen am 11. 10. 1993: »Diese Bilder habe ich im Sommer 1952 auf der
Reise mit dem Motorlogger SG 7 Saxnot gemacht. Ich mußte als Bordelektriker das erste Aktiv-Ruder
(eingebauter E-Motor im Ruderblatt eines Loggers) technisch überwachen.*
Vom Fangergebnis war die fünfwöchige Reise die beste des Jahres 1952.
*Während die anderen Logger noch mit den Treibnetzen fischten, hatte ML Saxnot auch auf Schleppfang
umgestellt. Die Fanggründe dieser Reise waren auf der Doggerbank in der Nordsee.«*
*Das erste Foto zeigt das Einholen des Vornetzes mit der Hand. Bald kommt das Endes des Netzes, der Steert,
auch »de Büdel« genannt, prall gefüllt mit Fischen, von der Winde gezogen an der Bordkante hoch.*

343

kurz vor Mitternacht zur Oberfläche, kommen nun vor die Maschen des Heringsstellnetzes. Ein Teil der Heringe schwimmt allerdings darüber und darunter weg. Diejenigen aber, die davor treffen, werden von der Fischmasse des Millionen- oder Milliardenschwarmes gedrückt und geschoben. Sie versuchen, durch die auf mittlere Fischgröße eingestellen Maschen des Netzes zu entkommen, das aus feinen Baumwollfäden besteht und imprägniert, gekupfert und nochmals durch den Absud einer aus Indien stammenden Baumrinde (Kateschou) »getaant« ist. Die Heringe stoßen mit den Köpfen durch das Netz, bleiben aber hinter den Kiemen in den Maschen hängen. Das Aussetzen der Netze ist anstrengend, dauert allerdings nur etwa 30 Minuten. Nachdem noch zusätzlich ungefähr 300 Meter des dicken, mit Schwimmern versehenen Taues ohne Netze (der sogenannte Schwing) ausgesetzt sind, damit beim Stampfen des Schiffes und dem damit verbundenen Schwingen des dicken Taues die daran befestigten Netze sich nicht um dasselbe verwickeln, ist diese Arbeit beendet. Der jüngste Schiffsjunge, der sogenannte Abholer, d. h. derjenige, der beim Einholen der Netze an der Winde das dicke Tau abholt, tritt an die Reling, blickt aufs Meer, nimmt die Mütze ab und spricht: »Geschotene Fleet! Gott segne use Arbeit!« Die Netze sind nun ausgesetzt, das Schiff dreht in

344

den Wind, und das dicke Tau mit der daranhängenden Netzwand wird im Vordersteven des Schiffes am Poller befestigt. Das Schiff liegt hinter der 4 km langen Netzwand wie hinter einem Treibanker. Es macht keine Fahrt durchs Wasser, wohl aber mit Wind und Strömung etwas Fahrt über den Grund. Es ist inzwischen Abend geworden, und es gibt, nachdem das Schiff gut gesäubert und durchgelüftet worden ist, ein Abendessen, das allen gut mundet [! Fr. Brinkmann hat diese Erinnerungen lange nach seiner Fahrenszeit für die Mitteilungen des Mindener Geschichtsvereins aufgeschrieben und sie deren sprachlichem Standard angepaßt]. Die Seekrankheit ist von allen überwunden.

Die Wache ist eingeteilt, alle übrigen Besatzungsmitglieder können bis Mitternacht schlafen. Es ist eine schöne Sommernacht. Hier auf dem Fangplatz in der nördlichen Nordsee geht um diese Jahreszeit die Sonne erst gegen 23.00 Uhr unter, läuft knapp unter dem Horizont entlang und geht schon gegen 1.00 Uhr wieder auf. Wir brauchen deshalb nur die Positionslampen für Treibnetzfischer zu setzen und keine zusätzlichen Arbeitslichter. Es ist nach Sonnenuntergang während der hier herrschenden Dämmerung in diesen Breitengraden noch so hell, daß man Zeitung lesen könnte.

Einholen der Netze. Die Maschinenwache hat der Maschinist, der nach 6 Stunden, um 24.00 Uhr, durch den Heizer abgelöst wird. Die Deckswache besteht aus einem Matrosen, der alle volle Stunde abgelöst wird. Um 0.30 Uhr soll laut Befehl des Kapitäns mit dem Einholen der Netze begonnen werden. Die letzte Deckswache kocht einen großen Kessel Kaffee, bringt einen kleineren Kessel voll Kaffee nach hinten ins Achterlogis, weckt leise [!] den Steuermann mit den Worten »Reise, Reise, Stürmann, et is hiev up«, nimmt den großen Kessel mit nach vorn und weckt die hier schlafenden 12 Matrosen und Schiffsjungen. Nach alter Tradition singt der Matrose der letzten Deckswache in althergebrachter Weise den Weckruf zum Einholen der Netze: »Reiseé, Reiseé ist mein Verlangen, Reiseé, Reiseé ist mein Begehr. Die schöne Zeit ist nun vergangen, steht auf von eurem Nachtquarteér. Treckt an ju Loatschen [= Latschen (?), siehe dazu die Erinnerungen von Wilhelm Paulsen weiter oben], bindt vor ju Fell, et is Hoale-Manns-Hoale, verstoah gie mie well!« Manchmal wird auch noch ein Neckvers dazu gesungen: »Doch einet hätt ick bald vergeten, de Lump von Kock hett'r ok van weeten: Se hebt den Stürmann in de Stevel gescheten.« Der älteste Spilläufer, der diese Nacht Spilltörn hat, erhebt sich sofort, langt seine Muck vom Haken, versorgt sich mit Kaffee und

überwacht das Aufstehen der 5 Schiffsjungen, die Abholer, Reepschießer, Jüngster und Audsten genannt werden. Nach etwa 20 Minuten erscheint der Steuermann vor der Kappe des Logiseinganges und ruft laut herunter: »Hiev up.« Auf den Zuruf des ältesten Spilläufers »hoch« begeben [!] sich die 5 Jungen vor dem Spilläufer an Deck. Während der Abholer auf einer kleinen Bank hinter dem Spill Platz nimmt, klettert der Reepschießer in den nahe gelegenen tiefen Reepraum, der Jüngste nimmt seinen Platz in der Beeling, d. h. vorn beim Steven ein, um die Schwimmer abzustekken und sie in der Braylkrebbe zu verstauen. Der Heizer hat inzwischen das Spill abgeschmiert. Nachdem das Reep in drei Törns um das Spill

gelegt ist, wird er vom Poller losgeworfen, das Spill beginnt zu schnaufen und zu rattern und sich zu drehen. Der Abholer zieht am Reep, das Schiff nimmt langsam Fahrt auf, um sich an der Netzfleet entlangzuschieben. Vorn in der Reepklüse liegt noch angebunden eine dicke Matte, »dat Bedde«, welches das Scheuern des Reepes verhindern soll. Es wird jetzt herausgehievt, das Spill rattert immer schneller, und nach ungefähr 20 Minuten kommt das erste Netztau, der sogenannte Schiffszeising. Der Steuermann war inzwischen zur Brücke gegangen und hatte an Hand des Kompasses, des Windes und der Strömung errechnet, daß die Netze nach Backbord freitreiben müßten. Er überzeugt sich noch einmal vorn, und da es noch nicht ganz freitreibt, läßt er zum Ruder auch noch das Achtere (Besansegel) nach Steuerbord überholen (brassen). Jetzt ertönt der laute Ruf »Schippszeising Backbord«: Alle restlichen Matrosen kommen mit langen Seestiefeln, Ölschürzen und Ölmauen (Ölärmel) bekleidet an Deck. Sie machen die Backbordkrebbe klar, und der Kock im Raum steigt in die Tiefe des Netzraumes. Der Steuermann steckt den Schiffszeising los, und der älteste Spilläufer und die beiden Audsten nehmen ihn und somit den Anfang des Netzes nach Mittschiffs zur Backbordkrebbe durch die Geestrollen über die Krebberollen nach der Last. Alle sind gespannt auf den

348

Fang. Ein pustendes, zischendes Geräusch außerbords läßt uns aufhorchen. Die ganze Decksbesatzung grölt: »Guten Morgen, Fritz!« und ist froh. Das Geräusch stammt nämlich vom sogenannten Hellen (oder Hillen) Fritz, einem Heringswal von 80 bis 120 Zentner Gewicht, der als harmloser Walfisch den Heringsschwärmen folgt. Er beschädigt kein Netz und ist so »helle«, daß er beim Einholen der Netze unter diesen hin und her schwimmt und die herausfallenden Fische verzehrt. Wo er auftaucht, hofft man auf einen guten Fang. Wenn die ausgepustete Luft des Heringswales nach kochendem Grünkohl stinkt, so ist das ein Zeichen, daß er schon viele Fische gefangen hat. Das erste Netz wird jetzt über die Geestrollen geholt, die ersten blinkenden zappelnden Fischleiber platschen an Deck. Der Steuermann und vier weitere Matrosen stehen auf der sogenannten Last, das ist der Mittelteil zwischen Back- und Steuerbordkrebbe, mit Planken zu Kästen abgeteilte Decksraum des Schiffes. Die Menge der Heringe wird immer größer, und die Heringe müssen nach dem Einholen des 3. Netzes schon taktmäßig herausgeschlagen werden. Dazu singt jetzt der Steuermann, d. h. er regelt mit einem Taktgesang das Einholen und Herausschlagen der Fische: »Hoale bie, hoale bie-he-hopp« usw. Nach diesem Taktgesang greifen die Hände der Matrosen, holen die Netze und stem-

men die zentnerschwere Last der Fische, um sie gleichzeitig herauszuschlagen. Donnernd schlägt das 15 Meter breite Netzband mit den vielen Fischen auf die Lastrollen, das von kräftigen Matrosenfäusten, die durch sogenannte Dreifingerlinge geschützt sind, geschwungen wird. Immer größer wird die Fischmasse zwischen den Planken. Netz auf Netz kommt herein, es zappelt und klatscht und springt allenthalben. Ein Junge meint: »Es ist ein Glück, daß Fische nicht schreien können.« Der sogenannte Flootentedder, der an den Oberrand der Netze holt, hat gleichzeitig die Aufgabe, den unten im Netzraum stehenden Koch im Raum zu warschauen [signalisieren], wann der einige Trecks der eingeholten und von Heringen gesäuberten Netze vornehmen kann. So singt der Flootentedder nun auch von Zeit zu Zeit, wenn lose Netze auf der Last liegen: »Hoal oaber Kock, noch en Treck«, und wenn keine Netze mehr daliegen, ruft er: »Döön bist Kock; eisern döön.« Nach einigen Stunden ist »halbe Fleet«, d. h. die Hälfte der Netze ist eingeholt. Der Steuerbordsnetzraum ist voll leerer eingeholter Netze. Es wird zunächst eine kleine Pause gemacht, dann wird die Last freigemacht, d. h. die Heringe werden in die Krebben geschaufelt. Ein Schluck Kaffee und eine Zigarette erfrischen etwas, und weiter geht es. Inzwischen hat der Heizer schon den großen Kessel mit Kaffeewasser

aufgesetzt, etwas später wird der Koch geweckt, der sich vom Fang 1/2 Mantje [Korb] Heringe aussucht, die er schlachtet, säubert, würzt, in Mehl wälzt und dann in siedendem Fett brät. Diese gut schmeckenden Fische gibt es nach Beendigung des Einholens der Netze zum Frühstück. 10 bis 12 Heringe kann man durchaus verzehren, zumal nur der Rücken des Herings gegessen wird. [Hier läuft das Wasser im Mund zusammen. G.K.] Es ist jetzt 6.00 Uhr früh geworden. Die Fleet ist eingeholt.

Auf See kehlen und salzen. Wir schätzen unseren Fang auf 60 Kantjes. Da nun am Spill etwas defekt ist und der Kapitän »Segel setzen« befohlen hat, weil er durch Radio-Telefonie-Sender gehört hat, daß von anderen Schiffen in der Nähe große Fänge gemeldet sind, werden die Segel mit der Hand gehißt. Der Steuermann singt, und alle greifen im Takt des Gesanges, der folgenden Text hat: »Als Jonas in dem Walfisch satt [saß], vor ene, twe und dre, und hei gebackene Schellfisch fratt, vor ene, twe und dre, ach, Jonas, schick mie eenen Mann, vor ene, twe und dre, de mie dat Fell versohlen kann, vor ene, twe und dre.« Im Takt dieses Gesanges klettert langsam das Segel am Mast in die Höhe, bis das Klaue Fall [Leine; mit Klau- und Piekfall wird das Gaffelsegel hochgezogen, gesetzt] zu blocks

ist. Das lose mitgehißte Piekfall wird dann mit Einfallen des Gewichtes
mehrerer Matrosen unter Ausnutzung der Schlingerbewegung des Schiffes unter »Hee, he! – hee, he!« steif gesetzt. Nach dem Einnehmen des
Frühstücks, für das 30 Minuten Zeit gelassen wird, läßt der Steuermann
für die Menge von je 3 Kantjes Heringe, 1 Heringsfaß voll Salz aus dem
Bauch des Schiffes holen. Dies geschieht mit einem sogenannten Hoaketau.
Es ist mit Eisenklampen und 5 Strängen versehen. Nachdem die Luke
von Raum 2 aufgedeckt ist, steigt einer der Audsten hinein und pickt ein

Salzfaß an. Der Steuermann faßt die Klinke (das mittlere Tau) und »singt«
das Faß heraus, d. h. alle 5 Mann greifen nach dem Takt des Gesanges.
Zunächst ruft der Audste unten »Döön«, nachdem er das Faß angepickt
hat. Der Steuermann singt: »Döön, oben ist de Jan, und de packt se an.«
Hinter dem Steuermann nimmt ein Matrose das Salzfaß an. Beim Hochziehen der nächsten Fässer singt der Steuermann: »Döön, recht int Gatt,
herrut mit dat Fatt.« Aus größerer Tiefe des Laderaumes heißt es: »Susanna
wohnt 3 Treppen hoch, ihr Schlaf ist kerngesund, und wenn sie schläft,

dann schnarcht sie gleich als wie ein Pudelhund.« Und von der Bordseite: »Suhtjes von Bord, ein Trabiesor, han upp, sett upp, recht int Gatt, herrut mit dat Fatt.« Beim viertletzten Faß heißt es: »Jetzt kammt'r no veer, küsst ju Meisjes mit Pläsier, und die allerschönste Zier, han upp, sett upp, recht int Gatt, herrut mit dat Fatt.« Beim drittletzten Faß heißt es: »Jetzt kommt'r no drie, unner die Nabel un bover die Knie sitt dat Gatje von Marie, han upp, sett upp, recht int Gatt herrut mit dat Fatt.« Beim vorletzten Faß wird gesungen: »Dat is de Brögam un de Bräut, se möt'r alle beide äut; han upp, sett upp, sett upp, recht int Gatt, herrut mit dat Fatt.« Und beim letzten schließlich: »Et geit vöört Lest, jeder upp sin Best, kummt de

354

Stürmann mit de Fläsch, gievt en jeden Stück of ses, in die Fresch ut de Fläsch.« Man sieht an vielen Bräuchen, wie auch an diesen Gesängen, daß die Holländer hier Lehrmeister waren; wie überhaupt alle Kommandos und Bezeichnungen ein Gemisch aus Niederdeutsch, Holländisch und Englisch sind.

Der Kapitän hat von der Brücke aus am Horizont an der Steuerbordseite andere Schiffe gesichtet. Wir müssen einen Schlag über den anderen Bug machen. Das Schiff dreht und schon tönt das Kommando: »Rhé, obergeity!« Das Großsegel wird losgebunden, und dann geht auch die Stagfock über. Die Achterleute (Kock im Raum und Flootentedder) ho-

len noch das Besansegel über, und ab rauschen wir dem neuen Zielpunkt
zu. Inzwischen ist alles zur Verarbeitung des Fanges klar gemacht. Mittschiffs ist die sogenannte Kääkplanke querschiff von Bord zu Bord rei-
chend eingesetzt. Darauf nehmen nun die Schlachter Platz. Jeder hat ein
Kääkmantje (Schlachtkorb) mit hohem Boden vor sich zwischen den
Knien, links davor ein Mantje (Korb) für die gekehlten Heringe, rechts
davor ein Gellemantje [Abfallkorb], auf der rechten Hand ein Paar oben
zusammengestrickte Fingerlinge, Zeige- und Mittelfinger bedeckend und

ein Kääk- oder Kehlmesser mit langem Holzgriff und kurzer Klinge, ähnlich einem Kartoffelschälmesser. Der Holzgriff ist zweimal durchbohrt und mit einer Schlaufe versehen, die dann über den Ringfinger und den kleinen Finger gestreift wird. Vorn vor den Körben steht der Wandeinnehmer, einer der stärksten Matrosen, mit dem sogenannten Schleppnetz, einem kleinen Netzbeutel, etwa 75 Pfund Heringe fassend, an einem Vierkanteisenbügel befestigt, gestrickt und mit einem 3 bis 4 Meter langen Stiel versehen. Neben ihm steht der Abholer (in der Regel der Heizer), der die vollen Körbe mit den geschlachteten (= gekääkten = gekehlten) Heringen abholt und leere Körbe wieder hinsetzt. Er schleppt die vollen Körbe nach vorn über die Last und entleert sie in die sogenannte Wahback, wo die Heringe dann mit Salz vermengt werden. Außerdem macht dieser Abholer auch noch Handreichungen für den Wandeinnehmer, nimmt Planken weg und kippt die Gelle, das ausgekehlte Eingeweide und Blut, über Bord. Inzwischen sind zwischen den vorderen Krebbepollern auf der Last ebenfalls 2 Planken eingesetzt, von denen die obere einen viereckigen mit Hörnern versehenen Ausschnitt hat. Davor steht die Boombalje mit Küpergeschirr (Moker, Dissel und Treibhölzer) gefüllt, ebenfalls mit 2 Hörnern versehen. Zwischen diesen hochragenden Leisten und Dauben (Hörnern) ruht nun die sogenannte Wahback. Sie ist ein vorn offener Trog mit starkem Buchenholzboden. In diese Wahback werden nun die Körbe mit den gekehlten Heringen gekippt mit dem Rufe: »In de Back.« Der an der Reihe zum Abholen bestimmte Spilläufer tritt an die Wahback, wirft mit einem Blechteller aus einem geöffneten, bereitstehenden Salzfaß mehrere gehäufte Teller mit Salz auf die im Trog liegenden Heringe, rührt diese mit einem Spaten aus Buchenholz, dem sogenannten Wahlöbel, kräftig durcheinander und schiebt die Masse Heringe mit Salz vermengt durch das offene Vorderteil des Troges in ein darunter stehendes Salzmantje. Er nimmt dann den etwa 50 bis 60 Pfund schweren Korb hoch und schleppt ihn zu einer der an der Reling festgezurrten bereitstehenden Heringstonnen, deren Boden leicht mit Salz bestreut ist, und kippt einen kleinen Teil der gesalzenen Heringe in die Tonne, legt die Heringe in Reihen nach dem Motto: »Koppies an die Wänner, Bäuki boove [Köpfe an die Wand, Bäuche nach oben]«. Wenn er nun die erste Lage schön geordnet hingelegt hat, streut er leicht Salz darüber, kippt wieder ein, legt die nächste Lage quer zur Richtung der ersten und so fort, bis das

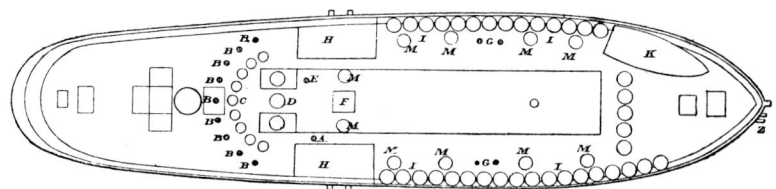

Das Kaaken oder Kehlen des Herings beschreibt Grotewold, 1908, S. 165-168, anhand dieser Skizze folgendermaßen: »Das Ausnehmen des meist schon toten Herings ... ist von großer Wichtigkeit für die Qualität ... Das Kaaken
des Herings nun ist eine Operation, die sehr einfach aussieht, die aber doch viel Übung erfordert, wenn sie flott
vonstatten gehen soll. Der Mann nimmt dazu das Kaakmesser in die rechte, den Hering in die linke Hand, sticht
dann den Hering in die Kehle, wobei er dessen Kopf mit seinem linken Daumen etwas auf die Seite biegt, und
entfernt darauf durch eine drehende Bewegung den größten Teil der Eingeweide, namentlich die Galle. Die Leute
haben darin eine fabelhafte Geschicklichkeit. Ein Mann kaakt zwei Kantjes in der Stunde (ein Kantje = eine
Tonne Seepackung enthält etwa 600-700 Heringe). Wie das Kaaken an Bord vor sich geht, ist ... aus der beigegebenen
Skizze zu ersehen. Neun Mann (B) sitzen im Halbkreis vor Körben mit ungekaaktem Hering (C), den sie kaaken
und dann in andere Körbe werfen, die in der Mitte stehen (D). Der Matrose A besorgt mit einer Schaufel oder einem
Ketscher die Heranschaffung frischen Materials aus der Krippe (H). Vor dem Beginn des Kaakens hat der Steuermann das nötige Salz (in Fig[ur] 60. bezeichnet M Salztonnen, I Heringstonnen) bereitstellen lassen, dessen Menge
er durch lange Übung ziemlich sicher abschätzen kann. Man salzt mit einer Tonne Salz vier Kantjes Heringe. Die
ausgenommenen Fische werden durch den Oudsten E nun aus den Körben D in den Kasten F geschaufelt oder
geschüttet, wo sie lagenweise mit Salz bedeckt und dann durcheinander gerührt werden. Dieses muß mit großer
Gewissenhaftigkeit geschehen, denn wenn das Salz nicht ordentlich durchgemischt wird, können die Heringe Faulst-
ellen bekommen. Vier Matrosen übernehmen nun die so vorbereiteten Heringe, um sie in die Tonnen zu packen, mit
den Bäuchen nach oben, wobei auf jede Schicht Heringe eine Lage Salz kommt. Die neue Lage Heringe kommt
rechtwinklig auf die darunter liegende ...« Über die Verarbeitung des Fanges an Bord ist in allen Erinnerungen, die
in diesem Buch abgedruckt sind, zu lesen. Am ausführlichsten hat Henrich Winkler darüber berichtet. Der
Wantenehmer füllt mit einem an einer Stange befestigten Netz den Hering aus den Kribben und aus einem Laderaum, wenn der Fang gut war, in die Kaakkörbe. Der Audste holt die gekehlten Heringe und schüttet sie in die
Wahback. Der Steuermann salzt in der Wahback mit dem Wahlöpel, und die Spillöper packen die
gesalzenen Heringe, in die Tonnen.

Faß voll ist. Es wird dann noch ein sogenannter Kopf von mehreren Lagen auf das gefüllte Faß gepackt, weil ja bis zum Nachmittag, wenn die Kantjes dichtgemacht werden, der Faßinhalt noch sackt. Inzwischen geht es weiter. Es wird gekehlt, abgeholt, eingekippt, gesalzen. Der Reihe nach holen Steuermann und die 2 Spilläufer die gesalzenen Heringe aus der Wahback, kippen sie in Fässer, legen sie zurecht, stellen neue leere Tonnen auf, zurren sie fest und kippen 2,5 Zentner schwere Salzfässer aus. Sie leisten schwere Akkordarbeit, während die Schlachter gemütlich auf der Kehlplanke sitzen. Das Sprechen auf der Kääkplanke ist nicht erlaubt. Aber nachdem der Kapitän, der an Steuerbord auf der Backskiste sitzt und auch mit schlachtet, angesichts dieser sogenannten Wuhling vorn gerufen hat: »Spilläufers, Bäuki boove!« (legt ordentlich!), das Redeverbot also von ihm selbst durchbrochen ist, kann auch Hein, einer der ältesten Matrosen, das Flachsen nicht lassen und ruft zu den schwitzenden, kämpfenden Spilläufern hinüber: »Kiek dor, von Erregung säuselt, vom Arsch der Rauch, der leicht gekräuselt.« Der »Achtersteven« der Spilläufer ragt ja meist in die Höhe, da sie mit den Köpfen in den Heringstonnen stecken und die Salzheringe in Reihen legen. Die Spilläufer antworten dann knurrend: »Schlacht't gie man nich so veel Slipper!« und heben gleichzeitig einige unordentlich geschlachtete Heringe hoch, deren Kehle nur halb herausgerissen ist: Es sind die sogenannten Slipper. Sofort läßt der Kapitän die Augen an der Kääkplanken entlangschweifen und fragt: »Wer schlachtet hier Slipper?« Er bekommt natürlich keine Antwort. Darauf erteilt er den Befehl an den Abholer: »Auf Slipper achten!« Nach etwa 2,5 Stunden ist das Schlachten beendet.

Das Deck wird mit dem Schlauch sauber abgespült und mit dem Besen geschrubbt, und alle Planken werden verstaut und aufgeklart. Die Wache geht ans Ruder und löst den Koch ab, der bisher auf der Brücke aushalf. Alle anderen legen sich schlafen, nachdem sie sich gründlich gewaschen haben, denn der Morgenschlaf ist hier der beste. Nach einer Stunde wird der Matrose am Ruder abgelöst, während der Kapitän bis zum Nachmittag oben bleibt. Zum Mittagessen gibt es, da es Donnerstag, also Seemannssonntag ist, »Plummen und Klüten«. Anschließend gibt es, da abgesehen von der Wache den Schiffsjungen und Matrosen noch ein kurzer Nachmittagsschlaf gestattet ist, um 14.00 Uhr Kaffee.

Fässer dichtmachen und verstauen. Danach werden die Kantjes dichtgemacht. Diese Arbeit besorgen die Matrosen, während der Steuermann, der zuerst mithalf, später das Verstauen der luftdicht verschlossenen Heringsfässer überwacht. Luftdicht müssen die Fässer unbedingt sein, weil die sich aus dem aufgelösten Salz und dem Heringsblut bildende Lake, Pekel genannt, bei Luftzutritt leicht ranzig und tranig wird und das Fischfett verseift. Damit wäre das Faß Heringe wertlos geworden. Zum Zweck des luftdichten Verschließens der Heringsfässer wird zunächst das obere Kopfband (genannt Hupen) gelöst, der Boden vorsichtig in die eine Seite der Nute, in den Faßdauben (Deugen) der Kimme eingeführt und der Rest mit leichten Schlägen des Dissels (ein dem Krummhauer ähnliches Werkzeug) eingetrieben, bis er ganz einrastet. Nachdem das Klopfband aufgesetzt und mit dem sogenannten Treibholz angetrieben ist, ruft man »bohr«; einer der Matrosen bohrt dann mit einem Bohrer ein Loch in das Faß. Der Schiffsjunge reicht aus einem umgehängten Segeltuchbeutel einen kleinen spitzen Holzpflock (genannt Hufstock) zum Verschluß des Bohrloches und etwas Werg zum Abdichten des Bodens. In das Bohrloch setzt nun der Matrose ein kleines konisch geformtes Eisenröhrchen, die sogenannte

Blaspfeife. Nachdem er etwas Wasser mit der Pütz auf den Faßboden gekippt hat, bläst er kräftig in das Bohrloch hinein und sieht so, ob Luftblasen vom wasserbedeckten Faßboden hochsteigen, oder ob die Heringstonne dicht ist. Das Bohrloch wird mit dem vorgenannten Pflock verschlossen, das Faß umgekippt, der untere Boden geprüft und dann mit der persönlichen Markierung des »Dichtmachers« versehen. Es ist dann später festzustellen, wer eventuell eine undichte Tonne abgeliefert hat; der Wert dieser Tonne kann ihm dann notfalls von der Heuer abgezogen werden. Inzwischen ist auf das Kommando des Steuermanns »Wegstrieken!, Hoaketauers!« eine der etwa faßbreiten Luken eines leeren Laderaumes des Schiffes aufgedeckt worden. Derjenige der Matrosen, der die Arbeit des Stauers ausübt, klettert hinein. Der jüngste Leichtmatrose holt das schon genannte »Hoaketau«. Er nimmt den mittleren Strang, die sogenannte Klinke, ganz kurz fassend in beide Hände, während an den anderen, an beiden Enden der Klampen befindlichen vier Strängen die beiden Audsten und zwei jüngere Matrosen anfassen. Der Steuermann nimmt das erste herangerollte fertiggekäupte Heringsfaß, hakt beide Eisenklampen in die Faßkimmen, achtet kurz auf die Schlingerbewegung

des Schiffes und ruft »döön«. Die Stränge werden steif gehalten, und in dem Augenblick, in dem das Schiff auf die andere Seite überholt, also »sekundenlang« ruhig liegt, ruft er »hoff« und läßt das Faß los. Es gleitet sanft und ruhig an den Stängen des Hoaketaues in die Tiefe des Raumes und wird von dem Stauer in Empfang genommen. So geht es laufend weiter: Faß auf Faß verschwindet in der Tiefe des Raumes und wird vom Stauer immer fest auf Lücke, gleich einer Treppe, verstaut, bis alle Fässer im Bauche des Schiffes verschwunden sind.

Allerlei vom Leben an Bord. Der Kapitän steht auf der Brücke – das Schiff macht halbe Fahrt – und hält nach einem Fangplatz für die kommende Nacht Ausschau. Es ist wieder soweit, die letzte Heringstonne ist weggestrichen, das Deck ist sauber. Wieder ertönt es: »Klormoaken taum utsetten«, und nachdem alle Rollen und Planken eingesetzt sind, heißt es bald: »Schotters de Bord«, das Schiff dreht vor den Wind, die Decksleute nehmen ihre Plätze ein, die deutsche Flagge weht, und wieder beginnt das Aussetzen der Heringsfleet, und so geht es fort, Tag für Tag, Nacht für

Nacht, mit mehr oder weniger großen Fängen, bis alle Heringsfässer an Bord gefüllt sind mit seegekehlten und seegesalzenen Heringen. Während dieser Zeit des Zusammenlebens in enger Bordgemeinschaft entwickeln sich Freundschaften oder auch Antipathien. Jeder der Jungen hat in einem der Matrosen sein Vorbild gefunden, der dann sein Lehrmeister wird. Er leistet dem Matrosen auch wohl auf Wache hinter der Fleet ein wenig Gesellschaft. Unter seiner Aufsicht lernt der Junge die Kompaßrose nach Strichen auswendig. Der Junge bekommt Anweisung, wie man Zeugwäsche macht, Strümpfe stopft, eine zünftige Bootsmannsnaht macht oder sogar einen Hosenboden einsetzt. Er wird ermahnt, sich jeden Tag so oft wie möglich zu waschen, namentlich die Hände, weil hier im Salzwasser auch kleine Verletzungen leicht zu eiternden Wunden führen. Für solche Fälle ist übrigens eine sogenannte Medizinkiste an Bord, die der Steuermann verwaltet. Außer einem ärztlichen Besteck lagern in ihr eine Menge Medikamente für innere und äußere Erkrankungen. Jeden Abend nach dem Abendbrot hat der Steuermann, der einen Sanitätskursus besucht hat,

Sprechstunde im Schneiden und Verbinden. Hein, unser jüngster Schiffsjunge, hat sich mit »Willem«, dem Backsältesten der Matrosen, angefreundet, der nun versucht, Hein alle Kniffe der Seefahrt und des Heringsfanges beizubringen. Außer über Kompaß, Schiffsteile, Zeugdienst, Knoten, Spleißen und Takeln möchte Hein noch vieles wissen und fragt Willem: »Du gehörst doch hier zu den Spilläufern, ihr salzt hier die Heringe ein, lauft aber doch nicht um das Spill. Warum heißt ein Spilläufer eigentlich Spilläufer?« - »Nein, heute laufen wir nicht mehr um das Spill! Heute wird das Spill ja mit Dampf getrieben, aber in früherer Zeit, als es nur Segelschiffe gab, mußten die Spilläufer im wahrsten Sinne des Wortes um das Spill laufen. Siehst du hier im oberen Teil der Spilltrommel diese Vierkantlöcher? Da hinein steckte man armlange Speichen, wie wir eine davon auch heute noch zum Netzaussetzen brauchen. Die Speiche hast du ja selbst schon oft eingesetzt. Die Speichen steckte man also in die verschiedenen Löcher der Spilltrommel, die Spilläufer drückten mit Arm und Brust dagegen, und los ging das Karussell. Mit Körperkraft wurde das Schiff nun an der Netzwand entlang geholt. Heute haben wir es leichter. Früher

war das eine Arbeit, bei der die Spilläufer meistens nur mit Hemd und Hose bekleidet waren, aber trotzdem alles durchgeschwitzt hatten.«

Heute ist Sonnabend, und wir haben das sogenannte Sonntagsfleet geschossen, d. h. nur die Hälfte der Netze ausgesetzt. Der Schiffsjunge möchte wissen, warum es überhaupt eine Sonntagsfleet gibt. »Ja«, antwortet Wilhelm, »morgen ist Sonntag, und unser Kapitän hält auf Tradition. Er ist einer der wenigen Kapitäne, die noch Sonntagsfleet schießen. In früherer Zeit wurde bei den Holländern am Sonntag nicht gefischt. Diesen Brauch übernahmen auch zunächst die deutschen Heringsfischer, doch schon vor dem [Ersten] Weltkriege wurden die am Sonntag gefangenen Heringe den Besatzungen besonders vergütet. Allerdings wurde damals nur nach Befragen und mit Zustimmung der Besatzung am Sonntag gefischt. Während früher sonntags nicht gefischt wurde, und die holländischen Kapitäne am Vormittag zum Gottesdienst aus der Bibel vorlasen – auf alten Loggern war im Mannschaftslogis am Vorderende der Back dazu ein sogenannter Betstuhl eingebaut – ist heute bei uns das Fischen am Sonntag gang und gäbe. Die Fänge am Sonntag werden heute auch nicht

mehr besser bezahlt als die der Wochentage. Wenn nun unser Kapitän am Sonnabend nicht alle Netze aussetzt, so geschieht das wohl in Anlehnung an die alte Tradition und an das Gebot ›Du sollst den Feiertag heiligen‹. Du weißt ja, Fischerei ist Glückssache, und unser Kapitän, einmal daraufhin angesprochen, meinte: ›Solange ich als Kapitän fahre, habe ich immer Sonntagsfleet geschossen und habe deshalb jedes Jahr am Saisonende kein geringeres Ergebnis aufzuweisen gehabt als andere Schiffe. Im Gegenteil, ich war fast immer einer der Höchsten in der Lastenzahl.‹« »Inzwischen ist dir ja nun auch bekannt«, fuhr der Matrose fort, »daß 17 Kantjes seegepackter Heringe gleich 1 Last Heringe sind.« – »Ja, aber wieso heißen die Kantjes?« - »Der Ausdruck kommt wohl von den Holländern«, meint der Matrose, »da sie ja eigentlich unsere Lehrmeister waren, von ihnen haben wir viele Bezeichnungen übernommen.« Das Gespräch wird durch die Wachablösung beendet.

Es sind nur noch drei Stunden bis Mitternacht, und dann ist wieder »Hiev up«. Wenn man drei Stunden ununterbrochen schlafen kann, ist das in der Fischerei schon viel. Wir haben inzwischen den Fangplatz des öfteren gewechselt und sind südlicher gekommen. Als in dieser Nacht der

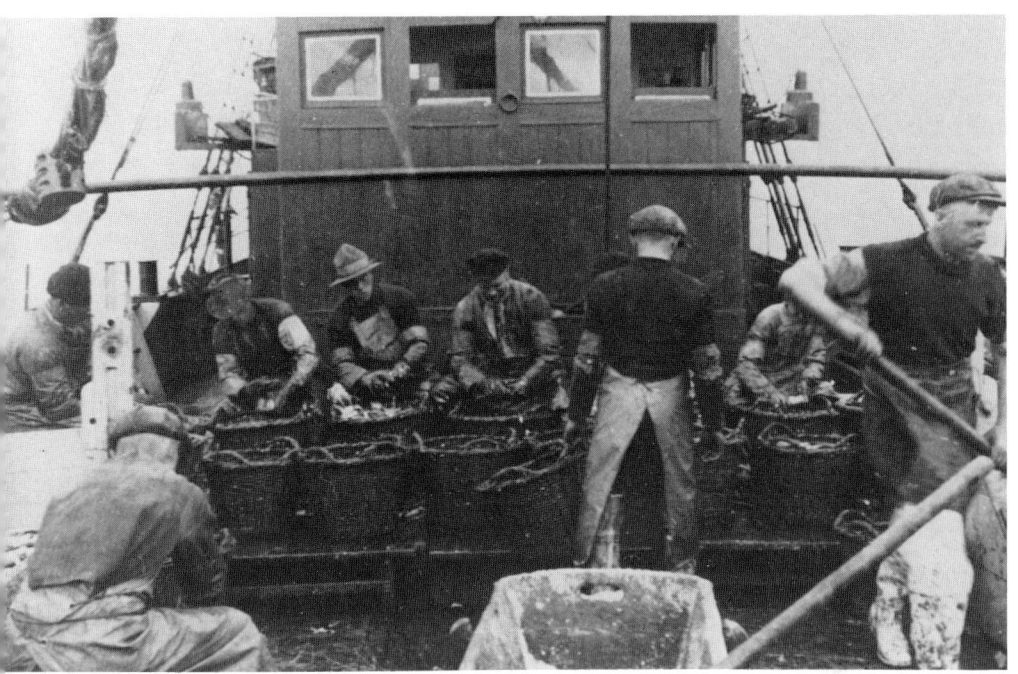

Wind etwas verlaufen ist, kommt einer der Audsten schon vor dem Schiffszeising vor die Kapp [Eingang zum Mannschaftslogis] und ruft: »Quallen in jeder Menge, so etwas hast Du noch nicht gesehen!« Alle laufen an Deck und gucken außenbords. Quallen schieben sich tonnenweise mit Wind und Strömung an der Netzwand entlang und streifen ihre Nesselfäden beim Einholen der Netze an diesen ab. Zwar werden sie, soweit sie nicht von selbst abgleiten und haften bleiben, des öfteren abgekippt, aber die beißenden, rosa Nesselfäden bleiben zum Teil in den Maschen hängen, und zu allem Unglück wird die Menge der gefangenen Heringe auch noch größer, so daß aufgesungen und herausgeschlagen werden muß. Die Nesselfäden spritzen umher. Die Augen der Männer schwellen immer mehr an, und zwischen den Fingern brennt es wie Feuer. Manche reiben sich bei der Halben-Fleet-Pause das Gesicht mit Essig ein, aber er bringt keine Linderung. Es ist eine Qual, und das Brennen ebbt erst nach einigen Stunden ab. Unser Fang beträgt 40 Kantjes. Es ist unser Glück, daß in der Nähe dann bessere Fänge sind. Nach dem Platzwechsel fangen wir in der nächsten Nacht 100 Kantjes und nur 2 Zentner Quallen. In der folgenden Nacht gibt es wiederum einen guten Fang, 120 Kantjes, und nachdem wir etwas aufgedampft haben, setzen wir sofort wieder unsere Netze aus. Das

Tonnenklarmachen dauert diesmal etwas länger, weil erst Kohlen ausge-
kippt werden, die als Reserve in Heringstonnen mitgenommen waren, und
ebenso Ballastwasser. Es ist schon spät abends, als wir wieder klar Deck
haben. Tagesschlaf gibt es nun nicht mehr, und wer Glück mit der Wache
hat, die ja reihum geht, bekommt innerhalb 24 Stunden 3 Stunden Schlaf.
Zwar beginnen wir eine Stunde später mit dem Einholen der Netze, aber
dafür haben wir wieder einen guten Fang. Mit halber Fleet bekommen wir
schon ungefähr 70 Kantjes: Es wird erst einmal festgemacht, Tonnen klargemacht, geschlachtet und weggestrichen. Als wir wieder klar Deck haben und die restliche halbe Fleet einholen können, ist es längst Nachmittag geworden. Endlich, gegen 18.00 Uhr, kommt das letzte Netz über die
Geestrolle. Heringe aufschaufeln, derweil ein wenig aufdampfen, und wieder heißt es: »Schott is de Bord«. Nach dem Aussetzen, Tonnenklarmachen
und Abendbrotessen beginnt das Schlachten der Heringe für die restlichen 70 Kantjes. Es schafft aber nicht mehr so wie am Vormittag bei den
ersten 70 Kantjes. Schon nach einer Stunde werden die Arbeitsbewegungen

im Lampenschein und in der beginnenden Nacht langsamer. Kein Wunder, sind wir doch nun schon 20 Stunden ununterbrochen wach und mit schwerer Arbeit beschäftigt. Es wird wohl noch 4 Stunden dauern, bis wir mit dem Schlachten fertig sind, uns nach Deck klarmachen, waschen und uns endlich für 2 bis 3 Stunden hinlegen können. Der Kapitän, der ebenfalls schlachtet, sieht den Matrosen die Müdigkeit an, und auf seinen Ruf »Schloapt nich in« stimmt einer der Matrosen auf der Planke ein Seemannslied an; andere fallen ein, und bald ertönt ein mehrstimmiger Chor durch die Nacht. Volkslieder folgen dem Seemannslied, und alle sind wieder hellwach. Das Schlachten geht wieder bessser von der Hand, und endlich ist der letzte Hering dieses großen Fanges gekehlt. Müde und steif erheben sich die Schlachter. Die Spilläufer fallen bald über ihre eigenen Füße, wie vorher über die ausgekippten Salzberge. Nachdem das Deck saubergespült und aufgeklart ist, können wir uns bis 3.30 Uhr hinlegen. Es ist jetzt 1.00 Uhr. Also 2 1/2 Stunden Schlaf für alle Decksleute. Kapitän

und Maschinist übernehmen die Wache. Um 3.30 Uhr gibt es Kaffee, und um 4.00 Uhr heißt es »hiev upp«. Es gehört schon allerhand dazu, die müden Schläfer zu wecken. Mit einem Weckgesang allein ist es diemal nicht getan, sie müssen wachgerüttelt werden. Als man diesmal an Deck kommt und die 70 Kantjes sieht, die nach dem Einholen der Netze erst einmal dichtgemacht und unter Deck geschafft werden müssen, ehe man an die Verarbeitung des kommenden neuen Fanges gehen kann, ist einem nicht ganz wohl. Unsere Hände sind rissig und wund, und unter manchem Fingernagel steckt eine eiternde Gräte, die sich in den letzten Stunden nicht entfernen ließ und sich nun schmerzhaft meldet. Manchem Spilläufer sind auch wohl die schwieligen Finger in den Gelenken eingerissen,

tief aufgeplatzt bis fast auf den Knochen. Das alte Mittel, einen Wollfaden
hineinbinden, damit die Wunde nicht von außen, sondern von innen zu-
heilt, wird zwar angewandt, doch schmerzt es beim Anfang des Einholens
und bei der Salzwasserberührung. Nach dem Totbeißen wird es besser,

und bald geht es wieder in alter Frische. Wieder rattert das Spill, wieder tönt es »hoal over, Kock«, aber der gefangenen Heringe sind wenig. In Anbetracht unserer körperlichen Müdigkeit sieht jeder mit einer gewissen inneren Erleichterung, aber gleichzeitig auch mit Bedauern, daß in dieser Nacht der Fang so klein bleibt. Es ist ja nicht gut möglich, sich über einen schlechten Fang zu freuen.

Ein Hai im Netz. Plötzlich, nachdem schon halbe Fleet gewesen ist, stimmt anscheinend etwas nicht; obwohl nur einige Heringe in den Maschen hängen, geht das Einholen sehr schwer, und das Netz rollt wieder zurück über die Geestrollen. Was ist denn das? »Ein Hai!« ruft der Steuermann. »Ein Hai!« tönt es im Echo der Matrosen, »den Düvel ook, der hat uns noch gefehlt!« Zusätzliche Arbeit, Aufenthalt und zerrissene Netze bringt so ein Biest. Der Hai hat nämlich die Angewohnheit, beim Schnappen nach der Beute sich auf den Rücken zu drehen. Hier wollte dieser 3 Zentner schwere Heringshai sich Heringe aus den Netzen holen. Er faßte mit den Zähnen die Netzmaschen, drehte sich und wickelte sich regelrecht ein. Entscheidend ist, daß man ihn nicht einfach auswickeln kann. Das

372

würde wohl stundenlang dauern. Mit den Zähnen hält der Hai eine Handvoll Netzmaschen. Ebenso hat sich die lange Rückenflosse und der
Schwanz vertakelt, und dann ist er mehrfach rechts und links rum geküselt;
kurzum, wenn man das vordere Ende losgespult hätte, wäre das hintere
um so fester eingewickelt und umgekehrt. Na, alte Leute wissen schon:
Den Schwanz freigemacht und abgeschnitten, ebenso die Rückenflosse.

Die Zähne freigemacht, und schon kann man seinen spindelförmigen Körper bequem aus dem Netzwust ziehen. Nachdem ihm noch 2 Handgriffe rechts und links in den Körper geschnitten sind, wird er von 2 kräftigen Matrosen an Luvseite über Bord geworfen. Er sinkt sofort ohne Schwanz und ohne Steuer wie ein Stein nach unten. Das zerrissene Netz wird ausgelegt, und weiter geht es »hiev upp«. Der Fang beträgt nur 12

Kantjes. Die Heringe werden noch vor dem Frühstück geschlachtet, und dann geht es schnell in die Koje. Zwei Stunden Schlaf, und dann ist es Mittagszeit. Anschließend sollen die restlichen 70 Kantjes vom Vortage, die ja noch an Deck stehen, dichtgemacht, weggestrichen und das Deck klargemacht werden. Währenddessen läuft unser Logger einem neuen Fangplatz zu. Um 17.00 Uhr ist er erreicht, und wir sehen schon mehrere Logger hinter den Netzen liegen. Wir dampfen auf. Die Flagge geht hoch, »Schotters de Bord«, und gegen 18.30 Uhr haben wir die Fleet wieder

draußen. Deck aufklaren, Abendbrot, 1 Stunde Wache und 4 Stunden Schlaf bis Mitternacht, der allerdings durch die Wache, die auf 21 bis 22 Uhr fällt, in 2 Hälften geteilt ist. Um 0.30 Uhr »hiev up«. Diese Nacht fangen wir 100 Kantjes. Am anderen Morgen fragt der Kapitän den Steuermann: »Wieviel leere Fässer haben wir noch an Bord?« »Genau 32 Stück«, antwortet dieser. »Neue Reise, neues Glück!« sagt der Kapitän, und wir steuern südlichen Kurs. Wie ein Lauffeuer geht es durchs Schiff: »Südlichen Kurs, Maschine voll!« Heimreise! »Dieser Geheimniskrämer«, meint Hein zu Wilhelm, »der hätte das ja auch schon gestern sagen können.« – »Ja, mein Junge, in gut einer Woche haben wir Vollmond, und dann will der Alte wieder hier sein. Er hat sich das wohl ausgerechnet. Wenn er noch einen Tag oder zwei länger bleibt, verpaßt er wegen 30 Kantjes vielleicht den Vollmond und versaut eine ganze Reise.«

Heimwärts, wir alle sind froh, es gibt keine Streitigkeiten mehr. Bei Tage werden die Netze aufgeholt, gespült und gesäubert, das ganze Schiff wird gewaschen, geschrubbt, und zwar jede Planke einzeln mit der Bürste, damit nur ja keine Fischschuppe sitzenbleibt. Zwischendurch heißt es: Wache, Hände baden, Wunden pflegen. Am Abend des 3. Tages nach Beendigung des Heringsfanges treffen wir wieder in unserem Heimathafen ein.

376

Vier Wochen waren wir auf See, und jetzt bleiben wir für 72 Stunden an Land. Aber die Nacht wird durchgearbeitet, nach 12 Stunden sind wir fertig. Das Schiff liegt wieder klar für die nächste Fangreise. Wir aber besteigen den Zug und fahren für kurze Zeit nach Hause, wo wir abends todmüde ankommen. Bis zum übernächsten Mittag bleiben wir zu Hause, dann geht es wieder der Hafenstadt zu. Abends heißt es dann wieder: Leinen los zu neuer Fangreise.

Erinnerungen an die Heringsfischerei in Glückstadt

von Gunther Rössler, geboren 1916 in Glückstadt

Wir drei Geschwister sind ab 1917 am Rethövel 11 in Sichtweite der Fischerei aufgewachsen. Für uns und die Nachbarskinder, die Brumms, Wrages, Saffareks, Fehrs z. B. zählte das Gelände der Fischerei nach Feierabend und an Wochenenden zum Auslauf- und Spielplatz. So forderte die Fässerpyramide auf dem Tonnenhof hinter dem Hauptgebäude geradezu zu Kletterpartien heraus. Dazu kam die Nutzung der Loren durch uns,

377

mit denen die Netze aus den heimgekehrten Schiffen zu den hohen Trockengerüsten zum Trocknen und Flicken gefahren wurden. Diese Gerüste befanden sich dort, wo heute die großen Hallen der Yachtwerft Asmus stehen. Im Winter, wenn alle Logger auflagen, haben wir immer wieder Streifzüge durch die Schiffe unternommen, ihre solide Holzbauart bewundert, aber auch die engen und muffigen Mannschaftsquartiere vor dem Mast zur Kenntnis genommen. Anfänglich gab es außer einem Dampflogger – ich meine, er wurde von Kapitän Lampe gefahren – etwa 10 bis 12 Holzlogger, mit 2 Masten, dem ausfahrbaren Bugspriet und angemessener Besegelung. Schiffsführung und Rudergänger standen bei jedem Wind und Wetter frei an Oberdeck. Nur der Smutje (Koch) hatte eine kleine Kochhütte aus Eisenblech an Deck stehen. Über einige Jahre –

Hochseefischerei

Ein recht lebhafter Betrieb herrscht in diesen Tagen an der Landungsbrücke der Fischerei-Aktien-Gesellschaft vor. Die sämtlichen Fahrzeuge der Gesellschaft sind eben vor dem Fest aus See zurückgekehrt und es wird jetzt das Löschen der Ladung und das Anlandnehmen der Netze besorgt, um die Fahrzeuge für das Winterquartier herzurichten und vor allen Dingen um der Mannschaft Gelegenheit zu geben, das Fest in der Heimat verleben zu können. Die nunmehr abgeschlossene Fangsaison kann als besonders gut bezeichnet werden. Insgesamt wurden 60 Fangreisen gemacht und zwar haben 1 Schiff sieben Reisen, 3 Schiffe je acht Reisen, 1 Schiff neun Reisen und 2 Schiffe je zehn Reisen gemacht. Erbeutet wurden:

Logger „Balder",	Kpt. Hardich,	10 Reif.	9076	Ktjs.
Logger „Donar",	Kpt. Humke,	8 Reif.	7319½	Ktjs.
Logger „Frija",	Kpt. Schönbek,	8 Reif.	7171	Ktjs.
Logger „Fro",	Kpt. Nuhrwold,	10 Reif.	10053½	Ktjs.
Logger „Odin",	Kpt. Lampe,	8 Reif.	7686	Ktjs.
Logger „Tiu",	Kpt. Hille,	9 Reif.	7360½	Ktjs.
Logger „Traute",	Kpt. Rehling,	7 Reif.	6371½	Ktjs.
			55048	Ktjs.

Mit diesem Gesamtfang wird das an sich gute Ergebnis des Vorjahres noch um 7162 Kantjes übertroffen, da damals 47886½ Kantjes erzielt worden sind. Der Durchschnittsfang je Schiff und Reise stellt sich auf 917½ Kantjes. Da die Gesellschaft vor größeren Havarien verschont blieb, kann sie mit Befriedigung auf das Jahr 1937 zurückblicken. — Die Mannschaften der Logger werden in diesen Tagen abgemustert und die Logger werden im hiesigen Binnenhafen bis zum nächsten Frühjahr vertäut.   s.

378

Heringsfischerei bot gute Qualität

Das Fangergebnis (49 009 Kantjes) war niedriger als im Vorjahr

Glückstadt. Insgesamt 49 009 Kantjes Heringe brachten die zehn Fischlogger der Glücktädter Heringsfischerei in diesem Jahr an Land. Diese Ergebnis liegt quantitativ etwa 10 000 Kantjes) unter dem des Vorjahres, qualitativ weit darüber, so daß der Abatz als sehr gut zu bezeichnen ist.

Zeitweise verhinderte schlechtes Wetter s Auswerfen der Netze: so lagen beispielsise die Schiffe „Traute", „Balder" und rija" längere Zeit in der französischen afenstadt Dieppe. Daß „Hermod" nur zwei isen machte, der Logger lief erst Ende ctober zu (insgeamt zwei) Salzheringsngfahrten aus, wirkte sich ebenfalls auf e Anzahl eingebrachter Kantjes aus.

Ebenso wie über die ausgezeichnete Quaät freuen sich die Heringsfischer, alle hiffe heil und — trotz vielen Nebels — chtzeitig in den Heimathafen gefahren zu ben.

Die Fangergebnisse der zehn Schiffe:

„**Traute**" (Kapitän Meier) während sieben eisen 5570 Kantjes;

„**Hermod**" (Kapitän Feuerstein) — zuerst if Frischfisch-Fang — während zwei Rein 2178 Kantjes;

„**Wotan**" (Kapitän Stüting) während fünf eisen 6051 Kantjes;

„**Balder**" (Kapitän Kölling) während sieben Reisen 5453 Kantjes;

„**Odin**" (Kapitän Schomburg) während sechs Reisen 4455 Kantjes;

„**Frija**" (Kapitän Pöhler) während sieben Reisen 5009 Kantjes;

„**Saxnot**" (Kapitän Hockemeier) während fünf Reisen 4685 Kantjes;

„**Hödur**" (Kapitän Jürgens) während sechs Reisen 6334 Kantjes;

„**Ursula**" (Kapitän Krömer) während sechs Reisen 4563 Kantjes;

„**Victoria**" (Kapitän Büsching) während sieben Reisen 4711 Kantjes.

Ab Mitte Januar wollen „Hermod", „Wotan", „Hödur" und „Saxnot" wieder zum Frischfisch-Fang auslaufen. Ihre Reisen sollen sie zur norwegischen Küste führen.

Mögen die Heringsfischer auch 1961 ihre Schiffe heil und mit guten Fängen zurückbringen!

die Bugsier-Reederei Ernst Sturm hatte gerade den Schlepper-Neubau Wiking erworben – wurden die Segel-Logger, um Zeit zu gewinnen, in der Saison von Mai bis Dezember durch die Wiking bis Feuerschiff Elbe 1 geschleppt, wo sie dann die Segel setzten. Mein Bruder Werner und ich durften mehrfach auf der Wiking mitfahren. Das waren für uns Erlebnisse! Später wurden die Segel-Logger nacheinander durch Motor-Logger ersetzt, die nach alten germanischen Göttern wie Baldur, Wotan, Frija usw. benannt wurden. Mit besonderer Spannung haben auch wir Kinder die Rückkehr der Logger erwartet. Als besonderen Erfolg der jeweiligen Besatzung werteten wir, wenn bei Rückkehr eine Thunfisch-Schwanzflosse im Topp geführt wurde. Gleich nach dem Festmachen an der Fischerei-Brücke begann das Löschen der Kantjes (Fässer) und Netze. Wir haben immer wieder mit Interesse den Ablauf der Arbeiten verfolgt in der Hoffnung, daß dabei ab und an Hartbrot für uns abfiel, das als Dauerproviant an Bord mitgeführt wurde. Gelegentlich platzte auch mal ein Heringsfaß beim An-Land-Rollen. Da fiel meist schon mal ein Hering für uns ab, den wir uns schnell griffen und unserer Mutter heimbrachten. Das Löschen der Ladung besorgte eine Gang der Fischerei, während die Besatzungen einige wenige Tage Urlaub erhielten. Ich erinnere mich besonders daran, daß Besatzungen, die geschlossen aus Schaumburg-Lippe gekommen waren, proper mit kleiner Schiffermütze, solide gekleidet und mit kleinem Handgepäck in einen Bus stiegen, um für die kurze Zeit bis zum nächsten Auslaufen zu ihren Angehörigen zu fahren. Nach ihrer letzten Fahrt im Dezember kehrten sie dann für dieses Jahr mit dickgefüllter Brieftasche heim. Von einigen einheimischen Seeleuten erlebten wir Kinder von Zeit zu Zeit, daß sie noch in Arbeitszeug, manchmal sogar mit ihren hüftlangen, ledernen mit Tran konservierten Seestiefeln, in die Kneipe von Garber Both (Ecke Rethövel-Neutorstraße) einfielen, um dort zum eigenen Wohlbefinden die Wirtschaft mit ihrer frischen Heuer anzukurbeln. Es kam dann schon mal vor, daß sie am nächsten Tag am damals noch vorhandenen Rethöveldeich ihren Rausch ausschliefen. Zum Arbeitsablauf in der Fischerei ist noch nachzutragen, daß der Arbeitsbeginn, die Pausen und der Arbeitsschluß für die Belegschaft durch eine Schiffsglocke signalisiert wurden. Dann zogen die Mitarbeiter über den Rethövel heimwärts. Davon war ein großer Teil Frauen, die bedingt durch ihre Arbeit des Heringspackens und mangelnde sanitäre Einrichtungen eine beachtliche Duftwelle um sich verbreiteten. Ein klein wenig Nostalgie mag mitgesprochen haben, als ich – ich hatte vom Seeoffizier zum Buchhändler umgeschult – 1952 oder 1953 für eine Reise auf dem Motorlogger Frija anheuerte. Im Fanggebiet nördlich der Doggerbank angekommen, lief die Routine voll an: Bis zum Mittag wurde das Stellnetz ausgebracht. Dann Ruhe. Nachts um 1.00 Uhr gingen überall bei allen Loggern bis zum Horizont die Scheinwerfer an. Der Hiev (das Netzeinholen) begann. Mit der Winsch wurde das tragende Reep, an dem die Auftriebskörper befestigt waren, an Schiff geholt, während die Besatzung auf dem Mitteldeck in Ölzeug das Netz einholte und die Fische auf das unterteilte Deck schüttelte. Bei gutem Fang standen die Leute bis über ihre Knie im Fisch. Auf dem Mitteldeck war nach 2- bis 3stündigem Hiev die Schlachtbank quer über die ganze Schiffsbreite aufgestellt, auf der fast die ganze Besatzung (meist 13 Mann) saß, um jeden Hering zu kehlen (das heißt: mit einem Schnitt und Griff die Kehle des Fisches zu durchtrennen – der Kopf mußte dranbleiben – und die Innereien herauszureißen). Sodann wurden die gekehlten Heringe mit

Salz in die Fässer gefüllt. Habe einmal die Zahl der Handgriffe nachgerechnet, die für eine volle Schiffsladung erforderlich waren. Etwa 1000 Kantjes konnte der Logger fassen. 800 Heringe füllten ein Faß. Bei guter Saison mußten also in 10 bis 12 Tagen ca. 800 000 Kehlungen von den 10 bis 12 Seeleuten auf der Schlachtbank ausgeführt werden. Bis mittags mußte dieser Arbeitsgang abgeschlossen sein, damit das Netz wieder ausgebracht und das Deck aufgeklart werden konnte. Erst dann gabs Mittagessen mit anschließend längerer Ruhepause. Das war die übliche Routine im Fanggebiet ohne Rücksicht auf Sonn- und Feiertage, bis das Schiff voll war. Um diesen Streß zu überstehen, kauften die Seeleute aus ihrer Bordkantine zollfrei massenweise Zigaretten, die zusammen mit kräftiger Kaffee-Versorgung aus der Kombüse zum Aufmöbeln dienten. Alkohol wurde weder gekauft noch konsumiert, da man sich einen dadurch möglicherweise folgenden Ausfall mit Rücksicht auf die anderen Besatzungsangehörigen nicht leisten konnte. Da bei meinem Törn die Fangergebnisse hinter den Erwartungen zurückblieben und mein Urlaub zu Ende ging, wurde arrangiert, daß das auf dem Heimweg befindliche Fischerei-Schutzboot Meerkatze bei uns vorbeifuhr und mich per Schlauchboot bei rauher See nach einem gerade abgerittenen Sturm übernahm. Die Heimfahrt nach Cuxhaven mußte unterbrochen werden, da das Schiff einen Rettungseinsatz bzw. das Bergen von 9 Überlebenden nach einem Schiffsuntergang zu fahren hatte. Erst nachdem die Überlebenden und dazu noch einige aufgefischte Leichen in Christiansand abgeliefert waren, kehrte ich in die Heimat zurück.

Plön 1989

Loggerjantjes - Zum Heringsfang in die Nordsee und zurück

von Henrich Winkler (1930-1988); von 1947 bis 1954 bei der Bremen-Vegesacker Heringsfischerci; seine unter dem Titel »Das war die Zeit der deutschen Loggerfischerei« in: Schiffahrt international 38 (1987). S. 338-363 abgedruckten Erinnerungen werden leicht gekürzt wiedergegeben

Die Heringslogger waren reine Zweckbauten. Jeder Quadratmeter wurde für die Ladung und Ausrüstung... genutzt. Später kam noch der Maschinenraum dazu. Da die Schiffe verhältnismäßig klein waren – zwischen 20

bis 30 Meter Länge, 6 bis 7 Meter Breite – blieb für die Mannschaft nur wenig Raum. Auf den Segelloggern wohnten der Alte und der Steuermann achtern unter Deck, der Rest von 12 Männern wohnte, oder besser gesagt, hauste vor dem Mast unter Deck. Das Mannschaftslogis war sehr eng, 12 bis 13 Quadratmeter. Zwölf Kojen waren in der Bordwand eingebaut,... davor verliefen die Backskisten. Sie waren Sitzgelegenheit für einen Teil der Mannschaft, außerdem konnte man Ölzeug, Gummistiefel usw. darin unterbringen. Es gab einige winzige Spinde, einen kleinen Kanonenofen und eine kleine Back (als Eßtisch)... Es war... nicht möglich, daß sich alle zwölf Mann im Logis bewegen konnten... Alkoholika gab es an Bord genug, allerdings nur harte Sachen wie Rum, Dujardin, Scharlachberg und Danziger Goldwasser... Sich richtig betrinken konnte man nur an den zwei Tagen, an denen man an Land war. Dieser Umstand, daß wir versuchten, in den zwei Tagen, die uns zur Verfügung standen,

soviel wie möglich von dem nachzuholen, was wir wochenlang entbehren mußten, brachte uns Loggerjantjes, wie wir genannt wurden, den schlechten Ruf ein... Für viele waren wir Säufer, Schläger und schlimmeres... Irgendwann habe ich einmal den folgenden Spruch gehört: »Gott schütze uns vor Sturm und Wind und Leuten, die vom Logger sind.«... Aber kommen wir auf die Wohnverhältnisse zurück. Als die Logger Dampf- und Motorenantrieb bekamen, wurden sie größer und erhielten achtern die Brückenaufbauten. Der Alte wohnte nun im Brückenhaus, das Achterlogis wurde vergrößert und Platz für Steuermann, Koch, Maschinist (Meister) und Assistent (Assi) geschaffen. Später kam noch ein Jüngster hinzu ... Später, als die Logger noch größer wurden, wuchs auch das Brückenhaus mit, das Ruderhaus wurde etwas größer,... es gab sogar eine kleine Toilette. Anfangs mußte man sich das Wasser zum Waschen und Klospülen mit der Schlagpütz von außenbords holen, später gab es eine Hand-

pumpe. Ich habe nie erlebt, daß die Pumpe mal funktionierte. An Steuerbord gab es einen kleinen Trockenraum, in dem wir versuchten, unsere nasse Kleidung zu trocknen. Ich weiß heute noch nicht, warum wir das immer wieder versuchten, die Klamotten wurden selten richtig trocken. Der Trockenraum war höchstens einen Kubikmeter groß. Wenn da zwölf Mann ihre nassen Klamotten hineinpackten, war das auch kaum möglich. Die Junggrade waren meistens die Dummen, denn die Herren Matrosen beanspruchten für sich den meisten Platz... Trotz dieses Mißstandes waren Erkältungskrankheiten relativ selten. An der Größe der Vorschiffslogis änderte sich nur wenig. Erst in den 6oer Jahren, auf den größeren Schiffen, wurden die Wohnverhältnisse erträglicher...

Die Schiffsbesatzung. Die Segellogger fuhren mit 14 Mann: 1 Kapitän, 1 Steuermann, 1 Wantenehmer (in der Regel der stärkste Matrose), 2 Spillöper (= Matrosen), 3 weitere Matrosen, 1 Kock im Raum (in der Regel der jüngste Matrose), 2 Oudsten (ältere Leichtmatrosen), 1 Jüngster (jüngster Leichtmatrose), 1 Avhauer (Junge), 1 Reepschieter (Junge). Später kamen dann noch der Maschinist, der Assi, der Koch und ein zweiter Jüngster dazu. Die modernen Logger, die Ende der 50er und Anfang der 60er Jahre gebaut wurden, hatten zusätzlich einen zweiten Steuermann und einen zweiten Maschinisten... Ich will nun etwas über das Leben und die Aufgaben der einzelnen Besatzungsmitglieder auf den Loggern erzählen. Beginnen wir mit den Jüngsten und Schwächsten der Besatzung, den beiden Jungs, dem »Avhauer« und dem »Reepschieter«. Sie waren in der Regel nicht älter als 14 oder 15 Jahre. Gerade aus der Schule entlassen, mußten sie mehr oder weniger freiwillig Geld verdienen. Abgesehen von den Jungs, die im Gebiet des Mittelweserraums geboren waren und aus Tradition Heringsfänger wurden, weil Bruder, Vater und Großvater vielleicht auch schon diesen Weg gegangen waren, gab es viele Jungs, die mit ihren Eltern – meistens nur mit der Mutter – als Flüchtlinge in das Gebiet gekommen waren. Sie fanden in der Gegend, in der es kaum Industrie gab, keine Arbeit. Als Alternative blieb ihnen nur der Heringsfang. So war ihr Lebens-

weg eigentlich schon vorbestimmt. Wenn die Jungs erst einmal an Bord
waren, das Schiff den Hafen verlassen hatte, waren sie der Willkür der
Älteren und Stärkeren ausgeliefert. Mir ist aufgefallen, daß sich besonders
die Matrosen dabei hervortaten, die Jungs zu drangsalieren, die selbst nicht
als Junge gefahren haben (es gab auch Ausnahmen). Der Erfindergeist in
Schikanen war manchmal enorm. So mancher Junge hat sich, wenn Gelegenheit sich bot, in seine Koje verkrochen, die Schotten zugeschoben und
sich die Seele aus dem Leib geweint... Die Jungens hatten neben dem
Steuermann die meiste Arbeit und die wenigste Ruhe. Es fing schon bei
der Ausfahrt an. Wenn wir auf der Weser waren, den Proviant und alles
andere verstaut hatten, haute sich alles in die Koje, nur der Alte oder der
Steuermann und ein Rudergänger gingen auf die Wache. Da der Rudergänger stündlich abgelöst werden mußte, war es Aufgabe der beiden
Jungens, zu jeder vollen Stunde die Ablösung zu wecken, einer vormittags
von 6 Uhr bis 12 Uhr, der andere von 13 Uhr bis 18 Uhr. Auf der Ausreise
war das noch nicht so schlimm, aber wenn man den Fischplatz erreicht
und die Nacht gefischt hatte, war es für die Jungens sehr schwer, wach zu
bleiben, während alle anderen schliefen. Sie versuchten, sich auf verschie-

dene Art wachzuhalten, aber manchmal war die Müdigkeit einfach zu groß, und sie schliefen doch ein. Dann gab es entweder eine Tracht Prügel, oder es gab eine zusätzliche Arbeit, natürlich auch wieder in der Freizeit... Weckte der Junge pünktlich, mußte er auch sehr vorsichtig sein. Jeder Geweckte reagierte anders. Manche waren sauer, wenn man sie weckte, und schlugen sofort zu. Denen durfte man nicht zu nahe kommen, sondern benutzte besser einen Besenstiel als verlängerten Arm. Es gab auch welche,

die mußte man zigmal wecken. Da mußten die Jungen früh genug mit
dem Wecken beginnen, damit diejenigen pünktlich auf die Brücke kamen.
Sonst konnte es passieren, daß sie behaupteten, nicht geweckt worden zu
sein. Und das hatte für die Jungen unangenehme Folgen. Ich möchte hier
nicht den Eindruck erwecken, als wären alle Matrosen solche Rabauken
gewesen. Aber es gab eine ganze Menge davon... Die Aufgaben, die die

388

Jungen in ihrer Freizeit zu bewältigen hatten, waren vielfältig. Sie mußten zu den Mahlzeiten das Essen und das Eßgeschirr von achtern nach vorn bringen, nach dem Essen alles wieder abräumen und zurückschaffen. Sie mußten die Backen reinigen und das Logis fegen. Zweimal in der Woche mußtc das Logis geschrubbt werden. Sie mußten Hubstöcke schnitzen, die zum Verschließen der Bohrlöcher in den Heringsfässern gebraucht wurden. 700 bis 800 pro Reise. Sie mußten den Ofen versorgen, Kohlen ranschleppen, für heißes Wasser sorgen. Und die Herren Matrosen hatten auch noch ihre Wünsche. Viele musterten nach ein oder zwei Reisen wieder ab. Wer aber eine Saison durchhielt, kam im nächsten Jahr wieder... Die »Jüngsten« (Leichtmatrosen) – die kleinen Logger hatten einen, die

etwas größeren zwei an Bord – waren in der Rangfolge die nächsten. Sie
hatten in der Regel schon ein Jahr Fahrzeit als Junge hinter sich und wuß-
ten, wie der Hase lief... Sie hatten vor allem für die Blasen und Brayls zu
sorgen. Sie mußten kontrollieren, ob die Brayls wasserdicht waren, ob die
Blasen genug Luft hatten und ob die eingedrehten Augen noch in Ordnung waren, notfalls waren neue einzudrehen. Auch die Brayltaue mußten
überprüft und wenn nötig, neue angesteckt werden, oder es mußten Augen eingespleißt werden. Trotzdem hatten sie, wenn alles normal lief, ein
bißchen mehr Ruhe als die Jungs. Die »Audsten« (ältere Leichtmatrosen)

hatten zumeist die Zeit als Junge und Jüngster hinter sich. Sie waren sozusagen nicht Fisch und nicht Fleisch, das heißt, sie waren noch keine Matrosen, aber auch keine Jungs mehr. Sie bekamen kaum noch zusätzliche Arbeiten. Allerdings ließen sie sich auch nicht mehr alles von den Matrosen gefallen. Manchmal, bei besonders schlechtem Wetter mußten sie den Jungs die Arbeit des Essenholens abnehmen. Die »Matrosen« waren in der Regel seeerfahren, fuhren mindestens seit vier Jahren auf einem Logger und beherrschten alle an Bord vorkommenden Arbeiten. Ihr Alter lag zwischen 19 und 60 Jahren... Von den insgesamt sieben »Matrosen« an

Bord war der »Kock im Raum« der Jüngste. Die Bezeichnung Kock im
Raum stammt noch aus der Zeit der Segellogger, als noch kein hauptbe-
ruflicher Koch gefahren wurde. Zu der Zeit war der jüngste Matrose neben seiner eigentlichen Arbeit auch für das leibliche Wohl der Mannschaft
verantwortlich. Damals wurde er vom Steuermann bei Beginn des Netzeinholens mit dem Ruf »Koch in den Netzraum« geweckt... Genauso war
es bei den beiden »Spillöpern«. Sie hatten ihre Bezeichnung ebenso vom
Segellogger übernommen. Zu der Zeit wurde das Spill (die Winde) noch

mit Menschenkraft gedreht, und zwar mit Hilfe von Spillspaken. Das waren zwei kantholzähnliche, etwa zwei Meter lange Hölzer, die in den Spillkopf gesteckt und als Hebelarme benutzt wurden. Die beiden Spillöper drehten im Kreis laufend das Spill. Später wurde das Spill mit Dampf angetrieben. Der Name Spillöper aber blieb. Den Wantenehmer konnte man wohl in der Regel als den stärksten Mann an Bord bezeichnen. Auch dieser Name wurde aus der Zeit der Segellogger übernommen. Der Name Wantenehmer (Wanteinnehmer) bezog sich eigentlich nur auf die Position, die er während des Netzeinholens innehatte... In früheren Jahren war er der wichtigste Mann am Want. Die Position am Mittelwant war am schwersten, die Positionen am Want wurden nicht gewechselt, wie es später üblich war. Er stand vom ersten bis zum letzten Netz am Mittelwant. Außerdem hatte er durch seinen rhythmischen Gesang für gleichzeitiges Ziehen und Ausschlagen der Netze zu sorgen. Der »Steuermann« war nach

meiner Meinung das ärmste Schwein an Bord... Während der Aus- und Heimreise ging er auch nur seine Brückenwache, aber auf dem Fischplatz angekommen, ging es los. Der Steuermann war, wie die Jungen, der erste, der an Deck kam, und der letzte, der nach getaner Arbeit unter Deck verschwinden konnte. Für alles, was an Bord schief lief, mußte er seinen Kopf hinhalten. Er mußte die Querelen des Alten schlucken, wie auch die Mekkereien der Matrosen über sich ergehen lassen. Er war sozusagen der Puffer zwischen vorn und achtern. Er war dem Alten gegenüber verantwortlich für den sorgfältigen Zustand der Netze. Er mußte darauf achten, daß defekte Netze während des Holens ausgelegt wurden, damit sie, nachdem der Fang verarbeitet war, geflickt werden konnten, was schließlich auch seine Arbeit war. Später, auf den modernen Loggern, hatte er Unterstützung durch den 2. Steuermann oder den Bestmann. Auf den älteren klei-

nen Loggern stand er allein davor. Selbstverständlich gab es auch Kapitäne, die beim Stricken halfen, wenn es möglich war. Manchmal war ein
Matrose an Bord, der sein Patent schon in der Tasche hatte. Der mußte
natürlich auch ran... Ich will... aufzeigen, was für ein armer Hund der
Steuermann auf einem Logger gewesen ist. Er hatte am meisten Arbeit,
Pflichten und Ärger, wobei mir klar ist, daß alle Kapitäne die gleiche Schule
durchgemacht haben. Verständlich auch, daß jeder Steuermann bestrebt

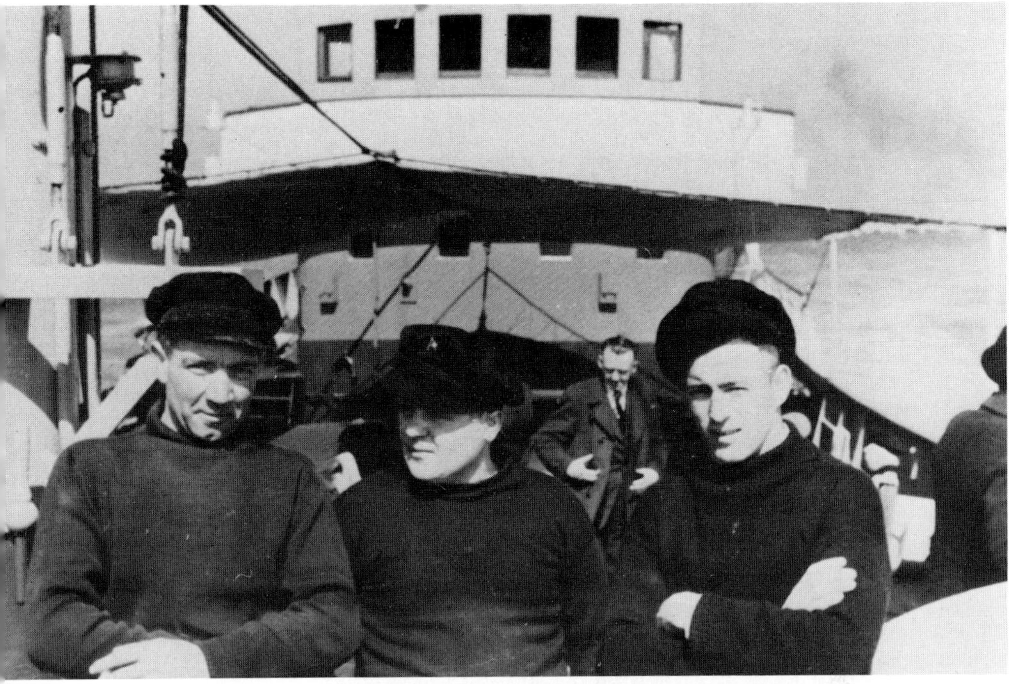

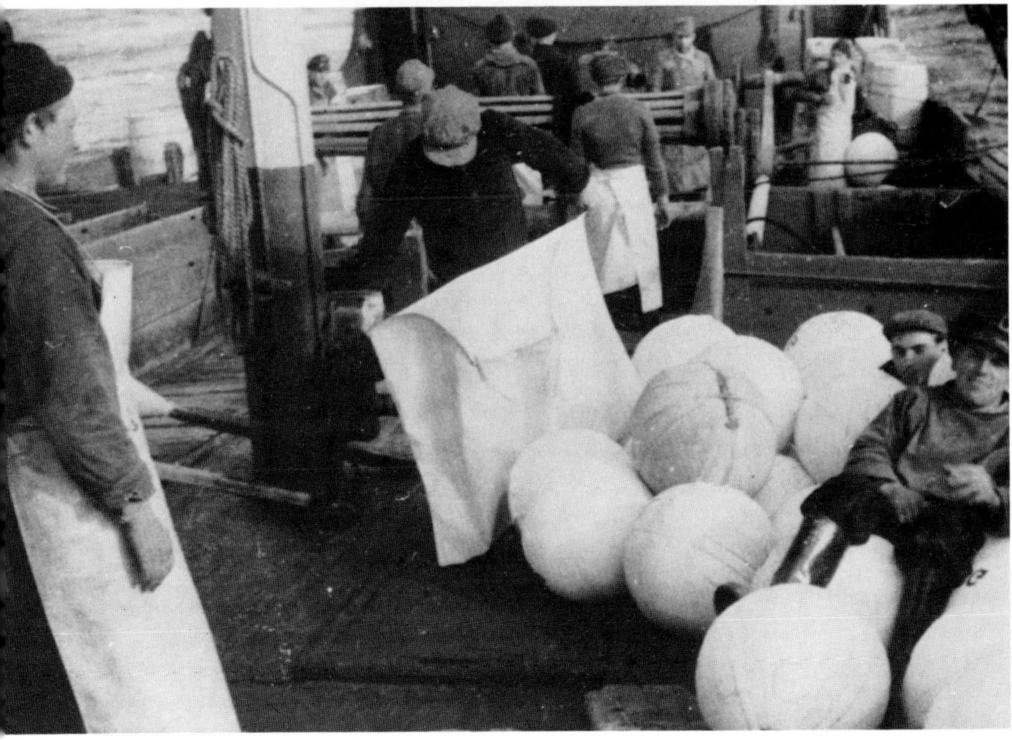

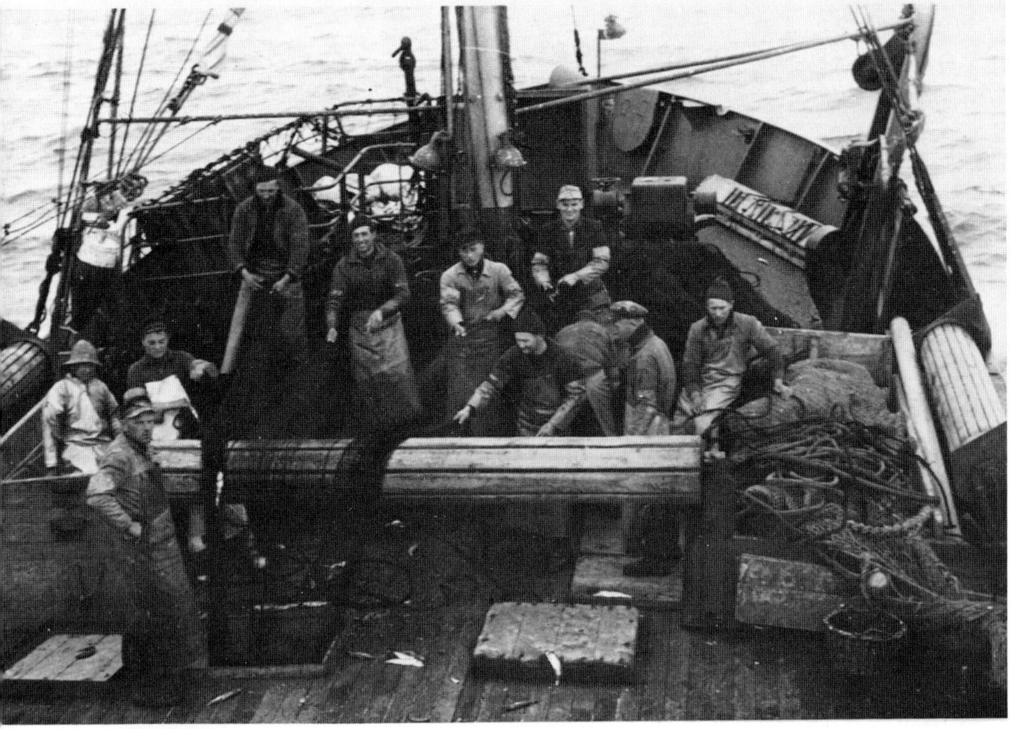

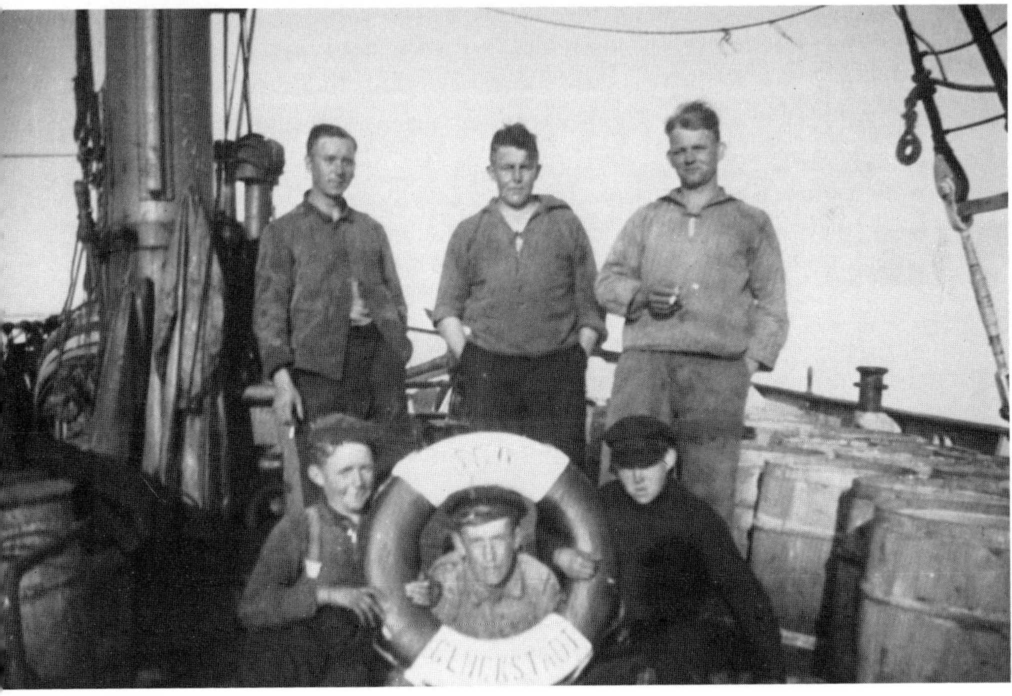
GLUCKSTADT

war, so schnell wie möglich ein eigenes Schiff als Kapitän zu bekommen. Doch der Weg dahin war lang. Die »Kapitäne« – sie waren so verschieden untereinander, wie man es sich kaum vorstellen kann... Ich glaube, alle Menschen sind irgendwie abergläubisch, vor allem Seeleute, aber Loggerkapitäne besonders... Was das Können der einzelnen Loggerkapitäne anbelangt, bin ich mir nie darüber klar geworden, woran es gelegen hat, daß der eine so viel und der andere so wenig fing. Manche schienen das Glück für sich gepachtet zu haben. Und dem anderen klebte das Pech an den Händen. Ich glaube, das Können setzte sich aus den Faktoren Instinkt, jahrelange Erfahrung und einer großen Portion Glück zusammen. Später kam noch hinzu, daß die großen Logger Sprechfunk bekamen, so daß sich einige Kapitäne... gegenseitig über Radio Tips gaben... Wenn morgens wirklich mal über Radio dicke Fänge gemeldet wurden, der Fangplatz aber 70 bis 80 Seemeilen entfernt war, waren die kleinen Logger auf Grund ihrer schwachen Maschinenleistung die letzten, die auf dem Fangplatz ankamen. Die anderen hatten dann schon ausgesetzt, und die besten Fangplätze waren vergeben. Noch schlechter waren die Kapitäne der Dampflogger dran. Sie mußten mit ihren Kohlen haushalten und konnten sich solch lange Törns nur selten leisten, wenn überhaupt... In der Zeit, als es nur Segellogger gab, war es anders. Denn alle hatten den gleichen Ausrüstungsstandard...

400

Das Fischen. Meistens wurden die Netze am Nachmittag ausgesetzt... Entscheidend war, was man in der Nacht vorher gefangen hatte. War es ein guter Fang und die Konkurrenz groß, mußte man sich einen vermeintlich guten Fangplatz sichern und früh wieder aussetzen. Hatte sich der Fang

nicht gelohnt, hörte der Alte das Radio ab. Gab es irgendwo gute Fänge, dampften wir dorthin. War der Fischplatz weit weg, kam man erst spät zum Aussetzen. Hatte man einen richtig dicken Fang, so daß alle Laderäume, Krebben und die Last [Mittelschiff] voll Hering waren, wurde nach Möglichkeit soviel Hering verarbeitet, daß man wieder Platz zum Aussetzen hatte. Dann mußte auch alles sehr schnell gehen... Während des Aussetzens wurden alle Mann gebraucht. Der Logger machte mit Kopf auf See Fahrt achteraus. Die Maschine drehte so langsam wie möglich, gesteuert wurde mit dem Vorderruder. Dies war Aufgabe des Wantenehmers. Er suchte sich am Horizont einen festen Punkt aus und versuchte, das Schiff möglichst gerade zu steuern. Der Alte beobachtete und kommandierte das ganze von der Brücke aus. Das Reep lief vorn bzw. mittschiffs über eine Reeprolle außenbords. Daran wurden vom Steuermann entsprechend den Markierungen (Maus) auf dem Reep die Zeisinge aufgesteckt. Ein Spillöper steckte die ihm von einem Jüngsten zugereichten Blasen

(Brayls) auf das Reep. Die Netze wurden von den Matrosen über eine Cooksrolle aus den mittschiffs gelegenen Netzräumen aufgeholt und über die Last klar außenbords geworfen, d. h. die Flooten durften sich nicht mit dem Want verwickeln. Bei diesem Vorgang standen zwei Matrosen und ein Audste auf der Last und zwei Matrosen in der Krebbe auf dem Schott. Dieses Auf-dem-Schott-stehen ist eine kunstfertige und anstrengende Arbeit. Gewöhnlich ging sie von Tag zu Tag unter den Matrosen reihum... Der Reepi (Reepschieter) saß während des ganzen Aussetzens in seinem Reepraum. Er mußte dafür sorgen, daß das Reep klar aus dem Reepraum lief. Wenn nichts schief lief, hatte er einen ruhigen Job. Aber wehe, wenn nicht! Der andere Junge (Avhauer) stand im Netzraum und holte die Zeisinge frei. Er übergab sie dem Audsten, und der gab sie weiter an den Steuermann. Nachdem die ganze Fleet ausgesetzt war, wurden noch etwa 150 bis 200 Meter Reep vorgesteckt als sogenannter Schwing. Das Reep wurde in die mit einer aus Tauwerk geknüpften Matte (Bedde)

Im Rettungsring: Kock im Raum Paul Mersmann aus Münster.

gepolsterte Ankerklüse gelegt und am Poller belegt. Der Avhauer hatte noch ein kurzes Gebet zu sprechen, das in etwa diesen Wortlaut hatte: »Geschoten de Fleet, Gott segne de Arbeet, Schipszeising hol fast, morgen tein Last.«

Das Holen. Dieser Vorgang wurde oft vom letzten Wachgänger, der nachts gegen 1 Uhr mit dem Kaffee von achtern kam, mit folgendem Lied angekündigt: »Sto op ji Fishermen, kloar un hell, is Holemanns Hole, verstoh je mi well! Treckt an jur Stebel, bind for ju Fell, is Holemanns Hole, verstoh je mi well!« Dieser Spruch brachte Leben in das Zwölfmannlogis. Die Junggrade kamen wie ein Blitz aus ihren Kojen, denn wenn sie noch eine Muck (Trinkbecher aus Blech) Kaffee trinken und etwas essen wollten, mußten sie sich schon überschlagen... Das Aufhieven des Schwings war ausschließlich die Arbeit der Junggrade. Etwa 10 bis 15 Minuten nach dem Weckruf kam der Assi nach vorn, um das Spill abzuschmieren und

probelaufen zu lassen. Das war das Signal für das Geschwader (untere Dienstgrade), an Deck zu erscheinen, denn sofort danach ertönte das Gebrüll des Steuermanns: »Hiev up!« Jetzt versuchte jeder vom Geschwader, nicht als letzter an Deck zu kommen. Denn inzwischen war der Steuermann vorn an der Cab (Niedergang zu den Kojen) angekommen, und der letzte, der an Deck erschien, erhielt einen Knuff in die Rippen, einen Schlag in den Nacken oder einen Tritt in den verlängerten Rücken... Nun begann das Holen. Das Reep wurde in drei bis vier Buchten um die Spilltrommel gelegt, vom Poller gelöst und das Bett entfernt. Der Reepi war inzwischen im Reepraum verschwunden, der Avhauer setzte das Spill in Betrieb, um den Schwing einzuholen. Nun wurde es auch für die Matrosen Zeit, in die Socken zu kommen. Denn sobald der Schiffszeising aus dem Wasser kommt, mußten auch sie ihre Positionen eingenommen haben. Der Ausruf: »Schiffszeising an Deck!« war die letzte Aufforderung. Der Schiffszeising wurde vom Steuermann an einen Audsten weitergegeben, der gab ihn um die »Wanten« herum an seinen Kollegen, der ihn über die Netzrolle warf und an den Matrosen weitergab. Das war der Moment,

Henrich Winkler (rechts) und K. H. Korff in Ölzeug am Steven auf BV *44 Kranich 1952.*
Von Henrich Winkler stammen in diesem Buch nicht nur seine ausführlichen Erinnerungen, sondern neben
diesem noch einige andere Fotos aus seiner Sammlung, die im Heimatmuseum Schloß Schönebeck
in Bremen-Vegesack wohl geschlossen vorhanden ist.

an dem die Matrosen aus der Last das erste Netz über die Bordwand holten... Inzwischen war auch der »Cook in Room« im Netzraum verschwunden. Seine Aufgabe war es, die Netze, die die Matrosen an Deck reinzogen und vor ihren Füßen fallen ließen, über eine Cooksrolle in den Netzraum hinunter zu ziehen und zu verstauen. Bei dieser Aufgabe hing es sehr vom Wohlwollen seiner Matrosenkollegen ab, ob seine Arbeit einfach oder umständlich war. Er war abhängig vom Aussingen des ihm am nächsten stehenden Matrosen. Aus seinem Raum konnte er sich kein Bild von der Situation an Deck machen, darum sang der Matrose an Deck, wenn er ziehen sollte: »Hol ober, Cook, noch en Treck!«, wenn er aufhören sollte: »Döön bis de, Cook, eisern Döön!« Meistens klappte es. Zerrte er aber zu früh am Netz, riß er dadurch seinen Kameraden in die weiß Gott nicht heilen Hände und Finger. Passierte ihm das zu oft, stellten diese sich auf das Netz, was seine Finger malträtierte, und er konnte die Netze nur in längeren Abständen herunterholen. Dadurch fiel es ihm dann

Der zweite von links ist der Glückstädter Lokalredakteur Karl Oehlers.

in dicken, nassen Ballen auf den Kopf, natürlich noch unklar. Dann mußte er sehen, wie er zurecht kam. Viel Zeit hatte er nicht. An Deck wurde
weiter geholt. Schnell lag oben wieder ein Bündel nasser Netze. Das Problem für ihn war, daß er die Netze nur dann im Netzraum unterbringen
konnte, wenn er gut staute. Ansonsten mußte er den Rest der Netze an
Deck packen, und das nahm man ihm übel. Erstens ließ sich der Netzraum dann nicht schließen, zweitens störten die Netze später beim Schlachten... Hinzu kam, daß er zusammen mit dem Geschwader nach der Arbeit die Netze wieder aufholen mußte, um sie dann noch einmal, diesmal
aber besser zu verstauen. Auf der Last standen fünf Matrosen beim Netzeeinholen in einer Reihe und zogen das Netz Hand über Hand über die
Reling. Wenn ein bis zwei Meter hereingeholt waren, wurde vom in der
Mitte stehenden Matrosen ausgerufenen Takt, das Netz hoch und nieder
geschlagen. Auf diese Weise wurde der Hering in die Krebben (dreigeteil-
te Fischkisten) oder auf die Last befördert. Das war eine »Sauarbeit«... Es
kam vor, daß der Hering nur von unten im Netz saß, dann war es relativ
leicht, ihn herauszuschlagen. Hingen sie aber alle oben im Netz, dann

lagen Zentnergewichte auf dem Netz. Das ging in die Arme... Das Holen der Last geschah auf Kommando. Früher war dieser Kommandogeber bzw. »Aussinger« der Wantenehmer, der am Mittelwant stand und aussang: »Holi bi, hole bei, hole und hopp!« Dieser sogenannte Gesang hatte viele Texte,... aber der Rhythmus blieb immer derselbe. In der neueren

Zeit liefen die Positionen von vorne nach achtern durch, so daß jeder Matrose einmal zum Aussingen kam. Dieses Einholen der Netze, die richtige Verteilung des Wants, die richtige Spannung beim Ausschlagen, der richtige Rhythmus beim Holen und Schlagen waren eine kunstfertige und dabei anstrengende Angelegenheit. Ein Stümper konnte das ganze Team hoffnungslos durcheinander bringen... Während sich dies auf der Last abspielte, hatte der »Jüngste« im Steven das Kommando... Er hatte die Zeisinge abzustecken, zur Erleichterung der Audsten etwas mit anzuhieven und dabei noch die Blasen oder Brayls abzustecken und in der Braylkrebbe richtig zu verstauen... Er mußte ein fixer Bengel sein... Dicht bei ihm stand der kleine Avhauer am Spill und mühte sich redlich, das Reep einzuholen. Dadurch, daß der Reepschieter hinter ihm im Reepraum ständig am Reep zog, zwang er ihn zu einer dauernd gekrümmten Körperhaltung. Das Verhältnis der beiden Jungs während des Holens war nicht immer das beste. Der kleine Reepschieter drehte während des Holens in seiner engen Katen mit dem dicken Reep, das die Stärke eines Männerhandgelenkes hatte und voller Teer und Öl war, wie ein Karussellpferd seine Runden. Auch der Reepi mußte beim Aufschießen seines Reeps sehr sorgfältig arbeiten. Denn später, beim Aussetzen der Netze, mußte das Reep klar aus dem Raum laufen. Der Alte kam während des Holens selten an Deck. Es sei denn, wir hatten einen dicken Fang. Die kleinen Logger konnten etwa 120 Kantjes in einem Hol an Bord holen ...

Das Verarbeiten des Fanges. Wenn das Holen beendet war, wurde das Deck provisorisch gesäubert, und dann gab es endlich Frühstück. Je nach Größe des Fanges waren zwischen vier bis fünf Stunden vergangen, und der Magen meldete sich. Kurz vor Ende des Holens hatte der Meister (Maschinist), der um 6 Uhr seine Wache wieder angetreten hatte, den Koch geweckt. Der hatte inzwischen die obligatorischen Bratjes (grüne Heringe) in die Pfanne gehauen und den Kaffee fertig. Im Schnitt wurden je nach Fassungsvermögen acht bis zwölf Bratjes verputzt [hier läuft mir

In den letzten zwei Monaten des Jahres, wenn auch die Stürme zunahmen, wurden Heringe im Armelkanal gefangen. Hier war der französische Hafen Fécamp ein wichtiger Flucht- und Schutzhafen bei schlechtem Wetter. 1955 liegen hier SG 4 Balder und Logger aus Vegesack und Emden.

wieder das Wasser im Mund zusammen G.K.]... Nach der Frühstückspause, die nur eine halbe Stunde dauerte,... ging es weiter. Jetzt mußten leere Fässer aufgeholt werden. Fässer mit Salz mußten an Deck. Es gab eine Menge Vorbereitungsarbeiten, bis man mit dem Schlachten beginnen konnte. Dieses Schlachten (Keeken) war ein Kehlen mit einem an der Hand mittels Schlaufe befestigten Keekmesser, einer Art Kartoffelschälmesser, nur mit kürzerer Klinge. Das Schlachten fand im Sitzen statt. Die Schlachter saßen auf der Keekplanke, einer Planke, die entweder kurz achterkante vom Großmast von Reling zu Reling eingehängt wurde oder kurz hinter den Krebben. Durch zwei kurze Planken zu den Krebben hin wurde eine U-förmige Sitzordnung geschaffen, so daß etwa zehn bis zwölf Schlachter sitzen konnten. Bei großen Fängen mußten alle außer dem Meister mitschlachten. Da aber nicht alle auf der Keekplanke Platz hatten, mußten die zwei oder drei schlechtesten Schlachter auf der Last sitzen. In der Regel waren das die Jungs. Die Schlachtenden hatten jeder einen Korb

412

(Mantje) zwischen den Knien, der reihum vom Wantenehmer mit einem Schöppnetz mit Heringen gefüllt wurde. Die Schlachter warfen die gekehlten Heringe in einen zweiten Korb, der vor ihnen stand und vom Audsten abgeholt wurde, sobald er voll war. Er brachte den Korb zum Steuermann und schüttete den Inhalt dort in die »Warback«, eine Art höl-

1958 übergeben bei ruhiger See SG 8 Hödur im Vordergrund und SG 2 Hermod Kantjes an SG 4 Balder und AE 97, das ist Viktoria aus Emden, die schon 1958 für die Glückstädter Gesellschaft fährt, 1959 an sie verkauft ist (vielleicht schon 1958) und dann die Nummer SG 10 erhält.

zernen Backtrog, nach einer Seite offen. Je Korb, der ungefähr 35 kg Heringe faßte, streute der Steuermann mit abgezirkeltem Schwung einige genau bemessene Backen Salz. Dieses wurde mittels des »Warlöpels« vom Steuermann mit den Heringen gut verrührt. Zum Schluß schob er dieses Gemenge aus der offenen Seite heraus in einen davor deponierten Korb, der dann von einem der Spillöper abgeholt und in drei Fässer verteilt wurde. Dieses Rühren und Mengen des Steuermannes, das für die Güte des Salzherings so wichtig ist, sah sehr leicht aus, doch es war schwerste körperliche Arbeit. Außerdem war die richtige Dosierung und Verteilung des Salzes das A und O der Konservierung, was nicht zuletzt über die Qualität des Salzherings entschied. Aufgabe der beiden Spillöper war es nun, die durch das Salz noch schwerer gewordenen Körbe zu den vorher auf Deck aufgestellten Fässern zu schleppen. Der Inhalt der Körbe wurde auf etwa drei Fässer verteilt. Anschließend verschwand der Oberkörper des Spillöpers in eben diesen Fässern, um die Heringe so zu ordnen, daß sie glatt gegeneinander lagen und nicht durcheinander zu liegen kamen. Je besser die Heringe gepackt waren, desto mehr paßten hinein; auch das beeinflußte die Qualität der Heringe und machte sich am Ende bezahlt... Es muß erwähnt werden, daß alle diese Arbeitsvorgänge im Akkordtempo verrichtet wurden, wobei die Schlachter das Tempo bestimmten... Eile tat aus zwei Gründen not: Erstens sollte der Hering, der durch das Fischen mit dem Treibnetz völlig unbeschädigt an Deck kam, so frisch wie möglich verarbeitet werden. Schnelles Schlachten bewirkte gute Ausblutung und damit zartes weißes Fleisch. Das war ein Qualitätsmerkmal, das es heute nicht mehr gibt. Zweitens mußte durch schnelles Schlachten erreicht werden, daß das Deck wieder frei wurde,... um die Fleet schnell wieder ins Wasser zu kriegen. Wie schon gesagt, war die Schnelligkeit der Schlachter ausschlaggebend, wurde aber vom Wantenehmer indirekt beeinflußt. Er bediente die Schlachter gleichmäßig reihum mit seinem Schöppnetz, einem an einem Metallrahmen gestricktem Netz unterschiedlicher Größe, wobei am Rahmen ein etwa drei bis vier Meter langer Stiel befestigt war. Jeder mußte also sehen, daß er seinen Korb soweit leer hatte, wenn er dran kam, daß der Wantenehmer wieder nachfüllen konnte. Wenn der ein Herz hatte, machte er das Schöppnetz nicht so voll, wenn die Jungs dran waren. Denn die waren meistens noch nicht so schnell beim Schlachten. Weil die Jungs meist die langsamsten Schlachter waren, saßen sie auf der Keekplanke in der Nähe des Alten oder sie saßen auf der Last, in der Nähe des Steuermanns. Sie mußten sich die größte Mühe geben, schnell und vor allem sauber zu schlachten. Es kam aber trotzdem vor, daß im Eifer des Gefechts, eben weil man mithalten wollte, viele »Slipper«, das waren nicht ganz ausgeschlachtete Heringe, produziert wurden. Das hatte manchmal zur Folge, daß es entweder vom Steuermann einen in den Nakken gab, oder es gab vom Alten eine Handvoll »Gelle« ins Gesicht. »Gelle« sind Eingeweide, die beim Schlachten aus dem Hering herausgerissen werden. Das war eine Unart von Kapitän Fritz S. Ich hatte am Anfang öfter dieses Vergnügen. Auch später war ich keiner von den sogenannten Schnellschlachtern. Ich habe aber in den Jahren einige Schlachter kennengelernt, die unheimlich fix waren. Sie waren der Alptraum eines jeden Wantenehmers...

Bei der Versorgung mit Heringen durch den Wantenehmer wurde jeder nur mit Namen oder Rang angerufen. Was den Angerufenen veranlaßte, blitzschnell seine Hände aus dem Korb zu nehmen, weil sonst die Hände

Fischereischutzboot Zieten 1932. Über den deutschen Fischereischutz schreibt Lissner in seinem Beitrag »Die große Heringsfischerei in Deutschland«, 1927, S. 322f. u. a.: »Der Fischereischutz wird in Deutschland nach dem Kriege von einem zu diesem Zwecke umgebauten, mit Motoren versehenen Minensuchboote ausgeübt, das ebenso wie der alte Fischereikreuzer den Namen ›Zieten‹ trägt. Wenn der ›Zieten‹ nicht fahrbereit ist, wird das Boot M 134 eingesetzt. Der Fischereischutz erstreckt sich gegenwärtig in der Hauptsache auf die Große Heringsfischerei und wird so ausgeübt, daß möglichst sämtliche auf dem Fange befindlichen Logger aufgesucht werden und ihnen die notwendige, meist ärztliche Hilfe gebracht werden kann. Die Logger haben ihren Gesamtfang, den Fang der letzten Nacht und andere Einzelheiten anzugeben, die dann auf funktelegraphischem Wege an den Verein deutscher Heringsfischereien nach Bremen weitergegeben werden. Auf Grund dieser Nachrichten gibt der ›Zieten‹ den Fischern auch Nachrichten über Plätze, auf denen zur Zeit gute Fänge gemacht werden ...«

getroffen wurden, wobei es viele Nuancierungen im Tonfall des Anrufs gab. Das reichte bei einem guten Wantenehmer vom Knurren eines wilden Tieres bis zur Anbetung einer Geliebten. Jedermann an Deck wußte, was diese Abstufungen bedeuteten. Dieses ständige Antreiben und Anstacheln zu noch mehr Leistung übertrug sich von achtern nach vorn. Auch dort wurden der Audste, der Steuermann und die Spillöpper zum Schwitzen gebracht. Diese erholten sich erst dann, wenn nach Stunden das Tempo nachließ und sie wieder Oberwasser bekamen. Dann fingen sie an zu lästern und ließen dumme Bemerkungen fallen, z. B. daß wohl demnächst das Fahren mit Weibern angebrachter sei. Nach dem Schlach-

Hier bringt ein Schlauchboot vermutlich einen Kranken von einem Logger zum Fischereischutzboot. Eine solche Überfahrt mit gebrochenem Beim bei stürmischen Wetter schildert Wolfgang Berger in seinen Erinnerungen.

ten wurde das Deck aufgeklart. Alleinige Aufgabe allein der Junggrade war es, dafür zu sorgen, daß das Deck wieder sauber, der Gammel außenbords geschaufelt wurde und die Körbe gespült wurden, d. h. alle Spuren des Schlachtens mußten verschwinden. Die Herren Matrosen entspannten sich derweil. Je nachdem, wie spät es inzwischen geworden war, gab es nun Frühstück, oder man konnte noch ein Auge voll nehmen, aß dann zu Mittag und schlief noch bis etwa 14 Uhr.

Das Dichtmachen und Verstauen der Fässer. Dann begann das Dichtmachen der Fässer. Die Heringe in den Fässern waren inzwischen nachgesackt, und die Fässer mußten nachgepackt werden. Sie wurden dann verschlossen. Das war eine fachliche Arbeit von Küpern, die jeder Matrose beherrschen mußte. Auf das gut gepackte Faß wurde der Faßboden gelegt und mit dem Moker in das Nut geklopft, notfalls stellte man sich obendrauf, um mit dem eigenen Körpergewicht den Faßboden in die richtige Lage zu

417

Nordweststurm kann auch für Glückstadt gefährlich werden. Frija ist 1936 vermutlich nicht bei Sturm aufgelaufen, sondern mit der Flut von der Elbmündung gekommen und nicht richtig eingeschwenkt.

bringen, dann wurde mit Hilfe von Dissel und Treibholz der Bug und Halshupen angetrieben. Der Boden wurde angebohrt und eine »Blaspfeife« ins Bohrloch gesteckt. Als nächstes wurde Wasser auf den Faßboden gekippt und mittels Blaspfeife Luft ins Faß geblasen. Zeigten sich jetzt irgendwo Luftblasen, hatte man die undichte Stelle gefunden und konnte sie mit Werg und Talg abdichten. Es war ein ähnlicher Vorgang wie beim Kalfatern. Dann hatte jeder das von ihm verschlossene Faß mit seinem Zeichen zu versehen, damit bei etwaigen Reklamationen der Übeltäter festgestellt werden konnte. Der Alte paßte auf wie ein Schießhund. Fässer, die nicht richtig verschlossen waren, liefen trocken, und der Inhalt verdarb innerhalb kurzer Zeit. Die brachten natürlich kein Geld. Während dieses Arbeitsablaufs ging der Avhauer mit seiner umgehängten Segeltuchtasche von einem zum anderen, um die einzelnen Forderungen der Matrosen zu erfüllen. Seine Tasche war vollgestopft mit Werg, Talg, Hubstocken, Blaspfeifen und Bohrer, eine Art Brustleier. Außerdem

418

brauchten sie Treib-, Bug- und Halshupen. Der Junge wurde auch hierbei in Trab gehalten. Wenn das Dichtmachen der Fässer sich dem Ende näherte, begann der Steuermann mit dem Verstauen der Fässer. Die Junggrade mußten die vollen Fässer heranrollen, einer pickte sie ans Löschgeschirr und der Steuermann ließ sie in den Laderaum hinunter. Im Raum befand sich einer der Jüngsten, der die Fässer staute. Am Spill stand ein Spillöper, der im Zusammenspiel mit dem Steuermann und dem Jüngsten im Laderaum die Stauerei vollzog. Diese Arbeit klappte am besten, wenn die drei ein eingespieltes Team waren. Da der Spillöper vom Spill aus nicht in den Laderaum sehen und er die Rufe des Jüngsten aus dem Raum aber auch nicht immer verstehen konnte, war der Steuermann eine Art Vermittler zwischen den beiden. Der Jüngste und der Steuermann verständigten sich durch Zuruf, der Steuermann und der Spillöper am Spill durch Kopfzeichen. Das klappte, wie gesagt, wenn die drei eingespielt waren, hervorragend. Auf den alten Segelloggern, die noch kein Dampfspill hatten, wurden die Fässer mit Hilfe eines Haketaus in den Räumen verstaut oder herausgeholt. Für das Haketau wurden fünf Mann gebraucht. Diese Arbeit war schwer und mußte, wenn sie klappen sollte, in einem rhythmischen Takt, ähnlich wie beim Segelsetzen oder Netzeeinholen, erfolgen.

Es entwickelten sich auch hier sogenannte Arbeitslieder, da diese kaum überliefert wurden, kennt man sie heute fast nicht mehr [die Lieder sind schon wiedergegeben in den Erinnerungen von Wilhelm Paulsen: Loggerleben... und von Friedrich Brinkmann: Matrosen...]. Um Platz für die vollen Heringsfässer zu schaffen, mußten leere Fässer aufgeholt werden. Salzfässer für den nächsten Fang kamen an Deck, Fässer mit Frischwasser wurden aufgeholt und in die Frischwassertanks gefüllt. Auf Dampfloggern mußten auch Fässer mit Kohlen an Deck geholt werden, um sie in den Kohlenbunker zu kippen. Anschließend mußten sie mit Deckwasch-

Die folgenden Abbildungen zeigen Logger, die zumeist von der Fangreise nach Glückstadt zurückkehren und ihre Ladung an der Fischereibrücke löschen.

schlauch und Besen gründlich gereinigt werden. Inzwischen war es dann etwa 16 bis 17 Uhr geworden. Wenn die Fleet nicht schon im Wasser war, kam spätestens jetzt der Ruf: »Klar zum Aussetzen«, und »Schotters de Bord«. Und das ganze begann von vorn. Diese Zeremonie wiederholte sich Tag für Tag, ob Sonntag oder Feiertag spielte keine Rolle. Die Erlösung kam, wenn wir beim letzten Hol sahen, daß der Fang reichte, um die letzten Fässer zu füllen. Das konnte nach 14 Tagen sein, aber auch nach drei bis vier Wochen oder erst nach sechs Wochen.

Das Essen an Bord. Wie ich schon früher erwähnte, konnte es natürlich auch passieren, daß das Schiff auch nach sechs Wochen noch nicht voll war. Dann mußte die Reise abgebrochen werden, weil der Kraftstoff nur

noch für die Heimreise reichte. Trinkwasser und Proviant reichten ebenfalls nur für sechs Wochen. Mit dem Proviant war das überhaupt so eine
Sache. Das Frischbrot reichte nur drei Wochen, wobei man sagen muß,
daß in der dritten Woche das Brot so verschimmelt war, daß nicht viel
übrig blieb, wenn man den Schimmel abgeschnitten hatte. So kam es zum
Umstieg auf das Hartbrot. Das war aber leider auch nicht das Gelbe vom
Ei! Irgendwann wurde das Dosenbrot eingeführt: aber nicht jedermanns
Geschmack. Das Frischfleisch reichte 14 Tage, dann gab es nur noch Pökelfleisch. Der einzige Lichtblick waren wirklich unsere täglichen frischen

Bratjes zum Frühstück. In einem bestimmten Monat im Sommer [August?] war Thunfischzeit, in der Freizeit wurde dann Thunfisch geangelt. Das war eine willkommene Abwechslung auf der Speisekarte, und der Fisch wurde als Delikatesse empfunden. Obwohl ich heute noch viel Fisch esse, habe ich nach meiner Loggerzeit nie mehr Gelegenheit gehabt, solch herrlichen Thunfisch... zu genießen. Leider artete das Thunfischangeln mit der Zeit so aus, daß es schon als Sport empfunden wurde. Da die Thunfische ein Gewicht von 4 bis 5 Zentnern hatten, konnte man natürlich nicht das gesamte Fleisch essen, aber man angelte sie, schlug ihnen die Schwanz-

flosse ab und warf den Rest über Bord. Aus heutiger Sicht war das Tier-
quälerei, aber damals sahen wir das eben anders. Wir wollten unseren
Speiseplan aufbessern und Trophäen sammeln. Die Schwanzflossen wurden in den Mast oder in die Wanten gehängt, einige wurden auch an Land
als Andenken verscherbelt. Wenn wir einen anderen Logger trafen, wurde
sofort gezählt, wieviel Schwanzflossen der in den Wanten hatte, und wir
waren stolz, wenn wir mehr hatten.

424

Die Heimreise. Die Heim- und Ausreisen dauerten im Frühjahr etwa drei Tage und wurden kürzer, je weiter die Fangplätze sich nach Süden verlagerten. Sie begannen in der nördlichen Nordsee bei den Orkney-Inseln und gingen bis zu den Laichplätzen bei der Doggerbank und weiter über die »Binnensee« bis in den Englischen Kanal. Weil der Hering ein Schwarmfisch ist, folgen die Schwärme einem inneren Wandertrieb, dessen Ursache die Nahrungssuche, der Paarungstrieb und das Laichen sind. Die

Schwärme sind in ständiger Bewegung. Die Wanderungen der Schwärme
hängen auch mit der Wassertiefe und den Wassertemperaturen zusammen. Im Frühjahr wurde hauptsächlich der große Norwegisch-Isländi-
sche Hering gefangen, im Mai der geschlechtsreife Junghering, der Matjes, im Sommer der Vollhering mit Rogen und Milch. Zum Herbst war es

426

dann der abgelaichte Hering, der Ihle. Doch zurück zur Heimreise. Wenn
der Alte sich zur Heimreise entschlossen hatte, meldete er sich per
Radiotelephonie bei seinen Kollegen ab. Wenn er keinen Sender hatte,
steuerte er, wenn möglich, den nächstgelegenen, zur gleichen Gesellschaft
gehörenden Logger an. Über Megaphon meldete er das Gesamtfang-
ergebnis, die wahrscheinliche Ankunft im Heimathafen und nahm etwaige Grüße und Bestellungen auf. Dann hieß es »Sail bie«, Segel wurden
gesetzt, ab ging es, Kurs Westsüdwest. Von nun an war die Atmosphäre
entspannter und gelöster. Jetzt sah man den Alten auch mal wieder lächeln. Auf der Brücke durfte während der Ruderwache auch mal wieder
ein Witz erzählt werden. Das ganze Schiff wurde geschrubbt. Alles, was
an Deck lose herumlag oder herumstand, wurde festgezurrt. Der Jüngste
mußte seine Blasen und Brayls ordentlich in die Braylkrebbe stapeln und
mit einem Netz sichern. Die Jungs mußten das Logis schrubben und Farbe waschen. Jetzt war auch Zeit für die so lange vernachlässigte Körper-
pflege. Sogar Frischwasser zum Waschen und Rasieren gab es. Arbeits-

zeug wurde, so gut es ging, gereinigt und geflickt. Nun konnte man auch in aller Ruhe einen zur Brust nehmen, sich aber natürlich nicht vollaufen lassen, denn der Rudertörn lief ja weiter. Am zweiten Tag wurden noch einmal alle Netze an Deck geholt zum Kühlen und Lüften. Das lag dem

Alten besonders am Herzen. In der Freizeit, wenn das Wetter schön war, flegelten wir uns an Deck rum und schlugen regelrecht den Tag tot. Abends spielte jemand Mundharmonika oder auf der Quetschkommode Lieder, die wir mitsingen konnten. Ältere Matrosen erzählten Geschichten und Erlebnisse von früher. Das waren Momente, in denen man Mühsal, Nässe, Dreck und Sorgen der vergangenen Wochen vergaß. Fernseher, Radio und Cassettenrecorder gab es damals noch nicht. Musik mußte man sich schon selber machen. Wenn ich mir vorstelle, daß die jungen Leute von heute unter diesen primitiven Umständen ihr Geld verdienen sollten, dann fällt es mir schwer zu glauben, daß auch nur ein Kapitän eine Besatzung zusammen bekäme. »Loggerjantches«, diese Spezies Mensch ist ausgestorben! Weiter ging die Fahrt: Am dritten Tag wurden Helgoland und Weser-Feuerschiff passiert, später Rote Sand und Hohewegleuchtturm. Wenn wir Bremerhaven querab hatten, begannen schon die Vorbereitungsarbeiten für das Löschen. Wir holten soviel Fässer an Deck, wie wir unterbringen

konnten. Das ersparte uns viel Zeit beim Löschen der Ladung an der Pier. Je nach Gezeitenströmung brauchten wir vier bis sechs Stunden bis Vegesack. Je nach Tageszeit der Ankunft wurden manche von der Freundin, der Braut oder Ehefrau am Utkiek oder am Hafenhöft an der Lesummündung begrüßt. Dann kam das Einlaufen in die Lesum und nach Anweisung eines Löschplatzes das Festmachen an der Pier. Dort standen schon die Direktoren,... der Lagermeister und der Maschineninspektor ... als Empfangskomitee bereit. Sobald das Schiff fest war, ging der Alte, sein Logbuch unterm Arm, an Land und verschwand mit seiner Begleitung im Kontor. Wenn wir als einziges Schiff zum Löschen kamen, gab es kaum Probleme. Einige von uns schleppten Holzböcke und Rollgänge heran, andere besorgten Netzwagen, und das Löschen konnte beginnen. Wenn mehrere Logger zugleich kamen, gab es oft Probleme. Jeder wollte der Erste sein. Um die Netzwagen wurde gestritten, weil immer zu wenig da waren. Genauso war es mit den Rollgängen und den Böcken. Am Ende lief dann doch alles, wie es laufen sollte!

430

An Land für 72 Stunden. Unsere Liegezeit betrug 72 Stunden von dem Zeitpunkt ab, an dem das Schiff festgemacht hatte. Es lag also ganz an uns selbst, wie schnell wir mit dem Löschen fertig wurden. Etwa zehn bis zwölf Stunden dauerte es aber doch, das Schiff zu löschen und wieder zu laden, obwohl wir mehr als im Akkord arbeiteten. Wenn diese Arbeit endlich getan war, war wirklich Schluß! Jetzt ging es zum Duschen. Nach Wochen das erste warme Wasser am Körper. Das Fell wurde geschrubbt, aber ganz bekam man den Geruch nicht vom Körper, wenn wir auch selber nichts mehr rochen. Außenstehende, mit denen man in Berührung kam, rochen sofort, woher man kam. Dann war Löhnung beim Steuermann. Er zahlte den Vorschuß aus und kassierte gleich das Geld für unsere Freilager der letzten Reise und nahm die Bestellungen für die Reise auf. Die Leute, die aus dem Mittelweserraum kamen, packten ihre Sachen, holten ihr kleines Faß Deputathering vom Pförtner und bestiegen ihren Bus... Da die Besatzung nicht sämtlich aus ein- und demselben Ort kam, mußten viele Orte und Dörfer angefahren werden. Bis der letzte Mann

abgesetzt war, waren gut vier Stunden vergangen. Auch das ging von der Freizeit ab... Wir, die wir aus Vegesack und Umgebung stammten, waren, was den Heimweg betraf, natürlich besser dran als unsere Kollegen. Wir konnten unseren Seesack schnappen, unser kleines Fäßchen unter dem Arm klemmen und zu Fuß nach Hause gehen. Der eine oder andere ver-

432

suchte auch, den Zoll zu beschubsen, indem er einen Teil seines Frei-
lagers, Alkoholika, Zigaretten und Schokolade zu schmuggeln versuchte.
Meistens klappte es auch... Bald waren die Widrigkeiten der letzten Reise
vergessen, das Geld war sowieso alle, also bereiteten wir uns auf die nächste Reise vor. Nachdem Proviant und Freilager übernommen waren, hieß
es: Leinen los, ein letztes Winken, und die neue Fangreise hatte begonnen.
Das wiederholte sich im Jahr sechs- bis siebenmal so oder so ähnlich. Wenn
wir im Dezember von der letzten Reise aus dem Englischen Kanal zu-
rückkamen, hatten wir schon die ersten schweren Herbststürme hinter
uns. Es war eisigkalt, manchmal fiel schon Schnee, jetzt waren wir wirklich froh, daß die Saison zu Ende war. Auf der Heimreise wurde so früh
wie möglich abgetakelt, um den Arbeitsprozeß im Hafen so kurz wie
möglich zu halten. Nach Ankunft im Hafen und nach Ende der Arbeit
kam der Marsch ins Kontor zur Abmusterung. Bei der Abrechnung schlug
sozusagen die Stunde der Wahrheit. Jetzt zeigte sich, ob sich die Saison

Das linke Foto zeigt Audste Egon Tieß von BV *71 Lerche 1954 fertig zum Landgang. Auf dem rechten tragen die Matrosen, von links Jonny Secktro, Günter Sieling, Manfred Hoffmann und Wolfgang Berger von* SG *8 Hödur 1959 die typischen schwarzen Lederjacken.*

finanziell gelohnt hatte. Nach eigener Meinung war der ausbezahlte Betrag jedoch immer zu niedrig. Als ein Beispiel möchte ich meine eigene Endabrechnung von 1954 einmal aufzeigen: In sechs Monaten und 24 Tagen habe ich sechs Reisen gemacht; Grundheuer pro Monat 135,00 DM = 918,00 DM; Gesamtfang: für 3.525 landgepackte ganze Fässer 31,0 Pf. pro Faß = 1 092,75 DM; für 11 landgepackte halbe Fässer 15,5 Pf. pro Faß = 17,05 DM machte zusammen 2027,80 DM. Die Schulden bei »Kass« betrugen in meinem Fall 78,00 DM. Rechnungen über mehrere hundert Mark waren nicht selten. Vorschuß zwischen den Reisen lagen zwischen 200 bis 300 DM. In meinem Fall kamen noch 473,47 DM raus. Es gab Fälle, da mußten die Leute noch Geld mitbringen. So, auf den ersten Blick, mag der Verdienst ja ganz gut aussehen. Aber wenn man bedenkt, daß unser Arbeitstag selten weniger als 16 Stunden hatte, daß es Sonn- und Feiertage für uns nicht gab, daß Überstunden nicht bezahlt wurden, dann sah die Sache doch anders aus. Die Junggrade verdienten entsprechend weniger.

Nach der Abmusterung war allgemeines Treffen bei »Tante Anna«. Der Alte gab eine Runde aus und versuchte, im Hinterzimmer die Besten seiner Leute für das nächste Jahr anzuwerben. Dann ging man auseinander. Die einen bestiegen ihren Bus, um sich in ihre Heimatorte bringen zu lassen, wir anderen, die wir hier zu Hause waren, marschierten zu Fuß dorthin. Es gab auch einige, die in das Wohnheim der Fischerei-Gesellschaft zogen und im Winter im Landbetrieb arbeiteten. Einige Steuer-

1964 fotografierte Helmuth Stubenrauch für den von Gerhard Köhn und Walter Wilkes 1965 herausgegebenen Bild-
band von Glückstadt auch die Kneipe von Helene Fock in der Deichstraße. Offiziell hieß sie »Zum Blauen Wal«,
aber alle nannten sie »Zum schlappen Titt«. Helenes rauchige Stimme ist sicherlich allen denen, die sie einmal gehört
haben, noch heute in Erinnerung. Wolfgang Berger und Heringskiller Bodo aus Berlin-Schöneberg erwähnen diese
Kneipe, in der so manche Heuer versoffen oder sonstwie durchgebracht wurde.

leute und Kapitäne kamen im Januar zurück, um während der Woche im
Landbetrieb zu arbeiten, fuhren aber über das Wochenende jeweils nach
Hause. Viele von uns hatten nach der letzten Reise vom Heringsfang die
Schnauze voll, aber im März oder April, wenn die Sonne wieder höher
kam, standen wir alle wieder vor dem Tor. Ich weiß bis heute nicht, was
mich und andere im Frühjahr immer wieder zur Heringsfischerei zurück-
gezogen hat. Viele blieben zwanzig und mehr Jahre in diesem Beruf. Die
Arbeit war hart, schwer und entbehrungsreich. Reichtümer waren auch
nicht zu erwirtschaften. Was also dann?

Heute sind die meisten Betriebsgebäude abgerissen, das Schwimmdock
im Hafen ist verschwunden, die Logger im Hafen und an der Lesum gibt
es nicht mehr. Es ist, als wenn ein Stück aus meiner Lebensgeschichte
verschwunden ist. Immer, wenn ich am Hafen oder am Utkiek stehe, und
ich bin oft dort, überkommt mich ein bißchen Wehmut, und in Gedanken
erlebe ich all das, was ich versucht habe, hier niederzuschreiben, noch einmal. Ich glaube, einige meiner ehemaligen Fahrenskollegen verstehen mich.

Meine Zeit als Heringskiller

Bodo aus Berlin-Schöneberg als Schiffsjunge auf SG 2 Hermod. Auszug aus dem Berliner Telegraf vom 20. 3. 1960

Zufällig und mit knurrendem Magen kamen zwei Berliner Jungs nach Glückstadt. Da sie etwas Geld verdienen mußten, gingen sie aufs Arbeitsamt und wurden an die Heringsfischerei vermittelt. Günter kniff, aber Bodo kletterte in einem schottischen Hafen, wohin man ihn zu Hermod gebracht hatte, an Bord. »Als der Kapitän erfuhr, daß ich aus Berlin und dazu noch aus Schöneberg bin, waren wir schnell dufte Freunde. Er rief mich immer nur mit ›Icke‹... Ich bekam Südwester, Seemannskleidung und Schwimmweste verpaßt. Das war beruhigend, denn der Ozean hat ja auch in der Höhe der Orkney- und Shetlandinseln, wo unser Fangplatz war, keine Balken. Allmählich wurde nun aus der Berliner Landratte der neue Schiffsjunge der SG 2. Zigaretten und Kaffee konnten wir uns unverzollt und deshalb billig selbst kaufen. Das Essen war sehr gut, Fisch gab es überhaupt nicht. Nach dem Essenfassen gings erst mal pennen. Aber ich staunte nicht schlecht, als nach drei Stunden schon der Ruf losging: ›Alles raus, das Netz hieven!‹ Nun hieß es, in die Hände spucken. Jetzt spürte ich, daß alles im Leben gelernt sein will und daß es gar nicht so leicht ist, mit Tauwerk und Trossen umzugehen. Richtig ausschlafen konnte ich nun an den weiteren Tagen überhaupt nicht mehr... Die Fischerei hat ihren eigenen zeitlichen Rhythmus. Drei Stunden wird gefischt (mit dem Schleppnetz), drei Stunden wird richtig geschlafen. Weil ich dadurch niemals richtig wie bei Muttern ausschlafen konnte, wurde mir die Sache schließlich verleidet. War der jeweilige Fischsegen aus dem Netz an Bord, ging es an das große Schlachten. Als Heringskiller muß man flinke Hände haben... Wir wollten nur Heringe haben. Alle anderen Fische wie Schollen, Kabeljau, Knurrhahn und auch Krebse wurden wieder über Bord geworfen. Der Dampfer ist eben nur für die Heringsverarbeitung eingerichtet. Mir tat es leid. Ich dachte, wenn du diese schönen Fische, die wieder über Bord geworfen werden, doch nach Berlin schicken könntest. Na, und dann der Gestank. Den Fischgeruch wird man überhaupt nicht mehr los. Er geht einem sozusagen unter die Haut. Drei Wochen machte ich nun jeden Tag die gleiche Arbeit. Einmal bekam ich von einem Spürhai einen Schlag.

Die folgende Foto-Serie zeigt die Verarbeitung des Herings im Landbetrieb.

Meine Hand blutete. Es war wirklich ein Glück für mich. Dadurch konnte ich zwei Tage krank feiern. Eines Tages war es soweit, daß ich dem Käptn sagte, ich wollte wieder zurück nach Berlin. Da wurde der Mann, der sonst immer so nett zu mir war, wütend. Er war richtig sauer. Der Kapitän wollte mich überreden, doch noch ein Jahr auf dem Steamer zu bleiben. Ich hätte gutes Geld dabei verdient. Denn man kann sich fast alles sparen. Körperlich hatte ich mich an die Arbeit eigentlich schon gewöhnt... Aber seelisch konnte ich den rauhen Ton, der nun mal auf solch einem Schiff herrscht, nicht richtig verdauen. Wie soll ich es sagen? Ich bekam ein solches Heimweh, wie ich es noch nie erlebt habe. Mich bewegte nur ein Gedanke: Zurück nach Berlin, zurück nach Berlin! Da bei meiner Anheuerung die Paßbilder nicht ferig waren, hatte ich den Vertrag noch nicht in Glückstadt unterschrieben, und so war es möglich, daß ich dann auch frei kam. Die Heuer der drei Wochen ging bald drauf, denn wieder

Fässer und Faßdeckel werden gereinigt.

an Land wurde erstmal tüchtig gefeiert. Schließlich hatte ich gerade noch so viel Geld, um von Glückstadt nach Hamburg zu fahren. Ich stank immer noch nach Hering. Im Zug rückten die Leute von mir ab. Zurück von Hamburg ging's wieder per Anhalter... In unserer Straße gab's gleich große Freude, als meine Kumpels mich wiedersahen. Heute denke ich manchmal, ich hätte doch bei der Heringsfischerei bleiben sollen. Wenn ich einen guten Freund finde, der mitmacht, gehe ich zurück nach Glückstadt. Man muß an Bord einen Kameraden bei sich haben, mit dem man sich gut versteht. Sonst fühlt man sich zu allein.« Soweit die Story von Bodo aus Schöneberg. Wenn er abends in der kleinen Stammkneipe in der Schwäbischen Straße bei Muttchen Charlotte Zotter sitzt, heißt es immer wieder: Bodo erzähl doch noch mehr, und wie war das noch im ›Blauen Wal?‹ [Kneipe in Glückstadt]. Dann tut Bodo sehr geheimnisvoll. Da war nämlich der Abschied gefeiert worden, und die Erlebnisse will er wohl nicht gern preisgeben.

*Auszug aus einem Bericht über eine Reise
auf dem Emder Logger Gerhard Ekkenga und dem
Glückstädter Logger Hödur im Oktober 1960*

aus: Ostfriesischer Kurier vom 7. 1. 1961, gezeichnet mit dem Kürzel »si«

Hiev up! Hiev up! ertönt der Ruf des Rudergängers vom Dienst durch die
im Achterschiff untergebrachten Logis. Es ist 4.30 Uhr und an der Zeit,
nach einem ruhigen Schlepptörn von 3,5 Stunden das Netz einzuholen.
Nur langsam erwacht das Leben an Bord. Der 1. Steuermann und der
diensthabende Maschinist treffen die notwendigen Vorbereitungen. Nach
und nach kommt die noch etwas verschlafene Besatzung an das taghell
erleuchtete Oberdeck ... Schon sind die beiden Winschen in Tätigkeit, um
die auf 250 Faden (1 Faden = 1,82 Meter) abgelassenen Kurrleinen, an
der das Netz befestigt ist, einzuholen. Nun geht es an das Bergen der
Scherbretter. Sind diese erst in ihrer Verankerung vorn und achtern an
Steuerbordseite, geht es an das eigentliche Bergen des Netzes. Zwei Zug-

441

Die angelandeten Kantjes werden in Glückstadt 1966 in große Tröge zum Sortieren geschüttet.

leinen laufen über die Winsch, die Höhenbretter liegen für kurze Zeit wieder an Oberdeck, und viele kräftige Männerhände sind dabei, das Netz über die Reling an Bord zu holen... Nur langsam kommt der Beutel an die Wasseroberfläche. Es ist das Ende des Netzes, mehr als gefüllt mit Heringen guter Qualität. Die Schätzungen über diesen Hol liegen zwischen 35 und 50 Kantjes. Es waren sogar 56, wie wir nach dem Schlachten der Heringe zählen konnten. Nachdem der Beutel vier mal ans Oberdeck geholt worden war, begann man emsig, das Netz wieder klar zum Überbordwerfen zu machen. Kleine Fehlstellen wurden vom Netzmacher repariert, der Beutel wieder fest verschnürt, und nach 5 Minuten lag der Logger wieder auf Schleppkurs mit einer Marschgeschwindigkeit von 3 bis 4 Seemeilen über Grund. Es wird weitergefangen. Die Seeleute gönnen sich eine kleine Zigarettenpause, und nun geht es an die Verarbeitung des Fanges. Backbordseite Vorschiff hat man für etwa zehn Mann Sitzgelegenheit geschaffen für die, die das Kehlen der Heringe besorgen. See-

gekehlt und seegesalzen ist der Qualitätsbegriff für deutsche Loggerheringe. Nachdem die Heringe gekehlt sind, werden sie mit einem sehr grob-
körnigen Salz gesalzen und in Kantjes gefüllt; zwei Korb gleich ein Kantje.
Das Kehlen der Heringe ist gewiß keine leichte Arbeit, und es ist um so
erstaunlicher, mit welcher Fixigkeit dieses geschieht. Immerhin braucht
man nur knapp zwei Stunden, und der ganze Hol ist verarbeitet. Nun
werden die vollen Kantjes in die Laderäume verstaut, das Oberdeck wird
gesäubert mit viel Wasser. Selbst die Männer lassen sich abspritzen, damit

man immer mit sauberem Arbeitszeug zur Arbeit antritt. Für den neuen Hol müssen leere Kantjes an das Oberdeck geholt und auch gleichzeitig füllfertig gemacht werden. Und nun glaubt man sich in eine Böttcherei versetzt. Hier wird gehämmert, dort wird ein neues Bodenstück eingesetzt und sämtliche Eisenreifen festgeschlagen. Zum Schluß werden diese Kantjes fachmännisch aufgereiht. Nach dieser wohl lautesten Arbeit an Bord tritt allmählich wieder Ruhe ein. Nun ist auch die Zeit des Frühstücks gekommen. Unser Koch hat sich einige besonders gute Exemplare des Beifangs in die Kombüse geholt, fachmännisch filetiert und in Schmalz gebraten. Eine morgendliche Delikatesse, wenn man sich daran gewöhnt hat.

444

Außer der guten Nase, die nun einmal ein Loggerkapitän für lohnenden Fang haben muß, gibt es verschiedene Hilfsgeräte. Gern gebraucht wird die Fischlupe, aber diese Anzeigen sind nicht immer korrekt. Auch ein Echograph ist auf der Brücke installiert. Es hat zwei Aufgaben zu erfüllen: Die Fischanzeige und die Aufzeichnung der Meerestiefe. Immerhin geben diese Geräte dem Kapitän Gewißheit darüber, ob unter dem Kiel überhaupt Fisch schwimmt oder nicht. In navigatorischer Hinsicht ist die Gerhard Ekkenga großzügig ausgestattet. Funkpeilgerät, Funksprechgerät, Decca-Navigationsgerät und eine moderne Kompaßanlage zeigen nach dem Einschalten in einem bestimmten Zeitrhythmus die genaue Position des Schiffes an, für die Schleppnetzlogger besonders wichtig, um schon frühzeitig auf Grund liegenden Wracks auszuweichen. Das Funksprechgerät dient u. a. dem Erfahrungsaustausch der Kapitäne, die sich morgens über Wind und Wetter und besonders über die Fangergebnisse der letzten 24 Stunden unterhalten. Aber auch Nachrichten an die Reederei oder Nachschubanforderungen laufen über dieses Gerät. Die

Sortieren 1968 am Fließband in Glückstadt.

Gerhard Ekkenga gehört zu den modernen Motorloggern. Erbaut auf der Werft von Schulte & Bruns, Emden, wurde sie im Juni 1957 in Dienst gestellt. Bei einer Länge von 47 m und einer Breite von 8,5 m hat sie eine Wasserverdrängung von etwa 300 BRT. 1 800 Kantjes können in den Laderäumen verstaut werden. Für jede Heringsfangreise werden etwa 400 Fässer Salz im heimatlichen Hafen übernommen. Ausgerüstet wird der Logger für vier Wochen mit Proviant, Frischwasser und Motorenöl. Das Schmuckstück ist die Maschinenanlage, die eine Marschgeschwindigkeit von etwa 10 sm (1 Seemeile = 1 852 Meter) erlaubt. Sie wird von den beiden Maschinisten, unterstützt vom Assi, wie eine rohes Ei gehegt und gepflegt. Alles piekfein sauber und frisch in Farbe, Messing und Kupfer so blank wie bei der Kaiserlichen Marine. Von den Flurplatten könnte man essen. Über seine Besatzung weiß der Kapitän nur Gutes zu berichten. Eine ausschließlich ostfriesische Mannschaft. Alkoholische Ausschweifungen gibt es nicht an Bord, wenn auch gern einmal Tee mit Rum, ein steifer Grog oder Doornkaat zur Auffrischung der Lebensgeister getrun-

446

ken wird. Die Gerhard Ekkenga hat alle Logis im Achterschiff. Jeder Mann an Bord hat seine Koje. Warm- und Kaltwasser im Wasch- und Duschraum sind ebenso selbstverständlich wie ein Spül-WC. Was wir vermißten, ist die Messe. Bei Neubauten sollte man hierfür unbedingt Platz opfern. Das Einnehmen der Mahlzeiten und die Unterbringung des persönlichen Proviants ist wirklich nicht ideal. Eine Messe für die Mannschaften und

447

eine gemeinsame für Kapitän, Steuerleute und Maschinisten dürfte ausreichend sein. Sehr zu wünschen wäre auch eine Arbeitskleiderablage in einem kleinen Raum vor jeder Unterkunft. Diesen kleinen Dingen müßte in Zukunft Aufmerksamkeit gewidmet werden, zumal die Frage der Personalstellenbesetzung auch in der Heringsfischerei immer schwieriger wird.

448

Zwei Fangarten gibt es bei der Heringsfischerei. Je nach Jahreszeit und Fanggebiet wird der Hering im Schleppnetz oder im Treibnetz, auch Fleet genannt, gefangen. An Schleppnetzen kann immer nur eins ausgebracht werden und muß nach 3,5- bis 4-stündigem Schleppen eingeholt werden. Die Treibnetze, etwa 120 Stück, werden auf einmal ausgelegt. Mit dem Einholen dieser Netze wird nach etwa 8 Stunden begonnen. Bei dem

Der Spiegel , die letzte Schicht Heringe, mußte besonders sauber ausgerichtet sein.

449

Treibnetzfang können die Netze auch nur einmal innerhalb von 24 Stunden ausgelegt werden, das Schleppnetz dagegen bis zu sechs Mal. Wind und Wetter machen den Loggern draußen viel zu schaffen. Windstärke 6 bis 7 ist wohl das Äußerste, um noch schleppen zu können. Wird das Wetter schlimmer, muß der Sturm abgeritten werden. Das passierte uns auf der Höhe vom Fladengrund, nachdem wir gerade zwei Tage erfolgreich gefangen hatten. Das sind böse Tage, und manchmal sinkt dann die Stimmung auf Null. Wie eine Nußschale tanzt der Logger auf und nieder. Alle Schotten und Luken müssen geschlossen werden. Trotz allen vorsichtigen Manövrierens überrollte uns in der ersten Sturmnacht eine mächtige achterliche See. Da war nichts mehr trocken, und jeder kam schleunigst aus seiner Koje. Zwei Tage Kampf dem Sturm. Jede Bewegung ist mit Schwierigkeiten verbunden. Kein fester Halt mehr. Selbst das Einnehmen der Mahlzeiten macht ungeahnte Schwierigkeiten. Aber nach 48 Stunden klart es allmählich auf, und das Netz wird wieder ausgelegt. Nur die lange Dünung erinnert noch an diesen Sturm. Nach 14 Tagen Fangreise steigen wir auf offener See um. Ein heimwärtsgehender Logger aus Glückstadt nimmt uns mit. Beide Kapitäne verabreden für 17 Uhr den Treffpunkt. Es beginnt aufzubrisen, und als wir am verabredeten Treff erscheinen, haben wir bereits Windstärke 5... Kurze Begrüßung, zwei kurze

Sirenentöne, und schon nahmen wir Fahrt auf. Kurs Elbmündung. 340 Seemeilen hatten wir vor uns. Montag früh wollten wir in Glückstadt sein. Aber Neptun war uns nicht gnädig. Starkwindgefahr aus Südost, das war auch unser Kurs. Also voll dagegen an. Gegen 22 Uhr hatten wir Windstärke 8 bis 9, in Böen 10. An Oberdeck war alles festgezurrt, alle Luken geschlossen. Der Logger stampfte und schob sich schwer durch das aufgewühlte Wasser. Das Oberdeck wurde nun nicht mehr trocken. Es gab

eine unruhige Nacht. Die Wetternachrichten von Norddeich waren nicht erbaulich, keine Besserung abzusehen. Sonntag mittag wurden die Maschinen auf halbe Kraft gestellt, damit alle Mann an Bord wenigstens einigermaßen ihr Essen einnehmen konnten. Nach kurzer Pause wieder Volldampf voraus. Immer stärkere Brecher überfluteten das Oberdeck. Einige Lukendeckel schlugen auf. Mit Ölzeug arbeiteten sich einige Mann an den gespannten Trecktauen am Oberdeck entlang, um die Luken wieder zu schließen. Aber immer wieder kam ein Lukendeckel hoch. Wieder die Maschine auf Halbe zurück. Gründliche Untersuchung. Was war die Ursache? Nicht das auf das Oberdeck flutende Wasser hatte die Luken aufgeschlagen, sondern das im Vorschiff befindliche Wasser. Trotz starkem

und fortwährendem Lenzen hatten wir sichtlich starken Wassereinbruch gehabt. Maschine stopp! Ein Mann runter in den Laderaum. Was war geschehen? Durch das ewige Stampfen und Schlingern waren einige Kantjes aufgeschlagen. Heringe hatten sich vor den Saugkopf gesetzt und den Wasserabfluß blockiert. Dieser Schaden konnte schnell beseitigt werden. Innerhalb von 40 Minuten war das Vorschiff gelenzt... Spät am Nachmittag wurde die Fahrt fortgesetzt. Aber nur mit halber Kraft dampften wir dem Ziel entgegen. Die aufgewühlte Nordsee war so stark geworden, daß es unmöglich war, voll gegenan zu dampfen. Immer wieder wurde unser Schiff von Brechern überspült. Gespenstisch gischt und spritzt das Salzwasser in der Dunkelheit. In diesen Situationen wäre dem Kapitän ein Klarsichtfenster eine wertvolle Hilfe. Leider hatten wir keines. Gegen Mitternacht wollten wir die Ansteuerungstonne P 8 am Elbe-Humber-Weg erreicht haben, aber der Sturm ließ auch das nicht zu. Unser Peilgerät war in Dauerbetrieb. Wir wähnten uns am Großschiffahrtsweg, aber steuerbordseits war kein Licht auszumachen. Bei diesem Wetter war man im schützenden Hafen besser aufgehoben. Endlich, es war bald 4 Uhr, hatten wir P 8 erreicht. Mit eintretender Dämmerung wurde es auch ruhiger. Wir waren in der Deutschen Bucht, in der Nähe von Helgoland. Beim

Feuerschiff Elbe 1 war vom Sturm nichts mehr zu merken, und ruhig zog die Hödur durchs Wasser. Da wir nunmehr erst nachmittags schleusen konnten, ging es mit langsamer Fahrt elbaufwärts. Neuwerk, das Vogelschutzgebiet Scharhörn, die Kugelbake von Cuxhaven wurden passiert. Lebhafter Verkehr vor der Schleuse Brunsbüttel. Im Dunst erkennt man Ober- und Unterfeuer von Glückstadt, unser Ziel.

Wenn ein Faß vollgepackt war, wurde Salzlake, die beim Ausschütten der Kantjes aufgefangen bzw. in den seegepackten Fässern verblieben war, auf das neugepackte Faß gegossen, bis es überlief.

Mein Vater war Kapitän auf einem Heringslogger

Schülerjahresarbeit von Dieter Hansing, ca. 1967

Als Schuljunge war mein Vater sehr schmächtig und klein. Bei einer Berufsberatung am Ende seiner Schulzeit wurde meinem Vater ein Jahr Seefahrt vorgeschlagen. Da viele Seefahrer aus dem Schaumburger Land, wo unsere Familie herstammt, kamen, war es nicht schwer, einen Kapitän zu finden, der meinen Vater zu Seereisen mitnahm. Nach diesem einen Jahr Seefahrt stand sein Entschluß in der Berufswahl schon fest: Er hatte den Wunsch, Seefahrer zu werden. 1937, nach seiner Schulzeit, kam mein Vater nach Vegesack zur Fischerei. Nach einer ärztlichen Untersuchung durfte er auf dem Heringslogger »Lerche« anmustern. Die ersten zwei Jahre seiner Seefahrt fuhr er als Schiffsjunge, wobei man die leichtere Arbeit zu vollstrecken hat, und dann wurde er Leichtmatrose. 1939 kam der Krieg, darum arbeitete mein Vater eine Zeitlang in einer Glasfabrik. 1941 wurde er Soldat. 4,5 Jahre war er dann bei der Kriegsmarine. Nach Kriegsende ging er wieder zur Fischerei zurück. Bis 1950 fuhr er als Matrose auf einem Heringslogger zur See. Er meldete sich dann zur Steuermannsschule in Windheim an der Weser an. Die Schule dauerte ein halbes Jahr. 1951 bekam mein Vater eine Stelle auf einem Logger als Steuermann. Nach zweijähriger Tätigkeit als Steuermann erlangte er das Kapitänspatent, aber einige Jahre mußte er noch als Steuermann zur See fahren. 1959 wurde eine Kapitänsstelle frei, die mein Vater bekam. Nun konnte er seine Reise als Kapitän fortsetzen. Bis 1965 fuhr er als Kapitän auf einem modernen Schlepplogger. Wegen einer Krankheit mußte mein Vater die Seefahrt aufgeben und kann nur noch eine leichte Landarbeit bei der Fischerei ausüben. Aber die Liebe zum Seefahren ist ihm geblieben, und zu gerne möchte er wieder hinaus auf hohe See, was er aber nicht mehr darf.

Die Ausreise. Zur Ausreise eines Heringsloggers gehört eine gute Vorbereitung. Es darf nichts vergessen werden, und dazu muß man eine gute Übersicht haben. Wichtig ist vor allem das Fanggeschirr. 120 bis 140 Treibnetze werden an Bord verstaut; dazu das Reep und die Schwimmblasen, die die Netze auf einer bestimmten Tiefe halten. Viele Männer sind damit beschäftigt, leere Fässer, Salz und Wasser (ebenfalls in Fässern) an

456

Bord zu bringen. Die Trinkwassertanks werden aufgefüllt. Ein kleines Tankschiff macht an der Seite des Schiffes fest, um Dieselöl in die Tanks zu pumpen. In der Zwischenzeit nimmt die Besatzung den Proviant an Bord. Dazu gehören auch die Genußmittel für die Kantine. Das Schleppgeschirr wird an Bord verstaut. Ein Schlepplogger nimmt 4 bis 5 Grundschleppnetze mit. Die beiden Kurrleinen (Schleppleinen) sind über 100 Meter lang. Dazu kommen noch die vielen kleinen Drahtständer oder Drahtleinen. Alles das muß an Bord untergebracht werden. Der Steuermann hat die Aufgabe, die Ausrüstung zu überprüfen, weil ja nichts vergessen werden darf. Vom Nagel bis zur Schaufel muß alles vorhanden sein. Die Positionslampen werden nochmals überprüft. Das Rettungsboot wird von einem Beamten der Seeberufsgenossenschaft nachgesehen, damit es in einem tadellosen Zustand bleibt, denn von ihm kann das Überleben im Unglücksfall abhängig sein. Jetzt ist die Zeit gekommen, wo das Schiff den Hafen verlassen kann. Der Kapitän hat die Order von der Reederei bekommen, eine gemischte Reise zu machen, das heißt, ein Teil der

Maschinelle Reinigung der gepackten Fässer in Vegesack.

Heringe wird geschlachtet und eingesalzen, und der Rest des Fanges wird auf Eis als Frischhering gelegt. Das Schiff hat den Hafen verlassen und fährt die Weser abwärts bis Bremerhaven, um das Eis für den Frischhering aufzunehmen. Dazu muß das Schiff in den Fischereihafen einlaufen. Das Eis wird mit Lastwagen an das Schiff gebracht, wo es auf einer Rutsche in den Fischraum befördert wird. Das Eis befindet sich in einer würfelartigen Form. Etwa 30 bis 40 Tonnen braucht man für diese Reise. Am nächsten Morgen werden die Leinen losgeworfen, und der Logger setzt seine Fangreise fort. Dabei muß er noch einmal die Schleuse passieren. Draußen auf der Weser wird der Kompaß kompensiert. Das heißt: nach einer längeren Liegezeit eines Schiffes ändern sich beim Kompaß die magnetischen Abweichungen. Mittels Landzeichen kann die Abweichung genau festgestellt werden. Eine Tabelle wird aufgeschrieben, an der man den genauen Kurs berechnen kann. Ist alles in Ordnung gebracht, wird das Kompensierungspersonal wieder abgesetzt, und nun erst kann das Schiff seine

Wilhelm Schinkel, dessen Vater Küpermeister in Glückstadt war und der auch Heringstonnen herstellte, freut sich, weil das Faß noch leer ist.

1959 holen die Mitarbeiter Schaffenberg, Lemke, Schwanz, Sandau und Storm Heringstonnen aus dem Lagerraum. 1964 gibt es Salzheringe auch in kleineren Gebinden und in Dosen.

Ausreise antreten. Von der Brücke des Schiffes aus tönt dreimal ein langer Ton. Dies ist der Abschiedsgruß. Der Kapitän ruft durch einen Sender Norddeich-Radio an, um seine Ausreise für eine Fangreise zu melden. Nach kurzer Zeit schon ist der »Rote-Land-Leuchtturm« passiert. Jetzt wird Kurs auf das Feuerschiff »Weser« genommen. Nach etwa einer Stunde wird das Feuerschiff an der Backbordseite zurückgelassen. Dabei gibt es noch ein letztes Winken, und das Schiff stampft mit nördlichem Kurs dem fernen Fangplatz an der norwegischen Küste zu. Der Kapitän hofft, daß er bei günstigem Wetter den Fangplatz in 36 Stunden erreichen kann.

Das Leben auf dem Logger. Das Leben auf dem Logger ist sehr hart, und man muß auf vieles verzichten, was man an Land für eine Selbstverständlichkeit hält. Die Besatzung eines Loggers hat schon vom Ablegen von der Pier an viele Arbeiten zu erledigen. Das Schiff muß für jede See widerstandsfähig sein. Jedes Teil, was nicht befestigt ist, muß befestigt werden, damit es auf hoher See nicht auf dem Schiff herumschleudert, weil es dann jemanden verletzen könnte. Dazu kommt noch das Säubern

461

und Reparieren von Gegenständen. Zum Tagesablauf gehört noch die Einteilung der Seewache: Kapitän und Steuermann lösen sich alle sechs Stunden in der Führung des Schiffes ab. Matrosen lösen sich alle zwei Stunden in der Ruderwache und im Ausguck ab. Der Rest der Besatzung ist tagsüber damit beschäftigt, das Fanggeschirr in Ordnung zu bringen. Das Schleppgeschirr wird zuerst fertig gemacht, weil damit bald gefischt werden soll. Ein wichtiger Mann an Bord ist der Koch. Wo schwer gearbeitet wird, muß auch gutes Essen vorhanden sein. Die Zubereitung des Essens ist für den Koch nicht immer leicht. Er muß in der kleinen Kombüse (Küche) für 18 bis 20 Seeleute das Essen kochen. Bei schlechtem

462

Wetter ist das kein Vergnügen. Die Töpfe und Pfannen klemmt man mit Schlingerleisten fest, weil sonst durch das Schaukeln des Schiffes alles vom Herd rutscht. So hat jeder seine Arbeit, und man ist froh, wenn man Feierabend hat. Bei der Ausreise arbeitet man nur am Tage. Wer keine Wache hat, spielt Karten oder schläft, denn beim Fangen muß jeder voll einsatzfähig sein.

Fangen und Verarbeiten der Heringe. Das Schiff hat das Fanggebiet erreicht. Die Maschine wird gestoppt. Das Schiff liegt quer zum Wind. Ein emsiges Treiben herrscht jetzt an Bord. Die Mannschaft holt das Netz an Deck und macht alles fertig zum ersten Aussetzen. Die schweren Scherbretter hängen jetzt an einem Haken im Galgen. Die Kurrleine wird an den Scherbrettern angeschäkelt. Der Steuermann überprüft nochmals, ob auch die vielen Drahtständer und Schäkel auf dem richtigen Platz befestigt sind. Befindet sich alles in Richtigkeit, gibt der Kapitän die Order: »Alles klar zum Aussetzen.« Das Netz wird über die Reling geworfen. Die Höhenscherbretter werden ins Wasser hinterher gelassen. Durch Seegang

464

und Wind treibt das Netz langsam vom Schiff ab. Allmählich sinkt es. Die Drahtständer werden straffer. Die großen Scherbretter werden unter Wasser auf einer Tiefe von 25 Metern gehalten. Jetzt wird das Netz mit voller Fahrt über den Meeresgrund gezogen. Der Kapitän legt das Ruder 5 Grad nach Steuerbord, damit die Leinen nicht in die Schraube kommen. Die Maschine läuft nun mit voller Kraft (etwa 4 Seemeilen in der Stunde). Die Kurrleine wird von der Netzwinde abgelassen, bis etwa 650 Meter, das entspricht der dreimaligen Wassertiefe. Langsam bremst man die Leinen ab und hält sie fest. Das Netz ist jetzt auf dem Grund, wo es auf einer bestimmten Wassertiefe gehalten wird. An der norwegischen Küste ist das

Glückstadt

sehr einfach, weil es nach der Küste zu langsam tiefer wird. Der Kapitän beobachtet die Fischlupe und das Echolot bzw. den Echograf. Jede Unebenheit des Meeresgrundes, Fischschwärme, Wracks und Felsen werden durch den Echograf mit Strichen sichtbar gemacht. Die Fischlupe dagegen arbeitet anders. Das Prinzip ist wohl dasselbe wie beim Echolot, nur daß dabei die Fischschwärme durch Aufleuchten eines Impulses angezeigt werden. Ungefähr 2 bis 3 Stunden wird das Netz über den Grund gezogen, dann wird es wieder an Bord geholt. Mit der großen Netzwinde werden die Leinen aufgewickelt. Die Scherbretter tauchen wieder aus dem Wasser und werden am Galgen befestigt. Jeder blickt gespannt auf das Wasser, wo jeden Augenblick das Netz auftauchen muß. Das Vornetz wird an die Reling gezogen, wobei man kräftig ziehen muß. Durch das Heranziehen des Netzes werden die Fische in den engen Teil des Netzes getrieben, in den Steert, der das Netz abschließt, und in dem sich der ganze Fang sammelt. Mit Hilfe eines Flaschenzuges wird der Steert an Deck geholt und dann geöffnet. Der Fang fällt in die dafür vorgesehenen Fächer. Man freut sich, wenn sich der Fang gelohnt hat. Sofort wird das

466

Netz wieder ausgesetzt. Die Besatzung bereitet sich unterdessen auf die Verarbeitung des Fanges vor. Leere Fässer werden durch die Luken an Deck geholt. Salzfässer werden aufgemacht, denn der Hering soll gekehlt und gesalzen werden. Größere Fische werden aussortiert, geschlachtet und im Eisraum verstaut. Der Steuermann überwacht das Vereisen des Fisches, das sehr sorgfältig geschieht, denn zu wenig Eis würde den Fisch verderben lassen. Es gehört schon eine gewisse Erfahrung dazu, eine gute Ware mit an Land zu bringen. Unterdessen werden die Heringe in Körbe gefüllt und geschlachtet. Auch hier übernimmt der Steuermann das Salzen. Es wird etwa 1 zu 5 gesalzen, das heißt: mit einem Faß Salz kann man 5 Faß Heringe salzen. Nach dem Salzen packt man den Hering gleich in die Fässer. Die Fässer werden sorgfältig dicht gemacht und unter Deck verstaut. Zirka 30 bis 40 Fässer kommen in einen Raum. Jetzt ist es auch schon wieder Zeit, das Netz einzuholen. Diesmal ist der Fang nicht so gut, und auch die anderen Schiffe melden schlechte Fänge. Der Kapitän entschließt

sich, die Treibnetze auszusetzen. Dazu muß er ein anderes Fanggebiet ansteuern. Dazu muß das Schiff 10 bis 20 Seemeilen zurücklegen. Die Besatzung macht nun die Ausrüstung für das Treibnetz fertig. Rollen werden an der Reling befestigt, damit das Netz beim Einholen nicht an der Reling scheuert. Die Blasen liegen griffbereit. Die Netzräume werden auf-

gemacht. Wenn noch etwas Zeit übrig bleibt, nutzt die Besatzung es für eine kleine Kaffeepause aus. Nach 2 Stunden Fahrt wird die Maschine gestoppt. Da alles zum Aussetzen des Netzes fertig ist, geht es sofort los. Mit langsamer Fahrt rückwärts werden die Netze an der Steuerbordseite über die Reling ins Wasser geworfen. Jedes Netz bekommt eine Blase angebunden und wird gleichzeitig am Reep befestigt. Die Blase ist der Schwimmer, der das Netz auf einer bestimmten Tiefe hält. 140 solcher Netze wurden ausgesetzt. Das ganze nennt sich ein Fleet und ist etwa 4000 Meter lang. Ist das letzte Netz über der Reling verschwunden, wird das Reepende an einen Poller auf dem Vorschiff angebunden. Mit gestoppter Maschine treibt der Logger nun hinter den Netzen her. Um Mitternacht beginnt das Einholen der Netze. Langsam wird das Reep, an dem die Netze befestigt sind, durch eine kleine Winde herangezogen. Die Netze zieht man mittschiffs über eine Rolle aufs Deck. Durch heftiges Schlagen und Schütteln der Netze fallen die Heringe auf das Deck. Ist der Fang besonders gut, wird ein von Brettern abgesteckter Laderaum aufgemacht, damit sich die Heringe darin sammeln. Dies alles dauert zirka 6 bis 7 Stunden. Bei einem sehr großen Fang wird zuerst das Deck vollgeschüttet, und dann verarbeitet man die Heringe. Der Hering wird ebenfalls gekehlt und in Fässern verpackt. Danach wird der Rest der Netze eingeholt und der Rest des Fanges verarbeitet. An Bord herrscht Freude über den guten Fang, denn wenn die Ladung groß genug ist, kann die Heimreise angetreten werden. Doch erst muß ein Sturmtief überstanden werden, das Norddeich-Radio in seinem Wetterbericht angab. Mittags schon wechselt der Wind von W auf NW. Die See wird immer gröber. Gegen Abend, als man die Netze wieder aussetzen will, ist die See schon zu stürmisch für einen

neuen Fang. Es wird lieber mehr daran getan, das Schiff sturmklar zu machen. Die Netze werden verstaut. Alles, was sich an Deck befindet, wird ordnungsgemäß festgebunden. Damit niemand über Bord gespült wird, werden starke Taue über das Deck gespannt. Inzwischen wurde der Sturm zum Orkan. Man hat alle Hände voll zu tun, damit nichts und man selber auch nicht über Bord gespült wird. Der Sturm hielt zwei volle Tage an, bis es allmählich ruhiger wurde. Der Kapitän fährt das Schiff näher an die Küste. Das Schleppnetz wird wieder zum Aussetzen klar gemacht. Die nächsten Fänge sind gut, und da die Fischerei noch einige Tage anhält, werden die Fässer schnell voll. Jetzt wird der ganze Fang vereist. Besonders gute Ware wird schon in Kisten verpackt (zu je 60 bis 70 Pfund). Der Kapitän meldet sich über Norddeich-Radio bei der Fischerei und gibt seinen Gesamtfang und die voraussichtliche Heimreise bekannt.

Die Heimreise. Nach diesen Fängen wird nun die Heimreise angetreten. Dabei werden das Fanggeschirr und die anderen Dinge, die man benötigte, schon gesäubert. Zerrissene Netze werden sofort aussortiert, damit man sie an Land gleich zur Reparatur übergeben kann. Die Besatzung hat nicht viel Ruhe, denn das Schiff muß noch von oben bis unten geschrubbt

Erste Fahrt mit Logger „Fro"

Glückstadt stellt den modernsten Heringslogger Europas in Dienst

Darüber sind sich die Fachleute einig: daß in dem neuen Logger „Fro" der modernste und schnellste Heringslogger Europas, vielleicht sogar der Welt erblickt werden muß. Nach der gelungenen Probefahrt am Sonntag erfolgt heute die Indienststellung des Schiffes, und schon in der Nacht zum Dienstag wird es wahrscheinlich mit seiner 18köpfigen Besatzung zum ersten Male auf Fang auslaufen. „Fro" hat sich glänzend bewährt, und die Ergebnisse der gestrigen Probefahrt, an der eine große Zahl von Gästen — darunter u. a. als Vertreter der Auslandsorganisation der DAF. Abt. Seeschiffahrt Pg. Labeth (Hamburg), Kreiswalter der DAF. Pg. Begemann (Itzehoe), Bürgermeister Vogt, der Ortsgruppenleiter der NSDAP. Glückstadt, Pg. Behrens, der Vorsitzende des Arbeitsamtes Elmshorn, Dr. Simon, Vertreter des Aufsichtsrates, Marinebaurat Walbe und ein holländischer Reeder — teilnahmen, berechtigen zu der Hoffnung, daß der neue Logger auch an Leistungsfähigkeit alle anderen Fahrzeuge gleichen Charakters übertreffen wird.

*

Ein naßkalter Maimorgen. Logger „Fro" liegt an der Kaimauer des Glückstädter Hafens, ein modernes, zweckmäßiges und dabei doch formschönes Schiff seiner Art, zu dem man unbedingt Vertrauen haben kann. Nur wenige sonntägliche Frühaufsteher wohnen dem Start zur Probefahrt bei. Dumpf und langgezogen hallt ein Signal über die Elbe. Dann fährt der Logger hinaus, und mit weißer, schäumender Bugwelle geht es elbabwärts.

Die Ufer zu beiden Seiten sind im Dunst verschwommen. Ab und zu ein heller grüner Strich, ein paar vom Wind bewegte Bäume. An den Umrissen kann man alles erkennen: Freiburg, die Mündung der Stör, später Brunsbüttelkoog mit der Kanaleinfahrt. Die Wellenkämme spritzen. Hinter uns ein glitzernder Streifen, über dem Möwen mit schrillem Schrei dahinsegeln Schiffe kommen wie Schatten heran und fahren ganz nah an uns vorbei. Die Flaggen aller Herren Länder wehen am Heck.

*

Vor der Alten Liebe von Cuxhaven macht der Zollkreuzer längsseits fest. Dann fahren wir auf die offene See hinaus, Neuwerk mit seinem charakteristischen Turm bleibt als matte Silhouette links liegen. Feuerschiff „Elbe IV" . . . „Elbe III" . . . Der herrschenden Windstärke entsprechend beginnt sich das Schiff kräftig zu bewegen. Das Vorschiff hebt sich langsam, ein paar wundervolle seitliche Schaukelbewegungen, immer wieder. Bleiche Gesichter beugen sich über die Reeling. Vor knapp einer halben Stunde hatte der „Küchenchef" in seiner Kombüse eine kräftige Erbsensuppe bereitet. Aber leider . . . „Elbe II" . . . „Elbe I". Ein netter Tanz. Da wendet der Logger auch schon wieder, und mit voller Fahrt geht es he[?] wärts.

*

Unterwegs hat man hinreichend Gelegenheit, Einrichtungen des Loggers kennenzulernen. [?] riecht noch nach frischer Farbe. Unter Deck könn[?] 1120 Fässer untergebracht werden, während [?] übrigen Logger der Glückstädter Heringsflotte [?] je 950 Fässer fassen. Jedes bißchen Raum [?] 36,85 Meter langen, 7,4 Meter breiten Schiffes [?] auf das Zweckmäßigste ausgenützt. Im Maschin[?] raum arbeitet ein 300 PS-Krupp-Dieselmo[?] der den Logger bequem eine Geschwindigkeit [?] 10—11 Seemeilen erreichen läßt. An Bord verf[?] man über einen Telefonie-Sender und eine el[?] trisch angetriebene Netzwinde. Besonders an[?] nehm überrascht die Tatsache, daß auf eine ge[?] gene Ausstattung der Mannschaftsräume grö[?] Wert gelegt wurde. Die Kajüten sind hell u[?] luftig und haben Warmwasserheizung. Den [?] trosen steht ein vorbildlicher Duschraum zur [?] nutzung frei, der mit dem heißgewordenen K[?] wasser des Motors versorgt wird. Jeder M[?] der Besatzung hat einen geräumigen Schran[?] sich und Gelegenheit, nasse Kleidungsstücke i[?] ner eigens dafür eingerichteten Kammer zu tr[?] nen.

*

Unterwegs wird ständig manövriert, da vor [?] Uebernahme durch die Glückstädter Heringsfisch[?] A.G., die den Logger aus eigener Kraft auf [?] Werft von D. W. Kremer Sohn, Emshorn, bauen ließ, selbstverständlich alles auf das [?] nauste geprüft werden muß. Das Ergebnis [?] vollauf befriedigend. Auf der Rückfahrt wir[?] Abnahme des am 19. April vom Stapel gelau[?] nen Schiffes vollzogen, und zum Zeichen de[?] geht die weiß-blaue Flagge der Heringsfisch[?] A.G. mit der „Fortuna" am vorderen Mast ho[?] Kapitän Nahrold übernimmt das Kommando. [?] einigen kurzen Ansprachen wird die Leistung [?] Reederei gebührend gewürdigt.

*

Inzwischen ist von Cuxhaven aus die Glückstäd[?] Bevölkerung von der bevorstehenden [?] Loggers verständigt worden. Der Mann mit [?] Klingel geht durch die Straßen: „Heute abe[?] um 1/8 Uhr kommt der neue Logger von [?] Probefahrt zurück!" Zahlreiche Einwohner [?] Stadt finden sich am Hafen ein und [?] das stolzeste Schiff der aufstrebenden Glückstäd[?] Heringsflotte, deren Schaffung im neuen R[?] der Initiative einer kleinen Gruppe energievoll[?] um eine bessere wirtschaftliche Zukunft der St[?] besorgter Männer zu verdanken ist. Ortsgrupp[?] leiter Behrens läßt seine Ansprache, in der er [?] Bedeutung der Indienststellung würdigte, mit [?] begeistert aufgenommenen Sieg-Heil auf den F[?] rer ausklingen.

Sch.

werden. Nach zwei Tagen Heimreise läuft der Logger wieder im Fischereihafen von Bremerhaven ein. Ein Zollbeamter und der Makler kommen zuerst an Bord. Die Besatzung bekommt als Lohn einen Vorschuß für den Fang und kann für drei Tage nach Hause fahren. So lange beträgt die Liegezeit eines Loggers, bis er eine neue Fangreise antritt. Gegen Abend werden Fisch und Frischfisch von Landarbeitern gelöscht, das heißt: die Fische werden von dem Schiff in die großen Hallen befördert. Die Fische werden gewogen und in Fischkästen zu je 1 Zentner einsortiert. Am nächsten Morgen ist dann die Auktion. Viele Käufer sind gekommen, um Fisch zu kaufen. Der Salzhering in Fässern bleibt an Bord. Nachdem der Fischraum gesäubert ist, wird der Logger von einem Überführungskommando, das aus Kapitän und vier Matrosen besteht, nach dem Heimathafen Vegesack gebracht. Hier werden die Heringsfässer entladen und das Schiff zu einer neuen Fangreise ausgerüstet.

Fangreise mit einem Glückstädter Heringslogger.
Aus meinem Tagebuch – August 1946

von Günter Hoffmann, Lehrer, (1910-1991), gekürzt wiedergegeben aus einem Privatdruck von 1990

2. 8. Ein graues, wenig freundliches Wetter liegt über der Elbe. Noch grüßen aus der Ferne die Türme der Stadt, als die Umsicht des Kapitäns alle Mann an Deck ruft, das Fleth – das 3600 m lange Treibnetz – auf seinen einwandfreien Zustand überprüfen zu lassen. Alle Mann packen an, um das Netzwerk aus dem Netzraum heraufzuziehen, auf dem Deck auszubreiten und mit kritischen Augen Mängel zu finden. Der Vormittag vergeht bei dieser Arbeit. Anschließend wird das Deck seeklar gemacht; alle Dinge, die noch an den Aufenthalt im Hafen erinnern, verschwinden vom Deck. Das Schiff hat sein »seetüchtiges« Kleid angelegt, dem Neptun so eine angemessene Gespielin zu sein.

473

Deutsches Reich

Schiffs-Zertifikat

Es wird hierdurch bezeugt, daß in das von der unterzeichneten Behörde kraft gesetzlicher Anordnung geführte Schiffsregister

das Schiff „ F r o "

unter Nr. 1083 auf Grund glaubhafter Nachweisungen am 18. April 1936

eingetragen ist, wie folgt:

1. Name des Schiffes: „ F r o "

2. Gattung: Segelschiff mit Motor

3. Unterscheidungs-Signal: D D G G

4. Ergebnisse der amtlichen Vermessung: Die nach § 25 Nr. 1 der Schiffsvermessungs-ordnung aufgenommenen Hauptmaße sind: Länge = 34,93 Meter; Breite = 7,42 Meter;

Tiefe = 3,28 Meter; größte Länge des Maschinenraums = 5,72 Meter.

Die Vermessung ist auf Grund der Schiffsvermessungsordnung vom 1. März 1895 (Reichsgesetzbl. 1895

S. 161) nach dem vollständigen Verfahren erfolgt, und es beträgt:

	Kubikmeter	Registertons
a) der Brutto-Raumgehalt des Schiffes	674,7	238,15
b) der Netto-Raumgehalt des Schiffes	299,1	105,58

zu b) in Worten: zweihundertneunundneunzig 1/10 Kubikmeter,

gleich einhundertundfünf 58/100 Registertons.

5. Zeit und Ort der Erbauung: 1936 , April -Elmshorn.

6. Heimathafen: G l ü c k s t a d t

A 22 Formblatt A (3. 25) Reichsdruckerei

Din 476 A 4

474

5. 8. Aus dem Auslegen der Netze ist noch nichts geworden. Wegen der fast unbrauchbaren Kohle hat das Schiff nur schlechte Fahrt gemacht und die rechten Fanggründe nicht erreicht. Der Kapitän hatte sich nämlich entschlossen, noch 120 Seemeilen mehr nördlich, etwa zum 58sten Breitengrad, zu fahren. Dazu brauchte die »Traute« noch 24 Stunden länger, so daß wir heute praktisch einen freien Tagen hatten... Die Zeit verstreicht nur langsam, liegt man doch, Ruhe sich gönnend, um Kräfte zu sparen, schläfrig druselnd in der Koje... Ich habe mich - diesen herrlichen Nordseetag ausklingen zu lassen — an den Bug gesetzt und stelle stille Betrachtungen über den heutigen Tag an. Die fahl schimmernde Sonne senkt sich ins leicht bewegte Meer. Nur eine leise Brise weht behutsam tastend über das Deck. Vorne rauscht die Bugwelle ihre einförmige Melodie. Und dieses Rauschen ist der ständige Begleiter, der mich in den Schlaf lullt. Glucksend und rieselnd plätschert sie an mein Ohr und wiegt mich ein. Sie ist

der unzertrennliche Begleiter jenes sanften Wiegens und Gleitens, das zum Dauerzustand unseres Seins geworden ist. Hast Du Dich schon einmal richtig einwiegen lassen? Ich habe es gespürt: Leise rollst du von einer auf die andere Seite der Koje, sanft schwingend, von den weichen Bewegungen des Schiffes getragen. Du steigst empor, im Steigen besänftigend gehemmt, zart ausschwingend trägt dich die Gegenbewegung schon wieder hinab. Fast stürzend empfindest du einen zunehmenden Druck. Und wie in weiche Daunenpolster genommen, läuft dein Fallen ein in das sanfte Sich-Heben der Wogen, die den Schiffskörper wiederum steigen lassen, dich mit emporzuführen zu einem gipfelüberwindenden sanften Fall. Fallen und Steigen reichen sich so in endlosem Schwingen weich wiegend behutsam die Hände und tragen den druselnden Schläfer noch tiefer ins Traumland hinein. Der Sonnenuntergang verspricht kein schönes Wetter. In fades Grau mäntelt sich die Sonne ein und steht blind blinzelnd auf einem bleiernen Horizont.

Die von uns mitgeführten Kartoffeln sind von der Seuche befallen und müssen aussortiert werden, um eine weitere Ansteckung zu verhüten. Etwa

50 Prozent unseres gesamten Vorrates müssen über Bord geworfen werden. Dieser Verlust wird sich bitter bemerkbar machen, denn große Verpflegungsreserven bestehen nicht.

6. 8. Um 16.30 Uhr ist der große Augenblick gekommen, auf den alles seit 15.00 Uhr mit wachsender Spannung wartet, bis dem Kapitän schließlich Wind und Wellen günstig für das Auswerfen des Netzes erscheinen. Die Mannschaft ist verteilt auf ihren Plätzen, jeder weiß seinen Handgriff. Ich stehe mit einem ostpreußischen Fischer in der Krippe. Wir beide haben das Netz über die Bordwand in das Meer zu werfen. Während wir nun laufend das Netz über Bord werfen, werden Netz und Schwimmblasen jedesmal am Reep befestigt, das in gleichmäßiger Bewegung das Schiff über den Bug verläßt, Netz und Schwimmblasen mit sich führend. Das Netz hängt so zwei Zeisinge tief, etwa 12 Meter, unter der Meeresoberfläche. Nur eine leichte Dünung, von einem lachenden Sommerhimmel überwölbt. In die kristallene Klarheit einer sanften Bläue aus preußischem Blau schwebt wie umbrafarbenes Filigran das Netz hinab. Tausend Türkise und

smaragdene Topase wirbeln aus den Tiefen nach der sonnigen Oberfläche empor: Kinder des Lichtes. Möven umfliegen unsere Arbeit voller Ungeduld. Nach etwa zwei Stunden haben wir das Netz ins Meer geworfen. Ich weiß, was ich getan habe. Alles »haut sich in die Kojen«. Vorausschlafen!

7. 8. Um 1.00 Uhr beendet das »Reise-Reise«-Rufen [vom englischen »to rise« = aufstehen] der Wache den unruhigen, nur leichten Schlaf. Um 1.30 Uhr beginnt die Winsch mit Gestöhn und Geächze, das schwere Reep aufzuhieven. Am Bug lösen zwei Mann die Zeisinge des Netzes und der Schwimmblasen. Von zwei Jüngsten außenbords entlanggeführt, wird das Netz dann von den Matrosen über Bordwand und Krippe hereingezogen über den »Fang«, um darauf wieder im Netzraum zu verschwinden. An jeder Bordwand befindet sich ein durch Bohlen abgetrenntes, etwa 1,5 m mal 2,5 m großes Geviert, die Krippe. Der zwischen beiden Krippen liegende Teil des Decks heißt »der Gang«, der durch zwei Bohlen in drei Fächer eingeteilt ist. Wir Matrosen stehen »am Fang«. Ich führe das Spierreep mit den Floten [Floten heißen die Korkstücke, die am Netz befestigt sind] mit dem Auftrag, nur immer »döhn« und »hol över« zu rufen. Da mir die Bedeutung der Wörter nicht klar und auch nicht gesagt worden ist, weiß ich nicht recht, wann ich das eine und wann ich das andere rufen soll. Schließlich meint die Ungeduld des Steuermanns, als meine Rufe zur rechten Zeit ausbleiben, das Schreien müßte ich mir nun schon angewöhnen, mehr hätte ich dann auch nicht zu tun; auf die Heringe paßten sie schon auf. Das Rufen gilt dem Mann im Netzraum, dem damit angedeutet wird, wann das Netz, das sich vor den Füßen der ziehenden Matrosen sammelt, weggezogen und im Netzraum verstaut werden kann. Nachdem die Matrosen verschiedentlich statt meiner diese geheimnisvollen Rufe ausgestoßen hatten, gelang es mir schließlich, den Schleier dieses Geheimnisses zu lüften: »hol över« sagt dem Mann im Netzraum, das Netz wegzuziehen, um es zu verstauen, während ihn das Zauberwort »döhn« zum Nichtstun verurteilt. Blaue, dickflüssige Tinte ist das Meer ringsum und noch dunkler der Horizont, von nur einem hauchdünnen Schimmer überwässert. Möven taumeln über uns. So ziehen wir von 1.30 Uhr bis 5.30 Uhr die 3600 m Netz wieder ein. Der Ertrag ist nur mager: etwa 12 Zentner. Das letzte Ende des Netzes ist kaum geborgen, da werden schon

478

die Heringe zusammengesammelt. Körbe werden aufgestellt, den geringen Fang sogleich zu schlachten. Das scharf-spitze Schlachtmesser, am Ring- und an dem kleinen Finger der rechten Hand mit einem Band befestigt, liegt am Zeigefinger an. Mit einem festen Stich hinter die Kiemen wird der Kopf durchbohrt, der Zeigefinger legt sich unterhalb der Kiemen, ein Ruck – und die Brustflossen mit Eingeweiden und Kiemen sind aus dem Tier herausgerissen, das so die dem »Matjes« typische Gestalt bekommen hat. In einer knappen halben Stunde ist der Fang geschlachtet, eingesalzen und in sechs Fässern verpackt. Hein, der Steuermann, meint: »Ji möt noch flinker slachten, dat jur Messer glöni ward. Ik mut jümmer'n Pott Woter neben mi hebben.« Nachdem wir die ersten leckeren »Bratjes« (Bratheringe) zum Frühstück verzehrt haben, können wir uns um 7.30 Uhr wieder in die Koje legen, um den versäumten Schlaf nachzuholen.

10. 8. ... Während in den Städten und Dörfern noch alles schlummert, beginnt eine Stunde nach Mitternacht unsere harte Arbeit. Dunkelste Nacht. Als schwarzer Tuschestrich rührt die Oberfläche des Meeres an den blaß belichteten Horizont, dessen Färbung in den Zenit hinauf in tiefes Schwarz ansteigt. Und mitten darin hängt - wie eine saftige Apfelsine – als Lampion – der Vollmond... Im Takt: »Hol sie ran... hau sie raus... drei... hopp!« begleiten diese Rufe des Steuermanns den Rhythmus unserer schlagenden Bewegungen, mit denen das Netz von seiner schweren Last befreit wird. Die Heringe hängen mit ihren Kiemen in den Maschen. Durch das wuchtige Auf- und Niederschlagen werden sie wie betäubt auf das Deck geschleudert, wo sie zappelnd ihre neue Umwelt als bitteres Ende erfahren müssen. Wie farbenprächtig ist doch der Hering, wenn er aus dem Meer gezogen wird. Wir in den Städten haben nur einen bescheidenen Abglanz seines farbenschimmernden Kleides. Der Hering schillert getigert grün, rötlich, orange. Mit dem Verlust der Schuppen verschwindet diese prächtige Schutzfärbung. Die neue Umwelt zieht ihm das graue Trauerkleid an, wenn er seinen letzten Atemzug tut. Die Natur nimmt ihm seine Herrlichkeit, bevor er wieder in sie eingeht. So zerstören die Menschen viele prächtige Naturerscheinungen, so wie sie beginnen, die Geschöpfe ihren Lebenselementen zu entreißen... Heller Tag ist es bereits, als wir immer noch den Meeressegen auf unserem Deck abladen. Unsere Gesichter sind schweißgebadet.

Der königliche Augenblick dieses holden Morgens: die Geburt der Sonne aus dem Meer. In dieser Schönheit habe ich diesen Schöpfungsakt Gottes noch nicht erlebt. Es ist, als hielte das Meer seinen Atem an, die Reinheit des Lichtes durch kein Wellchen trübend. Wie lauteres Gold glüht der Sonnenball aus dem mattblauen Spiegel des Meeres in blendender Pracht hervor, überfließend in eine Kaskade flüssigen Goldes, das bis an unser Schiff herangegossen bleibt. ... Dann muß das blutige Schlachten erledigt werden. Über 45 Zentner. Mit zehn Mann erfüllen wir diese Arbeit, so daß auf jeden 4 bis 5 Zentner entfallen. Das sind etwa 2000 Heringe. ... Am späten Nachmittag »fertigmachen zum Auslegen«. Zum Überfluß bezieht sich der Himmel, der seit Mittag bereits in milchiger Trübe schwamm, mit fetten Regenwolken, die uns während der Arbeit tüchtig überschütten. Ich stehe in der Krippe und werfe das Netz über Bord ins Meer. Manchmal macht sich der innere Schweinehund bemerkbar; aber Zähne zusammengebissen und weiter geschuftet! Breitbeinig stehe ich in der Krippe, und mit wuchtigen Armbewegungen reiße ich die Netze vor meinem Körper entlang und schleudere sie ins wildbewegte Meer. Diese Schleuderbewegung verläuft ununterbrochen in einem solchen Tempo,

daß ich kaum die Arme so schnell nach links werfen kann, wie sie schon rechts wieder abladen müssen. Und das dauert ohne Pause anderthalb Stunden lang.

11. 8. ... Wie sauer wird einem die Arbeit am Netz. Unendlich kommen einem die 3600 Meter Länge des Netzes vor, die Meter für Meter durch Menschenkraft eingezogen werden sollen. Immer sehnt man das Ende herbei. Doch der Morgen ist noch gar nicht recht aufgewacht, und vor seiner klaren Helle ist mit dem Abschluß unserer Arbeit nicht zu rechnen. Zum Überfluß hakt das Netz durch den Seegang immer wieder am Reep fest, verfängt sich und zerreißt. Und wir müssen ziehen – ziehen – ziehen.

12. 8. ... Die Matrosen am Fang warten auf ihre schwere Arbeit. Drei Fischer aus Ostpreußen sind darunter. Sie stehen mit der Inbrunst jagdlicher Leidenschaft am Netz und ziehen verbissen ihre schwere »Wand« (das Netz) herein. Das will gelernt sein, gewandt mit dem Netz umzugehen. Den Fischern ist dies ihre selbstverständliche Tagesarbeit. Es sieht fast spielend leicht aus, wie sie ziehen und dabei die Fische ausschlagen. Doch befinden sich alle in einer gereizten Stimmung, die sich nur allzu oft in Zynismen und Gehässigkeiten Luft macht, wenn die schwere Arbeit ihre Gemütsverfassung mit Unwillen und Verdruß gefüllt hat. Das geschieht nur allzu leicht...

13. 8. Der Sturm, der sich gestern abend entwickelte, hat zur Zeit des Weckens um 1.15 Uhr bereits wilde Formen angenommen. In den Lüften heult die wilde Jagd. Unser Schiff schaukelt unbändig. Wir können uns kaum halten. Das mag ja eine lustige Zieherei werden, denke ich bei mir. Das Schiff tanzt wie eine Nußschale, ein unfreiwilliges Spielzeug der tosenden Elemente. Pfeifend sausen gischtige Spritzer über das Deck, uns von oben bis unten überrieselnd. Das Ölzeug ist eigentlich nur ein Hohn auf seine Existenz. Der Rücken meines Ölrockes ist wiederum in ganzer Breite aufgerissen, und bald läuft mir das Wasser – denn es gießt obendrein in Strömen – den Buckel hinunter bis an die Waden. Meine nackten Füße schwappen in undichten Gummistiefeln quietschende Töne. Immer wieder peitschen Brecher mit voller Wucht über das Deck, von beiden Seiten über die Bordwand springend und mit gierigen Zungen nach uns

leckend, bisweilen vom Bug einen breiten Wasserschleier über das gesamte Deck breitend, der sich mit wildem Geklatsche über die arbeitende Mannschaft ergießt. Trocken ist keiner mehr. Immer wieder muß ich gegen die Müdigkeit ankämpfen, die mir trotz der anstrengenden Anspannung die Augen schließen will. Wie schwer wird uns die Arbeit mit den letzten Netzen gemacht. Wir müssen uns nochmals kräftig ins Zeug legen, um die letzten dreißig Meter des Netzes aus dem Wasser zu ziehen. Nach dem Fischzug entschließen wir uns, sogleich, ohne erst zu frühstücken, weil wir so durchnäßt sind, die Schlachtarbeit zu beginnen. So setzen wir uns in der Nässe fröstelnd der kühlen Morgenluft aus – es ist gegen 7 Uhr – und schaffen die 20 Zentner Heringe weg. Regen und immer wieder übermütige Spritzer durchnässen uns von neuem. Windstärke etwa sieben bis acht.

14. 8. ... Ein wundervoller Sommertag liegt heute über dem Meer. Am blauen Himmel schwimmen wattige Wolkenballen. Welch ein Gegensatz zum wilden Tosen des gestrigen Tages. Alles sitzt an Deck, den Auftrag des Aussetzens zu erfüllen. Aber es ist kein Wind, der uns das Netz austreibt. So warten wir auf unsere Arbeit, die nun erst nach dem Abendbrot

vorgenommen werden kann. Das ist bedauerlich, weil es unsere Nachtru-
he empfindlich verkürzt. Denn eingeholt werden müssen die Netze doch
eine Stunde nach Mitternacht… Eine unheimliche Verfärbung hat sich
des gesamten Himmels bemächtigt. Mit bleierner Schwere lastet er un-
heildrohend auf dem Meere. Mit wuchtigen grau-blauen Wolkenballungen,
voller Regen, der bereits in der Ferne angefangen hat zu strömen. Das
Meer reicht dem Horizont in fahler Helle seine ruhige Fläche als wirksamen Kontrast hin. Sie ist von der Schwere der Atmosphäre in ein bleier-
nes, schwerfälliges Fließen verwandelt. In der Ferne kräuseln die Rauch-
fahnen einzelner Logger. Ein Vegesacker Logger kommt dicht zu uns
heran, kurz nach dem Abendbrot, um zu berichten, daß er bereits 800
Kantjes gefangen habe; in derselben Zeit, da wir es gerade auf 100 gebracht haben. … Unser Brot ist verschimmelt. Manche müssen von ihrem
empfangenen Brot fast 3/4 wegwerfen, da es völlig ungenießbar ist. Ersatz kann nicht geleistet werden! Unser Kartoffelvorrat geht zur Neige!

15. 8. Als wir um 1.15 Uhr unsere Arbeit begannen, ahnte keiner, daß
unsere Arbeitszeit erst um 23.30 Uhr beendet sein würde; als Unterbre-
chung lediglich drei kurze Essenspausen. – Fast 24 Stunden schwerste
körperliche Arbeit! Als die ersten Netze gezogen wurden, waren wir ver-
ärgert über die vielen Makrelen, die darin hingen. Doch bald erschienen
statt ihrer die Heringe. Sie hatten ihre Köpfe durch die Maschen gesteckt
und hingen im Netz, fein nebeneinander aufgereiht, als sollten sie geräu-
chert werden. Andere dagegen zeigten ihre prallen Leiber und wedelten
mit ihren Schwänzen und wiegten ihre Bäuche, ihren Kopf nach unten in
den Maschen verfangen haltend. Ein Laie macht sich keine Vorstellung
von der Schwere und Härte der körperlichen Anstrengungen, die verlangt
werden müssen, ein solches schwerbeladenes Netz von 3,5 km Länge durch
Arm- und Rückenkraft einzuholen. Gewiß, die Maschine zieht das Reep,
an dem das Netz hängt. Doch die Last des fischgefüllten Gewebes muß
die starke Hand des Fischers dem Wasser entziehen. Ein Heringsschwarm
hatte die Linie unseres ausgeworfenen Netzes gekreuzt und war so als
wimmelnde und kribbelnde Beute darin geblieben. Wir zogen aus Leibes-
kräften, und im strengen Rhythmus gab Heins, des Steuermanns kernige
Stimme den Rhythmus des Arbeitsganges an. »Hol sie ran… alle Mann…
riet an… bis anne Hand… drei-… hopp!« Und mit wuchtigen, gleichmäßig

geführten Schlägen sauste das Netz auf und nieder und ließ die Fische hart auf die Planken aufschlagen oder hoch in die Luft wirbeln, um sie irgendwo aufklatschen zu lassen. Und wieder »Rut sind se wedder... riet an... alle Mann... hol se ran... bis anne Hand... drei – ... hopp!« Und im Gleichtakt sirrten die übervollen Maschen durch die Luft, sprühende Tropfen und fliegende Heringsleiber durch die Luft wirbelnd. Die Dämmerung war schon längst dem hellen Morgen gewichen, und während wir sonst bereits mit dem Schlachten beschäftigt waren, hatten wir heute erst knapp die Hälfte des langen Netzes herausgezogen. Nach vier von den insgesamt sechs Längen des Netzes (2400 m) wurde das Herausziehen eingestellt und erst mal gefrühstückt. Dann sauste der Käpten hinter uns her und trieb uns zur schnellen Weiterarbeit an. »Es darf keinen geben, der nichts zu tun hat!« Na, den gab es auch nicht. Das Deck wurde klar geräumt von allen Einrichtungen, die zum Aufziehen des Netzes nötig waren. Dann öffneten sich die Luken, das Löschgerät trat in Tätigkeit, und die schweren Salzfässer wurden heraufgehievt. Aus anderen Luken

stiegen immer neue Reihen leerer Fässer empor. Die wuchtigen Schläge der Dießels (Spezialhämmer zum Öffnen und Schließen der Fässer) durchbrachen die Morgenstille des Meeres. Im Nu hatte sich das Deck bis an den Rand mit leeren Fässern gefüllt. Woher die so schnell gekommen waren, mutete fast rätselhaft an. Schon waren Trägerkolonnen eingeteilt, den schweren Fang schnellstens zu verarbeiten. Hein stand an der »Mischmaschine«, einem Trog, in den die Heringe geschüttet, mit einer großen Schaufel Salz überworfen und mit einem großen Holzlöffel vom Steuermann durchgewühlt wurden. Aus beiden Krippen wurde die »Mischmaschine« gespeist. Einer schöpfte mit einem Schöpfnetz die Heringe aus der Krippe in einen Korb, zwei Mann schleppten ihn zur »Mischmaschine«. Der Heizer – auch er war eingespannt bei so großem Fang – warf das Salz darüber, Hein rührte alles durch, schob die Ladung in einen Korb, und zwei Mann trugen diesen einem Einpacker zu, der auf Steuerbord die gesalzenen Heringe in leere Fässer füllen ließ, um sie darin zu verpacken. Inzwischen hatten aus der anderen Krippe zwei Mann einen frischen Korb Heringe in die »Mischmaschine« geschüttet, Hein hatte diese zubereitet, zwei anderen in ihren Korb geschoben, und diese wiederum hatten ihrem Packer auf Backbord ein leeres Faß gefüllt. So lief alles wie am Schnürchen. Keiner durfte auch nur einen Augenblick aussetzen, um den Gleichlauf des Räderwerks nicht in Unordnung zu bringen. An beiden Seiten des Decks füllten sich die Fässer mit fetten Heringen. Und die Krippen waren noch längst nicht leer. Was für Lasten haben wir geschleppt! Um ein Kantje zu füllen, mußten wir drei Körbe mit Heringen hintragen; das sind jedesmal 40 kg, die wir lasten, 1 m hoch heben und dann auskippen mußten. Wie oft wir das gemacht haben? Von dem ersten Fang haben wir auf unserer Seite 77 Kantjes gefüllt, das sind 150 Zentner Heringe. Das bedeutet: 220 mal 40 kg schleppen. Und das ohne Pause! Zwischendurch gab der Koch als Erfrischung ein Orangegetränk aus. Das Mittagessen enttäuschte. Große Bohnen sollte es geben, ich hatte mich sehr darauf gefreut. Doch ach, wie dünn war das Süppchen, das daraus gebraut worden war, und unser Magen schwappte von der vielen Flüssigkeit, die uns nur wenig Kraft gegeben hatte. Aber schon trieb Hein uns zur Weiterarbeit an. 156 Fässer mußten geschlossen und verstaut werden, damit wir Platz für die nächsten Heringe bekamen, die noch im Wasser in den Netzen hingen. Und wieder klangen Hammerschläge über das Wasser, wurden 230 Pfund schwere Fässer gerollt, die Winsch zischte und kochte, das Löschgerät quietschte. Rufe über Deck hin und her, und der geräumige Schiffsbauch verschlang in unersättlichen Schlünden die schweren Fässer eins nach dem anderen. Der Nachmittag war fast schon vergangen, an Kaffeetrinken nicht zu denken. Das Deck war so weit klar. Weite Reihen leerer Fässer hatten inzwischen die Plätze der vollen eingenommen und warteten darauf, bedient zu werden. Und dann standen wir wieder am »Fang« und zogen das schwere Netz ein. Es war manchmal so voll, daß wir es kaum hochzuschlagen vermochten. Trotzdem mußten wir unermüdlich weiterziehen und ziehen und schlagen. Man hätte vor Überanstrengung umfallen mögen. Und immer größere Mengen von Heringen hingen in den Maschen, einfach nicht auszudenken. Es wimmelte in dem Netz von Heringen, wie von fetten Maden in einem alten Stück Speck. Dicht bei dicht, als hätten nicht mehr Fische darin Platz finden können. Als wir gegen 19.00 Uhr das letzte Netz heraufgezogen hatten, hätte man sich ins Bett legen mögen. Aber nichts von solchen Gedanken! Sogleich war alles abzubauen und das Deck klar zu machen für das Verpacken der Fische. Nach dem Abendbrot schleppten wir wieder unsere Lasten: unermüdlich mußten wir sein, obwohl ich vor Müdigkeit hätte umfallen können und wirklich nicht nur einmal schwer gekeucht habe unter der harten Last der gefüllten Körbe, die einfach nicht aufhören wollten, geschleppt zu sein. Aus der tiefblauen Dämmerung – unser Deck war längst von elektrischen Lampen erleuchtet – stieg wie ein goldschwerer Lampion der Mond aus dem dunklen Wasser und stand nachher, als wir unsere Arbeit endlich abgeschlossen hatten, als silberne Scheibe noch am Himmel, einen flimmernden Silberstreifen über das Meer verschüttend. 23.30 Uhr war es, als wir den letzten Korb geleert hatten. ... Ungewaschen, voller Fischschuppen, wie ich noch war, fiel ich ins Bett, einen tiefen Schlaf der Erschöpfung zu tun.

16. 8. ... Aus dem Laderaum holte das Löschgerät 60 Fässer mit Kohlen, die alle gestürzt werden mußten; außerdem noch 30 Fässer mit frischem Wasser, das unseren Trinkwasservorrat auffüllte. Leere Fässer mußten bereitgestellt werden. Bis zum Mittagessen war das Deck klar, nichts mehr von dem großen Fang zu sehen. Nur leere Fässer standen an den Bordwänden und warteten darauf, gefüllt zu werden. 276 Kantjes war das Re-

Böttcher im Landbetrieb der Bremen-Vegesacker Fischerei. Das Böttcherhandwerk hat mit der Gründung von Heringsfischereien an der Nordseeküste einen ziemlichen Aufschwung genommen. Für Glückstadt berichtete die Lokalzeitung am 3. Juli 1894: »In diesen Tagen ist hier eine Filiale des Central-Vereins der deutschen Böttcher ins Leben gerufen, wozu den Vereinssatzungen gemäß mindestens 10 Vertreter dieses Gewerbes erforderlich sind. Dem Zweigvereine beigetreten sind 16 Mitglieder unserer Stadt und aus Krempe. Daß dieser Zweigverein sich hier überhaupt hat bilden können, ist eine der wohlthätigen Folgen der Gründung unserer Fischerei-Actien-Gesellschaft.«

kordergebnis des gestrigen Tages. Und was für Arbeit steckt darin, diese 550 Zentner Fische zu verarbeiten... Doch bereiteten uns Windstille und das ruhige Meer einen Kummer, als wir das Netz schon längst ausgelegt hatten. Durch die Strömung des Meeres fing das Netz an, auf den Logger zuzutreiben. Als wir nach dem Abendbrot in die Koje zu kriechen gedachten, rief Hein: »Es geht noch mal los!« Da wurde das Reep gekappt, und das Schiff fuhr an der ganzen Länge seines Netzes entlang, sich ans andere Ende des Netzes zu legen und dort das Reep zu befestigen, damit das Fleth von uns forttrieb.

17. 8. ... Die Lebensbedingungen der Fischer sind sehr schwere. Die Verdienstmöglichkeiten recht gering, findet die Bezahlung doch nicht nach

den abgearbeiteten Stunden, sondern nach dem Ergebnis des eingebrachten Fanges statt. Das bedeutet, daß die vielen Überstunden, zu denen wir gezwungen sind, vor allem auch die zahllosen Nachtstunden, die wir leisten müssen, nicht gebührend vergütet werden. Die Kosten für abgetra-

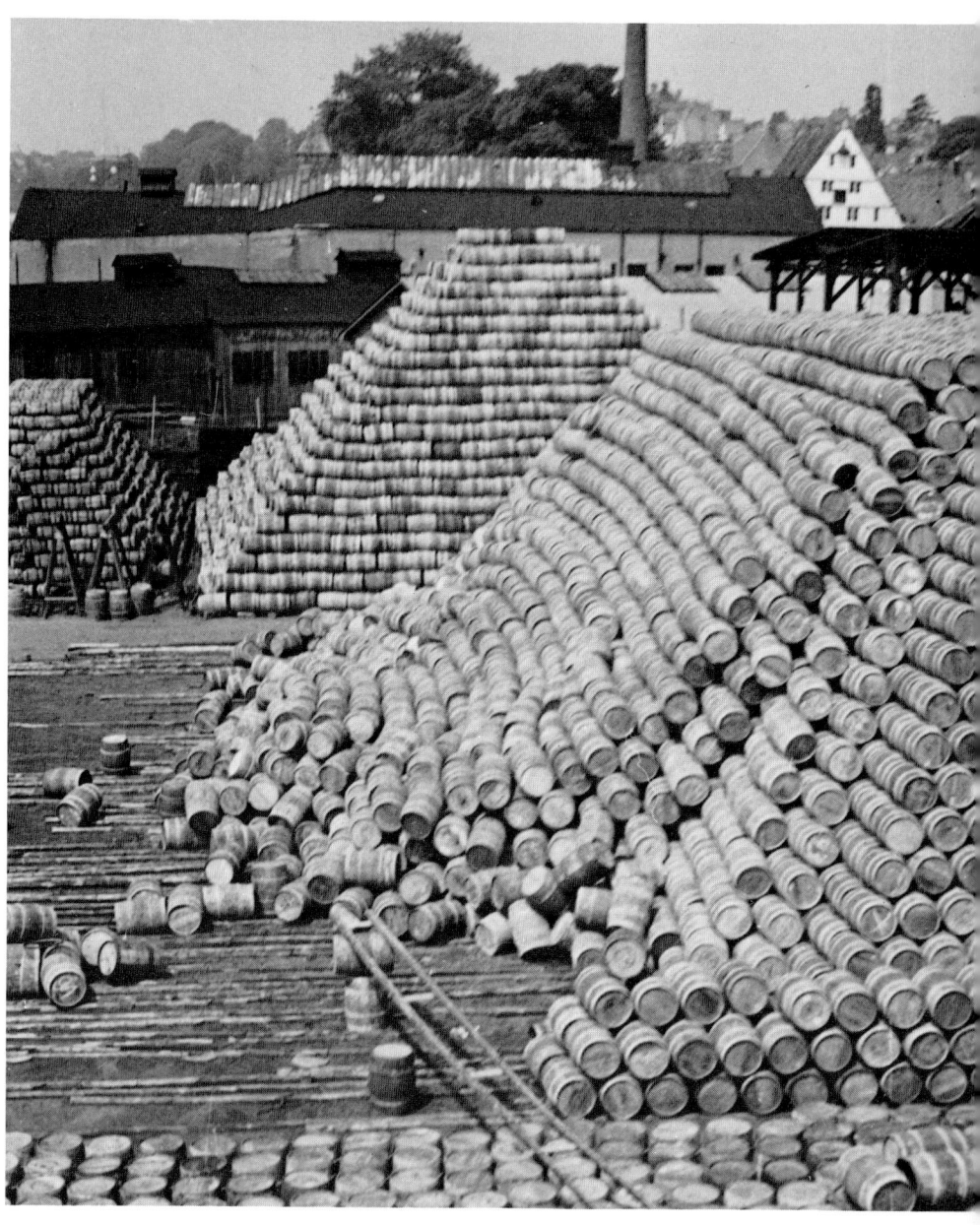

genes Ölzeug und Schuhwerk sind außerdem so hoch, daß ein beträchtlicher Teil des geringen Verdienstes wieder verschwindet... Ich tröste mich dann immer wieder mit dem Genuß, die mannigfaltigen Stimmungen des Meeres auf meine schönheitsdurstige Seele wirken zu lassen. Augenblick-

490

lich lockt das Meer zu einem Aquarell der zartesten Farben, mit sanften Tönungen und Übergängen von hellem Grau, lichtem Grün, zartem Gelb, eingerahmt von einem Horizont, der sich wie ein kräftiger Pinselstrich zart blaugrauer Tönung vom hellen Untergrund des Meeres trennt, um dann eine Farbenskala nach dem Zenit zu durchlaufen: Vom Violett zum Rosa, über wäßriges Gelbgrün zu einem lichten Blau, das sich in den Sternen verliert. Doch müßte der Künstler den glücklichen Augenblick beseligenden Genusses aus dem lebendigen Rhythmus eines ständigen Flutens und Fließens der Farben auf sein Papier bannen können...

18. 8. ... Keiner hat unversehrte Hände. Jeder plagt sich mit vereiterten Wundstellen herum, die durch das Salz entstanden sind. Jedesmal nach dem Auswerfen oder Einholen des Netzes haben die Finger und Hände durch die zahllosen Griffbewegungen viel zu leisten. Manchmal kann man

sie kaum mehr bewegen vor Überanstrengung. Am schlimmsten empfindet man das Ruhebedürfnis der Hände vor dem Einholen der Netze in der Nacht. Während des Schlafens sind sie geschwollen und fest geworden. Beim Erwachen kann man sie kaum rühren, man mag es auch nicht tun, weil die Eiterstellen empfindlich strammen und schmerzen. Es kostet Überwindung, sich mit den Händen in solchem Zustand das Zeug anzuziehen. Wie groß die Not der Überwindung jedoch in dem Augenblick sein muß, da man wieder ins Netz packen muß, um es aus dem Wasser zu ziehen, das weiß nur, wer mit schmerzenden Fingern vor dieser Notwendigkeit gestanden hat. Während des Arbeitens werden die Hände dann weich vom vielen Seewasser, das in den Maschen hängt. Sie quellen

auf, werden schrumpelig und die Haut sehr weich und empfindlich. Die Wundstellen brennen, weil sich das Meerwasser tiefer in sie hineinfrißt. Und trotzdem muß weiterhin in die Maschen gepackt und das schwere Netz dem Meere entzogen werden. Nachher wird die Haut wieder fest und trocken und hart, alles strafft sich und man möchte jede Fingerbewegung vermeiden, um die Straffheit der Haut nicht wieder zu überdehnen und den Wunden neue Einrisse zuzufügen.

19. 8. Der Mond rieselte aus dem schwarzblauen Firmament blinkendes Silber auf das unruhig gewordene Meer. Heller Sonnenschein lachte aus heiterem Himmel auf ein sommerlich frohes Meer, als wir gegen 10 Uhr

unsere arg beanspruchten Hände wieder strecken konnten, da das letzte Stück des Netzes eingebracht war. Und gerade dieses letzte Ende hatte uns viel Mühe und Kraft gekostet, hatte es sich doch als wilder, unentwirrbarer Haufen zusammengeballt durch das muntere Spiel übermütiger Wellen, der nun als schwere Zentnerlast das Letzte von uns verlangte, ihn aus dem Wasser zu ziehen. Da lag dann dieses Knäuel auf dem Deck wie ein mißgestaltetes Ungeheuer und wartete der Entwirrung.

20. 8. Schwerer Seegang und Regenwetter erschwerten unsere Arbeit sehr. Rings um uns lagen etwa 15 Heringslogger und strahlten mit ihren Lam-

pen durch die schwarze Finsternis, überall Arbeit atmend. Der wilde Seegang machte uns schwer zu schaffen. Wir hatten begonnen, die ersten
fünf Netze hereinzuziehen, und ein großer Fang deutete sich bereits an,
als plötzlich ein großer Teil des Netzes sich um das Reep geknäuelt hatte
und nicht wieder zu entfernen war. Schließlich befahl der Käpten, das
Reep zu kappen und das andere Ende des Reeps zu suchen und aufzu-
fischen. Das Meer gebärdete sich ungestüm und warf unser Schiff von
links nach rechts, von vorn nach achtern in wilden Sprüngen. Wir konnten uns kaum auf Deck halten. Es strömte vom Himmel. Nach etwa anderthalb Stunden erreichten wir das andere Ende des Reeps, das nun aufgefischt sein wollte. Doch die Elemente wünschten kein Eingreifen des
Menschen in ihr wildes Toben. Mit Mühe hatten wir mit dem Bootshaken

495

einen Zeising erwischt, doch reichte unsere Kraft nicht aus, ihn den wilden Wogen gegenüber zu behaupten. Mit wildem Reißen flog uns das Tau durch die aufgeweichten Hände und sauste ins Meer zurück. Und wieder begann die wilde Jagd nach dem Reep. Hein hatte das Ende erwischt, wir hielten es. Es zog uns in ungebändigter Wildheit die Reling entlang; mein Ölzeug riß bei diesem Manöver völlig auseinander. Hin und her sausten wir, das Tau zu bändigen, das wir brauchten, um unser Netz aufziehen zu können. Wir flogen, rutschten und purzelten über das naßglatte Deck, das von den Wellen in launigem Spiel unberechenbar auf und nieder gerissen wurde. Dann standen wir wieder am Netz und zogen und zogen, immer wieder durch schweres Havarieren am Reep, über das die übermütigen Wogen die Wand des Netzes geschlagen und verwirrt hatten, in unserer mühevollen Arbeit unterbrochen. Das Netz, wild zerrissen und zerfetzt, brachte nur die Hälfte des eingebrachten Fanges; viele kostbare Beute ging wieder verloren durch das sturmgepeitschte Tosen der Wogen. Wir standen ohne Frühstück in strömendem Regen – ich war bis auf die Haut

durchnäßt, da mein Ölzeug nur den Charakter einer Illusion besaß – bis um 11.30 Uhr, also volle neun Stunden, um den schweren Fang von 100 Zentnern einzubringen. ... Dann fiel ich wie tot ins Bett, obwohl ich um 20 Uhr für die Ruderwache aufstehen mußte, die bis 22 Uhr dauerte. Und danach sank ich in einen Schlaf der Erschöpfung, aus dem ich um 6 Uhr wie gerädert erwachte. Die Finger konnte ich kaum rühren. Meine Beine waren so lahm, daß ich kaum die steile Treppe hinaufkam. ... Unsere Kartoffeln sind aufgezehrt. Ich möchte nicht der Koch sein. Schmalhans ist Küchenmeister an Bord. Und das bei dieser schweren Arbeit.

497

23. 8. ... Der Käpten wollte eigentlich nach dem Dogger fahren (Doggerbank). Als er jedoch auf der Fahrt drei holländische Fischdampfer sah, wie sie schwere Fänge an Bord brachten, da entschloß er sich, doch noch einmal hier auszuwerfen. Heringsfang ist wirklich Glückssache. Wer gerade einen Schwarm in seine Netze bekommt, ist der gemachte Mann. Während sich die übrigen mit einstelligen Zahlen begnügen müssen, lautet seine Kantjeszahl dann dreistellig. Wir haben kein Brot mehr an Bord! Als Brotration erhalten wir täglich 10 Zwieback, das sind etwa 250 Gramm. An Sattwerden ist nicht zu denken. ... Das Herausziehen der

Netze bereitete uns heute wieder viel Mühe. Gleich zu Beginn unserer nächtlichen Arbeit mußten wir uns mächtig ins Zeug legen, einen dicken, ins Maschenwerk eingewickelten Klumpen über die Bordwand zu hieven. Ein Heringshai war es. Doch blieb er nicht die einzige Störung. Immer wieder entstanden Schwierigkeiten am Reep, wenn sich die Wand darüber geschlagen hatte. Und in zeitraubender, mühsamer Arbeit mußte alles wieder flott gemacht werden. Kostbare Halbstunden mußten wir dahinrinnen lassen, währenddessen wir sonst das Netz hätten schon ein gut Stück herausziehen können. Bei dieser Entwirrungsarbeit gewahrte ich im Wasser einen riesigen Heringsschwarm von Myriaden kleinster Heringe, die wie Wolkenwirbel durchs Wasser schossen, von unsichtbarer Hand nach irgendeinem Plan gelenkt. Und dazwischen flitzten in wilder Raubgier Makrelenzüge, die sich aus den Heringen ihre Nahrung herausschnappten ... Diese Erscheinung spiegelt deutlich die Einstellung der Männer an Bord wider. Habgierig und mißgünstig sind fast alle. So ist eine weitere Folgeerscheinung, daß gestohlen wird. August hat meine Koje und auch die von Wolfgang durchstöbert. Was mochte er gesucht haben? ... Aus meinem Verpflegungskasten fehlten Hartbrotstücke. Man müßte alles unter Verschluß halten.

28. 8. ... Das Meer lebte wild auf. In den Lüften fing es an zu heulen und zu sausen. Schon am Abend vorher hatte der Käpten daran, daß Möven »badeten«, zunehmende Brise vorausgesagt. Das traf auch prompt zu. Unsere letzten Netze zogen wir unter der Begleitmusik des Sturmes ein. Wild peitschten Spritzer über das Vordeck... Die Fässer mußten sogleich verschlossen werden, da ein wildes Unwetter alles seeklar zu machen zwang. Die Fässer mußten nun bei starkem Seegang weggerollt werden. Plötzlich, ich war gerade damit beschäftigt, die schwere Last meines Fasses zu heben und aufzustellen, erfaßte mich die Kerngewalt eines harten Brechers derart, daß sie mich zu Boden warf und völlig durchnäßte, auch nicht eine Ecke trockener Haut an mir lassend. Natürlich höhnisches Gegrinse! Mir machte das nichts aus. Ich freute mich im Gegenteil des wilden Wetters, denn nasser konnte ich ja nicht mehr werden. ... Fast alle Männer haben mit Darm- und Magenbeschwerden zu tun. Kein Wunder bei dieser Wassersuppenverpflegung, die nun bereits seit über zehn Tagen vorherrscht.

31. 8. ... Am Horizont grüßt Helgoland... Die Stimmung der Mannschaft ist gereizt. Nichts Rechtes im Magen. Und dann seit dem frühen Morgen wieder bei der Arbeit. Als Tagesverpflegung 4 Stückchen Zwieback. ... Dann besteht die Möglichkeit des eigenen Sichreinigens. Die Bärte verschwinden, und man gelangt wieder in den Genuß einer langentbehrten Waschung.

Von ferne grüßt Glückstadt... Und dann laufen wir durch die Schleuse nach der Fischerei. Die Netze werden ausgeladen. Der Zoll verschließt die Laderäume.

Der Hering in der Volkskunde

Der Hering galt im vorigen und lange auch in diesem Jahrhundert als die Speise des kleinen Mannes und hieß deshalb auch Schneider- oder Schusterkarpfen, Beamtenlachs oder im Ersten Weltkrieg auch Schützengrabenforelle. In Schleswig-Holstein gibt es die Redensart: »Wüllt hüt mal flott leben, sä de Snider, do eet he'n Hering.« In einem besonders armseligen Haushalt, so erzählte man, hing ein Hering an einem Bindfaden von der Decke herab, an dem jedes Familienmitglied der Reihe nach einmal lecken durfte. In manchen Berichten hing nur ein Heringskopf zum Lecken. »Pellkantüffeln un solten Hern, dat is wat för Knecht un Dern.« An der Küste gehörten Pellkartoffeln als Grundnahrung zum Hering, die, wie es hieß, bei den ärmsten Leuten einmal über einen ausgeklappten und auf dem Tisch festgenagelten Salzhering herübergezogen wurden, um ihnen Geschmack und Würze zu geben. Etwas luxuriöser ging es da schon in dem Haushalt zu, von dem dieser Reim berichtet: »Wenn Sündag is, wenn Sündag is, denn slacht min Mudder'n Hering, min Vadder kriggt den Kopp un Stert, min Mudder kriggt dat Middelstück, wie Kinner kriegt den Rögen, dor könt wi uns to högen [freuen].« Der Dichter und Satiriker Johann Fischart berichtet in seiner »Geschichtsklitterung« 1575, daß die Mecklenburger Junker ihre Leibeigenen straften, »als wann sie die ein Tag hinder den glüenden Ofen spannen und ihnen nichts dann rostig versalzte Heringsnase zu fressen geben, aber gar nichts zu trinken«. Noch schlimmer war es, wenn sie dazu Salzheringslake trinken mußten. In der Sprache gebrauchen wir den Hering, um eine dichtgedrängte Menschenmenge zu bezeichnen: z. B. sie sitzen, stehen, liegen wie die Heringe. Auch ein dürrer Mensch wird ein Hering genannt. Als Rollmops übt er Rache und vertreibt den Kater, der ihn sonst als Leckerbissen zu schätzen weiß. An vielen Küsten war der Hering die Lebensgrundlage der dort lebenden Menschen. Als Nahrungsmittel war und ist er auch heute noch weit verbreitet. Wer so wichtig ist, um den ranken sich Sagen und Märchen, geheimnisvolle Kräfte werden mit ihm in Verbindung gebracht. Wenn er ausblieb, tat er es auf Befehl Gottes, weil die Fischer an der Küste irgendeinen Frevel begangen hatten. Er wurde vielleicht nicht wie ein Heiliger verehrt, aber als Wappentier gleichsam geadelt. Göttliche Strafe vermuteten die

Das »Nettenland« hinter den Betriebsgebäuden der Glückstädter Fischerei auf dem Rethövel, vom Fluß Rhin begrenzt 1927. Vorn fließt das Schwarzwasser.

Fischer an der Küste von Donegal in Irland. Dort in Lough Suille war ein Mittelpunkt des Heringsfanges gewesen. Aber zu Beginn des 19. Jahrhunderts verzauberten die berüchtigten schottischen Hexen, die größere Kraft besaßen als die irischen, die Fische und veranlaßten sie, in die schottischen Buchten auszuwandern. Eines Nachts sahen die Fischer plötzlich einen silbernschimmernden Hering sich in die Bucht stürzen und mit größter Schnelligkeit zwischen den Booten dahingleiten. Überall, wo er erschien, schlossen sich ihm die Heringe an, und, als er alle hinter sich hatte, verließ er mit ihnen die Bucht, wobei er ein orkanartiges Gebrüll ausstieß, während die Fischer stumm vor Staunen waren. Seit jener Nacht gibt es keinen Heringsfang mehr in Lough Suille. »No herring, no wedding« (keine Heringe, keine Hochzeit) ist eine Redensart von der schottischen Nordseeküste, wo, wie es scheint, nur nach erfolgreicher Fangzeit geheiratet wurde. Blieb der Hering mal aus, gab es auch keinen Hochzeitsschmaus. Geräusche, lauter als Flüstern oder gar Lärm, verscheuchen, wie erfahrene Angler und Fischer bestätigen, den Fisch, der an die Angel oder ins Netz soll. Deshalb wurden in schottischen Fischerdörfern zur Heringsfangzeit die Glocken in den Kirchen abgehängt. Daß der Kanonendonner des dänisch-schwedischen Krieges 1562 endgültig den Schonenhering vertrieben haben soll, leuchtet dann sofort ein. Das unentbehrliche Nahrungsmittel mit hohem Nährwert, das ständig und für alle verfügbar war, wurde im Laufe der Jahrhunderte neben seiner allgemeinen Nützlichkeit als Nahrungsmittel zu einem Heilmittel aufgewertet und erhöht. In seinem Beitrag »Der Hering im Volksglauben und in der älteren Forschung« aus dem Jahre 1916, hat Kurt Jagow (S.237-245) auch medizinische Rezepte um den Hering aus unterschiedlichen alten Quellen gesammelt. Ich gebe das Kapitel hier leicht gekürzt wieder:

»Medizinische Rezepte. Der große Nährwert des Herings ist schon früh erkannt worden. ›Wenn er laichreif ist, ist er am besten und übertrifft fast alle anderen Fische‹, sagt bereits Caspar Schwenckfeld [1603]. Schon sei-

ne Eigenschaft als Meeresfisch gab ihm in dieser Beziehung eine gewisse Überlegenheit. ›Denn Meerfische sind viel gesünder, denn die man in süßen Wassern fähet, und solches wegen des Saltzes, welches die übrige Kälte und Feuchtigkeit in den Fischen verzehret, ein fein hart Fleisch machet, und sie vor dem Faulen bewahret. Darum siehet man, daß ein gesaltzener Hering rohe aus der Tonnen genommen und aufgessen, dem Menschen nichts schadet.‹ [Aus: Das edle Fischbüchlein, ca. 1650.] Aber auch darüber hinaus wurde ihm medizinische Wirkung in weitem Umfange zugeschrieben. Nicolaus Tulp [Amsterdamer Bürgermeister] hat seine Vorzüge in dieser Hinsicht [1641] dahin zusammengefaßt, daß ein guter Hering, zu rechter Zeit genommen, die Verdauung fördere, die Eßlust erhöhe, den Schleim löse und den Leib flüssig mache. Man glaube in seiner Heimat, sagt der Amsterdamer Bürgermeister, daß die Krankheiten vor den Heringen verschwänden wie die Nebel vor der Sonne. Niemals gingen die Geschäfte der Ärzte schlechter als zur Zeit des Erscheinens der Heringe. Im Volksmunde hat er den Ehrennamen ›der Gesundmacher‹ geführt.

Auf die mannigfachen Rezepte sei im folgenden näher eingegangen. Die einzelnen Teile des Herings wurden in der einfachsten Weise gegen die verschiedenartigsten Krankheiten gebraucht: Ein Herz jeden Morgen einen Monat lang gegessen, gegen Geschwür am Magenmund; die Galle mit Honig vermischt, gegen Dysentherie [Ruhr].

Bei einer Viehseuche zu Rastenburg in Preußen im Jahre 1719 hat ein Landwirt sein Vieh nur dadurch gerettet, daß er demselben jeden 5. oder 6. Tag morgens einen mit Teer bestrichenen Hering eingegeben hat.

Anders die folgenden Rezepte. Ihre Herstellung ist mehr als kompliziert. Vielleicht aber beruhte darauf gerade ihr Ansehen! Vinum Halecum. Nimm 10 Heringe, je zwei Quentchen Zimt, Weinsteinsalz und Gewürznelken, gieße 2 Quart starken Weißwein darauf und lasse es einen Monat stehen. Alsdann seige ab und koche den Wein über einem langsamen Feuer, wobei ständig ein nasses Tuch über das Gefäß zu halten ist, um die Dämpfe aufzufangen und den Fischgeschmack wegzunehmen. Darauf hebt man den Wein zum Gebrauch auf. Man darf nicht befürchten, daß das Verdampfen des Weines ihn seiner Kräfte beraube, da diese nicht in dessen Flüssigkeit bestehen. Dieses Rezept ist für Leute, die an Harnfluß leiden.

506

Elixir ossium hallecum: Nimm 10 Pfd. getrocknete und grobgestoßene Heringsgräten, lege sie in eine Retorte, verkitte diese und setze sie in einen offenen Ofen; gib ihr alle 2 Stunden einen Grad Feuer, bis keine Dämpfe mehr in dem Rezipienten zu sehen sind. Dann lasse man alles abkühlen, und man erhält ein Öl, ein flüchtiges Salz und eine Essenz. Tu diese in eine reine Retorte und vereinige die 3 Produkte durch Feuer miteinander. Hierauf nimm 8 Unzen von dieser vereinigten Essenz, bringe sie zusammen mit 2 Pfd. rektifiziertem Salpetergeist, 1 Pfd. Antimonium diaphoreticum und 4 Unzen flüchtigem Weinsteinsalz in einen Destillierkolben und destilliere, bis alles völlig vereinigt ist. Dann tu 1 Unze Muskatöl und 1/2 Unze Zimtöl hinzu, digeriere [durch geringe aber gleichmäßige und beständige Wärme chemisch verändern] es 10 Tage in einem Kolben, gieße es zum Gebrauch ab und verwahre es in einer gut verstopften Flasche. Die Dosis ist 4 bis 10 Tropfen; Mittel gegen Fieber, indem es schweiß- und urintreibend ist.

Heringsbalsam: Nimm eine beliebige Anzahl Salzheringe, schneide sie in Stücke und mische sie mit Salzspiritus, 1 Unze auf je 1 Pfd. Tu das Ganze in ein besonderes Glas und digeriere es 2 Monate lang in Pferdemist, bis es zu einem brauchbaren Balsam geworden ist. Als Heilmittel gegen die Gicht nehme man davon täglich zweimal 10 Tropfen auf Zucker.

Heringsessenz: Nimm 20 Milchheringe, schneide sie in Stücke und lege diese in einen Destillierkolben, gieße dazu ein Quart Weingeist und 8 Unzen Weißwein. Laß dies in Pferdemist 6 Wochen digerieren, gieße ab und filtriere es für den Gebrauch. Dies ist ein harntreibendes Mittel und in Menge von 30 Tropfen in einem geeigneten Beibringungsmittel zu nehmen.

Heringspflaster: Nimm 2 Unzen frisch gegrabene weiße Stichwurz, oder, wenn sie trocken ist, das Pulver davon; 3 Unzen schwarze Seife, 4 Unzen Salzhering, 1,5 Unzen Salz. Mische alles. Das Pflaster muß auf die Fußsohlen gelegt und alle 12 Stunden gewechselt werden. Man gebraucht es besonders, wenn das Fieber den Kopf angreift, die Lebensgeister unterdrückt, Dumpfheit oder Schläfrigkeit erzeugt. Dieses von einem Dr. Fuller

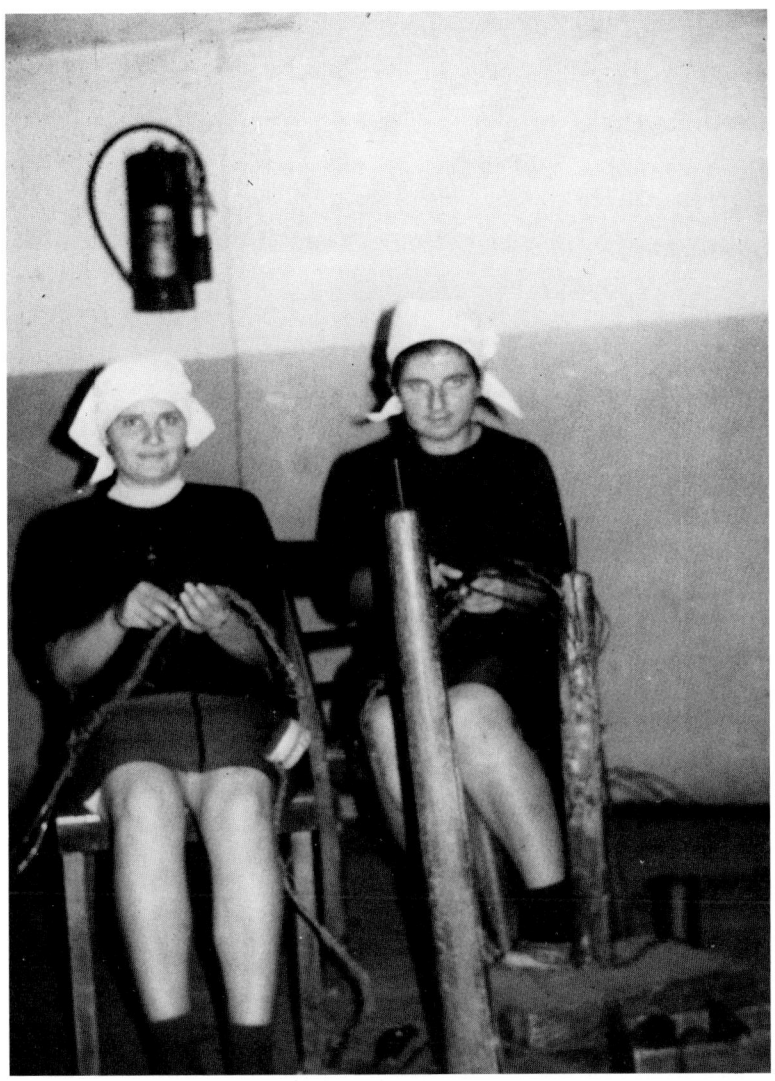

erfundene Pflaster wurde von einem Dr. Quincy in zwei anderen Formen verordnet. In der ersten so, wie eben beschrieben, nur unter Hinzufügung von Essig. In der anderen folgendermaßen: Nimm je 1 Unze grüne Raute, schwarze Seife und Seesalz, einen entgräteten Salzhering, 1,5 Unzen Sammetpappelsalbe und soviel wie möglich scharfen Essig.

Heringsextrakt: Nimm 6 Pfund frische Heringe, tu diese in einen Kolben und gieße 6 Pinten rektifizierten Weingeist hinzu. Laß den Aufguß 4 Tage in feuchter Wärme stehen, kläre ihn dann ab, gib 4 Pinten mehr dazu und

509

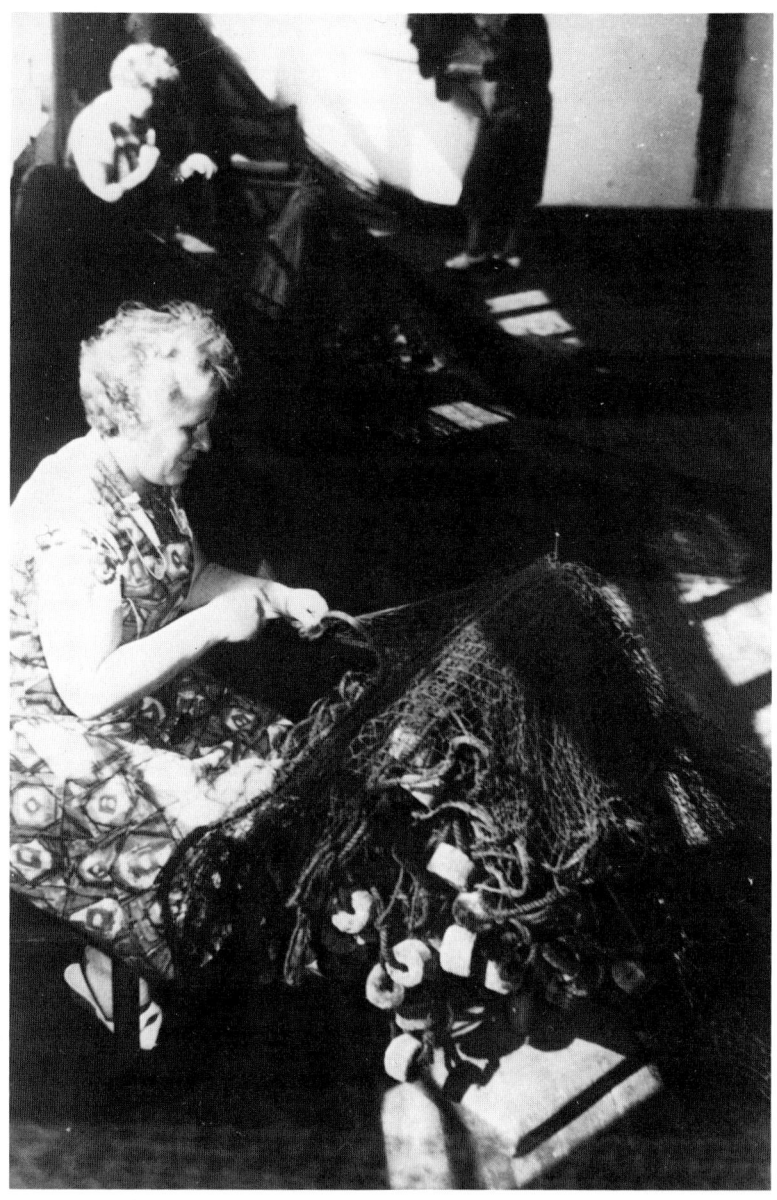

laß es stehen, bis es klar ist. Dann filtriere und laß die Feuchtigkeit in einem Sandbad verdunsten, bis die übrigbleibende Materie dickflüssig wie Honig ist. Ein halber Skrupel (d. i. ein Gewicht) davon in Form einer Pille leistet große Dienste bei Harnverstopfung. In anderer Form hergestellt, ist das Heringsextrakt ein Mittel gegen Asthma: Nimm entgrätetes Fleisch, schneide es in lange Streifen und siede es in Wasser mit etwas Zucker auf. Nimm es dann heraus und tauche es in ganz dicken Honig und laß es nach Herausnahme kandieren.

Mummia harengorum: Nimm je 1 Pfd. Myrrhe, Aloe, Bitumen Judaicum und Zedernholz, mache daraus ein Pulver und fülle damit soviel Heringe wie angängig; laß sie dann 4 Tage trocknen. Dann nimm je 1 Pfd. Weihrauch, Harz und Kolophonium, schmelze das zusammen und tauche die

Heringe hinein. Während diese trocknen, gib ihnen 2 oder 3 Überzüge und umwickle diese mit Sorgsamen, gib ihnen noch einen anderen Überzug und hebe das Ganze 6 Monate lang in einem Gefäß auf, bevor es zu benutzen ist. Je länger es steht, um so besser. Kein geronnenes Blut kann im Körper derer bleiben, die dieses Medikament nehmen. Die Dosis beträgt 10 Gran auf eine Viertelpinte Tintowein.

Heringspulver: Wenn man einen Hering in einem Schmelztiegel erhitzt, entsteht ein Pulver, das mit weißem Zucker vermischt und in die Augen geblasen, ein Mittel ist, um Häutchen oder Flecke zu entfernen. Anderseits kann man das Pulver als Medikament gegen Steine einnehmen.

Destillierte Heringe: Tu 12 Heringe, deren Eingeweide ausgenommen sind und deren Fleisch ein wenig im Schatten getrocknet ist, in eine überzogene Glasretorte, setze diese in einen Reverberieofen [Ofen, in dem durch

einen Blasebalg eine große Hitze entwickelt werden kann], befestige daran einen großen Rezipienten und verkitte die Fugen. Dann beginne die
Destillation mit einem gelinden Feuer, um die Retorte allmählich zu er-
wärmen und das phlegmatische Wasser tropfenweise hinauszutreiben.
Wenn das Wasser zu tröpfeln aufhört, so verstärke das Feuer ein wenig,
und die Geister werden kommen, die den Rezipienten mit weißen Wolken
anfüllen. Schließlich wird ein schwarzes Öl destillieren und etwas flüchtiges Salz sich an den Wänden des Rezipienten niederschlagen. Unterhalte
das Feuer, bis nichts mehr erscheint, dann laß die Gefäße abkühlen und
entferne den Kitt. Schüttle den Rezipienten ein wenig, damit das flüchtige

Eine Netzfleet wird in Glückstadt über Rollen nach draußen zum Verladen gegeben.

Salz von den Wänden abfalle, schütte dann alles in einen passenden und
mit einem Rezipienten versehenen Kolben und verdichte die Fugen mit
einer feuchten Blase. Dann stelle das Gefäß in den Sand und mache ein
gelindes Feuer darunter. Das flüchtige Salz wird sich sublimieren und am
Kopf und dem obersten Teil des Kolbens sich anhängen. Sondere es ab
und verwahre es in einem gut verschlossenen Fläschchen. Das, was im
Kolben zurückbleibt, muß durch einen mit braunem Papier gefütterten
Trichter gegossen werden, wobei der Spiritus mit dem Phlegma [Zäh-
flüssiges)] durchgeht, das stinkende Öl aber zurückbleibt. Spiritus und
Phlegma, die durcheinander gemengt sind, werden in einen Destillierkolben getan und in einem Dampfbad destilliert, bis der halbe Saft abgeht.
Dann wird man einen Spiritus erhalten, der gut verstopft aufgehoben
werden muß. Das Phlegma wird als unbrauchbar fortgeschüttet. Das flüchtige Salz ist ein starkes schweißtreibendes, auch eröffnendes Mittel, es leistet treffliche Dienste in bösartigen Fiebern und bei epileptischen Anfäl-

len. Die Dosis ist 4 bis 12 Gran stark in einem geeigneten Beibringungs-mittel. Das stinkende Öl kann bei zusammengezogenen Spannadern ver-wendet werden und ist so stark, daß 4 Tropfen davon eine größere Wir-kung ausüben als 10 Tropfen von dem zu demselben Zweck gebrauchten Sevenbaumöl. Der Spiritus hat dieselben Kräfte wie das Salz. Die Dosis ist 6 bis 10 Tropfen.

Heringssalbe: Nimm 12 Pfd. frische Heringe und dieselbe Menge Oliven-öl; erhitze dies 3 Stunden lang und siebe es durch. Tu hinzu je 4 Unzen Gummi Euphorbium, Pulver von weißer Nießwurz, je 0,5 Pfd. Gummi Olibanum, Gummi Sarcocol und Gummi Elemi, dazu 2 Pfd. gelbes Wachs. Mische und mache daraus eine Salbe. Dies ist eine Medizin, die bei Krätze und allen Hautausschlägen gute Dienste leistet. Auch 1/8 Quecksilber kann hinzugesetzt werden. Mit Terpentin vermischt, ist es mit Vorsicht von Hautkranken zu gebrauchen.

Heringsnarkoticum: Nimm je 1 Pinte von aus frischen Heringen gepreßtem Öl, je 6 Unzen Schweinsgalle, Saft von Bilsenkraut, Schierling, Aisel, Lattich und wilder Katzenminze, mische das alles, koche es gut auf und tu es in ein wohlverstopftes Glasgefäß. Dann gieße 3 Löffel davon in ein Quart Warmbier und laß die Person, die sich einer Operation unterziehen will, sich vor ein starkes Feuer setzen und von der Medizin trinken, stets 1 Unze auf einmal, bis sie in Schlaf fällt. Dieser Schlaf wird 3 bis 4 Stunden dauern, während deren die Person völlig unempfindlich ist gegen alles, was man an ihr vornimmt. Eine Verbesserung soll folgendermaßen sein: Nimm 1 Pinte Heringsöl (wie oben), je 3 Unzen Schweinsgalle, Schierlingssaft, Nachtschatten, 1/2 Pfd. Mohnköpfe, tu letztere 6 Tage lang in den Saft, drücke dann stark aus und mische sie mit dem erwähnten Öl und je 2 Unzen Galle, Lattich und Säften, sowie je 2 Unzen Safran- und Kampferspiritus. Mische alles ordnungsmäßig und stelle es in einem Glasgefäß und einem Sandbad solange über ein langsames Feuer, bis es dickflüssig wie Honig ist. Bei Gebrauch laß den Patienten im Bett liegen und reibe ihn mit 1 Drachme des Opiats die Pulsadern, und der Schlaf wird sich einstellen.

Die Heringslake ist ebenfalls ein Allheilmittel: Innerlich genommen hilft sie gegen Verschleimung. Äußerlich angewendet heilt sie: Verletzungen, frische Brandwunden, Brustgrind, Hunde- und Schlangenbiß, kalten Brand, Geschwüre, Krebs, erfrorene Glieder, Halsbräune, geschwollene Drüsen, Kröpfe. Als Klystier eingegeben ist sie gut gegen Wassersucht (in diesem Falle mit Korinthen abgekocht), Hüftweh, Ischias und Dysenthrie. Schließlich kann die Lake auch, mit Wasser verdünnt, als Ersatz des natürlichen oder künstlichen Seewassers zu Bädern benutzt werden.

Zum Schluß dieses Abschnittes, in dem so viel von dem Nutzen der Heringe die Rede gewesen ist, sei auch der Fälle Erwähnung getan, bei denen deren Genuß von Schaden sein soll. Martin Schoock, der eine eigene Abhandlung über den Hering [1649] verfaßt hat, warnt davor: diejenigen, die entzündete Augen haben, Aussätzige, Schwindsüchtige, Krebskranke, solche, die an Geschwüren leiden oder die an irgend einem Körperteil von einer Hautentzündung befallen sind.
Was den wirklichen Nutzen der beschriebenen Rezepte betrifft, so sei-

en darüber die Worte Bocks zitiert, der in seiner Natur- und Handlungsgeschichte der Heringe [von 1769] ebenfalls einige erwähnt: ›Nächst dem Nutzen der Heringe bey unsern Mahlzeiten werden ihnen noch in verschiedenen Krankheiten große Arzeneykräfte beygelegt, für deren Richtigkeit und jedesmalige Wirkung wir nicht Bürge seyn können; ob wir wohl so viel ihnen nachrühmen müßten, daß wenn sie gleich nicht die Hülfe leisten, warum man sie anpreiset, solche auch in den mehrsten Fällen keinen so großen Schaden stiften dörften.‹ Selbst dieses resignierte Urteil dürfte für manche Rezepte noch zu milde sein.«

Herrn Jagow pflichte ich bei. Ich kann nur hoffen, daß der Wiederabdruck der Rezepturen für Heringssalbe und Heringsnarkoticum mir keine gerichtliche Verfolgung wegen Beihilfe zu Mord oder Selbstmord einbringt. Der mittlerweile sehr teure Hering und die komplizierten Herstellungsmethoden für obige Heilmittel erschweren das Handwerk von Kurpfuschern und Erbschleichern. Das beste Mittel gegen eine Krankheit ist sicherlich das Vorbeugen z. B. durch eine mäßige Lebensweise. Es gibt aber auch einfachere Mittel wie z. B. Schutzbriefe mit magischen Zeichen, Zahlen und Worten, und wenn diesen dann noch eine Heringsgräte oder ein anderer Heringsteil beigegeben ist, dann sind die Aussichten, frei von Gebrechen zu bleiben, noch aussichtsreicher. Unterstützt wird diese Therapie auch durch das Denken guter Gedanken.

Vom Glückstädter Nationalgericht

Küchenmeister Natur empfiehlt: Frische Matjes mit neuen Kartoffeln

„Jetzt gibt es wieder frische Matjes!" — eine Nachricht, die von den vielen Kennern und Freunden dieser volkstümlichen Delikatesse jedes Jahr sehnsüchtig erwartet wird. In Holland und in manchem deutschen Küstenstädtchen ist die Anlandung der ersten Matjes sogar ein kleines Volksfest, und für den Auspack dieser Kantjes (Bordfässer) werden von Liebhabern Stückpreise bis zu 5 Gulden bezahlt!

Aber je mehr Fässer ins Binnenland rollen, desto mehr kommen auch alle diejenigen auf ihre Rechnung, die ein herzhaftes Matjesessen mit neuen Kartoffeln als typisches Saisongericht schätzen. Denn obwohl der Ausfall der Fänge noch nicht zu übersehen ist, so steht doch fest, **daß die deutsche Heringsfischerei die Preise des Vorjahres zu halten versucht!**

Die besondere Zartheit, das verlockende Aroma der Matjes beruht auf der Tatsache, daß es sich um einen Frühjahrsfisch handelt. Er gilt auch als der „jungfräuliche" Hering, wie der von dem holländischen Wort „Meisje" kommende Name besagt, weil er weder Milch noch Rogen besitzt. Der Hering durchläuft jedes Jahr von neuem die gleichen Entwicklungsstufen vom Matjes bzw. Fetthering über den mit Milch oder Rogen gefüllten Vollhering bis zur abgelaichten Yhle.

Auch in der See ist der Winter eine magere Zeit. Aber unter der wärmenden Frühjahrssonne entfaltet das frei im Meer schwimmende Plankton eine unvorstellbare Fruchtbarkeit und bietet dem ausgehungerten Hering überreiche Nahrung. Bald hat er sich wieder einen breiten Rücken angefressen und ist prall gefüllt mit zartem Fett, hochwertigem Eiweiß und wirksamen Wuchsstoffen, aus denen sich später Rogen und Milch bilden.

Das ist der Matjes, dessen hoher gesun[...] heitlicher Wert von Wissenschaftlern n[...] nur auf den Gehalt an Jod, Vitaminen u[...] anderen Vitalstoffen, sondern auch auf [...] Reichtum an lebensnotwendigen ungesät[...] ten Fettsäuren zurückgeführt wird. Wich[...] für diese gesundheitliche Bedeutung u[...] den Wohlgeschmack ist natürlich die richt[...] Behandlung des Matjes vom Fang bis z[...] Verbrauch.

Lebendfrisch werden die eben gefangen[...] Heringe an Bord der Logger gekehlt und [...] salzen — ein mühseliges Verfahren, das [...] doch zwei große Vorzüge bietet: Man erh[...] ein besonders zartes, weißes Fleisch, w[...] der Hering vollständig ausblutet, und m[...] kann mit dieser natürlichen Konserv[...] rungsmethode die ursprüngliche Quali[...] über einen langen Zeitraum unvermind[...] bewahren!

Der Matjes muß allerdings auf sein[...] Wege in den Verbrauch kühl gelagert u[...] transportiert werden, da er im Untersch[...] zu dem gleichzeitig gefangenen Fetther[...] sehr mild gesalzen wird. Dafür braucht [...] die Hausfrau nicht so lange zu wässern [...] andere Salzheringe.

Die deutsche Loggerfischerei hofft, daß [...] Fänge der neuen Saison besser ausfal[...] werden als im vergangenen Jahr. Obw[...] die 1959 angelandeten Heringe von herv[...] ragender Qualität waren, konnten sie ni[...] restlos abgesetzt werden. Der Anteil [...] kleinen Sorten war so groß, daß der Han[...] trotz günstigster Preise nicht die gesa[...] Ware aufgenommen hat.

Vielleicht wird der Appell der Logg[...] fischerei, unter Berücksichtigung der Q[...] lität das jeweils günstigste Angebot [...] Saison an die Hausfrauen heranzutragen, [...] diesem Jahr mehr Gehör finden!

Aus Hering wird Kohl - Elbhering als Dünger

Große Dichter haben die Elbmarschen bisher nicht hervorgebracht. Reimen aber konnten ihre Bewohner: »Wo du nicht düngst mit Heringsmist, der Kohl gewöhnlich kleiner ist.« Die Düngung des Gemüselandes der Marschen um Glückstadt geschah in erster Linie mit dem in der eigenen Landwirtschaft gewonnenen Stalldung. Doch mußten für den intensiven Gemüseanbau weitere Dungmittel eingesetzt werden, wie z. B. der Abfuhrstoff Müll, der noch in den 1950er Jahren in Glückstadt zum größten Teil aus Ofen- und Herdasche bestand und aus Eimern auf offene Wagen geschüttet wurde. Dazu kamen Fäkalien, die noch bis in die 1960er Jahre, bevor Glückstadt eine Kanalisation erhielt, in besonderen zugeschraubten Behältern abgefahren und bei der städtischen Abfuhr mit dem Hausmüll zusammengeschüttet wurden. Solche Abfuhrstoffe wurden Ende des vorigen Jahrhunderts sogar aus Wilster oder Stade hinzugekauft und mit Schiffen nach Glückstadt transportiert. Ab Mitte des 19. Jahrhunderts, als der Anbau z. B. von Frühkartoffeln und Kohl immer intensiver betrieben wurde und die Köhler zweimal im Jahr ernteten, verwendeten sie immer häufiger Heringe und auch Fischabfälle zum Düngen. Junge Heringe und Sprotten schwärmten in den Wintermonaten in die Elbmündung und wurden eine leichte Beute der Küstenfischer. Durch das plötzliche massenhafte Auftreten der Fische wurden die Küsten- und Elborte mit frischen Heringen überschwemmt. Sie mußten in Hamburg, Altona und in den Elbhäfen zu Spottpreisen abgegeben werden. Der größte Teil des Fanges jedoch war dort nicht abzusetzen und wurde zu Preisen von 80, 50 oder gar nur 40 Pfennigen pro Korb/Zentner an die Gemüsebauern verkauft. 1892 z. B. landeten von 22 Millionen Pfund Heringen mehr als 14 Millionen auf dem Acker. Da es bei dieser Düngerfischerei nicht notwendig war, den Fisch frisch anzuliefern, wurden die Fangreisen erst dann beendet, wenn die Fahrzeuge mit ca. 400 Körben voll beladen waren. Um zu verhindern, daß ihre billigen Düngerheringe doch noch in die Bratpfanne und auf den Mittagstisch kamen, wurden sie zertreten und zertrampelt. Die Fischer landeten die Düngerheringe direkt in Glückstadt an. Von der Ostsee wurden sie auch mit der Eisenbahn angeliefert. Auch

Fischabfälle aus der Hamburger und Altonaer Fischindustrie fanden sich auf den Feldern um Glückstadt wieder. Neben den großen Marktorten, wie Hamburg, Altona oder Bremen, wo es reichlich Kunden für den vielfältig zu verwendenden Speisefisch gab, galt Glückstadt als der Anlandeort für Dungheringe. Am 31. März 1894 meldete die Lokalzeitung Glückstädter Fortuna: »Infolge des geringen Heringsfanges im letzten Winter ist es zahlreichen Gemüsebauern der hiesigen Gegend nicht möglich, ihren Bedarf an Dungmitteln zu decken. Da auch die sonstigen Bezugsquellen in Stade usw. [für Abfuhrstoffe] bereits erschöpft sind, ist mancher Köhler in die unangenehme Lage versetzt, sein Land theilweise, ohne gedüngt zu haben, zu bestellen.« Noch im November 1905 ist in der Zeitung zu lesen: »Heute traf der Fischkutter L. L. 319 mit dem ersten Fang grüner Heringe hier ein. Die Ware – reichlich 100 Zentner – wurde zu

guten Preisen als Dungmittel verkauft.« Vierzehn Tage später kam derselbe Fischer wieder und verkaufte »130-140 Zentner grüner Heringe zum Preise von 0,93 Mark pro Zentner als Dünger an Landleute der Umgebung...« In der Denkschrift »Die Hochseefischerei auf Häring in der Nordsee«, die der Glückstädter Regierungsbaumeister Theodor Janssen 1893 als Werbeschrift für die Gründung einer Glückstädter Heringsfischerei verfaßt hat, propagiert er noch die Ausübung der Winterfischerei der anzuschaffenden Glückstädter Logger. Den geplanten Betrieb auch im Winter, der nicht realisiert wurde, hoben die hohen Fischereiexperten beim Reichsamt des Innern lobend hervor, als sie 1894 Unterstützungsgelder für die neue Glückstädter Heringsfischerei bewilligten. In seiner Denkschrift wendet sich Janssen auch gegen den Mißbrauch des Herings als Dünger (S. 29): »Die gleichzeitige Ausübung der Winterfischerei würde nun besonders für ein Häringsfischerei-Unternehmen an der Unterelbe gewissermaßen von selbst gegeben, leicht möglich und lohnend sein. Es braucht ja nur auf den Altonaer Fischmarkt für den Absatz der Frischfische und auf den Fang der Küstenhäringe und Sprotten in der Elbmündung hingewiesen zu werden. Namentlich in letzterer Hinsicht würde ein rationeller Fang und eine naturgemäße Verwendung der Fische der zeitigen Mißwirthschaft durch Verwendung der Fische als Dünger ein Ende zu machen geeignet... sein. Denn erstens würde ein gutes und schmackhaftes Nahrungsmittel nicht länger der Volksernährung entzogen werden, und zweitens würde der durch die Verwesung der frisch auf den Acker gebrachten Fische zeitweilig eintretenden Verpestung gewisser Gegenden und der im Laufe der Zeit unzweifelhaft eintretenden Vergiftung der Äkker durch das Fischfett vorgebeugt werden.«

Matjeswochen

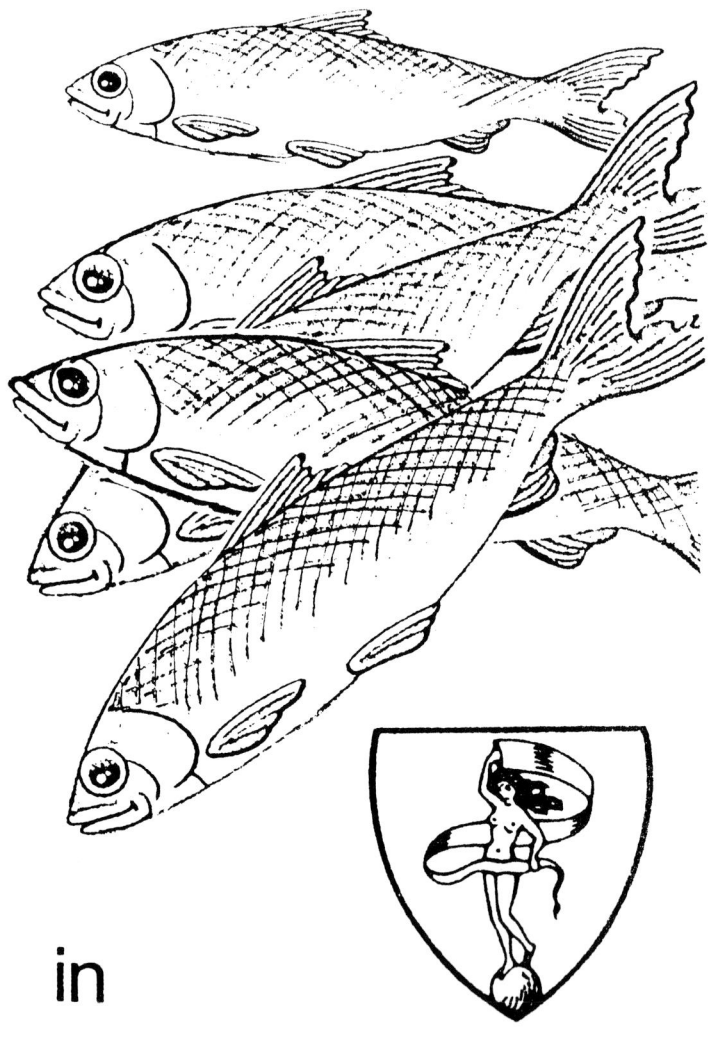

in

GLÜCKSTADT

Weiterleben der Heringsfischereitradition
in Matjestagen und Matjeswochen

Schon im Kapitel über die Herkunft der Loggermannschaften sind sie aufgeführt: die Seemannsvereine an der Mittelweser, die inzwischen aufgelöst oder noch lebendig sind und in denen die ehemaligen Loggerleute vom Jungen bis zum Kapitän die Erinnerungen an ihre Fahrenszeit und an die Heringsfischerei wachhielten oder wachhalten. Das »Heringsfängermuseum« in Heimsen, das ich auch oben vorgestellt habe, wird, wenn der letzte Verein sich aufgelöst hat, überleben und die kulturhistorische Besonderheit dieses Raumes weiterhin dokumentieren. Den Seemannsvereinen im Mittelweserraum gebührt das Lob, als erste und am intensivsten die Heringsfischereitradition gepflegt zu haben. Dabei hatten die Erlebnisse und Erfahrungen der Mitglieder Vorrang. Die Matjestage und Matjeswochen verfolgen ein anderes Ziel: Sie sind touristische und Reklameveranstaltungen, die sich im Laufe der Jahre – so zumindest in Glückstadt – zu mehrtägigen Volksfesten gemausert haben. Ihr Hauptziel ist es, Gäste zum Matjesessen in die Stadt zu locken. Die Organisatoren sind daher auch das Fremdenverkehrsamt, fischverarbeitende Firmen und Gaststätten. Daß bei solchen hauptsächlich kommerziellen Aktivitäten auch für die kulturhistorische Traditionspflege etwas herausspringen kann, haben die Emder und Vegesacker bewiesen. Dort gibt es wieder Segellogger als attraktive Museumsschiffe. Im Heimatmuseum Schloß Schönebeck in Bremen-Vegesack ist auf Anregung und mit Hilfe von Henrich Winkler, dessen Erinnerungen in diesem Buch abgedruckt sind, in Verbindung mit dem Heimat- und Museumsverein Vegesack und Umgebung und unter der Leitung von Horst Gnettner 1984 eine Dauerausstellung zur Geschichte der Bremen-Vegesacker Heringsfischerei entstanden. Der in Vegesack restaurierte alte hölzerne Segellogger BV 2 Vegesack von 1895 nahm im Oktober 1993 an dem traditionellen Herbsttreffen der Hamburger Gaffelrigg-Freunde in Glückstadt und an einer Regatta um die Sandbank vor Glückstadt teil (Abbildung in Piekfall Nr. 53/94. S. 15). Glückstadt hat sich bisher leider nicht um einen alten Logger bemüht, obwohl vor der alten Fischerei am Binnenhafen ein vorzüglicher Liegeplatz zur Verfü-

Emder Matjes Tage

3 tolle Tage
rund um
den Matjes
vom
14. - 16. Mai 1993

Tanz - Musik
Floh- und Fischmarkt
Unterhaltung
Vorführungen
Ausstellungen

EMDER MATJES TAGE

14.-16. MAI 1993

gung steht und die seit 1968 jährlich stattfindenden Matjeswochen eine solche Attraktion gut gebrauchen könnten. Die Glückstädter Matjeswochen beginnen in der Regel an einem Donnerstag Mitte Juni und enden als vielseitiges Volksfest am Sonntag. Wochenlang sollen danach noch Gäste kommen und die als Glückstädter Spezialität gepriesenen Matjesgerichte genießen. Da Hamburg nicht weit ist, kommen auch viele. Der Matjes, der jungfräuliche Hering, wird nur wenige Wochen im Juni und Juli gefangen, noch bevor er Milch und Rogen ausgebildet hat. (Im Gegensatz zum vollen Hering, dessen Bauch mit Milch und Rogen gefüllt ist, gehört er wie die abgelaichten Ihlen zur Sorte der Hohlheringe.) Als 1968 die Glückstädter Matjeswochen kreiert wurden, galten noch die jahrhundertealten Grundsätze: 1. die Matjeszeit ist etwa von Mitte Juni bis Ende Juli, 2. der Matjes wird sofort nach dem Fang auf See gekehlt und gesalzen. Heute werden die Matjes zwar wie früher im Juni und Juli gefangen, aber es werden wohl kaum noch welche sofort an Bord verarbeitet. Sie werden gefrostet, später an Land aufgetaut, geschlachtet und weiterverarbeitet. Der Kehlschnitt, bei dem der größte Teil der Eingeweide entfernt, ein Teil des Magens aber belassen und das Herz nur angestochen wird, ist maschinell nicht durchzuführen. Nach dem Kehlen soll der Fisch gut ausbluten, damit sein Fleisch sich nicht rot färbt, und mit dem Magenrest sind Fermente geblieben, die zusammen mit der Salzlake und dem ausgetretenen Blut eine Mischung bilden, die den Hering in zehn bis zwölf Tagen zur Matjesspezialität »reifen« läßt. Der an Land verarbeitete Hering dürfte sich nach dem Urteil des Schleswig-Holsteinischen Oberlandesgerichtes von 1974 eigentlich nicht Matjes nennen. (Dazu mehr im Kapitel über die Glückstädter Heringsfischerei von 1970 bis 1976.)

Am 22. Juni 1966 hatte die Deutsche Heringshandelsgesellschaft (DHG) die Heringsfischerei- und die Matjessaison vor Pressevertretern in der Glückstädter Gaststätte Deichpavillon am Hafen offiziell eröffnet. Am 23. Juli des nächsten Jahres, zum Ende der Matjessaison, luden die Stadt Glückstadt und die Glückstädter Heringsfischerei zu einer Matjesprobe in den Deichpavillon ein. Am 13. Juni 1968, zu Beginn der Matjessaison, waren Vertreter der DHG wieder im Deichpavillon in Glückstadt. Diesmal wurden die Glückstädter Matjeswochen aus der Taufe gehoben. Das Gründungsdokument ist überliefert: »13. 6. 68: Wir haben heute die ›Glückstädter Matjeswochen‹ aus der Taufe gehoben und den ersten Matjes der

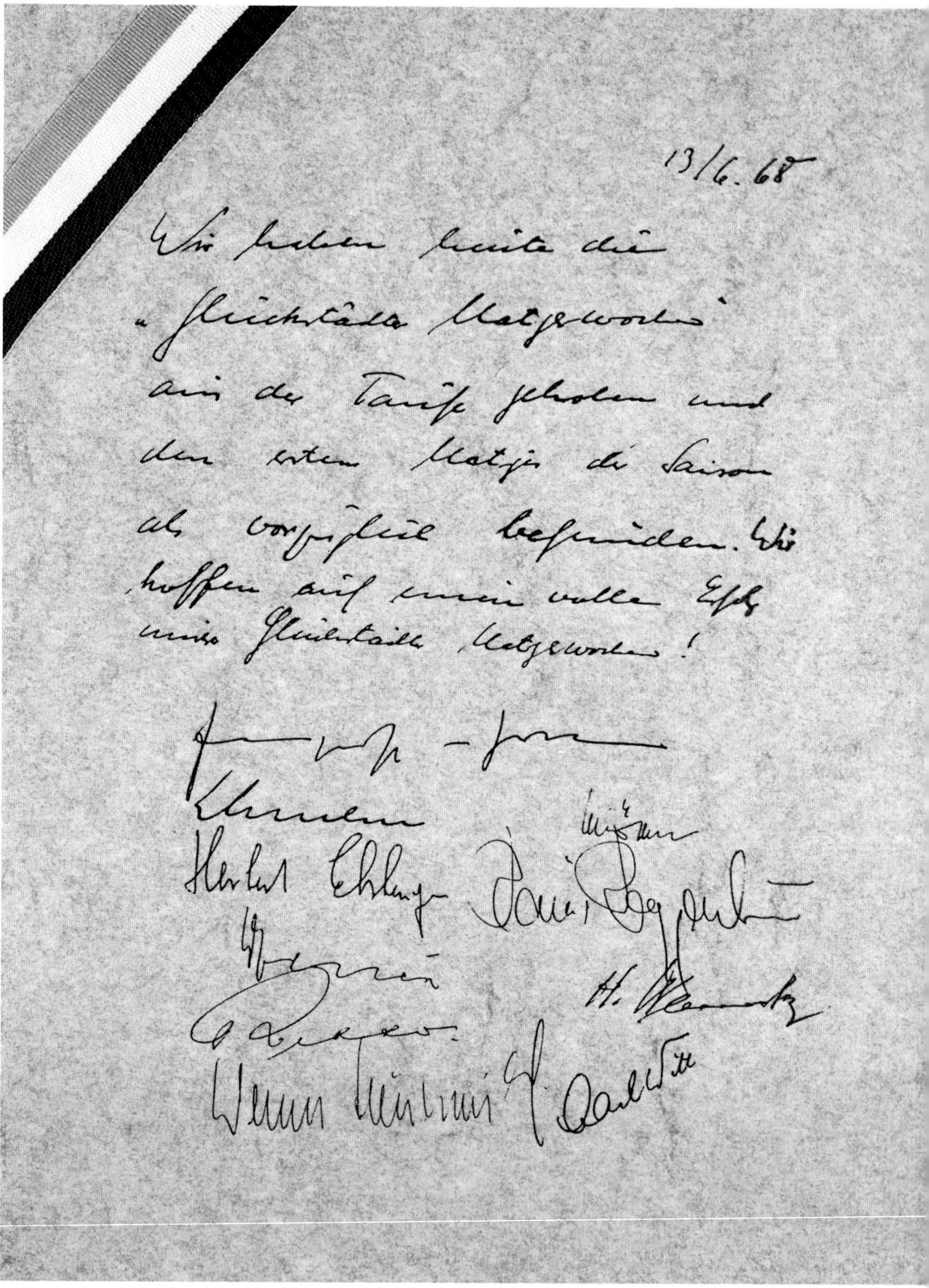

13/6. 68

*Wir haben heute die
„Glückstädter Matjeswochen"
aus der Taufe gehoben und
den ersten Matjes die Saison
als vorzüglich befunden. Wir
hoffen auf einen vollen Erfolg
unserer Glückstädter Matjeswochen!*

Herbert Ehlers

Mit dieser Urkunde wurden die Glückstädter Matjeswochen begründet.

526

Saison als vorzüglich befunden. Wir hoffen auf einen vollen Erfolg vieler Glückstädter Matjeswochen!« Unterschrieben haben der schleswig-holsteinische Landwirtschaftsminister Ernst Engelbrecht-Greve, Bürgermeister Dr. Manfred Bruhn, Herbert Ekkenga, der Besitzer der Glückstädter Heringsfischerei, Heinrich Warnecke, der Geschäftsführer der Fischerei, Karl Witt der Erste Direktor, Herr Richter, der Zweite Direktor und Werner Süßmilch, der Pressereferent der DHG. Die Glückstädter Matjeswochen nahmen ihren Lauf und lebten auch weiter, als 1976 der Heringsfang von Glückstadt aus aufhörte. Der frühere Bürgermeister Dr. Manfred Bruhn hat sie sich vermutlich zusammen mit der DHG ausgedacht, und er betrieb sie 25 Jahre lang. 1993 biß ein neuer Bürgermeister den Matjes an, und er tut gut daran, diese Tradition weiterhin zu pflegen.

Die Vorbereitungen für die ersten Glückstädter Matjeswochen begannen schon im Februar 1968. Am 22. 2. berichtete die Lokalzeitung: »Glückstadt wird bald um eine Attraktion reicher sein. Bürgermeister Dr. Bruhn will nämlich in Zusammenarbeit mit dem Hotel- und Gaststättenverband sowie dem Verkehrsverein eine begrüßenswerte Idee in die Tat umsetzen, um die Stadt für den Fremdenverkehr mehr als bisher zu erschließen. Der Auftakt soll… an die große Glocke gehängt werden, das heißt, es werden Funk und Fernsehen und die gesamte norddeutsche Presse zum offiziellen Matjesprobeessen eingeladen. Der Gaumenschmaus soll sich dann in allen Gaststätten über drei bis vier Wochen für Gäste und Einheimische erstrecken. Der Bürgermeister hofft, auf diese originelle Weise die Stadt ins Gespräch zu bringen… Ansporn zu diesem Einfall sind die schon traditionellen Karpfenwochen in Reinfeld, wo täglich bis zu drei Zentner Karpfen verspeist werden.« Einen Monat später waren die »Weichen für die Matjeswochen gestellt«. Sie sollten vom 15. Juni bis 15. Juli veranstaltet werden. Darauf hatten sich die Vertreter der Stadtverwaltung, des Verkehrsvereins, des Hotel- und Gaststättenvereins, der DHG, der Glückstädter Heringsfischerei, die Heringsgroßhandelsfirma Hinrich Fock sowie der Glückstädter Fischhändler Helmut Sievers geeinigt. Auch der Plakatentwurf des »Glückstädter Graphikers und Cartoonisten Peter Wirsing« wurde akzeptiert: Die Fortuna schüttet aus einem Füllhorn Matjes und lädt zur »Matjesprobe« nach Glückstadt ein. Dazu sollten noch weitere Prospekte gefertigt werden. Schon vor Beginn der Matjeswochen lief die

Werbekampagne auf Hochtouren. Handtücher mit aufgedruckten Matjesrezepten wurden verkauft und die Reisebüros und Omnibusgesellschaften informiert. Für die Glückstädter Gastwirte fand ein Vorbereitungslehrgang statt, auf dem der Bremerhavener Lehrküchenmeister Helmut Bien die Glückstädter Kollegen in die Geheimnisse der Zubereitung von Matjesgerichten einweihte. Meister Bien war im Auftrag der Deutschen Fischwerbung nach Glückstadt gekommen und bereitete zwölf verschiedene Matjesgerichte. Am Donnerstag, dem 13. Juni 1968, machte SG 4 Balder unter Kapitän Karl Schomburg mit 520 Kantjes, darunter etlichen mit Matjes, an der Fischereibrücke in Glückstadt fest. In der Zeitung vom 14. Juni ist über den Auftakt der Matjeswochen zu lesen: »Landwirtschaftsminister Engelbrecht-Greve gab gestern vormittag nach der Kostprobe eines Matjesherings aus einem der... Matjesfässer, die vom Glückstädter Heringslogger Balder zum Auftakt der Heringssaison im Hafen angelandet worden waren, ein fachmännisches Urteil ab. Es lautete ...: ›Das schmeckt aber sehr gut.‹... Mit etwas Verspätung... hatte die Balder – dessen Indienststellung Engelbrecht-Greve, wie er später erzählte, 1934 als Oberprimaner des Glückstädter Gymnasiums miterlebt hatte – unter den Klängen des unter Leitung von Oberstudienrat Hinrichsen musizierenden Spielmannszuges und des Blasorchesters des Detlefsen-Gymnasiums angelegt. Am Ufer harrten etwa 400 sommerlich gekleidete Glückstädter erwartungsvoll der Ereignisse... Von Kapitän Schomburg begrüßt, kam Minister Engelbrecht-Greve als erster an Bord. Journalisten und Fotografen von Presse und Rundfunk, aus nah und fern herbeigeeilt, sowie die Kameraleute des Fernsehens walteten ihres Amtes - immerhin kostete Glückstadt gestern etwas vom Duft der großen weiten Welt... Unter der Regie des Reeders der Glückstädter Heringsfischerei GmbH, Herbert Ekkenga aus Emden, vollzog sich das Zeremoniell an Bord: die Übergabe [eines Fäßchens mit 120 auf See gekehlten und gesalzenen Matjes für den Ministerpräsidenten], das fachgerechte Öffnen eines großen Matjesfasses und das nicht minder fachgerechte Aufschneiden der dem Minister, dem Bürgermeister und anderen Ehrengästen zugedachten Kostproben. Alle bissen herzhaft hinein in die köstliche Gabe und lobten sie nach Kräften. Vor der Schmeckensmahlzeit in Hans Bremers Deichpavillon – serviert wurden ein Matjescocktail mit Toast, neue Glückstädter Kartoffeln, dazu Speckstipp und Bohnen..., während... noch diverse und nicht minder lek-

Der Wirt des Deichpavillons Hans Bremer
vor dem Werbeplakat für die »Matjesprobe« von 1968.

kere Matjesspezialitäten am kalten Büfett aufgebaut waren – nannte Bürgermeister Dr. Bruhn ebendiese neuen Glückstädter Matjes und Kartoffeln den ›Nährboden für die Matjeswochen, mit denen wir auf die Schönheit unserer beschaulichen Stadt aufmerksam machen wollen‹.« Nach zwei Matjeswochen war der Wirt des Deichpavillons sehr zufrieden mit seinem Matjesgeschäft: »Die Nachfrage ist so groß, daß der angelandete Matjes kaum die nötige Zeit hat, um richtig weich zu werden.« Später hieß es allgemein, die ersten Matjeswochen seien ein großer Erfolg gewesen. Diese einheitliche Meinung vertraten insbesondere die Gaststättenbesitzer, die ihren Umsatz an speziellen Matjesgerichten in diesem Jahr um ein Mehrfaches steigern konnten. Die Matjeswochen hatten nicht unwesentlich zur Belebung des Fremdenverkehrs in Glückstadt beigetragen, und alle empfahlen, sie in den kommenden Jahren in »verstärktem Umfang« durchzu-

*SG 4 Balder unter Kapitän Schomburg bringt am 13. Mai 1968
die ersten Glückstädter Matjes zu den ersten Matjeswochen.*

führen. Kritisiert jedoch wurden von den Bürgern die Preise: »Muß es wirklich sein, daß in der Stadt, die den verständlichen Wunsch hat, als Stadt des Matjes zum Begriff zu werden, … ein Matjesgericht aus drei Filets, Speckstippe, Salzkartoffeln und Bohnen um und teilweise sogar über sechs Mark kostet? Dabei weiß doch jeder, daß der Gastwirt für ein Filet nur 40 Pfennig ausgeben muß.« Noch etwas trübte die Freude über den Erfolg: »Das Plakat ›Willkommen zur Matjesprobe‹ ist… von vielen Glückstadt-Besuchern mißverstanden worden. Mit dem Wort ›Probe‹ verbanden sie die Vorstellung, es gäbe etwas umsonst. Kaum ein Lokal aber hatte ein Matjesgericht unter sechs Mark in seiner Menükarte…, geschweige denn ein Gratisangebot.« Das Plakat sollte verändert werden, und an die Wirte ging der Vorschlag, dem Gast auch Probiergerichte zu niedrigeren Preisen anzubieten. Für die Matjeswochen ab 1969 hieß der Plakattext »Willkommen zu den Matjeswochen«. SG 4 Balder machte am 18. Juni

1969 an der Ladebrücke mit 1 000 Kantjes fest. Diesmal mußte der schleswig-holsteinische Minister für Wirtschaft und Verkehr in den Fisch beißen und ihn für gut befinden. Das Heringsfischereijahr, das so hoffnungsvoll begonnen hatte, endete unvermutet – jedenfalls für die Glückstädter – mit dem Konkurs der Fischereigesellschaft Ende September. »Sollten aus den Matjeswochen 1969 die Matjesgedenkwochen werden?« fragte die Lokalzeitung und meinte, »das wäre für die Elbestadt furchtbar, denn es ist die Heringsfischerei, die Glückstadt weit über die Landesgrenzen bekannt gemacht hat«. Sollten die gerade zwei Jahre alten Matjeswochen wieder sterben? Der Bürgermeister wollte auf jeden Fall an den Matjeswochen festhalten, auch wenn kein Glückstädter Logger mehr Heringe anlanden sollte. Die Heringsfischerei wurde von einem Immobilienhändler erworben und bis 1976 betrieben. In diesem Jahr, dem letzten mit einer aktiven deutschen Loggerheringsfischerei, brachte SG 2 Hermod unter Kapitän Karl Kölling nach den Zeitungsberichten nur 10, nach ande-

ren Berichten 40 Kantjes Matjes nach Glückstadt. Ob 10 oder 40 Kantjes, es war eine erbärmlich kleine Menge, von der nicht einmal die Glückstädter ihren Hunger auf Matjes stillen konnten. Da mußte der Glückstädter Fischhändler mit Sicherheit aus dem Ausland dazukaufen. Im Oktober 1976 beendete der Immobilienhändler seinen Ausflug ins Fischereigewerbe. Es war die letzte Saison der deutschen Loggerheringsfischerei. Die 10. Glückstädter Matjeswochen, die am 1. Juli 1977 eröffnet wurden, boten nun keine Matjes mehr aus Glückstädter Fängen. Bei der Eröffnung erläuterte der Bürgermeister, »was es mit dem Glückstädter Matjes in diesem Jahr auf sich hat: Er kommt aus Nordjütland, wo er... dänischen Fischern als Beifang in die Netze geht«. Die Matjeswochen 1977 hatten nicht nur darunter zu leiden, daß keine Glückstädter Logger mehr hinausfuhren, sondern auch unter dem Heringsfangverbot in den Nordseegewässern der Europäischen Gemeinschaft, das bis zum 30. Juni 1977 galt. Deshalb wurde 1977 der »Beifang-Matjes per Kühllaster«, aber doch immerhin einigermaßen fangfrisch »aus Dänemark importiert und von einem Glückstädter Fischmeister nach traditionellen Rezepten gekehlt und gesalzen,« wie in der Zeitung zu lesen ist. Der Chronist weiß es 1994 genauer als der Redakteur 1977: Der noch ungeschlachtete Matjes wurde in Glückstadt vom Fischmeister Alfred Chachulski gekehlt, wie er es in seiner zwanzigjährigen Fahrenszeit als Loggermatrose gelernt und viele Jahre praktiziert hatte. Der Fischhändler mischte die Heringe mit Salz und legte sie in Holzfässer. Nach zehn bis vierzehn Tagen konnte man sie probieren und wohl auch für ausgezeichnet halten. Die Glückstädter Matjes stammten immer noch aus der Nordsee, sie hatten noch keinen Rogen und keine Milch ausgebildet, sie waren nur nicht auf See gekehlt und gesalzen, sondern am Glückstädter Hafen. Das war der kleine Unterschied, den mit Sicherheit keiner herausgeschmeckt hat. 1982 kam der Matjes aus Dänemark über Hamburg nach Glückstadt. Die Zeitung schrieb am 11. Juni 1982 über die Eröffnung der 15. Glückstädter Matjeswochen: »Die Heringe, die früher von Glückstädter Loggern in der Nordsee gefangen wurden, werden heute über Hamburger Importeure frisch aus Dänemark angeliefert. Durch das Kehlen der Heringe in den Lager- und Betriebsräumen am Glückstädter Innenhafen [Am Hafen, gegenüber der alten Fischerei, wo sich heute eine Matjesprobierstube befindet] werden durch den Fischmeister Alfred Chachulski die Innereien bis auf ein kleines Stück Enddarm entfernt. In dem verbliebenen kleinen Stück Enddarm, so Helmut Sievers, befinden sich wichtige Enzyme, die die Reifung der Heringe bewirken. Anschließend werden die gekehlten Heringe nach einem alten Glückstädter Rezept gesalzen und kommen zur Reifung in große Holzfässer. Durch tägliches Bewegen der Fässer im Kühlraum wird eine gleichmäßige Salzung der Heringe erreicht. Nach etwa 14 Tagen Lagerzeit und Reifung werden die Heringe sortiert und nach Bedarf filetiert.« Später hat Fischhändler Helmut Sievers die Matjes in Dänemark selbst aufgekauft und sie auch dort selbst verarbeitet oder verarbeiten lassen.

Die Matjeswochen, die in der Regel donnerstags mit der Matjesprobe durch einen Landesminister, mit einem Matjesessen für Gäste der Stadt, mit Freibier und kostenlosen Matjeshäppchen für alle Glückstädter eröffnet wurden, boten danach am Freitag, Sonnabend und Sonntag ein immer bunteres Programm und entwickelten sich zu einem ausgelassenen Volksfest mit Festzelt, Matjesfußballturnier, »Gemüseregatta« nach Hamburg mit den Museumsschiffen aus Oevelgönne, Wettrollen von Heringsfässern, Mini-Playback-Show, Matjesrallye oder Matjesmeile am Hafen (=Flohmarkt), u. a. 1980 wählten der Bürgermeister, der Bürgervorsteher, der Kreisjugendpfleger, der Vorsitzende des Kreisjugendringes, ein Stadtvertreter und der Glückstädter Fischmeister aus zwölf Bewerberinnen während des Matjesballes, der in einer Werfthalle stattfand und 3 500 Be-

Fischmeister Alfred Chachulski reicht dem Innenminister des Landes Schleswig-Holstein
Karl-Eduard Claussen auf dem Glückstädter Marktplatz einen frischen Matjes zum Reinbeißen.
Bürgermeister Dr. Manfred Bruhn lächelt dazu. Damit sind die Glückstädter Matjeswochen 1984 eröffnet.

sucher zählte, eine Matjeskönigin. Eine zweite scheint in den folgenden Jahren nicht gekürt worden zu sein. Der Titel »Matjeskönigin« ist vermutlich nicht attraktiv. Die Heringsfischereitradition hatte allenfalls bis 1976, solange zur Eröffnung der Matjeswochen noch ein Logger vor der alten Fischerei festmachte, eine kleine Rolle gespielt. Seitdem sind der Hering und die Fischerei immer mehr in den Hintergrund gerückt. Die Matjeswochen haben sich als Volksfest verselbständigt und würden auch weiter gefeiert werden, selbst wenn es keinen Hering oder Matjes mehr gäbe.

1990 veranstaltete die Stadt Emden zusammen mit der Emder Fischwirtschaft, dem Gastwirteverein, dem Verkehrsverein und einer Werbegemeinschaft zum ersten Mal die Emder Matjestage. Sie finden an einem Wochenende im Mai statt und dauern drei Tage. Programmatisch sollen sie kein zweites Stadtfest sein, sondern mit dem Schwerpunkt Fischerei und Hering/Matjes ein »besonderes Flair« haben. Dennoch lebt auch dieses Fest mit Matjes- und zwei Ottifantenläufen, mit Jazz-Frühschoppen oder Flohmarkt. Trotzdem riecht es in Emden mit regelmäßigen Ausstellungen zur Geschichte der Emder Heringsfischereigesellschaften, Besichtigungen der Fischverarbeitungsbetriebe, Fischauktionen, Kostümwettbewerb unter dem Motto »De Fischer un siene Fru«, Aufführung eines Theaterstücks um den Emder Hering, vor allem aber mit dem im Ratsdelft liegenden Museumslogger etwas mehr nach Heringsfischerei als in Glückstadt während der dortigen Matjeswochen.

In Glückstadt sollte man sich wieder stärker auf die Tradition von Wal- und Heringsfang besinnen, denn der Hering und der Matjes sind in Glückstadt jetzt, Anfang 1994, allenfalls noch in Gaststätten präsent, nachdem der Fischhändler Sievers seinen Laden geschlossen hat und nachdem im Frühjahr dieses Jahres der Fischverarbeitungsbetrieb »Heringskost« mit 80, hauptsächlich Mitarbeiterinnen Konkurs anmelden mußte und damit auch die 1990 gegründete »Glückstädter Matjes H. Sievers GmbH« und die Matjes-Probierstube am Hafen, in Schwierigkeiten geraten sind. Anläufe sind gemacht, das Fischgeschäft wieder zu betreiben, die Firma Heringskost und die Matjes GmbH mit der Probierstube zu retten oder neu zu begründen.

Die Heringsfischerei war seit der Indienststellung ihrer ersten Logger 1894 bis zu ihrer Stillegung 1976 immer in besonderer Weise in Glückstadt gegenwärtig, und zumindest die vor 1960 geborenen Glückstädter werden sich bis zum Ende ihrer Tage an sie erinnern, auch dann, wenn nicht ihr wichtigstes Produkt, der Matjes, jährlich erneut während der Matjeswochen im Mittelpunkt stünde. Nicht nur die Logger prägten das Bild am Binnenhafen, sondern auch, wenn einmal keiner an der Fischereibrücke lag, das langgestreckte Hauptgebäude mit dem großen umliegenden Gelände und die Lösch- und Ladebrücke am Rethövel mit den vielen Fischereiutensilien. Fast ein Wahrzeichen der Stadt war das Tonnenlager am hohen Speicher auf der gegenüberliegenden Hafenseite. Die heute 60jährigen und älteren Glückstädter haben außerdem noch ein besonderes emotionales Verhältnis zu ihrer Fischerei: In den Hungerjahren der

Der in Glückstadt seit etlichen Jahren angesiedelte Fischverarbeitungsbetrieb »Glückstädter Heringskost«,
der etwa 80 Frauen beschäftigte, mußte im Frühjahr 1994 Konkurs anmelden.
Zur Zeit riecht es in Glückstadt allenfalls manchmal in den Gaststätten noch nach Hering.

Kriegs- und Nachkriegszeit trugen die Salzheringe nicht unwesentlich zum Überleben der Glückstädter bei. Wenn es in den Jahren 1944 bis 1948 auch sonst kaum noch Eßbares zu hamstern gab, einen Salzhering konnte man immer noch ergattern. Gleiches hatten schon ihre Eltern im und nach dem Ersten Weltkrieg erfahren. Ich bin ein Glückstädter des Jahrgangs 1936 und ich mußte bis ca. 1953 so viele Salzheringe essen, daß ich auch nach meiner Wiederauferstehung noch für lange Zeiten davon satt sein werde. Mein Verhältnis zum Nahrungsmittel Salzhering hat unterschwellig sicherlich den letzten Abschnitt dieses Kapitels beeinflußt.

536

Die treuesten Begleiter der Matjestage oder Matjeswochen sind die Rezepte für Heringsgerichte. Waltrud Bruhn, die Frau des früheren Glückstädter Bürgermeisters, hat die Erfindung ihres Mannes publizistisch unterstützt. Ich zitiere aus einer Zeitschrift: »Angeregt durch ihren Mann hat sich Waltrud Bruhn im Laufe der letzten 13 Jahre ein Matjesrezept nach dem anderen ausgedacht. 40 bis 50 mögen es inzwischen sein. Und aus Spaß an der Sache hat sie sogar ein Buch über Matjes geschrieben – liebevoll auf plattdeutsch seine Köstlichkeit preisend, versehen mit ihren besten Rezepten: ›Dat grote Matjesvergnögen‹.« Mit Unterstützung der Firma Woldemar in Emden verfaßte der Fernsehkoch Hans Karl Adam ein Büchlein »Matjes mehr als Fisch. Eine kulinarische Liebeserklärung an den Hering mit zahlreichen Rezepten«.

Waltrud Bruhn beginnt ihre Rezeptsammlung mit dem in Norddeutschland beliebtesten Matjesrezept »Matjes un Gröne Bohnen mit Speckstipp un [Fröh-]Kantüffeln«. Hans Karl Adam nennt dies »die klassische, frische Matjesmahlzeit«. Waltrud Bruhn preist den Hering mit Quark, mit Meerrettichsahne, in Sauerrahm, in Essig, in Rotweinmarinade, auf grünen Gurken, in Cognac, in Currymayonnaise, als Ananasmatjes, mit Hagebuttenmus, mit Gurkenmus, mit Meerrettichrahm und Roten Beten, mit Backpflaumen und Gin, in Fruchtmarinade, als heiße Ingwer-Matjes, in Nuß- oder mit Mirabellenmayonnaise. Was er nicht alles erdulden muß! Mit dem ursprünglich leichtgesalzenen, dann gewässerten und fast geschmacksneutralen Matjes kann man wohl jede Zutat mischen. Beim Essen sollte man den Rat von Waltrud Bruhn nicht vergessen: »Matjes un Beer, mit'n Kööm achterher!«

Klarmachen zur nächsten Fangreise.

»Wieviel Heringe gibt es wohl im Weltmeer?«

Eine Antwort aus dem Jahre 1913

Diese Frage wird von einem englischen Fachmann aufgeworfen und durch eine ›Volkszählung der Heringe‹ beantwortet...: Legt man für die... Berechnungen den englischen Heringsfang zugrunde, so ergibt sich als Gesamtmenge, die in einem Jahr gefangen wird, für das Jahr 1913 die Summe von 11 Millionen und 762 000 Zentnern Heringe. Rechnet man etwa 300 Heringe auf einen Zentner [das müssen dann schon die großen schottischen sein], so beträgt die Zahl der in einem Jahre in England gefangenen Tiere bei geringer Schätzung mindestens dreitausend Millionen. Nun werden aber auch noch in Deutschland, Holland und Norwegen Heringe gefangen, und nicht nur der Mensch ist es, der sich von Heringen nährt, auch zahlreiche Fische des Meeres verspeisen mit Vorliebe dies nützliche Tier. Der Mensch vernichtet zweifellos nur einen kleinen Teil der ganzen Masse. Es werden daher zum Mindesten fünfzehntausend Millionen Heringe in den englischen Gewässern im Jahre 1913 gewesen sein. Die Heringsschwärme bestehen... nur aus bereits herangewachsenen Fischen, soweit sie an die Küste kommen. Die größere Zahl der Heringe unternimmt keine Wanderungen, die zu ihrem Verderben in den Bereich der Menschen führen, vor dem vierten Jahr ihres Lebens. Die Heringe im Alter von 6 Monaten bis mindestens 3 Jahren sind unter den fünfzehntausend Millionen Heringen, die an die englische Küste kamen, nicht eingerechnet. Diese jungen Tiere werden nun besonders von den Tausenden ihrer Feinde vernichtet, und höchstens einer unter zehn überlebt, um dann die Wanderung mit dem großen Schwarm anzutreten. Die Zahl der Heringe, die die Meere bevölkern, muß daher auf etwa 200 000 000 000 Fische angesetzt werde.« (Aus: Glückstädter Fortuna vom 8. 4. 1921.)

Ein Heringsberg

»Mit dem Namen Sildebjerg (Heringsberg) bezeichnet der Norweger eine Erscheinung, die vorzugsweise beim Herannahen der Laichzüge an die Küste, weniger häufig beim Einziehen von Nahrungsschwärmen beobachtet wird. So weit das Auge von den Schären der Küste in die See hinausreicht, sieht man in einem mächtigen Kreise das Blasen von Walen wie aufsteigende Rauchsäulen und hier und da ihre breiten Rücken, dazwischen aus dem Wasser springende Delphine und Thunfische, deren Leiber in der Sonne glitzern. Zahllose Möven tummeln sich darüber. Innerhalb dieses Kreises hat das Wasser eine eigentümliche, sonst ungewohnte Farbe und ein mehr ebenes und glattes Aussehen als an anderen Stellen. Dies rührt her von unendlichen dichtgepackten Heringsmassen, die in geringer Tiefe unter der Oberfläche stehen und sich in waagerechter und senkrechter Richtung über bedeutende Strecken ausdehnen. Der Hering ›mölar‹ oder ›mörar‹, sagt der Norweger, d. h. über seiner dichtgepackten Masse steigen zahlreiche Luftblasen auf. Zerspringen dieselben, sobald sie an die Oberfläche kommen, so ist dies für die Fischer ein Zeichen, daß der Hering tiefer steht, bleiben sie schwimmen, so ist der ›Sildebjerg‹ der Oberfläche näher. Diese aufsteigenden Luftblasen 'möl' tragen wahrscheinlich zu der eigentümlichen Färbung des Wassers über dem Heringsberg bei. Kommen die Heringe, von ihren Feinden bedrängt, unmittelbar an die Oberfläche, so entsteht durch das Glitzern ihrer Leiber ein heller blinkender Schein und nach Aussage der Fischer ein leises brodelndes Geräusch; die Wasserfläche sieht aus, als ob sie kochte… Ein Heringsberg entsteht offenbar dadurch, daß die zu großen Schwärmen vereinigten Heringe von ihren Feinden, wie eine Schafherde von Wölfen, zu dichtgepackten Massen zusammengedrängt werden. Namentlich tun dies die Wale und Delphine, die am Rande des Schwarmes hin- und herschwimmen und die dort stehenden Fische verzehren, aber selten in das Innere desselben eindringen. Anders die Kabeljaue und vor allem der Sej, der lebendigste und stürmischte Feind der Heringe. In wildem Laufe dringt er mitten in den Schwarm hinein, zersprengt ihn und folgt den so von der Hauptmasse abgesplitterten kleineren Scharen bis in die innersten Winkel der

Buchten. Dies ist der ›Sejejag‹ der Norweger; sie gilt als Vorzeichen eines besonders reichen Fanges. Wenn der nach Land zudrängende Heringsberg die Fjorde und Buchten füllt, sperren die Fischer die engen Eingänge derselben mit Sperrnetzen ab und können dann oft die Heringe mit Eimern aus dem Wasser schöpfen... Das zweite interessante Heringsphänomen sind die sog. ›Aater‹. So nennt der Norweger Heringsschwärme, die plötzlich aus der Tiefe oft bis dicht unter die Oberfläche auftauchen, bald hier, bald da, oft über tieferem, oft in nur wenig Faden Wasser. Sie bilden scharf umschriebene, in sich ganz dicht gedrängte Massen, so dicht, daß Leib an Leib stößt und das Ganze fast unbeweglich verharrt. Nach kürzerer oder längerer Zeit verschwinden die Aater wieder. Sie sind offenbar kleinere Heringsschwärme, die von ihren Verfolgern aufgejagt sind, denn stets sind sie von Walen oder Delphinen umkreist... Ein solcher ›Aate‹ scheint eine Wind und Strom willenlos preisgegebene starre Masse zu sein... Bei stillem Wetter und wenn die Aater sich nahe der Oberfläche halten, ist die Fischerei in ihnen äußerst ergiebig. Man braucht die Netze nur an einer beliebigen durch die Wale, Seje und Vögel bezeichneten Stelle niederzusenken, um in kürzester Zeit ganze Bootsladungen voll zu fangen, und nicht selten kann man die Heringe unmittelbar mit Ketschern und Eimern ins Boot schaufeln...« (Aus: Friedrich Heincke, Naturgeschichte des Herings, 1898. S. 66 f.)

Die vorletzte Meldung

Mine tötete Heringe: Jetzt längere Schonzeit? Zusammengefaßte Auszüge aus der Norddeutschen Rundschau vom 15. Februar 1994:

Eine Minensuch- und Abwehrübung der Marine ist offenbar die Ursache für den Tod mehrerer tausend Heringe, die am Wochenende an die Strände von Schwansen (Kreis Rendsburg-Eckernförde) gespült worden sind. Am 10. Februar hatte die Marine in ihrem Sperrgebiet von Schönhagen zwei Minen zur Explosion gebracht. Fregattenkapitän Dams betonte, daß während der Laichzeit der Heringe keine Sprengladungen gezündet werden. Mit dem Landesfischereiverband hatte man sich 1980 auf eine Schonzeit vom 15. März bis 15. Mai geeinigt. Daß jetzt offensichtlich ein ganzer Heringsschwarm vernichtet wurde, liegt daran, daß die Tiere immer früher ihre Laichplätze in der Ostsee aufsuchen. Die milden Winter der letzten Jahre sind möglicherweise die Gründe dafür. Der gleichen Meinung ist Landesfischereidirektor Dr. Boysen: »Jetzt müssen wir uns eventuell noch einmal zusammensetzen.«

Die letzte Meldung

Gefahr für die Kinderstube der Heringe! Zusammengefaßte Auszüge aus der Norddeutschen Rundschau vom 2. April 1994:

Der geplante Fährterminal im Kieler Hafen liegt mitten im Laichgebiet. Jetzt im Frühjahr kommt der Hering wieder. In großen Schwärmen ziehen die Fische in den Südzipfel der Kieler Förde, um zu laichen. Mit ihnen kommen die Angler. In Scharen, manchmal zu Hunderten stehen sie an den Kais und holen einen Fisch nach dem anderen aus dem Wasser. Das beste Laichgebiet liegt dort, wo nach den Plänen der Stadt künftig große Fähren festmachen. Im seichten Wasser finden die Heringe ihre Kinderstube. Jedes Jahr, wenn die Temperaturen steigen, beginnen die Heringe ihre Wanderung von Dänemark, Norwegen und Schweden entlang der Küste. Sie ziehen in die Ausläufer der Ostsee ein, in die Flensburger Förde, die Schlei, den Nord-Ostsee-Kanal, die Kieler Hörn, die Schwen-

tinemündung und die Travemündung. In großen Schwärmen entlassen sie dort ihre Eier ins flache, wenig salzhaltige Wasser. Professor Uwe Kils vom Kieler Institut für Meereskunde wandte sich an den Landesnaturschutzverband und half diesem bei seinem Einwand gegen die bisherige Planung des Fährterminals. Kollegen von Prof. Kils haben ein Gutachten erstellt, das zu dem Schluß kommt, daß die Hörn als Laichplatz nicht nötig ist, um den Bestand zu sichern. Die Stadt wird möglicherweise im hinteren Bereich der Hörn Ausgleichsflächen schaffen, d. h. einen Bereich von jetzt sechs Metern Tiefe auf drei Meter auffüllen. Der Hering nutzt jedenfalls auch Gebiete, die künstlich geschaffen sind, wie das Beispiel Nord-Ostsee-Kanal zeigt. Regierungsfischereidirektor Dr. Otto Hans Boysen bezweifelt einen möglichen Schaden am Bestand des Herings in der Ostsee. Wenn die Hörn als Laichplatz ausfällt, merkt das niemand, sagt er. Der Bestand der Heringe in der Ostsee sei zur Zeit so

groß, daß ein einzelnes Gebiet nicht ins Gewicht falle. Dennoch seien Ausgleichsmaßnahmen auch dann ökologisch sinnvoll, wenn sie keinen fischereiwirtschaftlichen Nutzen brächten.

Dr. Holger Dornheim vom Institut für Seefischerei in Hamburg bestätigt zumindest, daß in der Ostsee der Heringsbestand »seit Jahren auf einem guten Niveau ist. Der deutsche Fang aus der Ostsee betrug 1993 etwa 23 000 t, wobei weitere 40 000 t der deutschen Quote von den deutschen Fischern nicht genutzt wurden, weil bei dem derzeitigen Preisverfall auf dem Heringsmarkt der zu erzielende Preis die Kosten nicht deckt.«

Die folgenden sechs Abbildungen zeigen das Beladen von Loggern am Ausrüstungskai der Bremen-Vegesacker Fischereigesellschaft. Die Fässer enthalten wahrscheinlich Salz.

Die folgenden fünf Fotos zeigen abfahrbereite Logger an der Glückstädter Fischereibrücke und andere, die aus dem Glückstädter Hafen auslaufen.

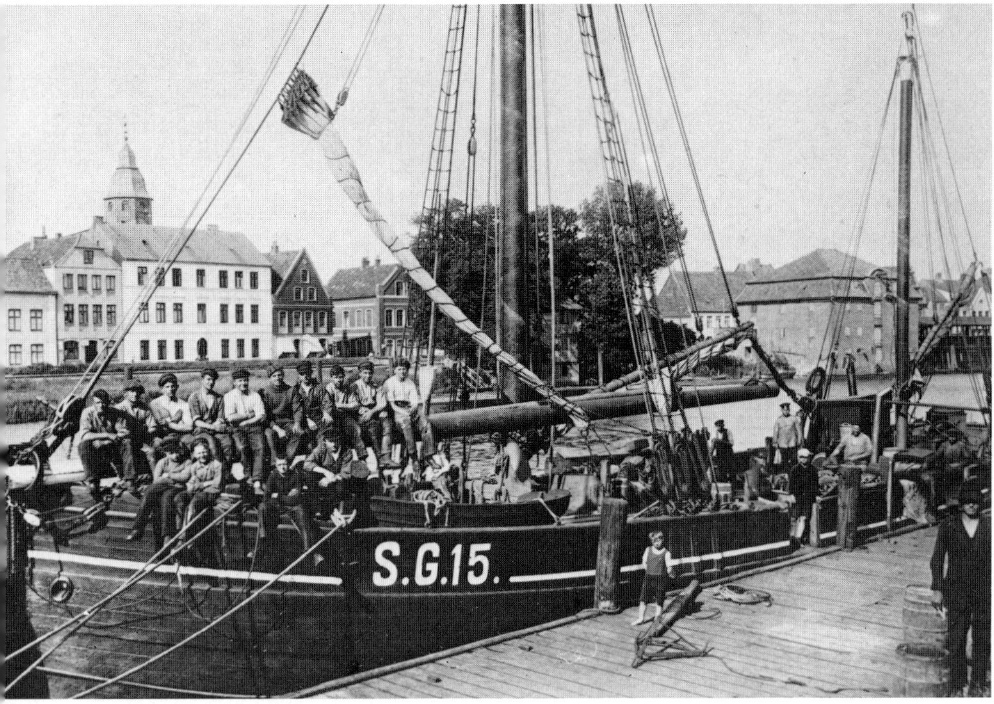
S.G.15.

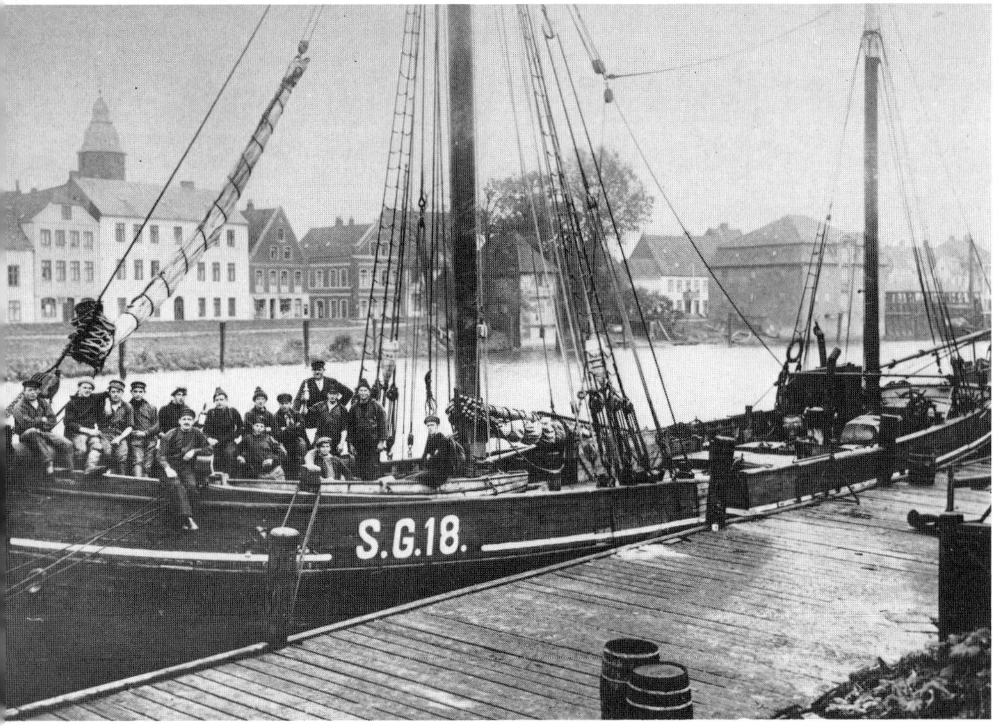
S.G.18.

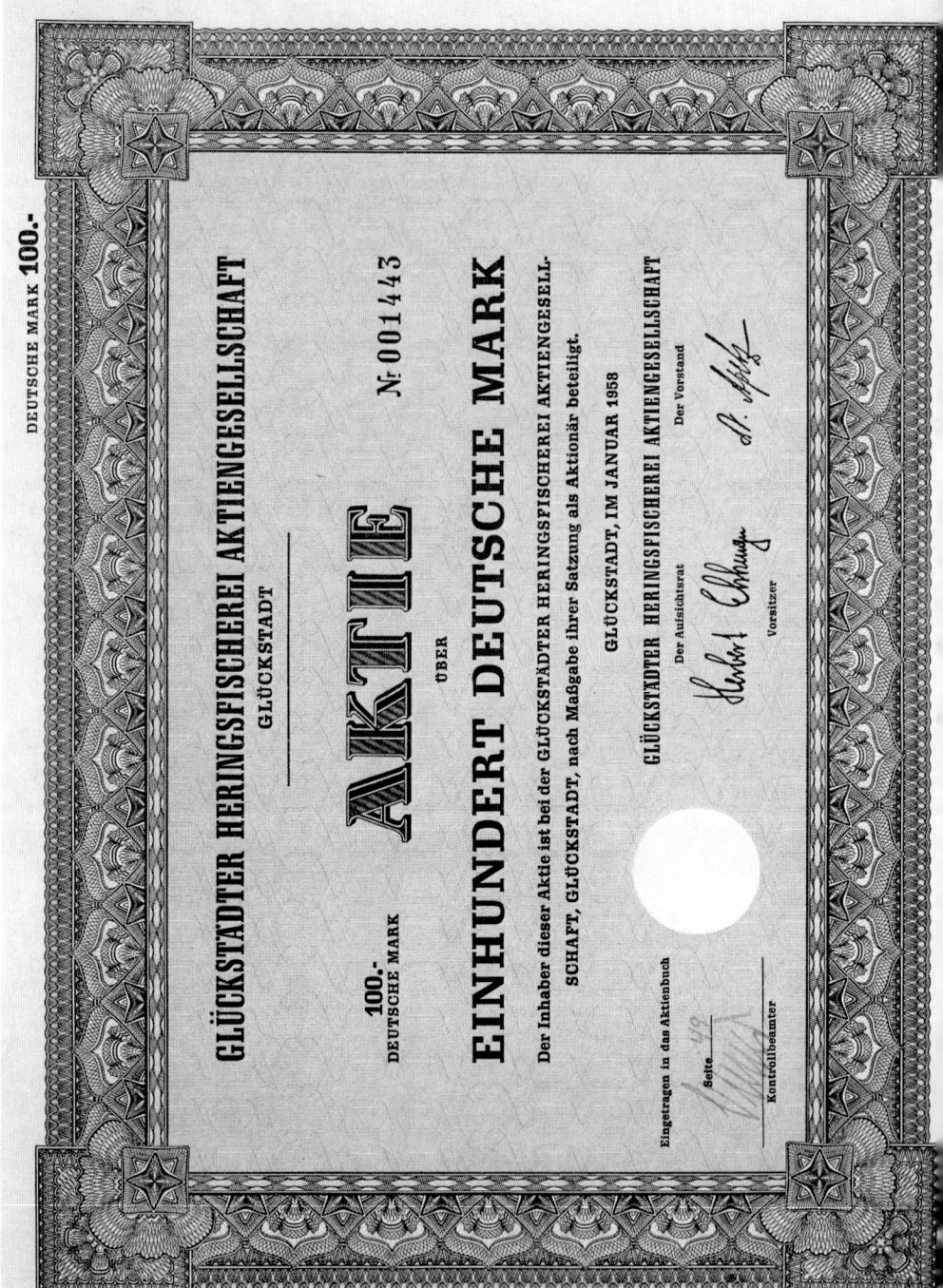

DEUTSCHE MARK 100.-

GLÜCKSTÄDTER HERINGSFISCHEREI AKTIENGESELLSCHAFT

GLÜCKSTADT

AKTIE

Nr 001443

ÜBER

EINHUNDERT DEUTSCHE MARK

100.-
DEUTSCHE MARK

Der Inhaber dieser Aktie ist bei der GLÜCKSTÄDTER HERINGSFISCHEREI AKTIENGESELL-
SCHAFT, GLÜCKSTADT, nach Maßgabe ihrer Satzung als Aktionär beteiligt.

GLÜCKSTADT, IM JANUAR 1958

GLÜCKSTÄDTER HERINGSFISCHEREI AKTIENGESELLSCHAFT

Der Aufsichtsrat

Herbert Ehlrich

Vorsitzer

Der Vorstand

Eingetragen in das Aktienbuch

Seite

Kontrollbeamter

556

Worterklärungen

Abholer schüttet die Körbe mit den geschlachteten Heringen in die Warback zum Salzen.

Audste siehe Oudste.

Avhauer Junge, der am Dampfspill das Reeptau einholt.

Back Tisch im Logis.

Backe/Backskiste Holzkiste mit aufklappbarem Deckel zum Sitzen und zum Verstauen von Klamotten.

Bedde dicke Matte, die als Unterlage in der Klüse verhindert, daß sich das durch die Klüse geführte Reep durchscheuert.

»Besanschot an!« Ruf: »Antreten zum Schnapsempfang!«, nach getaner Arbeit, z. B: dem Aussetzen der Fleet am Abend; das Besansegel ist das hinterste und war gesetzt beim Treiben des Loggers hinter der Fleet, um den Logger einerseits treibend in einer Linie mit den Netzen zu halten, andererseits auch um noch leicht manövrieren zu können; wenn das Treiber- oder Besansegel mit der Schot, seinem Tau, festgelegt war, war das Aussetzen der Netze beendet.

Bilge Kielraum, tiefste Stelle im Schiffsrumpf.

Blasen Schwimmkörper, Bojen; sie lösten die Brails ab.

Brail 86 cm hoher Schwimmkörper; Boje aus Holz.

Brigg zweimastiges Segelschiff, dessen Masten beide vollgetakelt sind.

Bünn die, Fischbehälter eines Kutters, in dem durch Löcher in der Bordwand Seewasser eindringen kann, um Seefische am Leben zu erhalten.

Büse, Buise vom 16. Jahrhundert an in Holland als Heringsfänger eingesetzt; ca. 22 Meter lang und 5 Meter breit; im 19. Jahrhundert durch den Logger verdrängt.

Catechu gerbstoffreicher Extrakt, der aus dem Kernholz der im tropischen und subtropischen Asien verbreiteten Akazie (Acacia catechu), durch Auskochen gewonnen wird. Er wird in Form unregelmäßiger Brocken oder Würfel von schwärzlich-brauner Farbe importiert. Mit Wasser und durch Kochen wird Catechu wieder verflüssigt und zum Taanen = Gerben der Netze gebraucht.

Dissel hammerähnliches Werkzeug zum Dichtmachen der Fässer.

Dön fertig.

Donkey Dampfkessel für den Betrieb von Dampfwinden bzw. des Spills.

Fall Leine am Segel, um es hochzuziehen.

Faß siehe Kantje.

Fetthering hat in der Freßperiode viel Fett angesetzt, das danach aufgebraucht wird, wenn sich vor der Laichperiode Rogen und Milch bilden.

Fingerling Dreifingerlinge trugen die Matrosen, wenn sie die Netze einholten.

Fleet Treibnetz, das durch Zusammenfügen von 70 bis 160 Einzelnetzen bis zu 5 Kilometer lang sein konnte.

Floten/Flotten 5-6 cm dicke runde Korkscheiben von 7-8 cm Durchmesser, die an der Oberkante der Treibnetze angebracht sind.

Fock-(Segel) kleineres Ziehsegel vor dem Großsegel, an dem Drahtseil (Stag) befestigt, das den Großmast nach vorn in Schiffsrichtung verspannt.

Geest später auch Geestrollen: auf der Bordkante oder auf der Reling angebrachte Hölzer oder Rollen zum Leiten/Führen des Reeptaues oder der Netze.

Haketau 5 Tauenden, von denen 4 je mit einer Eisenklampe (=Eisenhaken) versehen sind; je zwei werden am Faßboden und Faßdeckel eingehängt, es können also 2 Fässer zugleich aus dem Schiff an Deck gehievt werden; am mittleren Tau, der Klinke, wird gezogen, um die Fässer zu bugsieren.

Hamen trichterförmiger, 24-27 Meter langer Netzsack.

Heringswracker siehe Wracker.

Hoeker ein der Büse ähnlicher Schiffstyp; statt Rahsegel am Besanmast dreieckiges Besansegel; keine Klüse und keine Rolle für das Einholen der Netze; der Hoeker wurde u. a. zum Angeln von Kabeljau mit Angelleinen verwendet.

Hohlhering Sortenbezeichnung für den Matjes, der noch keinen Rogen und keine Milch ausgebildet hat, und für den Ihlen-Hering, der abgelaicht ist.

Hol ein Fang; auch die Zeit zwischen dem Aussetzen der Netze und dem vollständigen Wiedereinholen und der Fang, der bei gemacht wird.

Hulk abgetakeltes und ausrangiertes Schiff, das z. B. als Lager allgemein oder als Bunkerstation für Kohlen verwendet werden konnte.

Ihle abgelaichter und magerer, deshalb als Nahrungsmittel etwas minderwertigerer Hering im Vergleich zum Vollhering; die Loggerleute nannten ihn auch Türkensäbel oder Norrsche.

Jagerschiffe von den Holländern eingesetzte schnelle Segler, die von den Büsen auf See die ersten gefangenen Heringe übernahmen und sie anlandeten; die ersten Matjes erzielten die höchsten Preise.

Johnas eine Boje, die selbst 74 cm lang und nach unten mit einer 1,5 Meter und nach oben mit einer 4,5 Meter langen Stange verlängert ist und an deren oberen Ende 1, 2 oder 3 Wimpel angebracht sind. Mindestens drei von ihnen markieren die Lage der Fleet.

Jüngster jüngster Leichtmatrose.

Kaaken, auch Kehlen oder Keeken Schlachten der Heringe. »Man nimmt dazu das Kaakmesser in die rechte, den Hering in die linke Hand, sticht in die Kehle des Herings, wobei dessen Kopf mit dem linken Daumen etwas auf die Seite gebogen wird und entfernt darauf durch eine drehende Bewegung den größten Teil der Eingeweide.« Ein Mann kann in einer Stunde 1 300 Heringe, das sind zwei Kantjes, kaaken.

Kabelgatt Stauraum unter Deck ganz vorn und ganz achtern für das nicht in Gebrauch befindliche Tauwerk.

Kantje ein Heringsfaß, das an Bord gepackt wurde (=Seepackung). Die Heringe wurden mit den Bäuchen nach oben ins Faß gelegt. Die

Fässer standen einige Stunden an Deck, dabei sackten die Heringe zusammen. Deshalb legte man meistens noch eine Schicht nach, bevor die Kantjes dicht gemacht wurden. Auf 4 Kantjes rechnete man ungefähr 1 Tonne Salz (Matjes wurden milder gesalzen). Im Landbetrieb wurden die Kantjes entleert und die Heringe sortiert und neu gepackt. Ein Kantjes ergab ungefähr 0,85 Faß Landpackung, denn die Heringe waren geschrumpft, da das Salz ihnen Flüssigkeit entzogen hatte. Nach dem Umpacken wurde die aufgefangene Lake auf das neugepackte Faß gegossen. Da das Faß nun strammer gepackt war, wurde nur ein Teil der Lake wiederverwendet. 1921 wog ein Faß Landpackung ungefähr 150 kg, davon das Faß 20, der Fisch 98 und die Salzlake 32 kg. Die Angaben schwanken. Vor dem Ersten Weltkrieg wurde noch das portugiesische Meersalz für 16 Mark pro 1 000 kg, aber schon auch deutsches Steinsalz für 10 Mark verwendet.

Katechu siehe Catechu.

Kehlen siehe Kaaken.

Klüse lateinisch clusa: Engpaß; eine meist mit einem Stahlschwulst ausgefütterte Öffnung in der Bordwand zur Führung von Ankerketten oder Trossen und auch des Reeps.

Kock in the room oder Kock im Raum derjenige, der auf den Segelloggern als Koch fungierte und der beim Einholen die Netze unter Deck in besonderen Netzräumen ordentlich verstauen mußte; der Befehl »Koch in den Netzraum!« blieb als Name für den Netzeverstauer.

Kombinierter Logger kann mit Treib- und mit Schleppnetz fischen.

Krippen, auch Krebben Holzkisten oder -tröge, in die die Heringe aus den Netzen geschlagen oder gesammelt wurden.

Kurre sackartiges Grundschleppnetz.

Lake Salzlake = auch Salzlauge; die salzige, unangenehm und unappetitlich aussehende Flüssigkeit, die aus dem Blut des gekaakten Herings und dem verflüssigten Salz mit den durch das Salz aus den Heringen herausgezogenen Wasseranteilen entstand.

Last Mitteldeck; dort wurden die Heringe aus den Netzen geschlagen; das Mitteldeck war zu diesem Zweck mit Bohlen in Boxen aufgeteilt worden.

Mantje Korb.

Matjes jungfräulicher Hering, der vor der ersten Laichreife steht, schon reichlich Fett angesetzt aber noch keinen Rogen und keine Milch ausgebildet hat.

Muck niederländisch mok, englisch mug = Trinkbecher aus Blech.

Netz, schottisches siehe schottisches Netz.

Oktroy Privileg.

Oudste Leichtmatrose; drei Oudsten gehörten in der Regel zur Loggermannschaft.

Pekel siehe Pökel.

pelagisch fischen mit einem Schleppnetz, das meist von zwei Loggern gezogen wurde, in unterschiedlichen Höhen fischen.

Pökel Salzlake.

Quartel 15 bis 20 Netze bilden ein Quartel oder eine Länge; nach jedem Quartel wird ein Jonas gesetzt.

Reep auch Fisch- oder Fleetreep; armdickes (13,5 cm Umfang), geteertes Tau, an dem die bis zu 5 km lange Fleet hing, d. h. an diesem Reep hing durch ca. 8 Meter lange Zeisinge verbunden, das Sperreep, an dem wiederum unmittelbar durch Staalen (kurze Bändchen; 120 Stück für das einzelne, ca. 30 Meter lange Netz) verbunden, alle Netze hingen.

Reepschießer Schiffsjunge, der das Reep beim Einholen unter Deck in einem besonderen Reepraum aufrollt.

Ringwade siehe Wade.

Salz siehe Kantje.

Salzlake siehe Lake.

Scherbrett zwei Scherbretter an den beiden Enden der Kurrleinen sorgen dafür, daß das Schleppnetz, die Kurre, weit offen gehalten wird.

Schoner Segelschiff mit zwei, höchstens sechs Masten mit Schratsegeln, deren normale Stellung die Längsrichtung des Schiffes ist.

Schot am Segel befestigtes Tau, mit dem das Segel dichtgeholt oder locker gelassen oder festgelegt werden kann.

Schottisches Netz hier verläuft das Fisch- oder Fleetreep unterm Netz, in 8 Meter Abstand (beim deutschen Treibnetz über den Netzen); es hat außerdem oben und unten ein Sperr-Reep; das obere hat 110 bis 120 Korkflotten.

Spill von Spindel abgeleitete Bezeichnung für eine drehbare Vorrichtung zum Ankerhieven, zum Einholen von Schlepptrossen oder des Reeps, an dem die Netze hängen; das Gangspill auf den Loggern wurde anfangs durch vier umlaufende Männer, später mechanisch mit Dampf betrieben.

Spillöper auf den Segelloggern diejenigen, die das Spill zum Aufdrehen des Reeps durch Umlaufen bedienten; später Name für die Matrosen, die die geschlachteten und gesalzenen Heringe in die Fässer packten.

Staalen/Staals 15 cm lange Bänder aus 7-8 mm starkem Manila-Tau; mit 120 Stück ist jeweils ein Netz am Sperreep befestigt.

Taanen holländisch = gerben; die ursprünglich benutzten schweren Netze aus Hanf, die sich mit Wasser vollsaugen konnten, wurden um 1870 durch leichtere Baumwollnetze ersetzt, die durch Ölen und Taanen mit Catechu beständiger und steifer gemacht wurden; die Netzmaschen sackten nicht in sich zusammen, sondern standen offen im Wasser; der Hering schwamm in die offene Masche und blieb mit seinem Kopf darin hängen.

Trawl Schleppnetz.

Vollhering laichreifer, mit Rogen (Eiern) oder Milch (Samen) angefüllter Hering.

Wade Zugnetz, mit dem ein Heringsschwarm umstellt und durch Zusammenziehen des unteren Netzteils gefangen wird.

Wah(r)back, auch Warback Holztrog, in dem die gekaakten Heringe gesalzen wurden.

Wah(r)löpel hölzerne Schaufel, mit der Hering und Salz in der Wah(r)back durcheinandergerührt wurden.

Want Netz.

Wantenehmer stärkster Matrose, der auf den Segelloggern beim Einholen der Fleet in der Mitte stand und durch Rufen oder Gesang den Rhythmus des Ziehens am Netz bestimmte.

559

Wrack beschädigt, untauglich, schlecht; gesunkenes Schiff; ausgemusterte Schiffe werden abgewrackt, auseinandergenommen.

Wracken prüfen, verwerfen, aussondern; Waren auf ihre Güte hin untersuchen; Waren für unbrauchbar erklären, das Gute vom Schlechten trennen.

Wracker städtischer, vereidigter Warenprüfer; der Heringswracker hatte über die Güte der eingeführten oder angelandeten Heringe zu wachen; Tonnen mit Wrackheringen hatte er mit dem Zeichen X, das er mit einem Reißeisen in den Tonnendeckel ritzte oder mit einem Brandeisen einbrannte, zu kennzeichnen.

Wrackhering beschädigter oder Ausschußhering, z. B. ohne Kopf; nach dem Neuen vollständigen Waaren-Lexikon von Schedel aus dem Jahre 1863 unterschieden die Holländer z. B. »Vollhering, Vollheringswrack und Vollheringswrackwrack«, letzter war also die schlechteste Sorte.

Zeisinge 7-8 Meter lange und 12-15 Millimeter dicke Leinen; die halben Zeisinge verbinden das Sperr-Reep mit dem Fisch- oder Fleetreep; die ganzen Zeisinge laufen auch nur bis zum Fischreep, aber gleich daneben werden die Brailtaue angesteckt, die ebenfalls 8 m lang sind, aber auf 7 und 6 m verkürzt werden können.

Zirkeln in den Deckel der gepackten und verkaufsfertigen Heringstonne wurden durch kleine scharfe Messer Kreise, Halbkreise, schräge Kreuze u. a. Zeichen geritzt oder mit einem Brandeisen eingebrannt, die den Inhalt des Fasses und seine Qualität bezeichneten; auch die Herkunft der Tonne und der verantwortliche Packer oder Wracker waren aufgrund der Zeichen zu identifizieren.

Quellen- und Literatur-Verzeichnis
Benutzte ungedruckte Quellen:

Stadtarchiv Glückstadt
1. Aus dem Bestand der Stadtverwaltung:

Nr. 1402 Bürgschaft für die Gückstädter Heringsfischerei AG 1927-1933;

Nr. 1403 desgleichen 1932-1934;

Nr. 1639a Glückstädter Heringsfischerei AG 1894-1933;

Nr. 1639b Fischerei-Ausschuß 1932-1933;

Nr. 1661 Nordische Fischerei-Gesellschaft 1919-1921;

Nr. 1787 In Glückstadt beheimatete Schiffe 1867-1933;

Nr. 1788 Schiffsverzeichnisse 1872-1929;

Nr. 1792 Eintragung und Bezeichnung der zur Hochsee- und Küstenfischerei benutzten Fahrzeuge 1878-1929;

Nr. 1793 Prüfung der Seeleute und Maschinisten 1869-1932;

Nr. 1794 An- und Abmusterungen, Entweichungen von Seeleuten 1871-1931;

Nr. 1795 Verzeichnis der ausgestellten Seefahrtsbücher 1913-1936;

Nr. 1797 Untersuchung der Unfälle von Seeleuten 1870-1932;

Nr. 1799 Seeleute und deren Nachlaß 1879-1928;

Nr. 2004j Bemühungen um weitere Logger 1934-1941;

Nr. 2004k Abhandlungen und Zeitungsberichte über die Heringsfischerei 1934-1939;

Nr. 2004l Zeitungsausschnitte und andere Artikel betr. Heringsfischerei 1933-1940; darin die Werbeschrift der DHG »Der Logger« Nr. 1 (1933) und 2 (1934) 1933-1940;

Nr. 2004m Berichte des Bürgermeisters über die Heringsfischerei an Landrat und Oberpräsident 1933-1937;

Nr. 2005 Glückstädter Heringsfischerei, Hauptakte 1933-1938;

Nr. 2036 Allgemeine Bekanntmachungen für die Seefahrt und die Fischerei 1885-1903;

Nr. 2037 An- und Abmusterungen von Seeleuten 1920-1926;

Nr. 2079 Verschiedene größere Glückstädter Betriebe, u.a. Elbuferbahn, Fähren, Fischerei 1909-1947; darin Lohnsummensteuerklärungen der Glückstädter Fischerei 1934-1947;

Nr. 2952 Allgemeine Verordnungen betr. die Bemannung von Schiffen 1931-1973;

Nr. 3288 Akten des Bürgermeisters als Aufsichtsratsmitglied der Glückstädter Heringsfischerei 1967-1969;

Nr. 3289 Akten des Bürgermeisters betr. Glückstädter Heringsfischerei 1970-1976;

Nr. 3290 Seemannsamt Glückstadt: Einwilligungserklärungen der Vormünder für noch nicht volljährige Jungen, die auf Loggern anheuern wollen, a) 1903-1909, b) 1910-1915, c) 1919-1925, d) 1926-1927.

ohne Nr. Mehrere Bände Bauakten der Gebäude Rethövel 14-16 noch in der Registratur des Glückstädter Bauamtes 1893-1994.

2. Aus dem Bestand der Glückstädter Heringsfischerei:

Nr. 1 Gründung einer Gesellschaft für Hochseefischerei in Glückstadt März 1893-Oktober 1893; darin Denkschrift von [Theodor] Janssen: Die Hochseefischerei auf Häring in der Nordsee. Glückstadt 1893. 32 gezählte Seiten.

Nr. 2 Geschäftsakten der Heringsfischerei 1893-1897;

Nr. 3 Gedruckte und auf den Inhaber ausgestellte Interimsscheine zu den Aktien über 750 Mark der Glückstädter Fischerei AG Nr. 1-300 mit dem Datum 19. März 1894;

Nr. 4 Geschäftsberichte 1-36 (1894/1895-1929/1930) und 1955-1961;

Nr. 5 Pläne, Angebote, Verträge etc. über Bauarbeiten im Landbetrieb 1907-1914;

Nr. 6 Schriftwechsel des Glückstädter Bürgerbundes und dessen Eingabe an die Reichsregierung wegen des Baus von Heringsloggern 1932;

Nr. 7 Gründungsakte (der Wiederbegründung von 1934) der Glückstädter Heringsfischerei AG 1932-1938; darin Zeitungsartikel über den Konkurs 1931;

Nr. 8 Schiffspapiere 1934-1953;

Nr. 9 Abmusterungsverbot 1939-1940;

Nr. 10 Vorstandsangelegenheiten 1944-1952;

Nr. 11 Jahresschlußrechnung für das Geschäftsjahr 1. 7. 1954-30. 6. 1955;

Nr. 12 Unterlagen betr. Landesmittel 1955-1956;

Nr. 13 Verschiedene zusammengesammelte Unterlagen 1900-1966; nur wenige Einzelblätter;

Nr. 14 Presseausschnitte 1936-1960;

Nr. 15 Presseausschnitte 1961-1969;

Nr. 16 Umfangreiche Akte Havarien Januar 1967 bis September 1968;

Nr. 17 Hecklogger Milly Ekkenga 1965-1969 (kopierte Unterlagen aus dem Archiv Herbert Ekkenga, Emden);

Nr. 18 Protokolle der Aufsichtsratssitzungen 1952-1959 (Kopien aus dem Deutschen Heringsarchiv Emden);

Nr. 19 Wochenberichte des Fischereidirektors 1965-1969 (Kopien aus dem Deutschen Heringsarchiv Emden);

Nr. 20 Maschinen- und handschriftliche Zusammenstellungen zur Geschichte der Glückstädter Heringsfischerei bis ca. 1939.

Detlefsenmuseum Glückstadt
Inventar. - Nr. 6550/ 1- 7: 7 Seefahrtsbücher von 3 Loggermatrosen 1908, 1921, 1924 (2), 1927, 1935, 1938.

Deutsches Heringsarchiv Emden:
Siehe die Nummern 18-19 unter Stadtarchiv Glückstadt: Bestand Heringsfischerei.

Benutzte Literatur:

28 (achtundzwanzig) Heringslogger eröffnen am 28. Mai 1953 die diesjähre Heringsfangzeit. In: Allgemeine Fischwirtschaftszeitung 5. Jg. Nr. 28 vom 11. 7. 1953. S. 8 f.

Adam, Hans Karl: Matjes mehr als ein Fisch. Stuttgart 1990.

Almanach der Seefischerei für das Jahr... Verschiedene Jahrgänge ab 1900.

Arbeitskreis Museumslogger e.V. Emden. (Informations- und Werbeprospekt mit 10 gezählten Seiten.) Ohne Jahr.

Arenz, Hans: Hinter Fleet und Flut. Auf Loggerfahrt zum Heringsfang. Stuttgart 1933.

Baasch, Ernst: Zur Geschichte des hamburgischen Heringshandels. In: Hansische Geschichtsblätter 33 (1906). S. 61-100.

Beilken, Heinrich: Ein Matrose erzählt vom Heringsfang. In: Hilf mit! Illustrierte deutsche Schülerzeitung. Heft Nr. 8, Mai 1936. S. 250 f.

Brandes, Wilfried: Die deutsche Loggerfischerei und ihre Schiffsbesatzungen. Ungedruckte, 83-seitige Diplomarbeit an der Universität Bremen 1984. (Die Auswertung dieser Arbeit hat besonders das Kapitel über die Mannschaften bereichert. Sie ist ein Beispiel dafür, daß auch für Diplom-, Examens- und Magisterarbeiten Forschung geleistet wird, deren Ergebnisse nicht in Prüfungsakten verschwinden sollten. Gleiches gilt auch für die Magisterarbeit von Karen Precht.)

Brinkmann, Friedrich: Der Heringfang als Erwerbszweig im Amt Windheim im Wandel der Zeit und Matrosen aus dem Mindener Land auf Heringfang in der Nordsee um 1925. In: Mitteilungen des Mindener Geschichtsvereins 44 (1972). S. 92-113. Wieder abgedruckt in: binnen und buten. Nachrichten des Mindener Yacht-Clubs e. V. Nr. 10/78 - 14. Dezember 1978. S. 4-21.

Bruhn, Waltrud: Dat grote Matjesvergnögen. Glückstadt 1974.

Claviez, Wolfram: Seemännisches Wörterbuch. Bielefeld-Berlin 1973.

Der Logger. Werbeschrift für den Verbrauch deutscher Salzheringe. 1-3. Bremen 1933-1935. Darin u. a. : Etwas vom Bau eines Heringsloggers. In: 2 (1934). S. 1-2; Das Verschwinden der Heringe. In: 2 (1934). S. 4-5; Fischerregeln, -sitten und -aberglaube, und Der Hering in Sage und Anekdote. In: 2 (1934). S. 8-12.

Detjens, Willy: Unserm lieben Prof. Detlefsen zum Gedächtnis. In: 64. Jahresbericht der Vereinigung ehemaliger Primaner des Gymnasiums zu Glückstadt von 1887. Glückstadt 1957. S. 3-7. (Detlefsen war Mitbegründer der Glückstädter Heringsfischerei AG.)

Deutscher Seefischerei-Almanach. Hrsg. vom Deutschen Seefischerei-Verein. Verschiedene Jahrgänge.

Diercks, Wilhelm: 75 Jahre Glückstädter Heringsfischerei. Glückstadt 1968.

Dösseler; E[mil]: Mindener auf Fischfang. In: Mindener Heimatblätter. Beilage der Mindener Zeitung. 11. Jahrgang, Nr. 1 und 2, Januar und Februar 1933.

Dornheim, Holger: Hat der Hering keine Zukunft mehr? In: Sielmanns Tierwelt 4 (1980), S. 6.

Dornheim, Holger: History of the Fischereibiologische Abteilung des Naturhistorischen Museums Hamburgs 1910, later renamed to Institut für Seefischerei. In: Deutsche hydrologische Zeitung, Ergänzungsheft B, Nr. 21, 1989, S. 111-130.

Dornheim, Holger: Status of the Herring Stocks Fished by the Federal Republic of Germany Fleet. In: Marine Fisheries Review April 1978. S. 21-24.

Dornheim, Holger: Warum der Hering verschwindet. In: Das Neue Universum 97 (1980). S. 121-127.

Duge, F.: Das Wiedererscheinen des Herings auf der Elbe. In: Der Fischerbote. Hamburg 1914. S. 64 ff.

Dunkle Wolken über Glückstadt. Loggerfischerei ernstlich bedroht. In: Allgemeine Fischwirtschaftszeitung Juli 1976. S. 7.

Erdmann, Wilhelm: Die deutsche große Heringsfischerei in den Jahren 1931-1936. In: Bericht der deutschen wissenschaftlichen Kommission für Meeresforschung. N.F. 7 (1936). S. 1-36 und S. 180-200.

Ehrenbaum, E.: siehe unter Reitzenstein.

Everwyn, Reinhard: Loggerheringe aus Bremen-Vegesack. In: Bemerhaven, der führende Fischereihafen. Der größte Loggerhafen Bremen-Vegesack. Hrsg. von der Gesellschaft für Wirtschaftsförderung Bremen. Bremen 1953. S. 161-182.

(Fünfzig) 50 Jahre Leerer Heringsfischerei AG. Die Geschichte der Leerer Heringsfischerei Act.-Ges. Leer/Ostfriesland. Darmstadt ohne Jahr [Leer 1955].

Glückstädter Fortuna (ursprünglich Glückstadt, ab 1960er Jahre Itzehoe, heute Flensburg) 1893-1994.

Grimm, Jacob und Wilhelm: Deutsches Wörterbuch. 1-32. Leipzig 1854-1984. Neudruck München 1991.

Grotewold, Christian: Die deutsche Hochseefischerei in der Nordsee. Stuttgart (1908). (Bibliothek der Technik und Industrien. 9.)

Hahn, Louis: Ostfrieslands Heringsfischereien. Unter besonderer Berücksichtigung der Geschichte der Emder Heringsfischerei in fünf Jahrhunderten 1552-1940. Oldenburg 1941. (Schriften der Wirtschaftswissenschaftlichen Gesellschaft zum Studium Niedersachsens e.V. N.F. 17.)

Handwörterbuch des deutschen Aberglaubens. Hrsg. von Eduard Hoffmann-Krayer. Berlin 1930-1931.

Hannemann, Max und Jetty: Die Elsflether Heringsfischerei. In: Elsfleth 100 Jahre Stadt. 1856-1956. S. 53-58.

Hansing, Dieter: Mein Vater war Kapitän auf einem Heringslogger. Handschriftliche Schülerjahresarbeit, 25 Seiten, ca. 1967.

Hass, G.: Die Loggerflotte, ihre Verluste während des Zweiten Weltkrieges und ihr Wiederaufbau. In: Fischereiwelt 2 (1950), S. 49 f.

Hauschild, Harry: Die soziale Lage der Besatzung der deutschen Hochseefischereifahrzeuge.

Dissertation an der Universität Münster. Berlin [1913].

Heincke, Friedrich: Naturgeschichte des Herings. Berlin 1898. (Abhandlungen des Deutschen Seefischerei-Vereins. 2.)

Herring in Danger. (A petition to the EC in Brussels to put an immediate stop to the practise of fishing young herring for meal and to the overboard disposal of excess herring catches.) In: Fish international 4 (1990). S. 6-12.

Herwig, [Walther]: Die große Heringsfischerei Deutschlands und die Mittel zu ihrer Hebung. In: Mitteilungen des Deutschen Seefischereivereins, B XIII Nr. 4, Berlin April 1897, S. 109-149.

Herwig, [Walther]: Die Glückstädter Fischerei-Aktiengesellschaft, Glückstadt. (Mit einem Lageplan.) In: Mitteilungen des Deutschen Seefischereivereins 1 (1902). S.4-14.

Hilker, Christian: Das neueste Schiff der deutschen Heringsfischerei: Der Motorlogger »Großer Kurfürst«. In: Der Logger 3 (1935). S. 16.

Hill, Thomas: Der Schonenmarkt – Die große Messe im Norden. In: Die Hanse. Lebenswirklichkeit und Mythos. 1. Hamburg 1989. S. 536-538.

Höver, Otto: Deutsche Hochseefischerei. Oldenburg 1936.

Hoffmann, Günter: Fangreise mit einem Glückstädter Heringslogger. Aus meinem Tagebuch 1946. Privatdruck 1990. 22 Seiten.

Holm, Franz: Wie geht die Herings-Treibnetzfischerei vor sich? In: Der Logger 3 (1935). S. 7-10.

Jagow, Kurt: Der Hering im Volksglauben und in der älteren Forschung. In: Archiv für Fischereigeschichte 6 (1916). S. 213-247.

Janssen, Albrecht: Segen des Meeres. Ein Buch von Deutschlands Hochseefischerei. Berlin 1939.

Janssen, [Theodor]: Hochseefischerei auf Häring in der Nordsee. Glückstadt 1893.

Jasper, Heinrich: Die große Heringsfischerei Deutschlands. Masch.-schriftliche Dissertation an der Univers. Würzburg 1921. 167 S.

Kannegieter, Herbert: Ostfrieslands Heringsfische-

rei vom Ende des 2. Weltkrieges bis zur Liquidation (1945-1975). Emden 1984. (Veröffentlichungen der Naturforschenden Gesellschaft zu Emden von 1814. 1984/4.)

Karting, Herbert: Geschichte der Lühring-Werft in Hammelwarden und der dort gebauten Segelschiffe. 1: Vom Holz zum Stahl. 2: Vom Segel zum Motor. Bremen 1993. Darin in 2: Heringslogger, S. 110-113, und Logger »Ursula« und »Victoria«, S. 127 f.

Karting, Herbert: Die Glückstädter Heringslogger. In: Strandgut (private Publikation) vom 15. 3. 1991. S. 11-40.

Karting, Herbert: The ... logger of Glückstadt. Masch.- schriftl. Manuskript.

Karting, Herbert: Schiffe aus Wewelsfleth. 1-3. Itzehoe 1981, 1983, 1985.

Karting, Herbert: Schiffer, Reeder und Kapitäne aus dem Kreis Steinburg. Itzehoe 1977. Darin S. 74 - 76: Die letzte Reise des Fischloggers »Hecht«.

Kleeberg, Wilhelm: Hollandgänger und Heringsfänger. In: Neues Archiv für Landes- und Volkskunde von Niedersachsen 2 (1948). S. 193-232.

Kohl, Horst: Die Hochseefischerei der deutschen Nordseehäfen. Maschinenschriftliche Diss. Berlin (Ost) 1952. 279 Seiten.

Laas, W[alter]: Entwurf eines Heringsloggers mit Hilfsmaschine. Mit 4 Figuren im Text und 4 Separat-Tafeln. In: Abhandlungen des Deutschen Seefischerei-Vereins. 1. Berlin 1897. S. 1-31.

Ligthart, A.G.: De Vlaardingers en hun haringvisserij. Zaltbommel 1966.

Ligthart, A.G.: Scheepsrampem ter haringvisserij 1900-1939. In: Spiegel der Historie. Zaltbommel Februar 1967. S. 313-319.

Lissner, H.: Untersuchungen am Hering der westlichen Nordsee. In: Berichte der deutschen wissenschaftlichen Kommission für Meeresforschung. N.F. 3 (1927). S. 47-90.

Lissner, H.: Die große Heringsfischerei in Deutschland. In: Berichte der deutschen wissenschaftlichen Kommission für Meeresforschung. N.F. 3 (1927). S. 284-328.

Lissner, H.: Die deutsche große Heringsfischerei im Jahre 1928. In: Berichte der deutschen wissenschaftlichen Kommission für Meeresforschung. N.F. 5 (1929). S. 3-17.

Logger, Der: siehe Der Logger.

Loggerfischerei und Loggerheringsmarkt. In: Hansa 101 (1964). S. 490 f.

Lübbert, Hans: Hamburger Fischerei in zehn Jahrhunderten. Neu bearbeitet und ergänzt von Emil Wiese. Hamburg 1949.

Lundbeck, J.: Deutscher Heringsfang im ganzen Jahr. In: Die Deutsche Fischwirtschaft 6 (1939). S. 681 f.

Meyer, Arno: Die erste Heringstrawlfischerei im Kanal 1950/51. In: Fischereiwelt 1951. S. 156 -159.

Meyer, Wilhelm: Von den Heringsfängern der Mittelweser. In: Heimat und Reich... (1939). S. 215-219.

Mensing, Otto: Schleswig-Holsteinisches Wörterbuch. 1-5. Neumünster 1927-1935. Neudruck 1973.

Möckel, W.: Bau und Seeverhalten von Fischereifahrzeugen. Stuttgart 1958. (Handbuch der Seefischerei Nordeuropas. Band XI, Nachtragsband, Heft 5.)

Müller, Paul: Die Lage der Heringsloggermannschaften. In: Der Fischerbote (Hamburg). Jahrgang 1919. S. 218-223.

Müller, Reinhard: Matjes – ein Hering mit Geschichte. Emden 1985. 8 Seiten. (Veröffentlichungen der Naturforschenden Gesellschaft zu Emden. 7.)

Nahrung aus dem Meer. Hrsg. vom Bundesausschuß für volkswirtschaftliche Aufklärung e.V. Verbraucherdienst. Bonn 1970.

Neumann, Traute: Die Glückstädter Heringsfischerei AG. Jahresarbeit (der 15jährigen) an der Mittelschule Krempe 1955. Handschriftlich 15 S.

Oesau, Wanda: Glückstadts Heringslogger unter Segel. Glückstadt. O. J. [1950er Jahre].

Precht, Karen: Netze der Not-Wendigkeit. Kulturmuster der maritimen Saisonarbeit im Mittelweserraum. Magisterarbeit im Fach Volkskunde der Universität Regensburg 1987. 203 Sei-

ten, 27 Seiten Anmerkungen und 17 Seiten Anhang. Ungedruckt. (Diese Arbeit bietet unwiederbringliche Forschungsergebnisse, die nicht in den Prüfungsakten der Universität verschwinden dürfen)

Protokoll der vom Deutschen Seefischerei-Verein berufenen Heringskonferenz in Emden am 13. und 14. April 1908. Als Manuskript gedruckt Berlin 1908.

Reitzenstein, NN. von: Die wichtigsten Seefische ... mit erläuternden Texten versehen von E. Ehrenbaum. Altona 1921.

Reuter, W. und W[erner] Schnakenbeck: Praxis der Hochseefischerei. Hrsg. von W. Reuter und W. Schnakenbeck. Hamburg 1939. (Seemännische Bücherei. 48.)

Rohdenburg, Günther: Hochseefischerei an der Unterweser. Wirtschaftliche Voraussetzungen, struktureller Wandel und technische Evolution im 19. Jahrhundert und bis zum Ersten Weltkrieg. Bremen 1975. (Veröffentlichungen aus dem Staatsarchiv der Freien Hansestadt Bremen. 43.)

Schaap, Dick: Halen en brengen. Visserij door de euwen heen. Darin: Merktekens van een groots verleden. De haringvisserij. S. 51-87.

Schlienz, Walter: Bilanzen deutscher Fischerei-Aktiengesellschaften 1925-1927. Sonderdruck aus dem Jahresbericht über die deutsche Fischerei 1927.

Schnakenbeck, Werner: Die deutsche Seefischerei. Hamburg 1939. (Blaue Fischbändchen. 1. Hrsg. von Hans A. Keune.)

Schnakenbeck, Werner: Probleme der Heringsfischerei. In: Fischereiwelt. Bremerhaven und Hamburg-Altona 1949. Beiheft 1. S. 14-17.

Schnakenbeck, W.: Praxis der Hochseefischerei. Siehe Reuter, W.

Schnakenbeck, Werner: Rassenuntersuchungen am Hering. In: Berichte der deutschen wissenschaftlichen Kommission für Meeresforschung. N.F. 3 (1927). S. 94-209.

Schnakenbeck, Werner: Schleppnetze, Waden, Stehende Geräte, Treibnetze. In: Handbuch der Seefischerei Nordeuropas. 4. Heft 1-3. Stuttgart 1942.

Schnakenbeck, Werner: Stehende Geräte. Treib-netze. In: Handbuch der Seefischerei Nord-europas. Stuttgart 1940. S. 37-48.

Schnakenbeck, Werner: Über den Hering und die Heringsfischerei in der westlichen Nordsee. In: Fischereiwelt 2 (1950), S. 68 ff.

Schubert, Kurt: Warum ist die Beteiligung Deutschlands an der nordisländischen He-ringsfischerei nicht größer? In: Fischereiwelt 1 (1949). S. 17-19.

Schubert, Kurt: Der Heringsfang im Juli in der Nordsee. In: Fischereiwelt. Zeitschrift für die gesamte Seefischwirtschaft 2 (1950). S. 149-151.

Schubert, Kurt: Kleine Sortenkunde über Seefi-sche (u. a. Hering S. 5-7.) Bremerhaven, Fisch-wirtschaftliches Marketing- Institut. Ca. 1970.

Schwartje, Rudolf: Die Geschichte der Bremen-Vegesacker Fischerei-Gesellschaft. Bremen 1984.

Sonntag, Johannes Hendrik: Der »Octroy für eine in Emden zu errichtende Compagnie zum Herings-Fang« vom 4. 8. 1769 und die »Con-vention der Societaet zum Herings-Fangst in der Stadt Embden« vom 9. 8. 1769. Emden 1986. (Veröffentlichungen der Naturfor-schenden Gesellschaft zu Emden von 1814. 3.: Materialien zur Geschichte der Herings-fischerei.)

Sonntag, Johannes-Hendrik: Die Emder Herings-ordnung von 1597. Die Geschichte der Emder Heringsfischerei im 16. und 17. Jahr-hundert. Leer o.J. [nach 1985].

Sonntag, Johannes-Hendrik: Emder Heringsfische-rei. Geschichtlicher Überblick der Gesell-schaften. In: Schiffahrt international Heft 9, 1988, S. 358-361.

Springer, Emil: Geschichte der Midgard. Maschinenschriftliches Manuskript, hausin-tern gefertigt ca. 1980/81, ca. 90 Seiten. (Ko-pie in der Glückstadt-Sammlung Dr. Gerhard Köhn.)

Statistik der deutschen Logger-Heringsfischerei im Nordseegebiet (für hauptsächlich die 1920er und 1930er Jahre), zusammengestellt durch die DHG Bremen.

Statut der Emder Heringsfischerei-Actien-Ge-sellschaft in Emden. Emden 1892.

Stern, Fritz: Die Entwicklung des deutschen Heringsloggerbaues. In: Schiffbau, Schiffahrt und Hafenbau 43 (1942). S. 349-354.

T., A.: »Heringsdörfer« im Kreise Minden. In: Die Heimat. Heimatkundliche Beigabe zum Mindener Tageblatt 11. Jahrgang, Nr. 4, Mai 1935.

Tiessen, Max: Das Entstehen der einzigen Schles-wig- Holsteinischen Heringsfischerei mit Log-gern in Glückstadt. In: Steinburger Jahrbuch 7 (1963). S. 68-72.

Timmermann, Gerhard: Kurzer Abriß der deut-schen Seefischerei. Hamburg 1959.

Timmermann, Gerhard: Die nordeuropäischen Seefischereifahrzeuge, ihre Entwicklung und ihre Typen. Stuttgart 1962. (Handbuch der Seefischerei Nordeuropas. Bd. XI, Nachtrags-band, Heft 4.)

Trübners deutsches Wörterbuch. Berlin 1939-1957.

Vertrauliche Besprechung über Angelegenheiten der großen Heringsfischerei in Bremen im Alt-Bremer Haus (Essighaus) am 13. Dezem-ber 1915. Vertraulich als Manuskript gedruckt. 11 Spalten. (Kopie ohne Spalten 7 und 8 in der Glückstadt- Sammlung Dr. Gerhard Köhn.)

Verwaltungsbericht der Stadt Itzehoe 1918- 1930. Hrsg. vom Magistrat der Stadt Itzehoe 1931.

(Vierhundert) 400 Jahre große deutsche Herings-fischerei – Loggerfischerei. 1553-1953. Hrsg. vom Verband Deutscher Heringsfische-reien e.V. Bremen 1953.

Wätjen, Hermann: Zur Statistik der holländischen Heringsfischerei im 17. und 18. Jahrhundert. In: Hansische Geschichtsblätter 37 (1910). S. 129-185.

Warnsignale aus der Nordsee. Wissenschaftliche Fakten. Hrsg. von Jos L. Lozan, Walter Lenz, Eike Rachor, Burkard Watermann und Hein Westernhagen. Berlin und Hamburg 1990.

Wegner, Gerd: Ein Hamburger Bürgermeister und eine Heringstheorie (1746). In : Meeresfor-schung in Hamburg. Deutsche Hydrographische Zeitschrift. Ergänzungsheft. Reihe B, Nr. 25 (1993). S. 1-14.

Wiedemann, Friedrich: Die deutsche Heringsfischerei in der Nordsee. Mit besonderer Berücksichtigung der Zeit vom Ausgang des 19. Jahrhunderts bis zum Ausbruch des Krieges. Diss.(?). Masch.-schriftlich vorhanden in der Universitätsbibliothek Heidelberg.

Wiese, Emil: siehe Lübbert, Hans.

Willer, A. (Hrsg.): Handbuch der Seefischerei Nordeuropas. 4. Die wichtigsten Fanggeräte: Schleppnetze, Waden, stehende Geräte, Treibnetze, Angeln. Stuttgart 1942.

Winkler, Heinrich (eigentlich Henrich): Loggerjantjes. Zum Heringfang in die Nordsee und zurück. 58-seitiges Manuskript, das der schwerst-behinderte H. Winkler mir zusammen mit seiner Fotosammlung 1987 zur Auswertung zur Verfügung stellte; gedruckt unter dem Titel: Das war die Zeit der deutschen Loggerfischerei. In: Schiffahrt international 38 (1987). S. 338-363. Der leicht gekürzte Wiederabdruck in diesem Buch erfolgte durch Vermittlung seines Sohnes Mario mit freundlicher Genehmigung seiner Kinder.

Winter, Erich: Hollandgänger und Heringsfänger aus Westfalen. In: Westfalenspiegel Jahrgang 1956, Heft 3. S. 28-31.

Wöbbeking, Fritz: Die »Holländer« kommen... In: 650 Jahre Niedernwöhren 1332-1982. Stadthagen 1982. S. 81-90.

Zedler, Johann Heinrich: Großes vollständiges Universal Lexicon aller Wissenschaften und Künste, welche bishero durch menschlichen Verstand und Witz erfunden und verbessert worden... 1-64. Halle und Leipzig 1733-1754.

Zimmermann, G. F.: Denkschrift zum 50jährigen Bestehen der Emder Heringsfischerei-Aktien-Gesellschaft in Emden. Emden 1922.

Zur Lage der deutschen Heringsfischerei. Denkschrift der damals existierenden zehn Heringsfischereien aus dem Jahre 1909, 50 S.

Abbildungsnachweise

Seit zwanzig Jahren sammle ich Fotos mit Glück-
stadt-Motiven. Viele sind inzwischen in den drei
Bänden Alt-Glückstadt in Bildern abgedruckt.
Auch das Detlefsenmuseum bzw. das Stadtarchiv Glückstadt besitzen eine umfangreiche
Sammlung. In den meisten Fällen sind die Au-
toren oder – wenn Reproduktionen vorliegen –
die Besitzer der Originale nicht bekannt. Viele
Motive befinden sich als Reproduktionen unterschiedlicher Qualität in verschiedenen Samm-
lungen. Ich bitte um Nachsicht, wenn die folgenden Bildnachweise vielleicht nicht in allen
Fällen korrekt sind. Alle abgebildeten Fotos sind
entweder als Originale oder als Reproduktionen
im Detlefsenmuseum bzw. im Stadtarchiv
Glückstadt oder in meinem Archiv.   G. K.

Aus Privatbesitz:

Wolfgang Berger: Abb. S. 169, 322, 352, 353, 354,
   389, 402, 410, 412, 413, 414, 423, 435.
Frida Charlet/Foto Prange: 160, 161, 162, 233, 234.
Waldemar Cornelsen: 68 unten, 287, 343, 344, 345,
   346, 347, 348, 349, 350, 351, 362, 363, 375,
   376, 377.
NN *Cüppers:* 75.
Herbert Ekkenga: 29, 98 oben (Foto Noack), 167,
   178, 179, 188, 192 (Foto Hein de Bouter),
   190, 191 (Foto »Lux« Alphena a. d. Rijn), 197
   (Foto Cees van der Meulen), 198, 199, 203,
   208, 442, 510.
Helge Gustavson: 148, 305, 328, 387, 390.
Traute Jochumsen, geb. Stüting: 241.
Herbert Karting: 40, 41, 56, 80 oben, 87 (Foto Jakob Both), 88 (Foto Nachtigall), 141.
Klaus Köhmann: 228, 229.
Gerhard Köhn: 81, 82, 83, 84, 89, 114, 127, 129,
   130, 134, 141, 142, 145, 146, 147, 149, 150,
   152 oben, 177, 318, 333, 419, 422, 429, 433,
   467, 469, 476, 477, 483, 494, 515, 522, 524,
   526, 538, 544, 553, 554, 555.
Gerhard Köhn/Susanne Beckmann: 52, 70.

Gerhard Köhn/Walter Wilkes, (Fotos von Helmuth
   Stubenrauch): 61, 106, 133, 181, 182, 436,
   492, 493, 495, 497, 498, 511, 513.
Heinrich Kuhlmann: 121.
Fritz Lösch: 59, 92, 365, 369, 388, 398, 399 un-
   ten, 400, 401, 403, 471, 496.
Friedrich Schinkel: 485.
Karl Schomburg: 193, 327, 356, 391, 409.
Otto Schulte: 73.
Uwe Storm: 140, 143, 461.
Heinz-W. Süberling: 159, 235.
Heinz Walter: 424, 426.
Hans Peter Widderich: 63, 303, 367, 373, 397, 407.
Henrich Winkler (Bremen-Vegesack): 55, 57, 58
   unten, 330, 331, 335, 338, 360, 361, 364, 366,
   368, 370, 371, 383, 384, 385, 393, 394 (Foto
   Rabe/Beilken), 397, 404, 405, 406, 408, 416,
   417, 434, 488, 549.
Margret Wrage, geb. Masur: 67, 135, 136, 355, 395,
   464, 465, 479.

Institutionen

Bremen, Deutsche Heringshandelsgesellschaft:
   387 (Foto Rohmeyer).
Brügge, Stadsbibliotheek: 26.
Emden, Deutsches Heringsarchiv: 77, 78, 95, 349,
   386, 443, 444, 449.
Glückstadt, Fotosammlung Detlefsenmuseum
   bzw. Stadtarchiv: 80 unten, 90, 91, 150, 151,
   154, 165 unten, 166, 168, 171, 174, 175, 180,
   183, 200, 201, 202, 206, 207, 329, 418, 421,
   425, 427, 428, 430, 431, 432, 440, 441, 445,
   448, 450, 458, 460, 462, 463, 466, 468, 475,
   481, 502, 506, 507, 509, 514, 530, 531, 534
   (Foto Werner Baum), 540, 545, 546.
Glückstadt, aus Akten des Stadtarchivs: 116, 122,
   125, 126, 128, 137, 172, 278, 280, 282, 283,
   286, 289, 293, 294, 297, 300, 336, 392, 474,
   556.
Hamburg, Institut für Seefischerei in der Bundesanstalt für Fischerei (von Dr. Holger

Dornheim): 21, 54, 58 oben, 60, 62 (oben), 68 (oben), 76, 100, 332, 334, 382, 399 oben, 438, 439, 447, 451, 452, 453, 454, 455, 457, 459, 489, 490, 491, 503, 504, 547, 548, 505, 550, 551, 552.

Hamburg, Staatsarchiv: 25, 33.

Urk/Holland, Heimatmuseum: 319, 372, 374.

Publikationen

Allgemeine Fischereizeitung: Nr. 13 vom 9. 7. 1976: 102.

Glückstädter Fortuna: 69, 74, 96, 98 (unten), 119, 120, 123, 156, 158, 186, 209, 210, 213, 214, 216, 219, 222, 223, 225, 227, 239, 240, 265 unten, 378, 379, 446, 470, 472, 508, 512, 518, 520, 529, 532, 536, 538.

Grotewold, 1908: 52, 62 unten, 358.

Heincke, 1898: 18.

Hortus sanitas, Straßburg 1499: 28.

Mercator, Geographia von Ptolemäus, Köln 1584: 22.

Mindener Tageblatt, Heimatbeilage Mai 1935: 292.

Mitteilungen des Deutschen Seefischereivereins 18 (1902): 132.

Möckel, 1958: 46.

Reuter/Schnakenbeck, 1939: 44, 45, 262 ff.

Timmermann, 1959: 47, 64.